PRADAWNA TAJEMNICA
KWIATU ŻYCIA
TOM 2

Niniejsza książka stanowi
bezpośredni zapis treści warsztatów
zaprezentowanych Matce Ziemi,
zatytułowanych Kwiat Życia
prowadzonych w latach 1985 - 1994.

DRUNVALO MELCHIZEDEK

Redaktor: **Łukasz Rutkowski**

Tłumaczenie z języka angielskiego: **Monika Gajdzińska**

Korekta tekstu: **Alina Tarnowska**

Projekt i wykonanie okładki: **Łukasz Rutkowski**

Skład tekstu i ilustracji: **Łukasz Rutkowski**

Wydawnictwo CENTRUM
Skrytka Pocztowa 257
81-963 Gdynia 1
Tel: 0 (58) 522 9497
Fax: 0 (58) 550 6812
E-mail: biuro@WydawnictwoCentrum.pl
Web: www.WydawnictwoCentrum.pl

ISBN 10: 83-60280-27-4
ISBN 13: 978– 83-60280-27-0

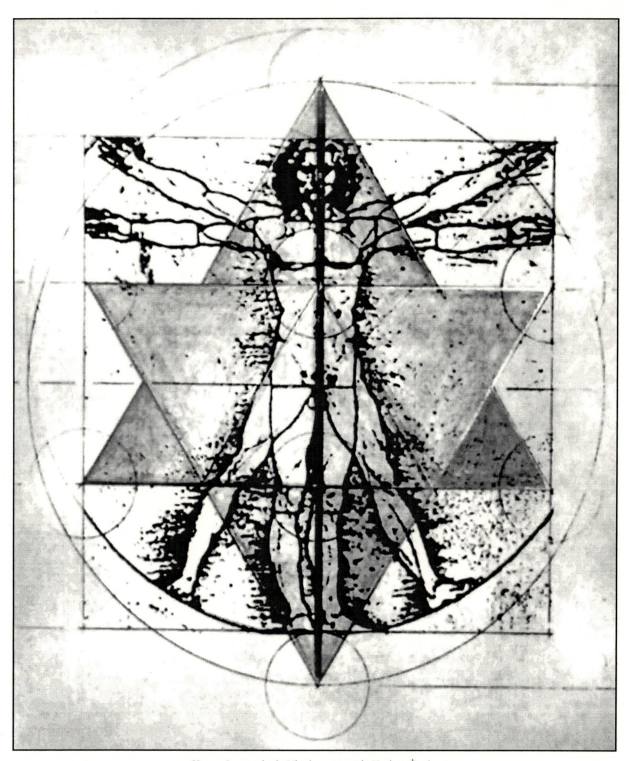

Kanon Leonarda da Vinci z geometrią Kwiatu Życia.

DEDYKACJA

Tom drugi tej książki zadedykowany jest dziecku przebywającemu wewnątrz Ciebie i wszystkim dzieciom pojawiającym się na Ziemi, które zaprowadzą nas do domu – do wyższego światła.

Spis Treści

ROZDZIAŁ CZTERNASTY Mer-Ka-Ba i siddhi   425

ROZDZIAŁ PIĘTNASTY Miłość a uzdrawianie   439

ROZDZIAŁ SZESNASTY Trzy poziomy jaźni   453

Wstęp

Spotykamy się ponownie wspólnie badając niezmierzoność tego, czym naprawdę jesteśmy i na powrót wracamy do tego samego starożytnego sekretu objawiającego, że życie jest piękną tajemnicą zmierzającą do realizacji tego, co znajduje się w naszych wizjach.

Tom 2 zawiera instrukcje medytacji, której pierwotnie nauczyły mnie anioły, prowadzącej do stanu świadomości zwanej Mer-Ka-Ba – nazywanej nowocześnie ciałem świetlistym. Nasze ciało świetliste nosi w sobie możliwość transcendencji człowieka do nowego rozumienia wszechświata, który jest nam tak bliski. Będąc w specyficznym stanie świadomości wszystko może zacząć się na nowo, a życie zmienić w sposób przypominający cud.

Słowa tu wypowiedziane bardziej nawiązują do procesu przypominania, niż uczenia, czy nauczania. Wiesz już, co jest treścią tej książki, gdyż jest ona zawarta w komórkach Twojego ciała, lecz jest ona również zapisana głęboko wewnątrz twojego serca i umysłu, a wszystko co potrzebujesz to tylko odpowiedni impuls.

Z miłości, którą noszę w sobie dla Ciebie i życia znajdującego się w każdym miejscu wszechświata, oferuję Ci te obrazy i tę wizję w nadziei, że będą Ci pomocne, aby zbliżyły Cię do zrozumienia, że Wielki Duch jest intymnie i w miłości związany z Twoją esencją. Modlę się również, że słowa zadziałają jak katalizator, który otworzy Ci drogę do wyższych światów.

Ty i ja żyjemy w rozstrzygającym momencie historii Ziemi. W dramatyczny sposób zmienia się świat, w którym ludzie i komputery wchodzą w symbiotyczny związek, co daje Matce Naturze dwie możliwości interpretacji wydarzeń na świecie. Korzysta ona z tego nowego spojrzenia, aby zmienić i otworzyć ścieżki do wyższych światów światła, które nawet dziecko potrafi zrozumieć. Nasza Matka kocha nas tak bardzo.

My, jej dzieci, poruszamy się teraz pomiędzy dwoma światami – naszym codziennym życiem, oraz światem, który wykracza poza marzenia nawet naszych najstarszych przodków. Dzięki miłości naszej matki i z pomocą naszego Ojca znajdziemy sposób na uleczenie serc ludzkości i na powrót zmienimy nasz świat w świadomość jedności.

Żywię nadzieję, że lektura przyniesie Ci radość i będzie błogosławieństwem dla Twojego życia.

W miłości i służbie
Drunvalo

ROZDZIAŁ DZIEWIĄTY

DUCH I ŚWIĘTA GEOMETRIA

TRZECI SYSTEM INFORMACYJNY ZAWARTY W OWOCU ŻYCIA

T reści, które tu przeczytacie, wydają się większości ludzi nie do pomyślenia. Proszę was o odrobinę wiary oraz gotowości do przyjęcia tego nowego spojrzenia na rzeczywistość. Jego sens może z początku okazać się trudny do uchwycenia, trzeba bowiem koncentracji i uwagi, aby prawdziwie zgłębić tę wiedzę. Wychodzimy z założenia, iż *wszelka świadomość*, także ludzka, *powstała w oparciu o zasady świętej geometrii*. Idea ta pozwala nam zobaczyć i zrozumieć, w jaki sposób powstaliśmy, w jakim miejscu znajdujemy się obecnie oraz dokąd zdążamy.

Pamiętajmy, że symbol Owocu Życia stanowi podstawę wszystkich trzynastu systemów informacyjnych, które powstały w wyniku specyficznych sposobów nałożenia prostych linii męskich na żeńskie koła w Owocu Życia. W pierwszych ośmiu rozdziałach niniejszej książki omawialiśmy działanie dwóch systemów informacyjnych. Pierwszy utworzył Sześcian Metatrona, z którego powstało pięć brył platońskich. Formy te utworzyły strukturę całego wszechświata.

Drugi system, o którym zaledwie wspomnieliśmy, został utworzony przez męskie linie proste wychodzące z ośrodka Owocu Życia oraz koncentryczne koła, tworzące wykres biegunowy. Na jego bazie powstał z kolei tetraedr gwieździsty wpisany w sferę (kulę). Forma ta kształtuje wszystkie wibracje, dźwięki, harmonię, muzykę i materię wszelkiego stworzenia.

KOŁA I KWADRATY LUDZKIEJ ŚWIADOMOŚCI

Pośrednio poznamy teraz trzeci system informacyjny. Jego źródło, którym jest Owoc Życia, odkrywać się będzie przed nami w miarę, jak będziemy poznawać coraz więcej szczegółów. Nazwiemy ten system *kołami i kwadratami ludzkiej świadomości*. Chińczycy nazywali go kwadratem wpisanym w koło i kołem wpisanym w kwadrat.

Według Tota wszystkie poziomy świadomości we wszechświecie są zintegrowane dzięki prostej figurze świętej geometrii. Jest to klucz do zrozumienia czasu, przestrzeni, wymiarów oraz samej świadomości. Tot twierdzi również, że nawet emocje i myśli wywodzą się ze świętej geometrii, ale do tego zagadnienia przejdziemy w dalszej części książki.

Każdy poziom świadomości ma przypisaną sobie geometrię, która całkowicie determinuje sposób interpretacji jedynej Rzeczywistości. Poziomy świadomości stanowią więc geometryczne przedstawienie jedynej Rzeczywistości albo soczewki, przez które duch ogląda tę Rzeczywistość. W ten sposób rodzi się doświadczenie o unikalnym charakterze. Nawet duchowa hierarchia wszechświata ma strukturę geometryczną, naśladującą samą naturę.

Tot twierdzi, że w podziemiach Sfinksa znajduje się dziewięć kryształowych kul, zawartych jedna w drugiej. Jest to stara legenda, której potwierdzenia od dawna poszukują archeolodzy i wizjonerzy. Kryształowe kule mają być w jakiś sposób połączone ze świadomością Ziemi oraz z trzema poziomami świadomości dostępnymi obecnie ludzkości.

Wielu ludzi szukało dziewięciu kul, nie szczędząc czasu i pieniędzy, choć Tot twierdzi, że nie są nam one do niczego potrzebne. Jego zdaniem wystarczy narysować dziewięć koncentrycznych kół, aby osiągnąć ten sam poziom zrozumienia. Gdyby poszukiwacze tych starożytnych symboli wiedzieli, że w istocie szukają geometrycznych figur i świadomości, łatwiej dotarliby do tej wiedzy.

Tot twierdzi, że chcąc poznać planetę, na której się nigdy dotąd nie było i przekonać się, jakie poziomy świadomości są na niej dostępne, należy dokonać pomiaru istot zamieszkujących tę planetę, pod warunkiem, że uda się je utrzymać w bezruchu przez odpowiednio długi czas. Na podstawie takich pomiarów można określić święty stosunek kwadratów i kół związanych z ciałem tych istot, a dzięki temu określić poziom ich świadomości.

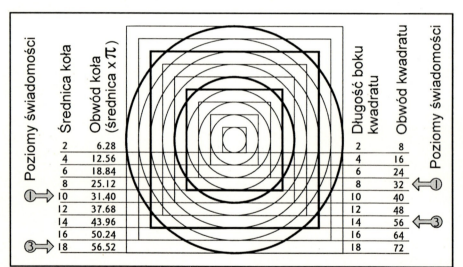

Ryc. 9-1. Koncentryczne koła i kwadraty. Ciemniejsze kwadraty i koła stanowią pary, które zbliżają się do wielkości *Fi*. Wskazują one również pierwszy i trzeci poziom ludzkiej świadomości. (Jedna jednostka równa się długości jednego *promienia* środkowego koła lub *połowie boku* kwadratu, który je otacza. Widać tu, że średnica środkowego koła oraz bok otaczającego je kwadratu są równej długości.)

Inne współczynniki, które zawsze wywodzą się z sześcianu, mają określać poziom świadomości inny niż ludzki, czyli zwierzęcy, owadzi lub poziom charakterystyczny dla istot pozaziemskich, ale w przypadku ludzi podstawą pomiarów są zawsze kwadrat i koło. Wiedza o tym, czy kwadrat, w który wpisuje się ciało jest większy lub mniejszy od koła otaczającego to ciało oraz jaka jest różnica między nimi, pozwala określić sposób interpretacji Rzeczywistości przez daną istotę, jak również dostępny jej poziom świadomości. Istnieją szybsze sposoby dokonywania takiej oceny, ale ten jest fundamentalny dla całej egzystencji.

Tot poleca narysowanie dziewięciu kół koncentrycznych i otoczenie każdego z nich idealnie dopasowanym kwadratem (bok kwadratu i średnica koła mają być identycznej długości), jak pokazuje Rycina 9-1. W ten sposób uzyskacie równą energię męską i żeńską. Następnie przyjrzyjcie się, w jaki sposób kwadraty wchodzą w interakcję z kołami – czyli w jaki sposób energia męska wchodzi w interakcję z energią żeńską. Kluczem jest wielkość różnicy między długością przekątnej kwadratu i obwodu koła a współczynnikiem *Fi*. Jest to klucz do ludzkiego życia.

ODNALEZIENIE NIEMAL DOSKONAŁEGO ODZWIERCIEDLENIA WSPÓŁCZYNNIKA *FI*

Przez najmniejszy z kwadratów nie przechodzi żadne koło; to samo dotyczy drugiego kwadratu od środka. Trzeci kwadrat zaczyna przecinać czwarte koło, choć nie występuje tu, rzecz jasna, wielkość *Fi*. Czwarty kwadrat jednakże przecina piąte koło, wyznaczając na *pierwszy rzut oka* wielkość niemal równą wielkości *Fi*. W piątym i szóstym kwadracie wielkość ta zostaje znów przekroczona. Nieoczekiwanie jednak siódmy kwadrat przechodzi przez dziewiąte koło, ponownie tworząc wielkość *znów na pozór* równą wielkości *Fi* – zjawisko to nie występuje o jedno koło dalej, jak w wypadku czwartego i piątego koła, ale o dwa koła dalej, a w dodatku jest jeszcze bliższe wielkości Złotego Środka, czyli współczynnika *Fi* wynoszącego 1,6180339..., niż pierwsze.

Jest to początek geometrycznego ciągu, który może się rozwijać w nieskończoność, ciągu, w którym my ludzie, stanowimy zaledwie drugi możliwy etap. (A mieliśmy o sobie tak wysokie mniemanie!) Biorąc całe życie ludzkie jako miarę, w dziejach ludzkości osiągnęliśmy obecnie poziom świadomości reprezentowany przez rozwój ludzkiej zygoty tuż po utworzeniu pierwszej komórki. Życie we wszechświecie wykracza poza nasze wyobrażenia. Jesteśmy jednak nasieniem, które zawiera w sobie zarówno początek, jak i koniec.

A wracając do spraw praktycznych, możecie dokonać tych obliczeń bez miary, przyjmując promień najmniejszego koła jako jedną jednostkę; w ten sposób pierwsze koło i pierwszy kwadrat będą miały dwa promienie wszerz. Po przejściu do czwartego kwadratu z rzędu, będziemy mieli osiem promieni wszerz. Aby dowiedzieć się, ile promieni znajdzie się wokół wszystkich czterech stron kwadratu, wystarczy pomnożyć tę długość przez cztery. Przekonacie się wówczas, że długość 32 promieni tworzy obwód czwartego kwadratu. Musimy znać długość tego obwodu, bowiem kiedy staje się ona bliska lub równa długości obwodu koła, uzyskujemy wielkość *Fi*. [Zob. rozdział 7]

Sprawdźmy teraz, czy obwód piątego koła jest równy (lub bliski) długości obwodu czwartego kwadratu (długość 32 promieni). W tym celu musimy obliczyć długość obwodu mnożąc średnicę koła przez wielkość π (3,14). Ponieważ średnica piątego koła równa się długości 10 promieni, wielkość ta, pomnożona przez π (3,14), daje nam obwód długości 31,40 promieni. Długość obwodu kwadratu wynosi dokładnie 32, obie wartości są zatem do siebie zbliżone, choć obwód koła jest nieco mniejszy. Wielkość ta według Tota wyznacza pierwszy moment, w którym człowiek zyskuje świadomość siebie.

Powtórzmy teraz nasze obliczenia dla siódmego kwadratu i dziewiątego koła. Długość boku siódmego kwadratu wynosi 14 promieni; pomnożona przez 4 boki daje nam długość 56 promieni wyznaczających obwód siódmego kwadratu. Średnica dziewiątego koła jest długości 18 promieni, a liczba ta pomnożona przez π daje 56,52. W tym wypadku koło jest nieco większe, podczas gdy w poprzednim obliczeniu było nieco mniejsze. Jeśli nadal będziecie rysowali koła wychodzące poza pierwotnych dziewięć kół, zaobserwujecie taki sam wzorzec: trochę większe, trochę mniejsze, trochę większe, trochę mniejsze – coraz bliższe doskonałości, jaką odnotowaliśmy w szeregu Fibonacciego zbliżającym się do wielkości *Fi* [zob. rozdział 8].

PIERWSZY I TRZECI POZIOM ŚWIADOMOŚCI

Na Rycinie 9-2. obserwujemy zaczątki świadomości powstałe w pierwszych dwóch miejscach wyznaczających wielkość *Fi*. Sugeruje to, że świadomość będzie zapewne rozwijać się bez końca, do momentu w którym osiągnie doskonałość równą *Fi* lub wielkości Złotego Środka. Zatem czwarty kwadrat odnosi się do piątego koła oraz siódmy kwadrat odnosi się do dziewiątego koła, tworząc wielkość niemal równą współczynnikowi *Fi*. Według Tota wyznaczają one właśnie pierwszy i trzeci poziom świadomości. Poziomy te są bardzo blisko zharmonizowanej świadomości i dlatego posiadają świadomość siebie. Pamiętacie skorupę (łodzika), zwierzęcia ze strony 238? Na początku nie było w niej nawet śladu jakiejkolwiek harmonii w porównaniu z tym, jaką formę przyjęła po kilku kolejnych przemianach geometrycznych. To samo zjawisko występuje i w tym wypadku. Ale co się stało z drugim poziomem ludzkiej świadomości?

Zdaniem Tota nikt dotąd nie wymyślił, w jaki sposób przejść bezpośrednio z poziomu pierwszego, na którym żyją Aborygeni, na poziom trzeci, który wyznacza świadomość Chrystusową lub świadomość jedności. Pomiędzy tymi dwoma etapami rozwoju

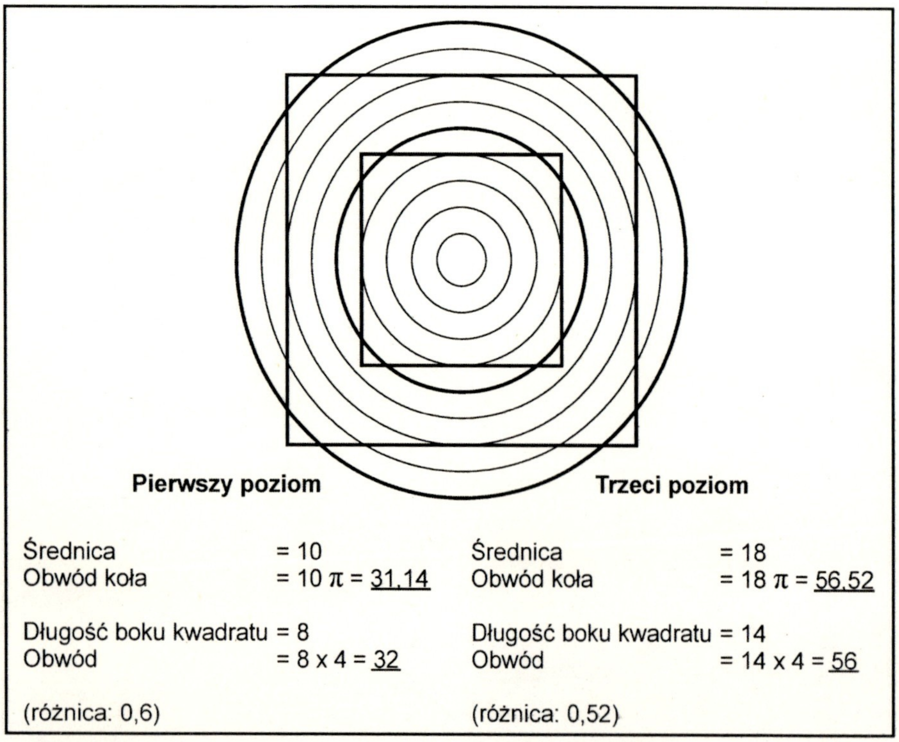

Pierwszy poziom   **Trzeci poziom**

Średnica	= 10	Średnica	= 18
Obwód koła	= 10 π = <u>31,14</u>	Obwód koła	= 18 π = <u>56,52</u>
Długość boku kwadratu = 8		Długość boku kwadratu = 14	
Obwód	= 8 x 4 = <u>32</u>	Obwód	= 14 x 4 = <u>56</u>
(różnica: 0,6)		(różnica: 0,52)	

Ryc. 9-2 Pierwszy i trzeci poziom ludzkiej świadomości, prawie doskonałe współczynniki *Fi*.

potrzebny był nam pomost, czyli drugi poziom świadomości, na którym funkcjonujemy obecnie. Powstaje zatem pytanie, w którym miejscu na tym rysunku znajduje się nasz poziom świadomości.

LOKALIZACJA DRUGIEGO POZIOMU

Istnieją dwa miejsca, w których my (zwykli ludzie) możemy odnaleźć się w tym systemie kół i kwadratów. Są to piąty lub szósty kwadrat w relacji do któregoś z kół. Pomiędzy pierwszym a trzecim poziomem ukazanym na Rycinie 9-1 znajdują się tylko dwa kwadraty. Z mojego punktu widzenia nie można stwierdzić, na czym polegałaby różnica między naszym funkcjonowaniem na jednym lub drugim kwadracie, a Tot nie wyjaśnił mi tej kwestii. Powiedział tylko, że to piąty kwadrat w relacji do szóstego koła i nie wyjaśnił mi dlaczego. I tak przez dwa lub trzy lata zastanawiałem się, dlaczego ma to być piąty kwadrat w relacji do szóstego koła, a nie szósty kwadrat w relacji do siódmego koła. Tot zaś nadal milczał. Powiedział, że sam do tego dojdę. Zajęło mi to dużo czasu. Kiedy w końcu zrozumiałem dlaczego tak

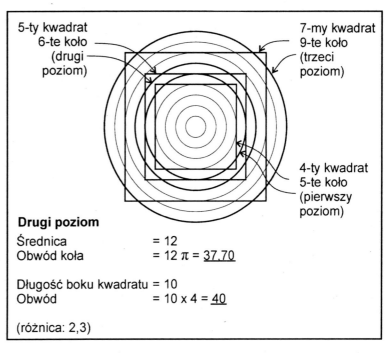

Drugi poziom

Średnica	= 12
Obwód koła	= 12 π = <u>37,70</u>
Długość boku kwadratu	= 10
Obwód	= 10 x 4 = <u>40</u>

(różnica: 2,3)

jest, Tot tylko skinął głową, aby potwierdzić, że mam rację. Na Rycinie 9-3 przedstawiłem więc trzy poziomy świadomości, przy czym usunąłem inne kwadraty, które są nieharmonijne.

Jeśli obrócimy kwadrat o 45 stopni [Rycina 9-4], tworząc w ten sposób diament, naszym oczom ukaże się tajemny cel naszej egzystencji. Obrócony piąty kwadrat znajduje się teraz bardzo blisko kwadratu siódmego. Nie znalazł się idealnie w tym samym miejscu, bowiem i my nie jesteśmy istotami harmonijnymi i nie posiadamy doskonałej miłości Chrystusa, choć nasza ludzka miłość wskazuje nam drogę do świadomości Chrystusowej. Co więcej, nadal jesteśmy powiązani z pierwszym poziomem świadomości, ponieważ nasza geometria doskonale styka się z czwartym kołem pierwszego poziomu świadomości. Zawieramy w sobie pełną świadomość Aborygenów i niepełną świadomość Chrystusa. Oto czym jesteśmy – pomostem między poziomami.

Dlatego właśnie świadomość ludzka znalazła się w takim a nie innym układzie geometrycznym. Wiadomo teraz, jaki był tego powód. Bez naszego obecnego widzenia jedynej Rzeczywistości pierwszy poziom świadomości nie mógłby ewoluować do wyższego światła. Jesteśmy niczym kamień pośrodku strumyka. Można na nim postawić stopę, żeby

Ryc. 9-3. Trzy geometryczne poziomy ludzkiej świadomości na Ziemi: 4 kwadrat i 5 koło = pierwszy poziom (aborygenów); 5 kwadrat i 7 koło = drugi (obecny) poziom; 7 kwadrat i 9 koło = trzeci poziom (Chrystusowy).

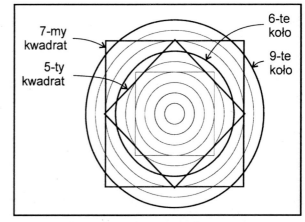

Ryc. 9-4. Rotacja kwadratu drugiego poziomu o 45 stopni łączy pierwszy i trzeci poziom świadomości.

przeskoczyć na drugi brzeg. Nie sposób jednak zatrzymać się tu dłużej. W dalszej części tego rozdziału przeczytacie, że ten obraz diamentu stanowi klucz do naszego drugiego poziomu świadomości. Pokażę to wam między innymi na przykładzie Wielkiej Piramidy. Kwadrat, w który wpisany został diament jest dla ludzkości bardzo ważnym symbolem. Tak samo sądził Buckminster Fuller. Figura ta, ukazana w trzech wymiarach, nazywa się cuboctaedrem. Bucky nazwał ją *vector equilibrium* (równowagą wektorową). Zauważył, że cuboctaedr ma szczególną właściwość: dzięki rotacji może przybierać formę wszystkich pięciu brył platońskich, co nadaje mu wiodące znaczenie w świętej geometrii. Dlaczego jest to tak istotne dla ludzkości? Dzięki kwadratowi, w który wpisany został diament, jest on połączony z jednym z podstawowych celów ludzkiej egzystencji – czyli przejściem z pierwszego poziomu świadomości Aborygenów na poziom trzeci, świadomości Chrystusa.

Jeśli zastosujecie ten system do pomiarów ludzkiej geometrii, zobaczycie, że ciało ludzkie odbiega od wzoru o trzy i pół promienia. Nie jesteśmy nawet bliscy harmonii. (Możecie to sami zmierzyć). Jesteśmy świadomością nieharmonijną, choć niezbędną do wypełnienia się cyklu życia. Kiedy proces życia osiąga etap, na którym funkcjonujemy obecnie, przekracza go jak najszybciej, jak człowiek przeskakujący strumień po kamieniu. Dlaczego? Brak harmonii powoduje, że niszczymy wszystko wokół siebie. Jeśli pozostaniemy tu dłużej, zniszczymy również siebie samych. Wystarczy spojrzeć na szkody, jakie wyrządziliśmy środowisku naturalnemu oraz na toczące się wojny. A jednak jesteśmy niezbędnym składnikiem życia.

GEOMETRYCZNE SOCZEWKI W INTERPRETACJI RZECZYWISTOŚCI

Kolejnym zadaniem, jakie wyznaczył mi Tot było uzyskanie geometrycznej perspektywy dla trzech poziomów świadomości. Pamiętajmy, że jest tylko jeden Bóg i jedna Rzeczywistość. Istnieje jednak wiele sposobów jej interpretacji.

Ryc. 9-5. Trzy poziomy ludzkiej świadomości w odniesieniu do boków i średnic par kwadratów / kół.

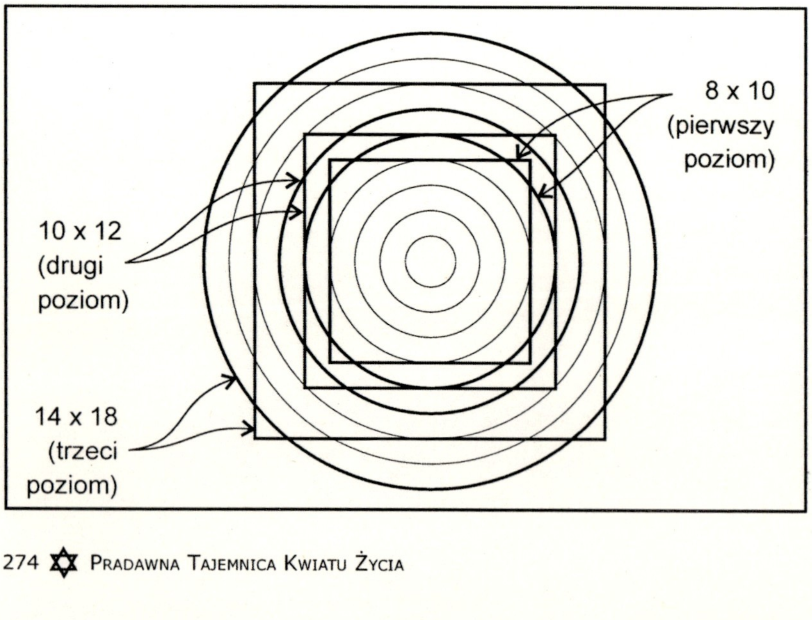

8 x 10 (pierwszy poziom)

10 x 12 (drugi poziom)

14 x 18 (trzeci poziom)

Kwadrat (czwarty) znajdujący się w samym środku na Rycinie 9-5 reprezentuje pierwszy poziom świadomości. Kwadrat znajdujący się pomiędzy (piąty) oznacza drugi poziom. Kwadrat zewnętrzny (siódmy) oznacza poziom trzeci. Powiedzmy, że kwadrat wewnętrzny ma wymiary 8 na 10, co oznacza, że długość jego boków wynosi 8 promieni, zaś koło znajdujące się z nim w relacji (piąte) ma średnicę długości 10 promieni. Kwadrat znajdujący się pomiędzy ma boki długości 10 promieni, a średnica jego koła (szóstego) wynosi

12 promieni. Będziemy go zatem nazywać 10 na 12. Jest to środkowy albo drugi poziom, na którym egzystujemy obecnie. Poziom świadomości Chrystusowej obejmuje kwadrat (siódmy) o długości boków wynoszącej 14 promieni i średnicy koła (dziewiątego) długości 18 promieni. Nazwiemy go 14 na 18. Mamy zatem kwadraty 8 na 10, 10 na 12 i 14 na 18.

W świętej geometrii każde zjawisko ma swoją przyczynę. Nic – absolutnie nic – nie dzieje się bez powodu. Możecie spytać, dlaczego spośród tak wielu możliwości samoświadomość *rozpoczęła* się w miejscu, w którym czwarty kwadrat utworzył harmonijny związek z piątym kołem?

Nałożenie symbolu Owocu Życia

Aby to zrozumieć, nałóżmy teraz symbol Owocu Życia na rysunek przedstawiający pierwszy poziom świadomości [Ryc. 9-6]. Widzicie? Idealnie pasuje do czwartego kwadratu i piątego koła, naszego 8 na 10! Koło środkowe jest takiej samej wielkości co koło środkowe na poprzednim rysunku, podobnie jak pięć koncentrycznych kół tu przedstawionych. Na rysunku zaznaczono tylko czwarty kwadrat, który tworzy niemal idealną wartość *Fi* wraz z piątym kołem.

Dostrzegacie teraz doskonałość życia? Wzór Owocu Życia przez cały czas skrywał się za tym wzorem: jeden idealnie nałożył się na drugi. Z perspektywy prawej półkuli mózgowej tak właśnie należałoby wyjaśnić przyczynę narodzin samoświadomości pomiędzy czwartym i piątym kołem. Nasz święty symbol został ukryty właśnie w tej części wzoru. Wzór Owocu Życia dopełnił się dokładnie w tym momencie i wtedy też po raz pierwszy wystąpiła wielkość *Fi*. Kiedy pojawił się współczynnik *Fi*, świadomość zyskała możliwość manifestacji.

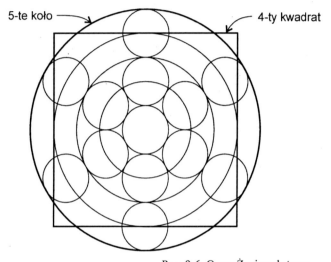

5-te koło — 4-ty kwadrat

Ryc. 9-6. Owoc Życia nałożony na pierwszy poziom świadomości.

Geniusz Lucie

Pozostała nam jeszcze jedna kwestia, zanim przejdziemy do omawiania tych trzech odmiennych obrazów świadomości. Kiedy odkryłem, że rysunek przedstawiający koncentryczne koła i kwadraty nakłada się idealnie na wzór Owocu Życia, zacząłem szukać jakichkolwiek publikacji na ten temat. W tamtym okresie spędzałem większość czasu w swoim pokoju, słuchając Tota, którego nie widział nikt poza mną. On zaś mówił, że Egipcjanie dostrzegali trzy poziomy świadomości. Chciałem się przekonać, czy przeczytam o tym w innych źródłach.

Ku mojemu zaskoczeniu okazało się, że tak. Tę samą informację odnalazłem w pismach Lucie Lamy, pasierbicy Schwallera de Lubicza. Poza nią nie znalazłem nikogo, kto znałby koncepcję trzech poziomów świadomości ludzkiej. Schwaller i Lucie prezentowali głębokie rozumienie

Ryc. 9-7. Widok z boku świątyni
w Karnaku, który złożyła Lucie

związków Egiptu ze świętą geometrią. Większość egiptologów jednak do niedawna nie miała o tym pojęcia. Studiując pracę Lucie stwierdziłem, że jest ona jedną z najwybitniejszych uczonych zajmujących się świętą geometrią. Byłem zadziwiony jej wynikami. Zawsze chciałem ją poznać, ale mi się to nie udało. Zmarła przed kilkunastu laty w Abydos, w Egipcie, około roku 1989. Chciałbym wam jednak opowiedzieć o niej, abyście przekonali się, jakiego wymiaru człowiekiem była.

Ukazana niżej niewielka świątynia [Ryc. 9-7] należy do kompleksu świątynnego w Karnaku. Karnak jest połączony ze Świątynią w Luksorze szerokim traktem długości trzech kilometrów. Na końcu drogi w Luksorze postawiono po obu jej stronach figury sfinksa o ludzkich głowach. Od strony Karnaku posągi sfinksa mają głowy owiec. Kompleks budowli w Karnaku jest ogromny. Bylibyście zadziwieni rozmiarami basenu, w którym kapłani dokonywali ablucji.

Aby dać wam pewne wyobrażenie o rozmiarach małej świątyni wyjaśnię, że stojąc tuż przed nią sięgalibyście czubkiem głowy do dolnej krawędzi otworu okiennego. Zanim Lucie odnalazła ruiny tej świątyni, stanowiły one zaledwie rumowisko kamieni. Archeolodzy wiedzieli, że musiały one niegdyś stanowić jedną budowlę, bowiem były to unikalne okazy, a wokół nie znaleziono innych, podobnych kamieni. Jednakże nie wiedząc, jak wyglądała budowla, pozostawili stos kamieni nienaruszony, w nadziei że ktoś odkryje, co znajdowało się w tym miejscu. Później natrafili na kolejne rumowisko. Także i tym razem nie wiedzieli, co to było. Co mieli robić ze stosem porozłupywanych kamieni? Trudno się zorientować, jaką tworzyły niegdyś budowlę, prawda?

A jednak Lucie przyjrzała się znalezisku, dokonała stosownych pomiarów i po powrocie do domu wykonała na ich podstawie rysunek zbliżony do budowli przedstawionej na fotografii. „Tak to powinno wyglądać" – powiedziała.

Kiedy ułożono kamienie według przedstawionego przez nią planu, okazało się, że są one idealnie dopasowane i tworzą świątynię widoczną na zdjęciu! Lucie Lamy znała zasady świętej geometrii i dzięki pomiarom kamieni odtworzyła całą budowlę. Myślę, że dokonała wyjątkowej rzeczy. Im głębiej studiuję jej pisma, tym bardziej zadziwia mnie ta kobieta.

DRABINA LUCIE

Zanim zmarła, Lucie zawarła całą swoją wiedzę na temat trzech poziomów świadomości w rozumieniu starożytnych Egipcjan w jednym rysunku. Twierdziła, że jest to klucz do jej zrozumienia. Dlatego też spróbuję zanalizować jej słowa na przykładzie sporządzonego przez nią rysunku.

Oto on [Ryc. 9-8]. Przerysowałem go i dodałem zewnętrzną przerwaną linię koła, aby pokazać wam coś jeszcze [Ryc. 9-9]. Kopia nie była dość dobrej jakości i dlatego wymagała przerysowania.

Kiedy po raz pierwszy zobaczyłem rysunek Lucie, dostrzegłem na nim Gwiazdę Dawida wpisaną w inną Gwiazdę Dawida i koło pośrodku. (Widzieliśmy to już we wzorze Owocu Życia i wkrótce znów się o tym przekonamy.) Wewnątrz kwadratu, pośrodku, znajduje się również drabina o 19 szczeblach i dwóch dodatkowych, co daje łączną sumę 21 szczebli.

Według Lucie liczby 18, 19 i 21 są bezpośrednio związane z egipską koncepcją trzech poziomów świadomości. Osiemnastka symbolizuje Aborygenów. Lucie napisała, że starożytni Egipcjanie sądzili, iż ówcześni ludzie nie mieli górnej połowy czaszki. Czaszka najwyraźniej była wydłużona z tyłu. Kiedy przeszliśmy na drugi poziom świadomości, ukształtowaliśmy górną połowę czaszki, a kiedy fizycznie przeniesiemy się na poziom trzeci, czego dokonamy już wkrótce, nasza czaszka będzie dużo większa,

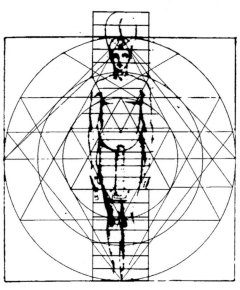

Ryc. 9-8. Oryginalny rysunek Lucie Lamy.

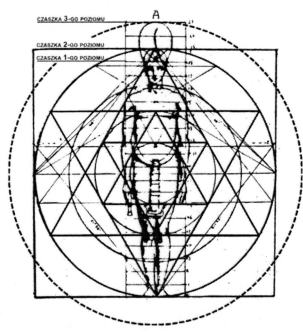

Ryc. 9-9. Rysunek Lucie Lamy wraz z nowym zewnętrznym kołem stykającym się z górną krawędzią czaszki trzeciego poziomu świadomości oraz małą i dużą Gwiazdą Dawida. Obwód nowego koła pokrywa się z obwodem kwadratu.

a jej wysokość będzie równa wielkości *Fi* na kole w relacji do kwadratu – 21. Jeśli narysujecie wokół kwadratu koło wielkości *Fi*, jak wskazano w punkcie A, będzie się ono stykało z linią 21 dokładnie w połowie tej linii. Zgodnie z teorią Lucie, poszczególne rozmiary ludzkiej czaszki są zawarte w geometrii ukazanej na rysunku.

Rycina 9-10 przedstawia sche-

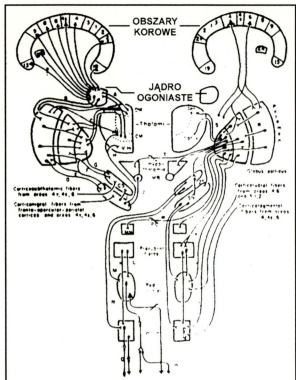

OBSZARY KOROWE

JĄDRO OGONIASTE

Schematyczny diagram centrów przetwarzania oraz dróg komunikacyjnych w pozapiramidowym systemie ludzkiego mózgu. Usunięcie wyższych obszarów korowych, gdzie ma miejsce świadome myślenie, ma niewielki wpływ na obieg informacji konieczny do równie złożonych obliczeń wymaganych przy chodzeniu i utrzymaniu równowagi. Drogi komunikacyjne pokazują ścieżki reakcji chemicznych oraz impulsów elektrycznych. (Z *Brains, Behavior and Robotics* aut. James S. Albus, Byte Books, 1981)

Ryc. 9-10. Schemat ludzkiego mózgu dowodzący, iż lobotomia nie wpływa na złożone funkcje motoryczne.

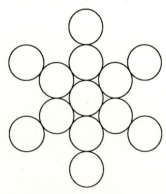

Ryc. 9-12. Owoc Życia.

mat ludzkiego mózgu zaczerpnięty z książki Jamesa S. Albusa *Brains, Behavior and Robotics (Mózg, zachowania i mechanika)*. Jest on dowodem na to, że można przeprowadzić lobotomię, czyli usunąć górną część czaszki, nie zabijając jednocześnie człowieka. Zadziwia mnie ten fakt. Jest to również dowód na to, że Egipcjanie mieli rację: górna część naszej czaszki została dodana i nie stanowi niezbędnego do życia organu. Jest czymś odrębnym, czego nie posiadaliśmy na początku naszego rozwoju.

Rycina 9-11 ukazuje plan podłogi Świątyni w Luksorze. Świątynia ta jest poświęcona rodzajowi ludzkiemu i bywa również nazywana Świątynią Człowieka, co oznacza, że i naszą – aczkolwiek nie chodzi o wszystkich przedstawicieli rodzaju ludzkiego na każdym poziomie świadomości. Chodzi konkretnie o poziom drugi, na którym znajdujemy się w chwili obecnej. W tle rysunku widać ludzki szkielet. Każde pomieszczenie, każdy element ryciny ma reprezentować różne części istoty ludzkiej. Począwszy od stóp biegnie droga długości kilku kilometrów aż do kompleksu świątynnego w Karnaku.

Na początku zauważyłem, że rysunek Lucie [Ryc. 9-8] zawiera kompletny wzór Owocu Życia [Ryc. 9-12]. Już sam ten fakt wprawił mnie w podziw, ponieważ sam nie dostrzegłem symbolu Owocu Życia w żadnym miejscu w Egipcie.

Pragnąłem jednak dowiedzieć się więcej na temat drabiny sięgającej górnej krawędzi, na wysokość 19 lub 21. Wiedziałem, że taka drabina stanowi inny sposób na tworzenie koncentrycznych kół, postanowiłem więc zbadać, do czego była ona potrzebna Lucie. Zacząłem przerysowywać wszystkie sporządzone przez nią linie, aby przekonać się, jaki był jej zamysł [Ryc. 9-13]. Wy-

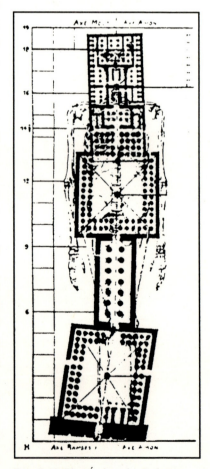

Ryc. 9-11. Plan Świątyni w Luksorze.

brałem te dwa rysunki [Ryc. 9-12 i 9-13], które najwyraźniej pochodzą z jej oryginalnego szkicu i połączyłem je ze sobą. Zrekonstruowałem jej rysunek, nakładając te linie na siebie [Ryc. 9-13a].

Uwaga: Święta geometria to projekt do samodzielnej pracy

Być może nadeszła pora, aby nieco odbiec od głównego wątku naszej opowieści i wyjawić wam pewne informacje dotyczące świętej geometrii, które musicie dobrze zrozumieć, jeśli chcecie studiować tę dziedzinę wiedzy. Oglądanie różnych figur geometrycznych podczas wykładu lub na stronach książki, czyli bierne przyjmowanie tej wiedzy, pozwala uzyskać bardzo ograniczoną ilość informacji. Gdybyście jednak sami sporządzili ten wykres, czyli samodzielnie skonstruowali wzór, przekonalibyście się, że coś się z wami dzieje, coś znacznie głębszego, niż to, co się wydarza, gdy poprzestajecie na samym patrzeniu. Każdy, kto kiedykolwiek rysował te linie, powie wam to samo. Jest to jedno z podstawowych założeń pracy masonów. Jeśli dokładacie starań, aby samodzielnie sporządzić rysunek, przydarza się wam coś pokrewnego objawieniu. Rysujecie koło i nagle zaczynacie pojmować. Coś się wydarza w waszym wnętrzu. Zaczynacie rozumieć na bardzo głębokim poziomie, dlaczego rzeczy wyglądają tak a nie inaczej. Uważam, że nic nie zastąpi samodzielnej pracy z tymi rysunkami.

Zdaję sobie sprawę z tego, że mogę wam *opowiadać* o tym, jakie to ważne, a mimo to niewielu ludzi zechce poświęcić czas tej pracy. Sporządzenie tych rysunków zajęło mi ponad dwadzieścia lat, choć wam być może zabrałoby to mniej czasu. Wykonanie wielu z nich trwało w moim przypadku po dwa lub trzy tygodnie i przypominało medytację. Przez długi czas wpatrywałem się po prostu w kolejne obrazy. Czasem tkwiłem nad czymś pół dnia, a potem rysowałem tylko jedną linię, aby w pełni zrozumieć jej znaczenie dla całej natury.

Przeszkoda na drabinie

Zanim połączyłem oba rysunki przedstawione na rycinach 9-12 i 9-13, wyodrębnione z oryginalnego rysunku autorstwa Lucie Lamy, na początku narysowałem koncentryczne koła dla każdej linii na drabinie z wyjątkiem linii 20. Przedstawiłem to na Rycinie 9-13a.

Zauważcie, że na oryginalnym rysunku [Ryc. 9-8] środkowe koło zostało podzielone na pięć odcinków poziomych czy też szczebli drabiny (nie licząc linii poziomej biegnącej przez środek koła). Widać to na nim

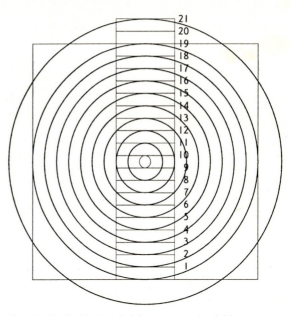

Ryc. 9-13. Drabina Lucie i dorysowane do niej koncentryczne koła do poziomu 19 i dalej do 21.

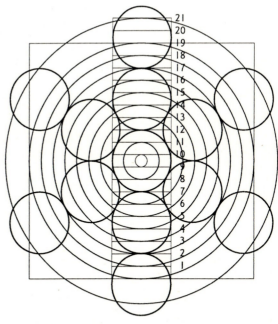

Ryc. 9-13a. Podstawowa figura geometryczna Lucie z naniesionym na nią planem świątyni i symbolem Owocu Życia.

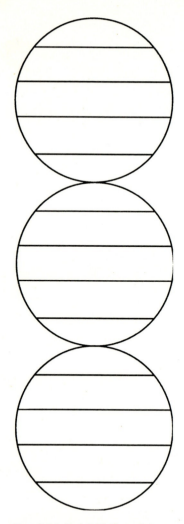

Ryc. 9-14. Podział kół na pięć
równych elementów

Ryc. 9-15a. Krok pierwszy.

wyraźnie. Dlatego też założyłem, że pozostałe koła we wzorze Owocu Życia *również* zostaną podzielone na pięć odcinków. To dość proste rozumowanie. Tak też postąpiłem. Oto, co otrzymałem [Ryc. 9-14], choć tylko w przypadku trzech górnych kół poziomych, bowiem resztę pozostawiłem bez zmian, aby nie komplikować sobie obrazu.

Założyłem zatem, że każde koło zawiera pięć jednakowych elementów. Jedyny problem polegał na tym, że nic do siebie nie pasowało. Nie mogłem w to uwierzyć! Sądziłem, że łatwo się z tym uporam i będę mógł przejść dalej, ale tak się nie stało. Pod względem geometrycznym nic do siebie nie pasowało. Musiałem ponownie zastanowić się nad obydwoma rysunkami. Ostatecznie uznałem, że na *tym etapie nie popełniłem najmniejszego błędu. Kwestia wydawała* się *oczywista.* Kiedy jednak ponownie usiłowałem złożyć je ze sobą, okazywało się to niemożliwe.

Po wielu godzinach bezowocnych wysiłków powróciłem do oryginalnego rysunku Lucie. Na środkowym kole dokonano ewidentnie podziału na pięć części, a po każdej jego stronie na siedem. Wtedy zastosowałem specjalny przyrząd do zmierzenia *wielkości* stopni drabiny. Odkryłem, że siedem odcinków poniżej, jak również siedem powyżej koła środkowego było *mniejszej* wielkości niż pięć odcinków *wewnątrz* koła! Lucie zmieniła ich rozmiar, aby dopasować do siebie elementy rysunku! *Wiedziała*, że funkcjonujemy na poziomie świadomości pozbawionym harmonii, wiedziała, że nie dopasuje drabiny bez wprowadzenia określonych zmian, a chciała zawrzeć całość w jednym rysunku. W ten sposób *dopasowała* poszczególne elementy, stwierdziwszy, że ci, którzy będą studiować jej rysunek zrozumieją, iż poziom, który narysowała wraz z jego 19 podziałami, jest dysharmonijnym poziomem świadomości.

Było to bardzo subtelne działanie na wzór kanonu Leonarda, który w górnej części swego rysunku dopisał informacje w lustrzanym odbiciu, tak że ich odczytanie wymagało zastosowania lustra. Podobnie oryginalny rysunek Lucie przedstawia aspekt męski, podczas gdy aspekt żeński jest jego lustrzanym odbiciem. Wielu starożytnych wprowadzało w tym względzie częste zmiany, aby ukryć swoją wiedzę. Prowadzili oni grę polegającą na ukrywaniu tego, czego nie chcieli ujawnić światu. Kiedy to zrozumiałem, zacząłem pojmować, na czym w istocie polega dysharmonijny poziom świadomości. Jednocześnie wiedziałem, że starożytni Egipcjanie także to rozumieli. Po dokonaniu tego odkrycia spędzałem nad rysunkami jeszcze więcej czasu.

TRZY SOCZEWKI

W tym miejscu, skoro już wiemy, że Egipcjanie znali trzy poziomy świadomości, możemy powrócić do naszych trzech wykresów geometrycznych i przestudiować je uważnie. Są to soczewki, przez które każdy z poziomów ludzkiej świadomości na swój sposób interpretuje Rzeczywistość: soczewki 8 na 10, 10 na 12 i 14 na 18. Zaczniemy od narysowania

8 na 10, czyli soczewki pierwszego poziomu świadomości.

Tot pokazał mi najprostszy sposób sporządzenia tego rysunku bez konieczności odwoływania się do pomiarów i kalkulacji. Wystarczy mieć jedynie linijkę i cyrkiel. Pokazał mi jak to zrobić i zapewniał, że zaoszczędzi mi to mnóstwo czasu [zob. instrukcje w prawym dolnym rogu strony przy Rycinie 9-15].

Kiedy wykonacie ostatni ruch, uzyskacie siatkę składającą się z 64 małych kwadratów umieszczonych wewnątrz dużego kwadratu wraz z *dokładnie jednym* kwadratem o szerokości kwadratów siatki, znajdującym się pomiędzy obwodem dużego kwadratu a obwodem dużego koła [Ryc. 9-16]. Duży kwadrat ma szerokość ośmiu kwadratów siatki, a duże koło średnicę długości 10 kwadratów siatki – to idealna forma 8 na 10. I nie potrzebujecie linijki, aby to zmierzyć!

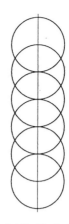

Ryc. 9-15b. Krok drugi

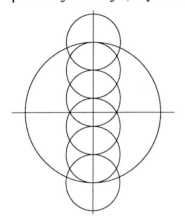

Ryc. 9-15c. Krok trzeci.

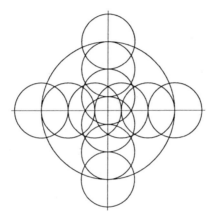

Ryc. 9-15d. Krok czwarty.

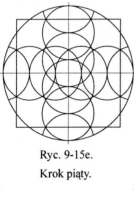

Ryc. 9-15e.
Krok piąty.

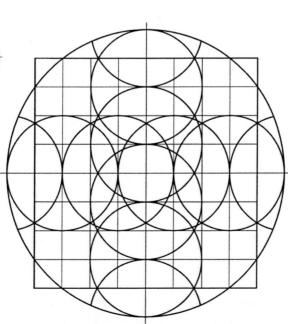

Ryc. 9-16. Krok szósty: siatka 8 na 10 dla pierwszego poziomu świadomości.

1. Narysuj linię pionową, a na niej koło [Ryc. 9-15a].

2. Narysuj pięć jednakowych kół ze środkiem w punktach, w których linia pionowa przecina obwód poprzedniego koła [Ryc. 9-15b].

3. Narysuj linię poziomą przechodzącą przez poziome punkty środkowej aureoli. Narysuj większe koło wokół czterech środkowych kół ze środkiem w punkcie przecięcia linii poziomej i pionowej [Ryc. 9-15c].

4. Narysuj koło tej samej wielkości, co na Rycinie 9-15b ze środkiem na linii poziomej, poczynając od krawędzi większego koła. Posługując się wzorem z punktu 2, narysuj jeszcze pięć kół poziomych [Ryc. 9-15d].

5. Stwórz kwadrat wielkości *Fi* o bokach przechodzących przez długie osie czterech zewnętrznych aureoli.

6. Wewnątrz kwadratu narysuj równoległe linie przechodzące przez wszystkie punkty, w których koła dotykają się, ale nie przecinają się nawzajem oraz przez długie osie każdej z pozostałych aureoli [Ryc. 9-16]. W ten sposób uzyskasz siatkę 8 na 10.

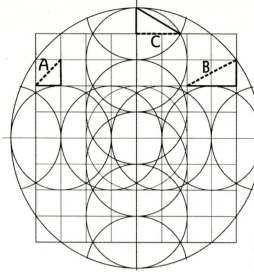

Ryc. 9-17a. Pierwiastek kwadratowy z 2 (trójkąt A), pierwiastek kwadratowy z 5* (trójkąt B) i pierwiastek kwadratowy z 3 (trójkąt C).

Uwaga: Według reguły pitagorejskiej przekątna trójkąta pozostaje w następującym stosunku do jego boków:

$h^2 = a^2 + b^2$ lub $h = \sqrt{a^2 + b^2}$

gdzie h jest przekątną, podczas gdy a i b reprezentują długości boków.

* I tak kiedy a = 2 oraz b = 1 (jak w trójkącie B), $a^2 + b^2 = 5$, zatem $h = \sqrt{5}$.

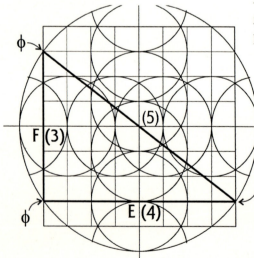

Ryc. 9-17c. Jeden z ośmiu trójkątów o wymiarach 3-4-5 wpisanych w koło w tej siatce. Jednostka miary równa się tu 2 długościom boków kwadratów siatki.

Istnieje jeszcze jeden aspekt siatki o wymiarach 8 na 10, o którym czasem opowiadam, choć w tym miejscu zaledwie o nim napomknę.

Niektórzy wiedzą, że Egipcjanie zredukowali całą swoją filozofię do pierwiastka kwadratowego z 2, 3 i 5 oraz trójkąta o proporcjach 3-4-5. Tak się składa, że wszystkie te elementy są obecne na rysunku przedstawiającym pierwszy poziom świadomości, a taki obrót wydarzeń jest prawdziwą rzadkością. Przejdźmy do Ryciny 9-17a. Jeśli przyjmiemy, że długość boków mniejszych kwadratów równa się 1, to linia przekątna A wyznaczy pierwiastek z 2, przekątna B pierwiastek z 5, a linia C pierwiastek z 3.

Dla przykładu, przez pierwiastek kwadratowy z 5 rozumiem to, że jeżeli *cztery* kwadraty siatki tworzą jeden odcinek (1) [Ryc. 9-17b], wtedy też linia D będzie równa 1, a linia E równa będzie 2. Zgodnie z regułą pitagorejską przekątną trójkąta prostokątnego wyprowadza się przez sumowa-

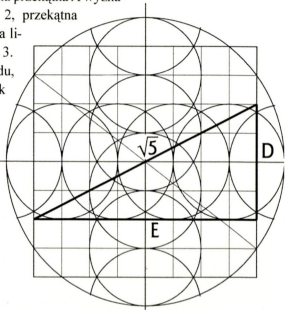

Ryc. 9-17b. Trójkąt pierwiastka kwadratowego z 5 ($\sqrt{5}$) ukazany w inny sposób przy użyciu *czterech* kwadratów siatki zamiast jednego równego 1,0.

nie kwadratów dwóch boków trójkąta prostokątnego i ujęcie wyniku w pierwiastek kwadratowy. I tak $1^2 = 1$, a $2^2 = 4$; a zatem $1 + 4 = 5$, dając przekątną jako pierwiastek z 5 ($\sqrt{5}$). To właśnie oznacza pierwiastek z 5. Spójrzcie na Rycinę 9-17b, na której cztery kwadraty siatki równają się 1.

Trójkąt 3-4-5 jest doskonale opisany na Rycinie 9-17c. Jeśli potraktujemy długość dwóch kwadratów jako jednostkę miary, to linia F będzie wynosiła dokładnie 3 jednostki (6 kwadratów), zaś linia E 4 jednostki (8 kwadratów). Skoro boki wynoszą 3 i 4, przekątna *musi* wynosić 5, co w efekcie daje trójkąt o wymiarach 3-4-5. Na tej rycinie występuje osiem doskonale wpisanych trójkątów, które wirują wokół środka. Rzadkością jest fakt, że trójkąty o wymiarach 3-4-5 wpisane są *dokładnie* w punktach, w których koło przecina kwadrat wyznaczając współczynnik *Fi*. W ten sposób tworzy się zadziwiająca synchroniczność, która nie może być przypadkowa. A teraz spróbujmy wykonać ten rysunek z niewielkimi zmianami.

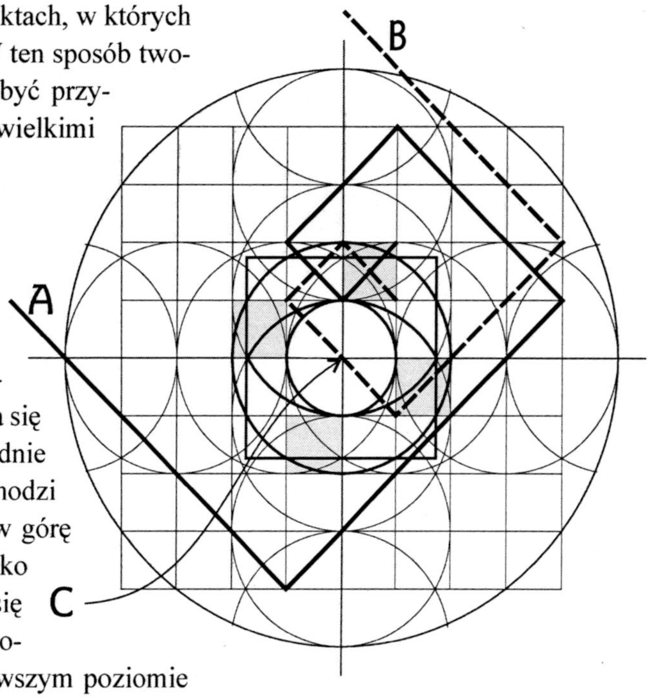

Oko Leonarda i CBS

Nałożymy teraz na siatkę dwie spirale Fibonacciego, spiralę żeńską (linia przerywana) oraz męską (linia ciągła) [Ryc. 9-18]. Widzieliśmy już wcześniej ich doskonałe odbicie [zob. Ryc. 8-11]. Spirala męska (A) styka się z górną krawędzią „oka", wirując w górę i dookoła, zgodnie z ruchem wskazówek zegara. Spirala żeńska (B) przechodzi przez punkt zero (C), środek oka, a następnie biegnie w górę i dookoła, odwrotnie do ruchu wskazówek zegara. (Oko znajdujące się pośrodku jest okiem CBS, co każe mi się zastanawiać, kim byli twórcy tego obrazu.) Oko to jest soczewką, choć Tot postrzega je jako oko. Umysł na pierwszym poziomie świadomości dokonuje interpretacji Rzeczywistości za pomocą geometrii. Rysunek ten przedstawia poziom świadomości właściwy Aborygenom, charakteryzującym się liczbą chromosomów 42 + 2 (jego autor ubolewa, że zagubił naukowe dowody z Australii na potwierdzenie tego faktu). Jest to pierwszy poziom świadomości ludzkiej na Ziemi, na którym człowiek po raz pierwszy uzyskuje świadomość siebie samego.

Ryc. 9-18. Inna perspektywa ukazująca oko CBS w środku, w punkcie zero (C).

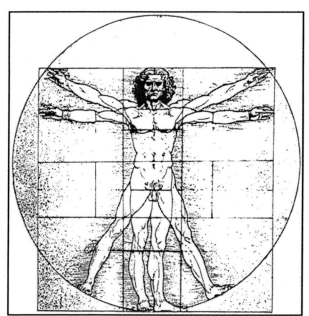

Ryc. 9-19. Oryginalna siatka Leonarda.

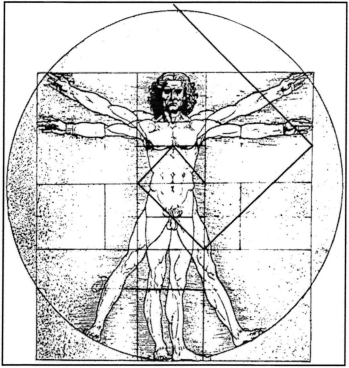

Ryc. 9-20. Spirala żeńska nałożona na siatkę Leonarda z sylwetką ludzką.

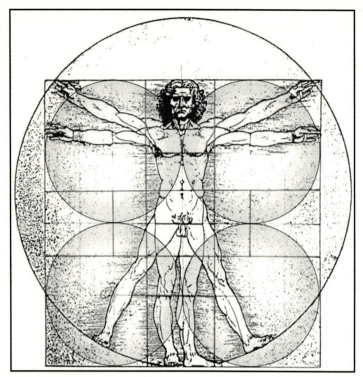

Ryc. 9-21. Kanon Leonarda nałożony na podział ośmiokomórkowy (pozostałe cztery komórki ukryte są za czterema widocznymi na rysunku).

Zauważcie, że na tej rycinie, podobnie jak na dwóch kolejnych (wywiedzionych z kanonu Leonarda, na który powoływaliśmy się już wcześniej) występują te same figury geometryczne [Ryc. 9-19 i 9-20]. Oba wzory zawierają siatki 64 kwadratów oraz tę samą strukturę wewnętrzną, mimo że koło i kwadrat na rysunku Leonarda przedstawione są w innym położeniu. Są ze sobą powiązane, co każe mi się zastanawiać, kim naprawdę był Leonardo i jaką wiedzę naprawdę studiował!

Na Rycinie 9-21 widzicie podział ośmiokomórkowy [zob. Jajo Życia na Ryc. 7-26] oraz nałożoną nań sylwetkę ludzką: zaczynamy tu widzieć, jak proporcje dorosłego człowieka zawierają się w podziale ośmiokomórkowym. (W dalszej części tego rozdziału omówimy bardziej szczegółowo związek między kanonem Leonarda a symbolem Jaja Życia.) Oznacza to również, że jeśli Leonardo naprawdę rozumiał ten przekaz, jeśli nie był to tylko zbieg okoliczności, to nie przedstawił na swoim rysunku jednego z nas, ale przedstawiciela pierwszego poziomu świadomości – Aborygena, pierwszego mieszkańca naszego świata. Nie *wiem*, rzecz jasna, czy Leonardo rzeczywiście zdawał sobie z tego sprawę, ponieważ trudno wysnuć podobny wniosek wyłącznie na podstawie jednej informacji.

Skoro Leonardo stworzył siatkę 8 na 10 wokół swego kanonu – a mógł przecież narysować siatkę o dowolnych wymiarach – zacząłem podejrzewać, że być może rozumiał on, na czym polegają geometryczne przedstawienia różnych poziomów świadomości. Zacząłem wówczas studiować inne jego prace, szukając pozostałych kanonów ludzkiej sylwetki o wymiarach 10 na 12 oraz 14 na 18. Mimo że obejrzałem wszystkie, które były dostępne, nigdzie nie natknąłem się na taki dowód. Ostatecznie zrezygnowałem z dalszych poszukiwań. Po jakimś czasie, kiedy powróciłem do studiów na rysunkami Leonarda zauważyłem, że pomysłodawcą wymiarów 8 na 10 w kanonie Leonarda był w rzeczywistości jego nauczyciel, Witruwiusz. Witruwiusz żył wprawdzie 1400 lat przed Leonardem, ale ten uważał go za swego najważniejszego mentora.

WYMIARY 10 NA 12 W PRACACH WITRUWIUSZA

Kiedy odkryłem, że to Witruwiuszowi zawdzięczamy właściwe proporcje kanonu, zacząłem studiować *jego* prace w poszukiwaniu wymiarów 10 na 12 oraz 14 na 18. I udało się! Znalazłem wymiary 10 na 12. Odnalazłszy dwa z trzech istniejących poziomów świadomości, zaczą-

Ryc. 9-22. Cztery koła, które utworzą siatkę 8 na 10.

łem coraz silniej podejrzewać, że obaj, Witruwiusz i Leonardo, rozwijali tę samą linię myślenia, którą wyznaczył mi Tot w swoich naukach. Do tego wszystkiego Witruwiusz był rzymskim inżynierem, a na podstawie jego pism opublikowanych ponownie w XIV wieku oparto projekty kilku wspaniałych kościołów Europy. Leonardo zaś był mistrzem masonów.

Jeśli narysujecie *pięć* kół tej samej średnicy wzdłuż osi [jak na Ryc. 9-23] zamiast czterech [jak na Ryc. 9-22] oraz dorysujecie linie przechodzące przez długości i połączenia wszystkich aureoli, otrzymacie siatkę stu kwadratów - 10 na 12.

Poznacie od razu, że jest to siatka 10 na 12, bowiem składa się ona z 10 kwadratów ustawionych w poprzek dużego kwadratu oraz 12 kwadratów ustawionych wzdłuż średnicy dużego koła. Jak widzieliśmy na Ryc. 9-16, aureole wokół czterech boków znajdują się w połowie wewnątrz, a w połowie na zewnątrz kwadratu. Ponieważ połowa szerokości aureoli wyznacza rozmiary kwadratów (narysowaliście linie podłużne wzdłuż wszystkich 12 aureoli oraz linie równoległe na wszystkich 10 połączeniach), wiadomo, że otrzymaliście idealne proporcje.

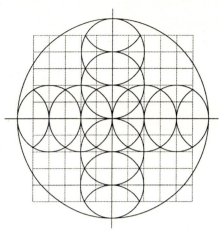

Ryc. 9-23. Siatka 10 na 12.

10 000 LAT NA ZROZUMIENIE

A jednak... kiedy zacząłem rysować spiralę Fibonacciego (żeńską) poczynając od prawego górnego rogu szeregu czterech środkowych kwadratów (punkt A na Ryc. 9-24), wcale nie przechodziła ona przez odpowiednie punkty, tak jak to wyglądało na siatce 8 na 10. Nie pojawiło się zatem zjawisko synchroniczności.

Pamiętam, że Tot przyglądał się moim wysiłkom. Po dłuższym czasie powiedział, że postanowił udzielić mi podpowiedzi w tej kwestii.

„Sam do tego dojdę" – odparłem.

„Lepiej będzie, jak ci podpowiem."

„Dlaczego?" – spytałem.

„To może potrwać. Zrozumienie, jak powinien wyglądać ten wykres zajęło nam około 10 000 lat. Nie mam tyle czasu."

Oto, co mi powiedział Tot: Dla pierwszego poziomu świadomości (8 na 10, Ryc. 9-16), dla tych czterech kwadratów siatki znajdujących

Ryc. 9-24. Siatka drugiego poziomu świadomości: spirala pozbawiona synchroniczności. Jednostką jest tutaj długość jednej przekątnej kwadratu sieci. Możecie prześledzić szereg Fibonacciego na wykresie.

Ryc. 9-24a Siatka drugiego poziomu świadomości: spirala zsynchronizowana. Jednostką jest tutaj długość dwóch przekątnych kwadratów siatki, tak że tylko trzy pierwsze cyfry w szeregu Fibonacciego znajdują się wewnątrz siatki. Czy potraficie odnaleźć różnicę w synchroniczności między Ryc. 9-24 a 9-24a? Gdzie występuje zaburzenie równowagi między nimi? (Tajemnica ukryta jest w sekretnej piramidzie na Ryc. 9-39.)

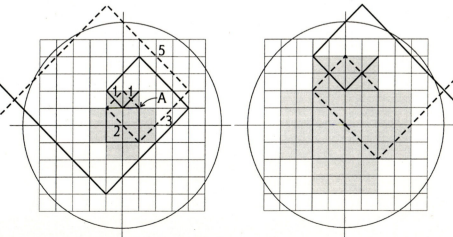

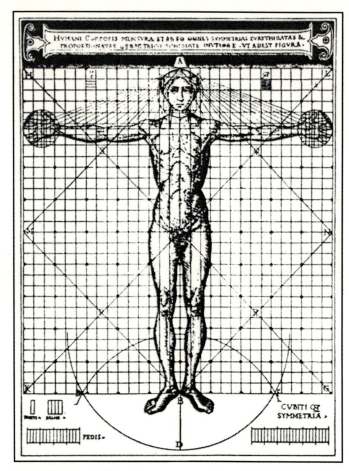

Ryc. 9-25. Kanon Witruwiusza.

się pośrodku, jedynka, którą przyjęliśmy za jednostkę miary nie była w rzeczywistości jedynką. W rzeczywistości powinno być to jeden do *kwadratu* – a jeden do kwadratu równa się jeden. Jak zatem poznać różnicę? Na drugim poziomie świadomości, 10 na 12, znów nie chodzi o 2, ale 2 do *kwadratu*, co daje 4. Musisz zatem wziąć przekątną czterech kwadratów jako jednostkę miary, co oznacza, że w tym wypadku miarą będzie długość dwóch przekątnych, a nie jednej [zob. Ryc. 9-24a].

Kiedy zastosujesz nową miarę w postaci długości dwóch przekątnych, natychmiast zaobserwujesz zjawisko synchroniczności. Nie powiem ci, o co tu chodzi, wystarczy informacja, iż jest to drugi poziom świadomości. To my. Rysunek przedstawia geometryczną soczewkę, poprzez którą interpretujemy jedyną Rzeczywistość.

Rycina 9-25 przedstawia kanon Witruwiusza o wymiarach 10 na 12. Na pierwszy rzut oka nie widać tej dziesiątki, bowiem wzdłuż boków mieści się po 30 kwadratów, co w sumie daje ich 900 tworzących siatkę. Jeśli jednak przyjrzycie się uważniej, dostrzeżecie kropki oznaczające co trzeci kwadrat. Licząc od kropki do kropki, czyli trzy kwadraty jako jeden, otrzymacie dokładnie po 10 kwadratów wzdłuż boków. Możemy zatem stwierdzić, że siatka ta skrywa 100 większych kwadratów.

Sądzę, że kanon Witruwiusza nosił wymiary 10 na 12, choć trudno byłoby to udowodnić, ponieważ Witruwiusz nie narysował koła o współczynniku *Fi*. Gdyby to zrobił, z pewnością otrzymałby rozmiary 10 na 12 [zob. Ryc. 9-26]. Drugim obiektem widocznym na rysunku jest diament (wierzchołki A, B, M i N), który na pozór do niczego nie pasuje. Stanowi on jednak kolejną wskazówkę, że mamy do czynienia z przedstawieniem drugiego poziomu świadomości, o którym pisaliśmy już wcześniej w tym rozdziale [zob. Ryc. 9-4 i tekst poniżej], jako podstawą wyboru siatki o wymiarach 10 na 12. Dla mnie zaś fakt, że Witruwiusz narysował diament nałożony na kanon, stanowi dowód jego zrozumienia, iż jest to przedstawienie drugiego poziomu świadomości ludzkiej.

Kolejną kwestią związaną z kanonem Witruwiusza jest fakt istnienia dziewięciu małych kwadratów wewnątrz każdego większego kwadratu przedstawionego za pomocą kropek. Wzór dziewięciu kwadratów jest kluczem do wewnętrznej siatki na następnym poziomie – świadomości Chrystusowej – bowiem na tym właśnie wyższym poziomie nie mamy już do czynienia z 1 lub 2 podniesionymi do kwadratu, ale z 3. Trzy podniesione do kwadratu daje 9. Aby osiągnąć harmonię panującą na następnym poziomie, musimy użyć 9 kwadratów. Dziewięć to również ilość kamieni w sklepieniu Komnaty Króla.

WITRUWIUSZ A WIELKA PIRAMIDA

Powtórzmy, że Rycina 9-26 przedstawia wzór diamentu rozpostartego wokół drugiego poziomu świadomości – jest to zarazem wzór wiążący pierwszy i trzeci poziom świadomości. Obracając kwadrat charakteryzujący drugi poziom świadomości o 45 stopni [zob. Ryc. 9-4] sprawiliśmy, że na wykresie zbliżył się on do miejsca, w którym występuje już poziom świadomości Chrystusowej; właściwie dotyka on teraz siódmego kwadratu świadomości Chrystusowej. Wzór kwadratu i diamentu występuje również, choć nie tak wyraźnie, na planie Wielkiej Piramidy, co może stanowić kolejny dowód na to, iż budowla ta miała służyć przekraczaniu drugiego poziomu świadomości i przenoszeniu się na poziom trzeci.

Gdybyśmy odcięli górną część Wielkiej Piramidy na wysokości podłogi Komnaty Króla, to otrzymany w ten sposób górny kwadrat [Ryc. 9-27] stanowiłby dokładnie połowę wielkości podstawy. Rząd egipski również dokonał tego odkrycia. Nie trzeba specjalnych przyrządów, żeby to odkryć. Jeśli bowiem obrócicie górny kwadrat o 45 stopni, jak pokazano na Rycinie 9-28, jego kąty będą stykały się idealnie z obwodem podstawy piramidy. Rysując przekątne w celu połączenia ze

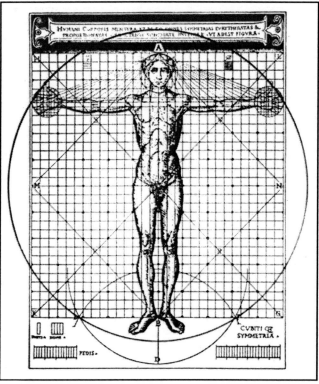

Ryc. 9-26. Nowe koło wokół kanonu Witruwiusza.

Ryc. 9-27. Piramida odcięta na wysokości podłogi Komnaty Króla.

sobą przeciwległych rogów wewnętrznego kwadratu-diamentu, utworzycie 8 trójkątów jednakowej wielkości (cztery wewnątrz i cztery na zewnątrz kwadratu-diamentu). Skoro zaś cztery trójkąty wewnętrzne są tej samej wielkości co cztery trójkąty zewnętrzne [zob. dwa trójkąty zarysowane ciemniejszą kreską], to obszar wewnętrznego kwadratu będzie stanowił dokładnie połowę pola podstawy. Widać to bez dokonywania obliczeń.

Komnata Króla, której wielkość podłogi określa wy-

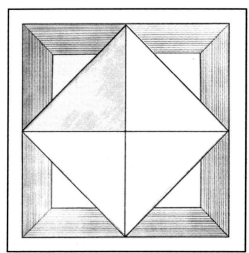

Ryc. 9-28. Kwadraty i diamenty ilustrujące fakt, że „górny" kwadrat (zob. ryc. poprzednią) stanowi dokładnie połowę wielkości „niższego" kwadratu podstawy.

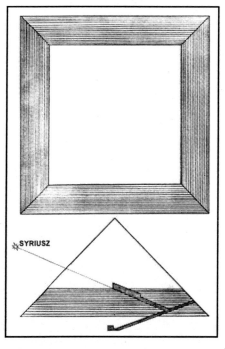

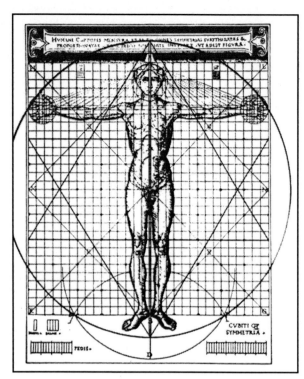

Ryc. 9-30. Drugi poziom świadomości u Witruwiusza. Dodano: koło o współczynniku *Fi*, środkową tubą prany oraz tetraedry gwieździste reprezentujące podstawę Mer-Ka-Ba.

Ryc. 9-30a. Dodano: nową sferę świadomości wokół czakry serca, powstałą dzięki specjalnej technice oddychania.

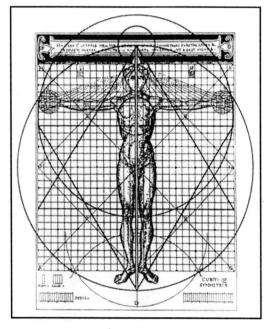

miary górnego kwadratu u obu figur – została zabudowana dla nas, przedstawicieli drugiego poziomu świadomości, w celu inicjacji na wyższy poziom świadomości Chrystusowej. Kiedy te informacje zostaną ujawnione i zrozumiane, stanie się to oczywiste.

Na Rycinie 9-29 możecie zobaczyć geometrię zewnętrznego kwadratu wraz z mniejszymi

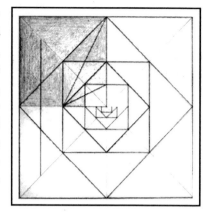

Ryc. 9-29. Kwadrat zewnętrzny z następującymi po sobie wewnętrznymi kwadratami obróconymi o 45 stopni.

o połowę kwadratami obróconymi o 45 stopni. Moglibyśmy podjąć w tym momencie głęboką dyskusję nad ezoterycznym znaczeniem tej progresji geometrycznej, bowiem święte pierwiastki kwadratowe z 2 oraz 5 będą geometrycznie wiecznie oscylowały, sądzę jednak, że sami to zrozumiecie, gdy pójdziemy trochę dalej.

POSZUKIWANIA SIATKI O WYMIARACH 14 NA 18

Na tym etapie odnalazłem już dwa z trzech poziomów świadomości, wywodząc je z prac Witruwiusza i Leonarda. Byłem tym niezwykle podekscytowany. Nadal studiowałem rysunki Witruwiusza w poszukiwaniu siatki o wymiarach 14 na 18. Długo to trwało, aż wreszcie mnie oświeciło. Wymiary 14 na 18 przedstawiają poziom świadomości Chrystusowej. Mój logiczny umysł podpowiadał mi, że gdyby Witruwiusz sporządził taki rysunek, traktowałby go jak największą świętość i zapewne ukryłby go w złotej szkatułce wewnątrz jakiegoś ołtarza. Nie pozostawiłby go na stole, aby nie dostał się w niepowołane ręce. Mimo że nadal prowadziłem poszukiwania, nie natrafiłem jednak na upragniony rysunek. Nie wiem, czy kiedykolwiek go odnajdę.

Rycina 9-30 przedstawia wyobrażenie nas samych. Dodałem tam kilka linii. Być może okaże się to dla was bardzo istotne. Sam przywiązuję do niego wielką wagę, dlatego uczyniłem zeń wiodący rysunek ośmiu pierwszych rozdziałów tej książki. Rysunek ten jest tak istotny, ponieważ ukazuje dokładne proporcje tetraedru gwieździstego rozpostartego wokół ciała ludzkiego; tubę biegnącą pośrodku, którą posługujemy się oddychając podczas medytacji wiodącej do wiedzy o Mer-Ka-Ba, czyli o ludzkim ciele świetlistym, oraz koło o współczynniku *Fi*. Rycina 9-30a przedstawia sferę (kulę), o której dotąd nie mówiliśmy – jest to sfera świadomości, która może rozwinąć się wokół waszej czakry serca dzięki technice oddychania, którą posługiwali się starożytni. Modlę się, aby wraz z końcem lektury tej książki, zawarta w niej wiedza nabrała dla was głębokiego znaczenia i wspomagała wasz rozwój duchowy.

NIEZNANY LEONARDO

Obecnie dysponuję zatem dwoma z trzech fragmentów całości. Nabierałem coraz większego przekonania, że Leonardo i Witruwiusz zgłębiali tę samą linię wiedzy, którą prowadził mnie Tot, choć nie miałem co do tego pewności. W głębi duszy czułem, że tak właśnie było, ale wciąż brakowało mi dowodów. Któregoś dnia prowadziłem zajęcia w Nowym Jorku. Siedziałem w domu kobiety, która sponsorowała moje warsztaty. Miała bogatą biblio-

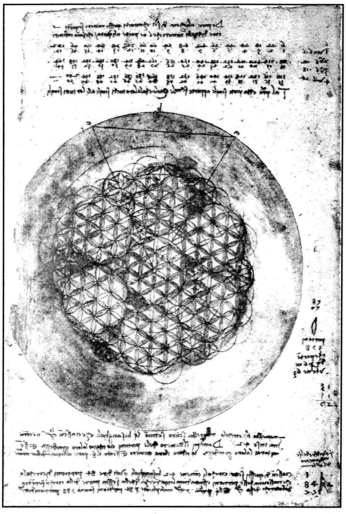

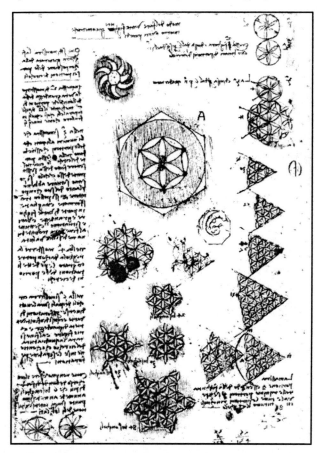

Ryc. 9-32. Kolejne szkice Leonarda przedstawiające Kwiat Życia. A: rdzeń Kwiatu Życia. (Z: *The Uknown Leonardo*, s. 64)

tekę. Zauważyłem w niej książkę na temat Leonarda, której dotąd nie czytałem. Nosiła tytuł *The Unknown Leonardo (Nieznany Leonardo)*. Zebrano w niej prace Leonarda da Vinci, które najczęściej pomijano jako mniej istotne. Były to głównie szkice, których nie prze-

Ryc. 9-31. Kwiat Życia autorstwa Leonarda. Z: *The Unknown Leonardo* (red. Ladislas Reti, Abradale Press, Harry Abrams, Inc., Publishers, Nowy Jork, wyd. 1990).

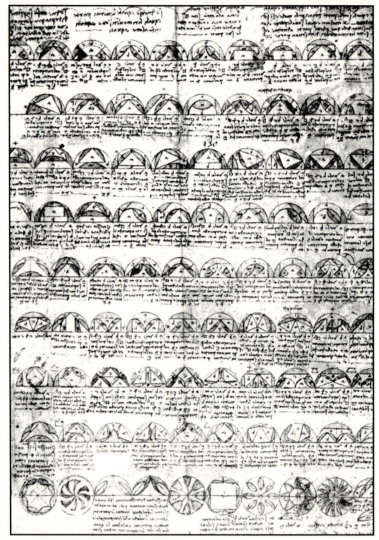

Ryc. 9-33a. Współczynniki Leonarda
w zastosowaniu do jego wynalazków.
(Z: *The Unknown Leonardo*, s. 78)

drukowywano w pięknych wydaniach dzieł mistrza, traktując je jako rysunki wstępne do dojrzałych prac.

Wertowałem kartki tej nieznanej mi książki i nagle natrafiłem na ten rysunek [Ryc. 9-31]. Leonardo narysował Kwiat Życia! W dodatku nie był to wcale szkic. Rysunek zawierał dokładne obliczenia kątów oraz studia nad geometrią związaną z tym symbolem. Rycina 9-32 przedstawia rysunki Leonarda, na których widnieją różne wzory zawarte w Kwiecie Życia. Wzór kwiatu oznaczony literą A stanowi klucz występujący na całym świecie – jest to rdzeń Kwiatu Życia. Odnajdziecie go w kościołach, monastyrach oraz innych miejscach na całej planecie. Przekazuje on bowiem podstawową informację na temat stworzenia. Informację, o której zapomnieliśmy.

Leonardo pracowicie rozwijał wszelkie możliwości i relacje zawarte we wzorze Kwiatu Życia. Dokonywał obliczeń wszystkich występujących tam kątów. O ile wiem, był pierw-

szym człowiekiem, który poznał wartości wszystkich współczynników związanych z tym symbolem i potrafił zastosować je w budowie swoich wynalazków. A był twórcą zadziwiających rzeczy [Ryc. 9-33a] – maszyn takich jak helikopter, który narodził się w jego umyśle, jak również pierwowzoru przekładni w dzisiejszych samochodach.

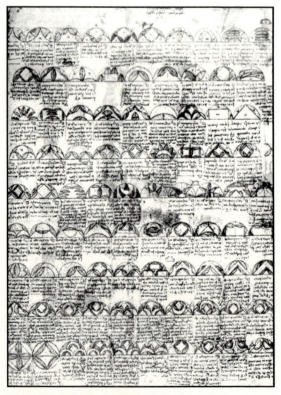

Ryc. 9-33b. Więcej współczynników i proporcji.
(Z: *The Unknown Leonardo*, s. 79)

A wszystko wywodził z rysunków powstałych na podstawie obserwacji Kwiatu Życia! Wydawca książki nie zorientował się, co przedstawiał rysunek. Opatrzył go tylko komentarzem: „Ten wzór inspirował wynalazki Leonarda". Leonardo zaś pilnie pracował, odkrywając kolejne wartości współczynników. Oto inny przykład jego obliczeń [Ryc. 9-33b].

Mogę zatem stwierdzić teraz z całą pewnością, że Leonardo podążał tą samą drogą co Tot w swoich naukach, które wam tu przekazuję. Sądzę, że nauki Tota i studia Leonarda opierały się na takim samym sposobie rozumienia symboliki Kwiatu Życia.

Był jeszcze jeden sławny człowiek, który podążał tą samą drogą – Pitagoras. Kiedy pracujecie nad świętą geometrią sporządzając wykresy – co wymaga wiedzy na temat szerokości kątów oraz odpowiednich proporcji – musicie dowieść prawidłowości swoich działań. Za każdym razem, kiedy natrafiałem na sytuację wymagającą dowodu, sięgałem do książek z dziedziny geometrii, zamiast trudzić się samemu ich opracowywaniem. Za każdym też razem okazywało się, że autorem danej definicji był Pitagoras.

Dowody opracowane przez Pitagorasa – niemal całe spektrum jego szkoły – nie stanowiły pojedynczych osiągnięć w wybranych zagadnieniach geometrycznych. W każdym przypadku były to żywe dowody na tej samej ścieżce, którą podążamy. Pitagoras **musiał** jednak dowodzić prawidłowości każdego kroku na tej drodze. Nie mógł sobie pozwolić na zgadywanki; musiał przeprowadzić dowód w kategoriach geometrycznych, zanim mógł posunąć się dalej. Ostatecznie zebrałem wszystkie jego wykresy i dowody przewidując, że będą mi potrzebne. Poświęcił on całe życie na wykonanie tej pracy, podczas gdy ja, rzecz jasna, chciałem jak najszybciej pójść dalej.

Przekonaliśmy się zatem, że co najmniej dwóch wielkich ludzi z przeszłości, Leonardo da Vinci, jeden z największych żyjących umysłów oraz Pitagoras, ojciec współczesnego świata, uświadamiało sobie wagę symboliki Kwiatu Życia i stosowało tę wiedzę w codziennym życiu.

Przyjrzyjmy się teraz ostatniemu geometrycznemu przedstawieniu świadomości, siatce o wymiarach 14 na 18, wyznaczającej pole świadomości Chrystusowej [Ryc. 9-34]. W tym celu należy tak jak poprzednio narysować dziewięć kół koncentrycznych oraz kwadrat wokół siódmego koła. W ten sposób otrzymamy podstawowy wykres świadomości Chrystusowej o wymiarach 14 na 18. Różnica polega na tym, że cztery kwadraty znajdujące się pośrodku nie mogą mieć podstawy o wymiarach 1 do kwadratu ani 2 do kwadratu; podstawową jednostką długości musi być 3 do kwadratu. Trzy do kwadratu daje 9, zatem podstawową figurę tworzy dziewięć kwadratów z których składają się kwadraty środkowe. Tych

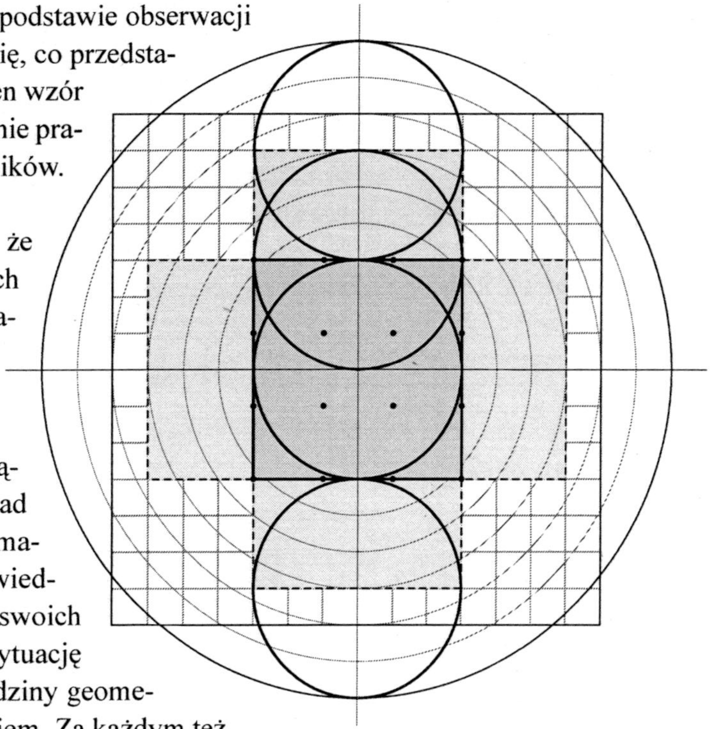

Ryc. 9-34. Świadomość Chrystusowa. Stosunek koła do kwadratu 14 na 18 na trzecim poziomie świadomości.

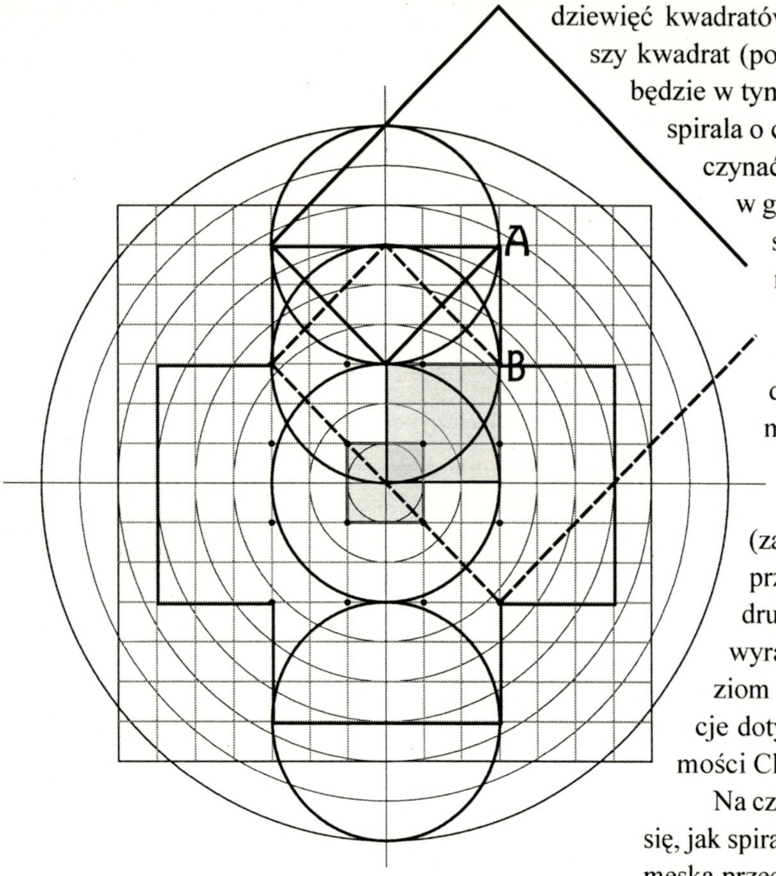

Ryc. 9-34a. Świadomość Chrystusowa, siatka 14 na 18, podstawowa jednostka miary (cztery zarysowane kwadraty w środku) oraz przekątna długości trzech kwadratów jako jednostka spirali (większy zarysowany kwadrat).

dziewięć kwadratów obwodzimy kreską, tworząc jeden większy kwadrat (pole zacieniowane). Jednostką długości miary będzie w tym wypadku długość trzech przekątnych. I tak spirala o charakterze męskim [zob. Ryc. 9-34a] rozpoczynać się będzie w punkcie A, idąc w dół, potem w górę, wychodząc ostatecznie poza wykres, zaś spirala żeńska (linia przerywana) rozpoczynać się będzie w punkcie B i kierować w górę, a potem w dół, ostatecznie przechodząc przez środek, czy też punkt zero i wychodzić poza siatkę. Także i na tym wykresie możecie zaobserwować zjawisko synchroniczności, pod warunkiem, że zastosujecie miarę trzech przekątnych lub dziewięciu (zacienionych) kwadratów. Rozwiązanie to przedstawił już Witruwiusz na swoim wykresie drugiego poziomu świadomości. W ten sposób wyraził to samo, czego uczył mnie Tot: drugi poziom świadomości zawiera podstawowe informacje dotyczące poziomu trzeciego, poziomu świadomości Chrystusowej.

Na czym polega owa synchroniczność? Przyjrzyjcie się, jak spirala żeńska przecina żeński punkt zero, a spirala męska przecina dokładnie linię pośrodku i koło zewnętrzne. Tę samą sytuację przedstawia Rycina 9-24a. Nas tym polega klucz. Wkrótce przekonacie się, że punkty te wyznaczają podstawę i wierzchołek Wielkiej Piramidy.

WIELKA SYNCHRONICZNOŚĆ

Pokażę wam teraz szereg rysunków ilustrujących zjawisko wielkiej synchroniczności.

Na Rycinie 9-35 widać osiem komórek pierwotnych (koła zacienione) otoczonych przez zona pellucida [por. Ryc. 7-26]. (Pozostałe cztery komórki są ukryte za nimi.) Koło zewnętrzne tworzy wielkość Fi z kwadratem otaczającym sylwetkę ludzką. Postać dorosłego człowieka idealnie wpasowuje się w połączone w ten sposób figury geometryczne. Mamy tu nawet tetraedr gwieździsty [Ryc. 9-35a].

Gdybyście narysowali trzy koła jednakowej wielkości wzdłuż osi pionowej [Ryc. 9-36] – a wpasowałyby się one idealnie, bowiem tetraedr gwieździsty jest podzielony na trzy części – okazałoby się, że osiem komórek pierwotnych i sylwetka dorosłego człowieka są ze sobą wzajemnie powiązane. Mikrokosmos znajduje odzwierciedlenie w naszym świecie.

Mamy więc dwuwymiarowy wykres ośmiu komórek pierwotnych.

Gdybyśmy przedstawili go w perspektywie trójwymiarowej, umieszczając pośrodku sferę (kulę) przechodzącą do punktu centralnego – jak kamyczek wpasowany idealnie między tymi sferami i wchodzący do środka – sferę (kulę) tę reprezentowałoby koło oznaczone literą A. Gdybyście utworzyli teraz identyczne koło i umiejscowili je na górze (B), dotykałoby ono wewnętrznej powierzchni *zona pellucida*, ukazując jej położenie.

Zajmijmy się teraz kołem wpasowanym w przestrzeń *poza* mniejszym kołem środkowym – nieco większym, pasującym do wymiarów siatki 64 kwadratów [zob. Ryc. 9--36a]. Kiedy umieścicie koło tych rozmiarów w punkcie B, ukaże wam się precyzyjnie zewnętrzna powłoka *zona pellucida*. Zatem mniejsze koło, które idealnie wpasowuje się w poprzek oraz koło nieco większe, które idealnie wpisuje się w środek stanowią klucze do wewnętrznej i zewnętrznej powłoki *zona pellucida*. Jednocześnie wskazują one położenie tych elementów w stosunku do współczynnika *Fi*. Jest to jedyny znany mi sposób obliczenia tego stosunku, choć być może istnieją inne metody.

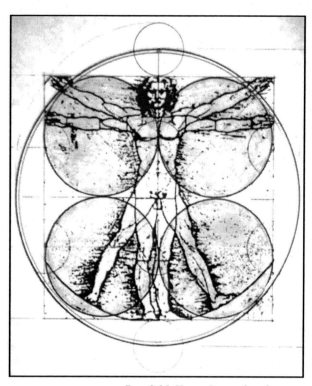

Ryc. 9-35. Kanon Leonarda nałożony na osiem komórek pierwotnych (zacienione koła; cztery koła ukryte są za czterema widocznymi na rysunku).

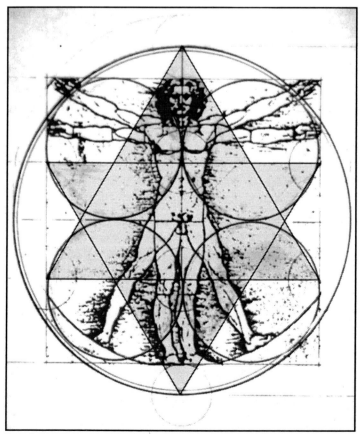

Ryc. 9-35a. Tetraedr gwieździsty dopasowany do kanonu oraz ośmiu komórek pierwotnych.

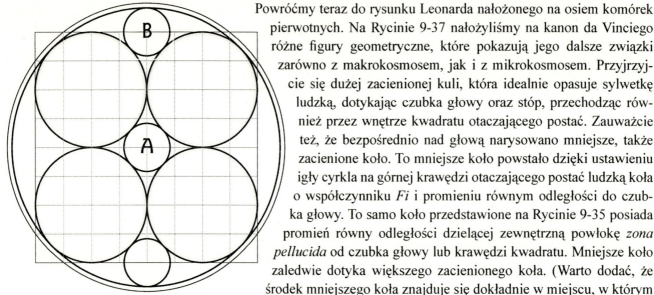

Ryc. 9-36. Osiem komórek
pierwotnych bez kanonu Leonarda
plus trzy dodane koła.

Powróćmy teraz do rysunku Leonarda nałożonego na osiem komórek pierwotnych. Na Rycinie 9-37 nałożyliśmy na kanon da Vinciego różne figury geometryczne, które pokazują jego dalsze związki zarówno z makrokosmosem, jak i z mikrokosmosem. Przyjrzyjcie się dużej zacienionej kuli, która idealnie opasuje sylwetkę ludzką, dotykając czubka głowy oraz stóp, przechodząc również przez wnętrze kwadratu otaczającego postać. Zauważcie też, że bezpośrednio nad głową narysowano mniejsze, także zacienione koło. To mniejsze koło powstało dzięki ustawieniu igły cyrkla na górnej krawędzi otaczającego postać ludzką koła o współczynniku *Fi* i promieniu równym odległości do czubka głowy. To samo koło przedstawione na Rycinie 9-35 posiada promień równy odległości dzielącej zewnętrzną powłokę *zona pellucida* od czubka głowy lub krawędzi kwadratu. Mniejsze koło zaledwie dotyka większego zacienionego koła. (Warto dodać, że środek mniejszego koła znajduje się dokładnie w miejscu, w którym położona jest trzynasta czakra.)

I co to wszystko znaczy?

STOSUNEK ZIEMI DO KSIĘŻYCA

Wielu ludzi twierdzi, iż są autorami poniższych informacji, choć żaden z nich nie ma racji. Natrafiłem niegdyś na ślad człowieka, który zapewne był prawdziwym twórcą tej koncepcji. Nazywał się Lawrence Blair i napisał najwcześniejsze znane mi dzieło poruszające tę kwestię, *Rhythms of Vision*. Nie twierdził jednak, iż sam to wszystko wymyślił, ale powoływał się na starsze źródła. Ostatecznie nie wiadomo zatem, kto jest prawdziwym autorem tej idei, zawierającej zadziwiające informacje, szczególnie dla kogoś, kto słyszy o tym po raz pierwszy.

Zważcie: wymiary obu zacienionych kół na tym wykresie [Ryc. 9-37] „przez przypadek" mają względem siebie taki sam stosunek, jak Ziemia względem Księżyca. Wielkość tego stosunku występuje w ciele ludzkim oraz w ośmiu komórkach pierwotnych. Dodatkowo, koła przedstawione na wykresie nie tylko odznaczają się takim samym stosunkiem, jaki mają wymiary Ziemi do wymiarów Księżyca, ale tak jak na tym rysunku, kwadrat, który otoczyłby Ziemię oraz koło, które przechodziłoby przez środek Księżyca (gdyby Księżyc stykał się z Ziemią), pozostawałyby ze sobą również w stosunku oznaczonym wielkością *Fi*. Twierdzenie to można udowodnić, co jednocześnie potwierdza prawdziwość relacji między o wymiarami Ziemi i Księżyca.

W tym celu musicie znać długość średnicy Ziemi, która równa się długości boku kwadratu, który mógłby ją otaczać, podobnie jak w przypadku kwadratu otaczającego sylwetkę ludzką. Wielkość tę należy pomnożyć przez cztery, aby dowiedzieć się, ile kilometrów ma długość wszystkich boków

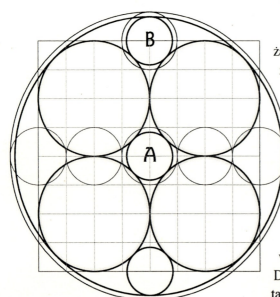

Ryc. 9-36a. Przedstawienie tego, jak lekko większe koło idealnie wpasowane w siatkę kwadratów wpasowuje się również *we wewnętrze* trójwymiarowego modelu ośmiu komórek oraz tego, jak to koło na *zewnątrz* styka się z zewnętrzną powłoką *zona pellucida*.

kwadratu. Następnie musicie obliczyć w kilometrach obwód koła, które przecinałoby środek
Księżyca, gdyby Księżyc stykał się z Ziemią.

Przyjrzyjmy się tej sytuacji.

Szacunkowo średnica Ziemi wynosi 12 672
kilometry, a średnica Księżyca 3 456 kilometrów. Obwód kwadratu, który otaczałby Ziemię
równa się długości średnicy Ziemi pomnożonej
przez 4, czyli 50 688 kilometrów. Aby obliczyć w kilometrach obwód koła przecinającego
środek Księżyca, trzeba znać długość średnicy
Ziemi oraz promienia Księżyca, przedstawione
na górze i na dole Ryciny 9-37 – czyli średnicy zarówno Ziemi, jak i Księżyca – dodać je do
siebie i pomnożyć przez wielkość π. Dowie-
dziecie tezy, jeśli okaże się, że uzyskane liczby
są jednakowe, bądź zbliżone do siebie. Obwód
koła równa się długości średnicy Ziemi (12 672
km) plus długość średnicy Księżyca (3 456 km),
czyli wynosi 16 128. Liczba 16 128 pomnożona
przez π (3,1416) daje 50 641 km [zob. Ryc. 9-38]
– *co oznacza zaledwie 47 kilometrów różnicy!*
Wziąwszy pod uwagę, że poziom oceanu jest

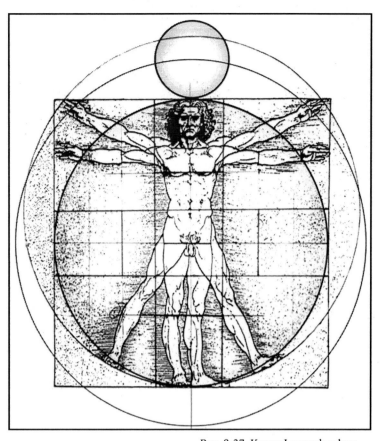

Ryc. 9-37. Kanon Leonarda z kwadratem i kołem wpisanym wewnątrz.
Małe zacienione koło nad głową
jest umiejscowione na zewnętrznej
powłoce *zona pellucida* i tworzy
współczynnik *Fi* w stosunku do
kwadratu.

o 43 kilometry wyższy na równiku niż w jakimkolwiek innym miejscu (ocean jest wypychany do góry, tworząc 43 kilometrową grań), to 47 kilometrów
przedstawia drobną różnicę. Jeśli jednak pomnożyć 16 128 przez 22/7 (liczba ta używana jest często jako najbliższa π), w rezultacie otrzymamy *liczbę
dokładnie równą* obwodowi kwadratu – 50 641 km!

Wymiary Ziemi pozostają w harmonijnej (w stosunku *Fi*) relacji do
Księżyca, a te same proporcje odnajdujemy w polu ludzkiej energii, a nawet
w samym Jaju Życia.

Wiele tygodni rozmyślałem o tym paradoksie. Pole energii ludzkiej zawiera w sobie wymiary Ziemi, na której żyjemy oraz Księżyca, który się
wokół niej obraca! Tak samo zadziwiła mnie myśl o elektronach podróżują-
cych z 9/10 szybkości światła. Cóż to oznacza? Czy to możliwe, że planety
mogą przyjmować tylko niektóre rozmiary? Czyż we wszechświecie nic nie
dzieje się przypadkowo? Skoro zaś nasze ciała stanowią miarę wszechświata, czy to możliwe, że zawieramy w sobie również rozmiary wszystkich planet? Czy wymiary wszystkich słońc mają odzwierciedlenie w nas samych?

Tę samą informację opublikowano niedawno w kilku książkach, choć jej
autorzy nie potrafili odgadnąć jej prawdziwego znaczenia. A przecież mamy
do czynienia z istotnym zjawiskiem. Należy potraktować je bardzo poważnie. Wciąż jestem głęboko zadziwiony doskonałością stworzenia. Wiedza ta
zaś z całą pewnością potwierdza koncepcję głoszącą, iż „człowiek jest miarą
wszechświata".

12 672 x 4 = 50 688
Ś = 12 672 + 3 456 = 16 128
16 128 x π = 50 641

Ryc. 9-38. Obliczenia Ziemi i Księżyca

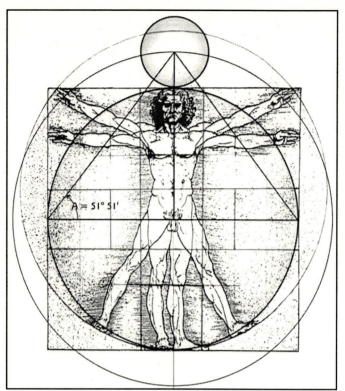

Ryc. 9-39. Proporcje Ziemi i Księżyca.
Kąt A występuje również w Wielkiej
Piramidzie.

A = 51° 51'

ZIEMIA I KSIĘŻYC A PROPORCJE PIRAMIDY

Jeśli to wam nie wystarczy, sprawdźcie, co oznaczają pozostałe linie na wykresie. Rysując linię poziomą przechodzącą przez środek Ziemi aż do jej krawędzi, a następnie linie wychodzące z obu tych punktów do środka Księżyca oraz linię biegnącą ze środka Księżyca do środka Ziemi [Ryc. 9-39], otrzymacie *dokładne* proporcje Wielkiej Piramidy w Egipcie! Kąt oznaczony literą A ma 51 stopni, 51 minut i 24 sekundy szerokości, czyli tyle, ile ma kąt Wielkiej Piramidy [Ryc. 9-40 i 41].

Tot, który żył w Grecji pod postacią Hermesa, stwierdził w *Szmaragdowych Tablicach*, że to on jest budowniczym Wielkiej Piramidy, której proporcje oparł na proporcjach Ziemi. Powyższy wywód potwierdza jego słowa.

Skoro Ziemia, Księżyc (i cały układ słoneczny), fizyczne ciało ludzkie oraz Jajo Życia mają wspólne cechy geometryczne, a łączy je ze sobą Wielka Piramida, skoro mamy trzy poziomy świadomości, z których każdy zawiera w sobie piramidę, możemy nałożyć je na wykres Wielkiej Piramidy, aby dowiedzieć się, do czego służyły poszczególne pomieszczenia wewnątrz budowli i w których miejscach się znajdowały. Wielka Piramida stanowi doskonałą mapę poziomu świadomości, na którym obecnie funkcjonujemy. Nic więc dziwnego (dla podświadomości rzecz jasna), że odwiedza ją 18 000 osób dziennie!

POMIESZCZENIA WEWNĄTRZ WIELKIEJ PIRAMIDY

Do roku 1990 prawie wszyscy uważali, że w Wielkiej Piramidzie znajdują się jedynie Komnata Króla (K), Komnata Królowej (Q), Wielka Galeria (G), Jama (E) – która jest bardzo dziwnym miejscem – oraz Studnia (W), nazywana tak dlatego, iż w tym pomieszczeniu rzeczywiście znajdowała się niegdyś „studnia". Jednakże w ciągu ostatnich kilku lat (począwszy od 1994 roku), odkryto tam jeszcze cztery pomieszczenia. Trzy pokoje przylegały do ścian Komnaty Królowej. Pierwszy był pusty, drugi wypełniony był aż po sufit radioaktywnym piaskiem, w trzecim znajdował się jedynie złoty posążek, który zabrali Japończycy. (A przy okazji, Komnaty Króla i Królowej nie mają nic wspólnego z podziałem na męskość i żeńskość. Nazwy te nadali im muzułmanie, którzy chowają mężczyzn pod płaskimi dachami, a kobiety pod sklepieniem sterczącym w górę. Nie ma to nic wspólnego z królami i królowymi.)

Wiadomość o kradzieży popełnionej przez Japończyków obiegła cały świat, choć nie mówiono o tym głośno. Egipski minister do spraw zabytków kultury został w efekcie zwolniony, a archeolodzy innych narodowości wydaleni z kraju w czasie kryzysu. Rozpoczęto również poszukiwania złotego posągu na całym świecie, ale nie odnaleziono go, tak jak nie odnaleziono ludzi odpowiedzialnych za tę kradzież. Posążek jest absolutnie bezcenny. Sam fakt, że wykonano go ze szczerego złota nadaje mu wielką wartość, ale nie sposób wycenić wartości samego posągu. Kiedy odwiedziłem piramidę w styczniu 1990 roku, przebywali tam uczeni japońscy, a posąg zniknął wkrótce potem.

Ryc. 9-40. Wielka Piramida.

Japończycy opracowali specjalnie przyrządy pozwalające badać wnętrze Ziemi i w ten sposób natrafili na nieznane pomieszczenie w podziemiach Sfinksa. Dzięki swojej technologii przeniknęli 20-metrową warstwę skały i spenetrowali wnętrze komnaty z taką dokładnością, że zarejestrowali nawet leżący tam zwój liny oraz gliniane naczynie w rogu. Uczeni wykryli też podziemny tunel łączący Sfinksa z Wielką Piramidą. Wspominają o nim liczne starożytne pisma, choć wiemy stamtąd, że miały się tam znajdować trzy tunele.

Posąg stał w miejscu, w którym Japończycy prowadzili badania. Zgodnie z relacją naocznych świadków, Japończycy wykryli złoty posąg w pokoju przylegającym do Komnaty Królowej. Zaraz też poprosili ministra do spraw zabytków kultury o pozwolenie na jego usunięcie. Ten jednak stanowczo im odmówił. Sądzę, że Japończycy nie spodziewali się najmniejszych problemów w tej sprawie. Komnata Królowej była zastawiona ich rusztowaniami. Nikogo tam nie wpuszczano. Mieli swobodny dostęp do muru, za którym kryła się statuetka. Po miesiącu od czasu, kiedy otrzymali zakaz od ministra, rozebrali swoje rusztowania i wyjechali z Egiptu. Dopiero wtedy minister odkrył nowe cegły w starożytnym murze, za którym znajdowało się pomieszczenie z posągiem i zrozumiał, czego dopuścili się japońscy uczeni. Było już jednak za późno. Rozpętała się wielka afera, a minister stracił pracę.

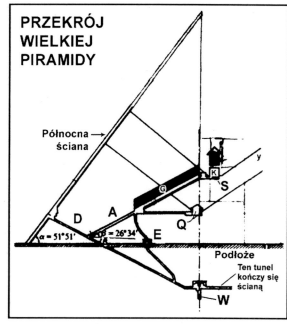

Ryc. 9-41. Przekrój Wielkiej Piramidy

A: Korytarz wstępujący

D: Korytarz zstępujący

E: Wykop nazywany Jamą

G: Siedmiokrotnie podparta Wielka Galeria

K: Komnata Króla

Q: Komnata Królowej

S: Sarkofag

W: Szyb nazywany Studnią

Uaktualnienie: Mniej więcej 300 lat temu Kepler sądził, że orbity wszystkich planet w naszym układzie słonecznym odzwierciedlają struktury brył platońskich. Próbował to udowodnić, ale bezskutecznie, posiadał bowiem nieprawidłowe informacje na temat orbit planetarnych. Prawdę odkrył w czasach współczesnych Anglik, John Martineau. Wprowadził on do komputera większość danych, jakie posiadamy dziś na temat świętej geometrii oraz dokładne, uzyskane przez NASA informacje dotyczące maksymalnej, minimalnej oraz średniej wielkości orbit planetarnych w celu dokonania porównania.

Okazało się, że proste zasady świętej geometrii wyznaczają orbitalne relacje między planetami, i że wszystko ma swoje uzasadnienie. Kepler miał zatem rację, choć w istocie chodziło o coś więcej niż o same tylko bryły platońskie. John Martineau opisał całą tę nową czy też prastarą wiedzę w książce pod tytułem A Book of Coincidence: New Perspectives on an Old Chestnut (Księga przypadku: nowe spojrzenie na starą szufladę), wydanej w 1995 [obecnie nakład wyczerpany, Wooden Books, Walia].

KOLEJNE POKOJE

Niedawno odnaleziono jeszcze jeden pokój przylegający do Komnaty Królowej. W Komnacie tej znajdują się dwa otwory kanałów wentylacyjnych biegnących w górę, o średnicy około 10 do 15 centymetrów. Niemiecki uczony [Rudolf Gantenbrink] wprowadził do jednego z tych kanałów automatyczną kamerę i w ten sposób odkrył drzwi prowadzące do nieznanego pomieszczenia.

Pokój oznaczony na wykresie literą E nazwany został Jamą. Jest to dziwne miejsce. Zazwyczaj nie wpuszcza się tam turystów. Jeśli ktoś z was był w środku, z pewnością miał wysoko postawionych przyjaciół. Całe pomieszczenie jest po prostu wielką dziurą w ziemi. Tot nie opowiadał mi o nim zbyt wiele, więc nie mogę wam wyjawić jego przeznaczenia.

Tot opowiadał mi tylko o trzech pomieszczeniach, czyli o Komnacie Króla (na górze), Komnacie Królowej (w połowie drogi w górę do Komnaty Króla) oraz o Studni (pod powierzchnią ziemi, na samym dnie). Ponieważ te trzy miejsca stanowią odniesienie do trzech poziomów świadomości, postaram się przekazać wam o nich jak najwięcej informacji.

PROCES INICJACJI

Inicjacja adeptów przechodzących z drugiego poziomu świadomości na trzeci rozpoczynała się właśnie w Studni. Jeśli czytaliście *Szmaragdowe Tablice*, wiecie, że inicjacja rozpoczynała się na końcu tunelu, który prowadził donikąd. Tunel ten najwyraźniej nie miał szczególnego przeznaczenia, a Studnia jest jedynym znanym nam pomieszczeniem wewnątrz Piramidy, które pasuje do opisu. Poziomy korytarz ciągnie się na długości około 30 metrów, a potem po prostu się urywa. Archeolodzy egipscy nie mają pojęcia, dlaczego go wykopano. Obejrzałem to miejsce bardzo dokładnie i doszedłem do wniosku, że w trakcie kopania tunelu Egipcjanie musieli zaniechać tej decyzji i po prostu go porzucili. Wskazuje na to surowe zakończenie tunelu.

Pozostawmy na chwilę to miejsce i przenieśmy się do Komnaty Króla, w której również przebiegał proces inicjacji. Miejsce to zbudowano dla nas, istot z drugiego poziomu, które miały się przenieść na poziom świadomości Chrystusowej. Takie było jego główne przeznaczenie. Jest to pokój inicjacji. Opiszę wam swoją koncepcję specyficznej techniki stosowanej przez starożytnych Egipcjan w celu osiągnięcia zmartwychwstania. Jest to metoda syntetyczna, która wymagała również stosowania specjalnych przyrządów. W obecnym momencie dziejów ludzkości nie będziemy korzystać z dawnych metod, choć wiedza o sposobach starożytnych może okazać się wielce użyteczna. W innym miejscu opowiem wam szczegółowo o sposobach, jakie moim zdaniem będzie stosowała ludzkość w celu osiągnięcia trzeciego poziomu świadomości.

Na początek spróbujemy zrozumieć, dlaczego poszczególne pomieszczenia inicjacyjne zostały rozmieszczone w taki właśnie sposób we wnętrzu Wielkiej Piramidy. Zrozumienie tego pozwoli wam uzyskać odpowiedzi na wiele pytań. Komnata Króla nie jest prostokątem spełniającym wymogi Złotego Środka, choć być może czytaliście o tym w innych książkach. Stanowi ona o wiele ciekawszą strukturę. Jest to pomieszczenie o wielkości pierwiastka kwadratowego z 5 – doskonałe pomieszczenie o rozmiarach 1 na 2 na pierwiastek kwadratowy z 5. Pamiętacie sylwetkę ludzką wraz z linią biegnącą przez środek i przekątną, które pośrodku koła przecina linia tworząca współczynnik *Fi* [Ryc. 7-31]? Ten pokój wygląda podobnie. Podłoga stanowi doskonałą płaszczyznę o wymiarach 1 na 2, zaś wysokość ścian wyznacza dokładnie połowa długości przekątnej podłogi.

Widzicie, że na Rycinie 9-41 Komnata Króla znajduje się w pewnym odchyleniu od środka? Odchylenie to jest jednak bardzo szczególne. Wchodząc do komnaty po wspinaczce przez Wielką Galerię i przejściu przez niewielkie pomieszczenie, sarkofag będziecie mieli po prawej stronie. Niegdyś znajdował się on w innej pozycji, dokładnie na środku piramidy. Został jednak przesunięty. Wierzchołek piramidy ukazany jest w górnej części ryciny. Musicie o tym wiedzieć.

W Komnacie Króla przeprowadzano dwa rytuały inicjacyjne. Pierwszy odbywał się w sarkofagu. Drugi, który zazwyczaj odprawiano po wielu latach, czasem nawet po kilku tysiącach lat, odbywał się w samym środku komnaty wyznaczonym przez połowę przekątnej. W miejscu tym, dokładnie pośrodku, znajduje się czterowymiarowy obiekt, którego nie sposób zobaczyć fizycznie. Pomieszczenie zostało wyłożone 100 kamieniami na ścianach i na suficie. Wybudowano je dla drugiego poziomu świadomości, bowiem geometrycznie wokół naszego ciała znajduje się dokładnie sto kwadratów.

Reflektory i absorbery światła nad Komnatą Króla

Oto kolejny aspekt tego wykresu, który musicie poznać, chcąc poskładać tę układankę.

Rycina 9-42 przedstawia fragment Komnaty Króla wzbogacony o pięć warstw powierzchni znajdującej się nad nią. Sklepienie komnaty wykonano z dziewięciu wielkich kamieni (pamiętajcie, że 9 jest kluczem do świadomości Chrystusowej), nad nim zaś ułożono kolejne warstwy kamieni w sposób umożliwiający swobodny przepływ powietrza między nimi. Takie rozwiązanie tłumaczy się powszechnie potrzebą złagodzenia nacisku na płaski strop komnaty, który groziłby zawaleniem. Z pewnością był to *jeden* z powodów, ale nie jedyny. Mówi się również, że nad Komnatą Królowej nie trzeba było układać odpowiednio warstw kamieni, ponieważ ma ona spiczasty dach. Ale wewnątrz znajduje się przecież jeszcze inne pomieszczenie z płaskim sklepieniem. Jest to Studnia. Można zatem zadać pytanie, dlaczego i nad Studnią nie ułożono takich warstw kamieni,

Dla nas ważne jest przede wszystkim to, że wszystkie relacje w świętej geometrii występują zarazem w ludzkim polu energetycznym, Mer-Ka-Ba. Oznacza to, że w naszym polu energetycznym obecne są nie tylko Ziemia i jej księżyc, ale cały układ słoneczny. Coraz wyraźniej widoczny jest fakt, że człowiek jest miarą wszechświata.

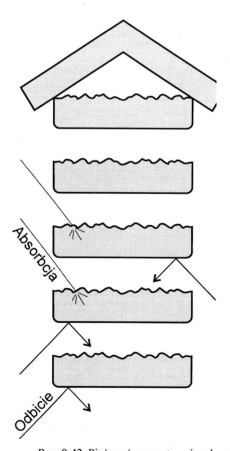

Ryc. 9-42. Pięć pasów przestrzeni nad Komnatą Króla.

umożliwiając złagodzenie napięcia, skoro nad jej stropem leżą warstwy o wadze milionów ton. (Piramida ta składa się z dwóch i pół miliona bloków olbrzymiej wagi). Zatem w kwestii tych pięciu przestrzeni musi istnieć jakieś inne wytłumaczenie.

Jeśli przyjrzycie się uważnie tym warstwom, przekonacie się, że stanowią one coś więcej niż tylko wolną przestrzeń łagodzącą napór ciężaru. Spody kamiennych bloków wypolerowane są niczym szkło. Górne warstwy mają nieregularną strukturę pokrytą czarną pianką grubości niecałego centymetra. Tak, *pianką*! Wygląda to tak, jakby ktoś ją wycisnął z tubki. Nie wiem, co to jest, ale tak wygląda. Pomyślcie: bloki z kamienia o spodach przypominających powierzchnię lustra i górnej warstwie, nieregularnej i pokrytej pianką. Moim zdaniem miały one służyć odbijaniu energii pochodzącej z dołu oraz absorpcji energii spływającej z góry. Kamienne warstwy pełniły funkcję rozdzielającą. Za chwilę opowiemy o tym szerzej.

Musimy nadmienić, że miały one jeszcze inną funkcję (niemal wszystkie wytwory Egipcjan spełniały więcej niż jeden cel): służyły jako generator dźwięku. Staje się to oczywiste, kiedy przyjrzeć się strukturze pomieszczenia z nałożonymi na nią geometrycznymi przedstawieniami ludzkiej świadomości.

Chciałbym tu powtórzyć, że są to informacje przekazane mi przez Tota. Większość nie została nigdzie spisana.

PORÓWNANIE POZIOMÓW ŚWIADOMOŚCI

Wielka Piramida z pewnością nie została zbudowana z myślą o przedstawicielach pierwszego poziomu świadomości (Aborygenów), charakteryzujących się liczbą chromosomów 42 + 2. Nie ma ona z nimi nic wspólnego. Budowla oparta jest głównie na liczbie 3, zsynchronizowanej zarówno z naszym poziomem świadomości, jak i z poziomem świadomości Chrystusowej, a nie z poziomem pierwszym.

Rycina 9-43 przedstawia piramidę wraz z wykresem pierwszego poziomu świadomości. Pięć jednostek leży pomiędzy podstawą a wierzchołkiem; widzicie, że pierwszy poziom świadomości opiera się na liczbie 5, która dzieli się tylko przez 1 i przez 5.

Na drugim rysunku widnieje piramida wraz z przedstawieniem drugiego poziomu świadomości [Ryc. 9-44]. Stanowi ona siatkę zbudowaną ze 100 jednostek. Wysokość piramidy od podstawy do wierzchołka obejmuje 6 jednostek, czyli liczbę podzielną przez 3.

Piramida na rysunku przedstawiającym trzeci poziom świadomości

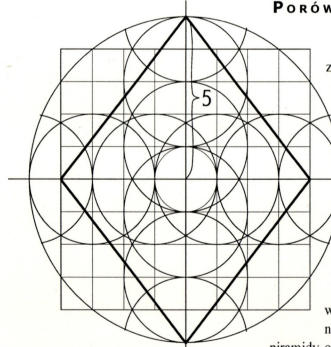

Ryc. 9-43. Schemat pierwszego poziomu świadomości, 8 na 10.

[Ryc. 9-45] ma wysokość 9 jednostek. Wyznacza ona poziom świadomości Chrystusowej, również podzielny przez 3. Powodem, dla którego wybrano trójkę jako podstawę konstrukcji Wielkiej Piramidy jest fakt, iż liczba ta stanowi wspólny mianownik dwóch poziomów świadomości połączonych nadrzędnym celem.

CHWYTANIE BIAŁEGO ŚWIATŁA

Przyjrzyjcie się teraz rysunkowi przedstawiającemu drugi poziom świadomości (10 na 12), ukazanemu na Rycinie 9-44. W punkcie A bierze początek strumień energii białego światła [linia ciągła], który zbiega w dół, a następnie ruchem spirali zmierza dokładnie do wierzchołka piramidy oznaczonego literą B (wyznaczałby go kamień wieńczący piramidę, gdyby znajdował się na swoim miejscu). Z tego samego punktu wychodzi również spirala ciemnego światła [linia przerywana], ale kieruje się w górę, a potem spiralnym ruchem dociera do punktu zero, w samym środku podstawy piramidy (C). Według Tota ustawienie Wielkiej Piramidy na Ziemi w połączeniu z ogromnym polem geometrycznym planety – a konkretnie z polem w formie oktaedru, stanowiącym ekwiwalent naszego pola – jak również masa piramidy i figury geometryczne w niej zastosowane powodują, że pole energii białego światła podąża w górę spiralnym ruchem, nabierając przy tym ogromnej mocy i rozszerza się coraz dalej, docierając do centrum galaktyki. Energia ciemnego światła płynie z góry, przechodzi przez punkt zero i łączy się ze środkiem Ziemi. W ten sposób Wielka Piramida tworzy połączenie pomiędzy środkiem Ziemi a środkiem naszej galaktyki.

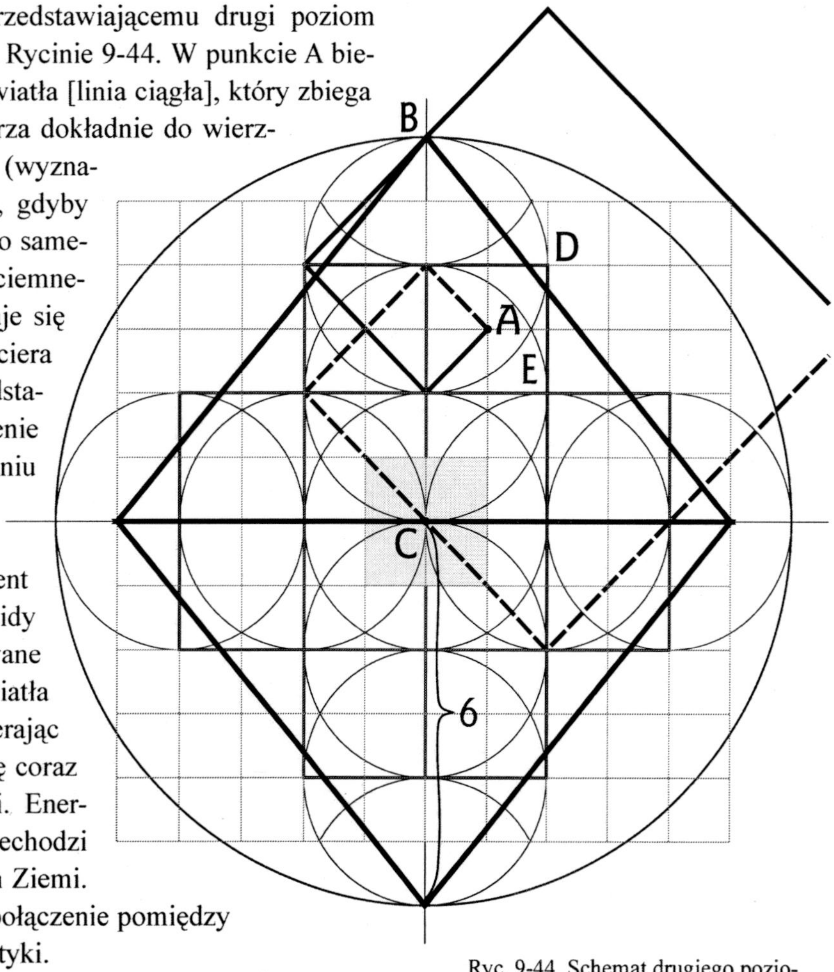

Ryc. 9-44. Schemat drugiego poziomu świadomości, 10 na 12, siatka składająca się ze 100 jednostek. Spirala ciemnego światła (linia przerywana) przechodzi przez środek (punkt zero) do środka Ziemi. Spirala białego światła (linia ciągła) zdąża do centrum galaktyki.

Załóżmy, że chcecie się połączyć jedynie z energią białego światła, zdobyć tę energię u jej źródła. (Jest to warunek niezbędny podczas egipskich inicjacji, niezbędny do doświadczenia świadomości Chrystusowej). Energia białego światła wyrusza tak na prawdę z punktu D, zdążając wzdłuż przekątnej przecinającej się z drugą przekątną, którą narysowałem w punkcie A. Natomiast spirala ciemnego światła rozpoczyna swoją drogę w punkcie E i wspina się jedną przekątną, aby przejść przez punkt A. Jeśli jednak wychodzicie z punktów D i E, to strumienie energii przecinają się niedaleko od punktów początkowych. Problem polega na tym, że energie te mają tendencję do zamiany polaryzacji.

Tot próbował wyjaśnić mi to zjawisko. Energia żeńska może zamie-

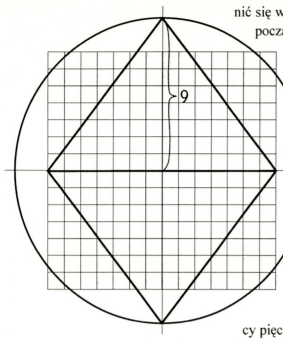

Ryc. 9-45. Schemat trzeciego poziomu świadomości, 14 na 18.

nić się w męską i na odwrót, pod warunkiem, że powrócą one do punktu początkowego, oznaczonego literą A. Zamiarem Egipcjan było wykorzystanie energii białego światła w momencie, w którym jej strumień przechodzi przez punkt A, jednakże *zanim* załamie się pod kątem 90 stopni, czyli dokładnie w miejscu, w którym zbudowali oni Komnatę Króla. Konstrukcja pomieszczenia służącego inicjacji właśnie w tym miejscu stwarzała jednak kolejny problem, bowiem dokładnie nad komnatą przebiegał strumień czarnego światła, czyli energii żeńskiej.

Oto prawdziwy powód, dla którego zbudowano warstwy rozdzielające przestrzeń nad Komnatą Króla. Wchłaniają one spływającą z góry energię czarnego światła, a jednocześnie odbijają promienie białej energii docierające z dołu. W ten sposób oddzielają od siebie oba strumienie. Strumień męskiej energii kieruje się zatem do dołu, a następnie unosi z podłogi pod kątem 45 stopni i przechodzi przez głowę osoby leżącej w sarkofagu. Strumień ten o średnicy pięciu centymetrów przenika przez głowę inicjowanego od tyłu i dociera do szyszynki. Oto ukryty sekret całej tej pracy. (Wyjaśnię to w odpowiednim czasie.)

Dotarcie do tego punktu zabierało Egipcjanom dwanaście lat nauki w Szkole Lewego Oka Horusa i dwanaście kolejnych lat w Szkole Prawego Oka Horusa. Jeśli po dwudziestu czterech latach uznano, że są gotowi, prowadzono ich do sarkofagu, zamykano wieko i pozostawiano tam na dwa do czterech dni.

Inicjowany leżał w sarkofagu, łącząc się ze strumieniem białej energii docierającym do jego szyszynki, a następnie (dzięki umiejętnościom nabytym w ciągu dwudziestu czterech lat nauki) wyruszał drogą spirali 1,1,2,3,5,8,13, dokonując zwrotów pod odpowiednim kątem, podążając wzdłuż męskiej linii prostej z energią 90 stopni (a nie za krzywą linią żeńską, za którą nie można podążać) i wydostawał się na *zewnątrz*, aby doświadczyć niezwykłego przeżycia jedności z wszelkim stworzeniem. Dzięki tej *syntetycznej* metodzie łączył się ze świadomością Chrystusową.

Powracał później po kilkudniowym pobycie w przestrzeni kosmicznej. Powrót ten nakazywał przebyty trening, a było to *możliwe* dzięki zastosowaniu klucza w postaci szeregu Fibonacciego.

Tot mówił, że zdarzało się, iż ktoś nie wracał. Podobno tracono w ten sposób jednego na dwustu inicjowanych. Przeżycie bycia jednością z wszechświatem jest tak piękne, że myśl o powrocie na Ziemię nie jest zbyt zachęcająca. Nie chce się wracać. Trzeba wielkiej dyscypliny, żeby to zrobić. Podczas treningu wbijano jednak adeptom do głowy nakaz powrotu, ponieważ będąc w kosmosie wystarczy powiedzieć nie i pozostać na zawsze w tym stanie świadomości. Ciało pozostawione w sarkofagu umierało. Jednak większość inicjowanych powracała, bowiem zasadniczym powodem tej podróży był przecież rozwój ludzkiej świadomości. Gdyby odmawiali powrotu, nie mogliby przekazać Ziemi tego doświadczenia.

W następnym rozdziale pokażemy, w jaki sposób Egipcjanie rozmieszczali obie spirale – Fibonacciego i Złotego Środka – wokół Wielkiej Piramidy. W jakim celu? Chcieli, abyście dostrzegli istotną różnicę między tymi dwoma stosunkami matematycznymi. Biorąc pod uwagę to, co wiemy o energiach białego i czarnego światła, gdyby Egipcjanie podążali drogą spirali Złotego Środka, nie odnaleźliby miejsca początku, spirala ta bowiem nie ma początku ani końca. Nie umieliby wówczas odnaleźć umiejscowienia swojego ciała w odniesieniu do wszechświata. Spirala Fibonacciego pozwalała im jednak odliczać do tyłu: 5, 3, 2, 1, 1 i w ten sposób dotrzeć do własnego ciała. Po kosmicznym przeżyciu powracali na Ziemię do sarkofagu w Komnacie Króla, w którym pozostawili ciało. A przecież nie byli już potem tymi samymi ludźmi. Doświadczenie tego, czym jest bycie świadomością Chrystusową, całkowicie ich odmieniało.

DOWODY NA POTWIERDZENIE RYTUALNEGO PRZEZNACZENIA KOMNATY KRÓLA

Fakt, iż mamy do czynienia z pomieszczeniem służącym inicjacjom, a nie miejscem pochówku jest oczywisty z dwóch powodów. Po pierwsze świadczy o tym znany nam przebieg procesu mumifikacji zwłok w starożytnym Egipcie. W całej historii wczesnego Egiptu każdy król, królowa, faraon, lekarz, prawnik lub inny dostojnik był mumifikowany w taki sam sposób. Odprawiano ceremonię, usuwano narządy wewnętrzne z ciała zmarłego i składano je w czterech naczyniach glinianych, potem owijano ciało materiałem i składano je w sarkofagu, który ostatecznie pieczętowano. Sarkofag wraz z naczyniami zawierającymi wnętrzności zmarłego przenoszono później w miejsce spoczynku.

O ile mi wiadomo, nie odnotowano wyjątków od tej reguły. A jednak sarkofag w Komnacie Króla jest większy niż drzwi. Nie mogli go tam wnieść, bo nie można go stamtąd wynieść. Wykonano go z ogromnego granitowego bloku. Musiał zostać umieszczony w Komnacie Króla już podczas budowy piramidy. Tylko dzięki temu wciąż tam stoi. W przeciwnym razie ukradziono by go dawno temu i teraz znajdowałby się w Muzeum Brytyjskim lub w jakimś innym miejscu. Wieko sarkofagu wyniesiono, jednak on sam pozostał.

Drzwi prowadzące do Komnaty Króla są niewielkie, zaś tunel, który trzeba przebyć wydaje się jeszcze węższy, mniejszy od sarkofagu. Jest oczywiste, że nikt nie został tu pochowany. Kiedy po raz pierwszy otwarto drzwi do Komnaty Króla, w sarkofagu nie było mumii. Jest to dość poważny dowód na potwierdzenie naszej tezy.

Kolejną wskazówką sugerującą, iż pomieszczenie to służyło inicjacjom, są wyciągi powietrza. Gdyby stanowiło ono grobowiec, powietrze nie byłoby tu nikomu potrzebne. Grobowce egipskie są zabezpieczane przed napływem powietrza, które zagraża zakonserwowanym mumiom. Mimo to zarówno w Komnacie Króla, jak i Królowej, znajdują się wyciągi powietrza. Dlaczego? Po to, by uczestnicy rytuałów inicjacyjnych mieli czym oddychać.

Oto kolejny dowód na to, czemu służyła Komnata Króla. Podczas pierwszych oględzin we wnętrzu sarkofagu, w miejscu w którym powinna znajdować się głowa skierowana do środka piramidy, znaleziono biały proszek. Nikt nie wiedział, co to za substancja, ale przesypano ją do szklanego naczynia i przewieziono do Muzeum Brytyjskiego. Dopiero niedawno zbadano zawartość naczynia. Otóż kiedy jesteście pogrążeni w medytacji i osiągacie stan teta, corpus callosum nawiązuje pełen kontakt między lewą i prawą półkulą, a wasza przysadka wprost przez czoło zaczyna wydzielać płyn. Kiedy płyn ten wysycha, przybiera postać białych kryształków, które ulegają rozpadowi. Ostatecznie pozostaje z nich proszek, taki jak ten odnaleziony na dnie sarkofagu w Komnacie Króla. Znajdowało się tam więcej proszku, niż mógłby wytworzyć jeden człowiek. Zapewne oznacza to, że w miejscu tym było inicjowanych wielu ludzi.

Kiedy inicjowany powracał do swego ciała w Komnacie Króla, natychmiast przenoszono go przez Wielką Galerię do Komnaty Królowej. Tot nie wyjawił mi szczegółów tej procedury. Powiedział tylko, że miała ona na celu ustabilizowanie organizmu i pamięci po tym kosmicznym przeżyciu, aby adepci o nim nie zapomnieli, nie stracili tak cennego doświadczenia. Taki był i wciąż pozostaje cel zabiegów przeprowadzanych w Komnacie Królowej.

CHWYTANIE PROMIENI CZARNEGO ŚWIATŁA

Prawdziwa inicjacja rozpoczynała się w komnacie znajdującej się pod ziemią i nazywanej Studnią. Żaden z konwencjonalnych znawców Egiptu nie wie, po co zbudowano to miejsce. Jeśli jednak nałożycie przekrój piramidy na rysunek przedstawiający drugi poziom świadomości [zob. Ryc. 9-44], przekonacie się sami.

Załóżmy, że zależy wam wyłącznie na spirali *czarnego* światła, która wyznacza początek inicjacji we wnętrzu piramidy. Logicznie można by sądzić, że powinna się ona odbywać *nad* Komnatą Króla (biorąc pod uwagę logikę jej położenia – chyba że wiecie, co się tu naprawdę odbywa). Gdybyście dokonywali jej na wyżej położonym obszarze, musielibyście przeciąć punkt zero u podstawy, a przejście przez Wielką Próżnię nie jest wcale pożądane. Według Tota w stanie tym występuje zbyt wiele zmiennych. Obrano zatem miejsce, w którym promień energii minął już punkt zero, czyli tunel.

Zastanówcie się nad tym przez chwilę. Ten rysunek [Ryc. 9-46] nie jest doskonały. Jego lepsza jakość pozwoliłaby wam dostrzec strumień czarnego światła opadający pod kątem 45 stopni, który przecina sam koniec tunelu. Egipcjanie drążyli tunel pod ziemią do momentu, w którym dotarli do strumienia czarnego światła. Przekopali się jeszcze o około 30 centymetrów dalej i przerwali pracę. Ta energia jest tam naprawdę. Byłem tam i mogę to stwierdzić. Kiedy człowiek położy się na końcu tunelu, potężny strumień energii spływa na niego i sprawia, że *naprawdę* przeżywa on niewiarygodne rzeczy.

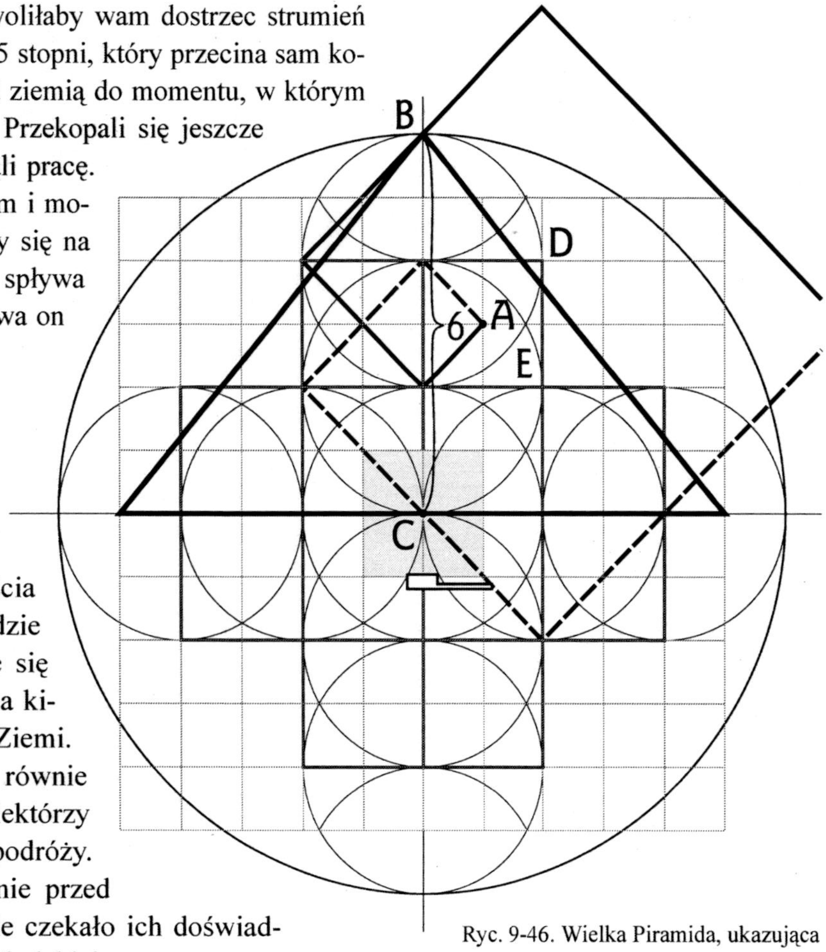

Komnata Amenti i twarz Jezusa

Po zakończeniu inicjacji w głębi tunelu adepci poddawani byli treningowi przygotowującemu ich do zejścia w głąb Ziemi, do samego jej łona, gdzie mieści się Komnata Amenti. Znajduje się ona na głębokości około półtora tysiąca kilometrów, czyli nie w samym środku Ziemi. Komnata Amenti obejmuje przestrzeń równie rozległą jak kosmos. Dotarłem tam; niektórzy z was słyszeli moją opowieść o tej podróży. Byli tam również inicjowani Egipcjanie przed wkroczeniem do Komnaty Króla, gdzie czekało ich doświadczenie trzeciego poziomu świadomości ludzkiej.

Niedawno dokonano jeszcze jednego odkrycia we wnętrzu Wielkiej Piramidy. Jest ono bardzo interesujące. W drodze do Komnaty Królowej, po prawej stronie, nieco w górze znaleziono obiekt wielkości około 8 lub 10 centymetrów. Na pewno słyszeliście o Całunie Turyńskim, na którym widnieje wizerunek uważany przez niektórych za prawdziwą twarz Jezusa. Analiza naukowa nie wyjaśniła, w jaki sposób obraz twarzy znalazł się na materiale. *Wiadomo* jedynie, że wymagało to uderzenia bardzo wysokiej temperatury. Nic więcej nie udało się stwierdzić, przynajmniej tak napisano we wszystkich książkach, które na ten temat czytałem. Otóż w drodze do Komnaty Królowej znajduje się wizerunek osoby, który przypomina fotografię wykonaną na kamieniu. Nie wiadomo, jakim sposobem ją wykonano. Także i tym razem analiza naukowa wykazała, że posłużył w tym celu strumień powietrza o bardzo wysokiej temperaturze. Twarz osoby na fotografii jest taka sama, jak twarz na Całunie Turyńskim. Wygląda jak twarz Jezusa, jeśli możecie to przyjąć, a znajduje się na drodze prowadzącej do Komnaty Królowej, miejsca, które służyło ugruntowywaniu doświadczenia świadomości Chrystusa.

Ryc. 9-46. Wielka Piramida, ukazująca strumień energii czarnego światła, opadający pod kątem i przechodzący przez zakończenie tunelu biegnącego pod piramidą.

Na początku udajecie się zatem do Studni, na inicjację w samym końcu tunelu, gdzie stykacie się ze strumieniem czarnego światła prowadzącym do Komnaty Amenti, czy też do łona Ziemi. Następnie wkraczacie do Komnaty Króla, gdzie stykacie się ze strumieniem białego światła, które pozwala wam doświadczyć jedności ze wszelkim stworzeniem. Na koniec udajecie się do Komnaty Królowej, gdzie ugruntowuje się w was doświadczenie stworzenia, abyście powróciwszy do codziennego życia, mogli wspomagać innych na tej drodze. Później przychodzi wam czekać przez długi czas. W określonym momencie, który nadchodzi czasem dopiero w przyszłych wcieleniach, powracacie do Komnaty Króla na ostatnią inicjację. Jest to ceremonia odprawiana na środku pokoju. Trwa ona od czterech do pięciu minut. Podczas tego rytuału przykłada się ankh do trzeciego oka adepta, aby przekonać się, czy nadal kroczy on właściwą ścieżką, zaszczepioną mu na długo przedtem. Tak przebiegają kolejne etapy inicjacji w opisie Tota.

Mamy tu do czynienia z kluczem do największej wiedzy we wszechświecie: geometrii poziomów świadomości człowieka. Dopiero zaczęliśmy poznawać jej tajniki. Zbadaliśmy zaledwie trzy poziomy, a już potrafimy zrozumieć naszą przeszłość, miejsce, w którym znajdujemy się obecnie i drogę, którą podążamy. Bez tej wiedzy nie poznalibyśmy podstawowego wizerunku, ani mapy ludzkiej świadomości.

ROZDZIAŁ DZIESIĄTY

SZKOŁA WIEDZY TAJEMNEJ LEWEGO OKA HORUSA

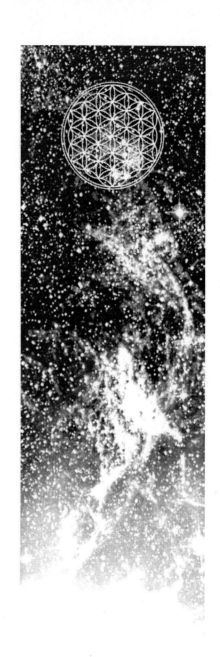

W Egipcie istnieją trzy szkoły wiedzy tajemnej. Szkoła męska nosi nazwę Prawego Oka Horusa. Szkoła żeńska Lewego Oka Horusa. Trzecia, szkoła dziecka, nosi nazwę Środkowego lub Trzeciego Oka Horusa. Jest ona po prostu szkołą życia, a Egipcjanie uważali życie za najważniejszą ze wszystkich szkół. Z ich punktu widzenia wszystko, co się wydarza w tym życiu stanowi lekcję. Program nauki obejmował również przygotowanie do życia na wyższych poziomach, które powszechnie nazywamy śmiercią. Życie jest jedną wielką nauką, zaś to, co nazywamy dniem powszednim, miało dla Egipcjan głębokie, tajemne znaczenie.

Malowidła naścienne przedstawione na Rycinie 10-1 ukazują prawe oko, lewe oko oraz oko środkowe. Są to symbole nie tylko trzech szkół, ale również celu i sensu samego życia. Prawe oko jest męskie, lewe oko żeńskie, a oko środkowe przedstawia dziecko, czyli początek i źródło pozostałych dwojga oczu, bowiem wszyscy rozpoczynamy życie jako dzieci.

Ryc. 10-1. Środek od góry: prawe oko, środkowe i lewe.

Ryc. 10-2. Inne przedstawienie trzech szkół.

Szkoła Lewego Oka Horusa, czyli ścieżka żeńska, bada naturę ludzkich emocji i uczuć, zarówno tych pozytywnych, jak i negatywnych, energię seksualną, narodziny, śmierć, specyficzne energie psychiczne i wszystko to, czego nie da się ująć w kategoriach logiki. Poczynając od rozdziału piątego niniejszej książki, śledzimy nauki przekazywane w Szkole Wiedzy Tajemnej Prawego Oka. Chciałbym teraz zająć się prawą półkulą mózgową, czyli stroną żeńską. Jako mężczyzna zapewne nie okażę się najlepszym nauczycielem w tej dziedzinie, ale postaram się ją wyłożyć najlepiej jak potrafię. Przekażę wam informacje, które mogą być pomocne w codziennym życiu, a nawet w procesie zmierzającym do osiągnięcia wniebowstąpienia, jeśli właściwie zrozumiecie subtelną naturę tej wiedzy.

Rycina 10-2 przedstawia inne przykłady symboli określających poszczególne szkoły. Widać na niej dwoje oczu, a pośrodku sferę (kulę).

Rycina 10-3 przedstawia wierzchołek piramidy znajdujący się obecnie w Muzeum w Kairze. Zwolennicy Sitchina [zob. rozdział 3] mogą pamiętać, że symbol koła ze skrzydłami oraz dwiema kobrami, które zeń wychodzą oznacza Marduka, czyli dziesiątą planetę. Także i tutaj występuje dwoje oczu ze sferą umieszczoną pośrod-

Ryc. 10-3. Wierzchołek piramidy.

Ryc. 10-4. Izis, Ozyrys i narzędzia służące osiągnięciu zmartwychwstania.

ku – a więc symbol trzech szkół.

Innym wyobrażeniem Szkoły Prawego Oka Horusa są ibis i owal narysowane poniżej prawego oka (pośrodku z lewej). Po lewej stronie od tych symboli wypisano imię. Jeszcze dalej po lewej możecie obejrzeć

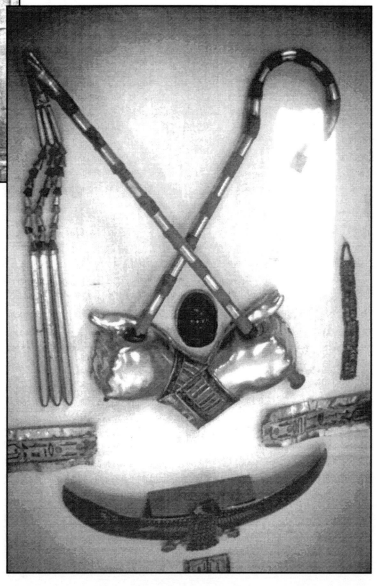

Ryc. 10-5. Hak i cep króla Tutenhamona.

trójkątny symbol Syriusza oraz ankh, symbol wiecznego życia. Pośrodku rzędu symboli znajduje się jajo przemiany, reprezentujące faktyczne przemiany fizyczne, przez które przechodzimy w ciągu życia, na drodze do nieśmiertelności. Po prawej stronie narysowano inny symbol Szkoły Lewego Oka Horusa, kwiat, a obok niego pszczołę. Na następnym rysunku dalej po prawej stronie widać symbol gwiazdy Syriusz, wiecznego życia oraz węża reprezentującego energię kundalini.

Na Rycinie 10-4 przedstawiono Izis i Ozyrysa. Ona trzyma w rękach narzędzia służące osiągnięciu zmartwychwstania, od lewej do prawej: hak, ułożony pod kątem 45 stopni koniec różdżki zakończony rozgałęzieniem oraz cep. Izis ma też ankh wystający z tyłu. Gdybyście aktywowali go z przodu, zniszczyłby

Ryc. 10-6. Izis, Horus
i Ozyrys w Abu Simbel.

was. Ankh jest *niezwykle* ważnym narzędziem. W dalszej części książki podam wam instrukcje dotyczące oddychania w trakcie aktu seksualnego, które wiążą się ze stosowaniem ankh (wszystko we właściwym czasie).

Hak i cep to narzędzia, a te przedstawione na Rycinie 10-5 należały do króla Tutenhamona.

Rysunki przedstawione na Rycinie 10-6 znajdują się na ścianie w Abu Simbel. Widać na nich całą rodzinę – Izis, Horusa i Ozyrysa. Jest to jedyne miejsce w Egipcie, w którym ukazano praktyczne zastosowanie narzędzi służących osiągnięciu zmartwychwstania. Kiedy to zobaczyłem, nie wierzyłem własnym oczom. Horus przykłada różdżkę do tylnej części głowy Ozyrysa, wskazując dokładnie miejsce, w którym znajduje się czakra stanowiąca przejście do czakry ósmej. Na rysunku nie widać haka, ale wiadomo, że przesuwano nim w górę i w dół głównej różdżki, aby ją nastroić. Na tym rysunku ewidentnie nastrojono ją bez użycia haka. Ozyrys unosi w górę ramię, a jednym palcem przytrzymuje rozwidlony przyrząd do strojenia, przedmiot o kształcie kątownika, dzięki któremu można nastroić swoje ciało tak, aby wzdłuż kręgosłupa płynęły odpowiednie wibracje. Jak widzicie, Ozyrys ma erekcję. Energia seksualna zawsze była kluczowym elementem tej koncepcji zmartwychwstania. Płynie ona wzdłuż kręgosłupa, a w chwili, w której dochodzi do orgazmu, można dokonać przejścia na inny poziom. Jest to niezwykle złożona kwestia i warto poświęcić jej osobną książkę, toteż nie będziemy tu opisywać, na czym polegała sztuka tantryczna w starożytnym Egipcie.

Na Rycinie 10-7 Izis przykłada ankh do nosa i ust Ozyrysa, pokazując, że klucz do wiecznego życia wiąże się z oddechem. Ankh kojarzy się zatem z energią seksualną i z oddechem.

Kolejnym przykładem jest rysunek pokazany na Rycinie 10-8. Zamiast typowej kuli umieszczanej nad głową widnieje tu czerwony owal symbolizujący przemianę, co oznacza, że Izis udziela Ozyrysowi instrukcji dotyczących sposobu przejścia przez przemianę oraz oddechu, które i wy od nas otrzymacie. Delikatnie wyciąga rękę z uśmiechem Mony Lizy, łagodnym i pełnym miłości, ucząc go techniki oddychania, która przeniesie go z poziomu zwykłej świadomości na poziom świadomości Chrystusowej.

Inicjacje egipskie

Inicjacja krokodylami w Kom Ombo

Brak równowagi w kobiecym świecie uczuć i emocji może zatrzymać adepta na drodze ewolucji. Dopóki równowaga ta nie zostanie osiągnięta, nie pójdzie on dalej ścieżką oświecenia. Bez miłości, współczucia i zdrowego ciała emocjonalnego mózg będzie się oszukiwał, że wszystko przebiega właściwie. Stworzy sztuczne wrażenie, że osoba inicjowana dostąpiła oświecenia, choć w istocie tak nie jest.

Chcemy wam opisać pewną ceremonię, ponie-

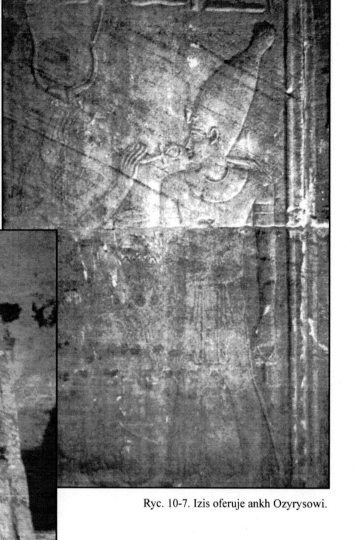

Ryc. 10-7. Izis oferuje ankh Ozyrysowi.

Ryc. 10-8. Inne ofiarowanie ankh.

Ryc. 10-9. Świątynia w Kom Ombo.

Ryc. 10-10. Dwoje lewych oczu.

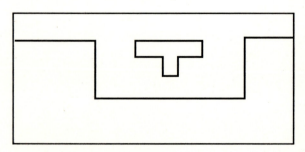

Ryc. 10-11. Przekrój rytualnego otworu.

waż stanowi ona doskonały przykład wielkiej wagi, jaką Egipcjanie przywiązywali do pokonywania lęku, będącego jedną z negatywnych emocji. Lęk był i jest podstawową siłą, która powstrzymuje nas przed dostąpieniem stanu światłości. Kiedy wkraczamy do wyższych światów ze światła, zaczynamy bezpośrednio wyrażać swoje myśli i uczucia. Fakt ten stanowi ogromny problem, bowiem niemal zawsze na początku przejawia się właśnie lęk. Manifestując nasze lęki w nowym świecie, w nowym wymiarze egzystencji, niszczymy siebie i jesteśmy zmuszeni opuścić wyższe światy. Starożytni odkryli to, co odkrywamy obecnie: chcąc przetrwać w wyższych światach, musimy najpierw pokonać swoje lęki na Ziemi. W tym celu Egipcjanie budowali specjalne świątynie wzdłuż Nilu.

Rycina 10-9 przedstawia widok świątyni w Kom Ombo. Jako jedna spośród dwunastu umiejscowionych szeregiem wzdłuż Nilu – a trzynastu, jeśli liczyć Wielką Piramidę - reprezentuje ona drugą czakrę, czakrę seksu. Kom Ombo jest jedyną świątynią poświęconą polaryzacji - czy też dualizmowi, który jest podstawą seksualności - oraz dwóm bogom. Jest to w istocie jedyna w całym Egipcie świątynia poświęcona dwóm bogom naraz: Sobekowi, który jest bogiem krokodylem, i Horusowi. Stojąc twarzą do świątyni widzimy, że jej prawa strona poświęcona jest ciemności, lewa zaś światłu.

Niedawno miało tu miejsce interesujące zdarzenie, coś w rodzaju znaku naszych czasów. W 1992 roku doszło w Egipcie do trzęsienia ziemi. Gregg Braden powiedział mi, że, kiedy wystąpiły pierwsze drgania, siedział właśnie w świątyni. Zawaliła się wtedy cała prawa, mroczna strona budowli, podczas gdy po jej lewej stronie nie spadła ani jedna cegła. W miarę postępów w naszej pracy przekonacie się, że strona światła jest obecnie silniejsza niż ciemność.

Rzeźbienia widoczne na Rycinie 10-10 pochodzą z tylnej ściany świątyni w Kom Ombo. Dwoje lewych oczu Horusa wskazuje, iż jest to szkoła ciała emocjonalnego, szkoła żeńska, oraz że w istocie mieszczą się tu dwie szkoły poświęcone dwóm bogom. Po lewej stronie widnieje nachylona pod kątem 45 stopni różdżka – narzędzie służące osiągnięciu zmartwychwstania.

Podczas pierwszej wizyty w tym miejscu zabrałem ze sobą przyjaciółkę, za drugim razem to ona zabrała mnie. W 1990 roku znalazłem się tam więc po raz drugi, aby uczestniczyć w pięknej ceremonii urządzonej przez moją przyjaciółkę w Kom Ombo. Opuściliśmy się wówczas w głąb otworu znajdującego się w świątyni, którego przekrojowy szkic zamieściłem na Rycinie 10-11. Pośrodku opuszczono wielką granitową płytę, która pozostawiała niewiele miejsca pomiędzy podłogą a ziemią. Musieliśmy się przecisnąć, aby przedostać się tędy na drugą stronę. Przejście to stanowiło praktyczną część ceremonii. Rycina 10-12 pokazuje fotografię człowieka, który tam wchodzi.

Przez cały czas wiedziałem jednak, że obrzędy starożytnych musiały zawierać coś jeszcze. Moja przyjaciółka pracowała wówczas z dużą grupą ludzi, toteż mogłem się zająć obserwacją. Przez cały czas mego pobytu w Egipcie byłem świadomy obecności Tota, więc zapytałem go, czy to ma być cały rytuał.

„Nie, chodzi o coś więcej" – odparł.

„A powiesz mi, o co?"

„Tak" - powiedział. – „Ta wiedza może ci się przydać."

Tot polecił mi wspiąć się na wysoki mur w tylnej części świątyni i spojrzeć za siebie. Zrobiłem to, a następnie sfotografowałem ten widok [Ryc. 10-13]. Wejście do rytualnego otworu znajdowało się w punkcie B, którego nie ma na zdjęciu. W tle po lewej widać Nil. Nurt rzeki biegł przed frontem świątyni i woda podchodziła do samego wejścia. W tej świątyni żarówno woda, jak mieszkające w niej krokodyle miały służyć przekazywaniu wiedzy.

Na poprzedniej fotografii [Ryc. 10-12] widać małe kołki w kształcie trójkątnych klinów (A) [Ryc. 10-12b]. Kawałki metalu o tym właśnie kształcie służą zespalaniu kamieni, aby nie obsuwały się w czasie trzęsienia ziemi. Dzięki takiej blokadzie trzymają się mocniej. Kliny te utrzymują całą budowlę. W miejscu, w którym mężczyzna na fotografii opuszcza się w głąb

Ryc. 10-12. Wejście przez rytualny otwór. Widoczna prawa ręka i czubek głowy mężczyzny schodzącego w głąb.

Ryc. 10-12b. Kształt klinów oznaczonych literą A.

Ryc. 10-13. Pozostałości pomieszczenia służącego inicjacji w Kom Ombo.

OTWÓR UKAZANY JAKO H NA RYC. 14A

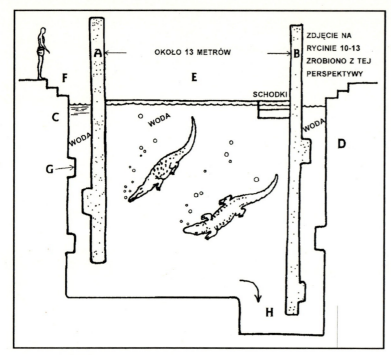

Ryc. 10-14a. Zbiornik z krokodylami
dla potrzeb inicjacji.

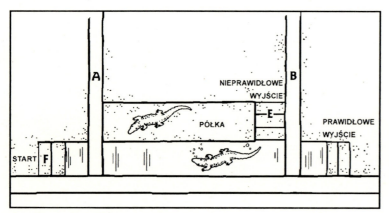

Ryc. 10-14b. Widok z góry na zbiornik
z krokodylami.

otworu, po obu stronach stały niegdyś ściany. Stojąc na murze po drugiej stronie (w miejscu, z którego zrobiłem to zdjęcie), ujrzelibyście małe otwory na całej powierzchni, aż do szczytu oznaczonego literą C. Ściany oznaczone literami D i E pierwotnie sięgały aż do miejsca, z którego zrobiłem zdjęcie, pośrodku zaś znajdował się tajemniczy otwór. Patrząc na całą strukturę z tyłu świątyni przekonalibyście się, że lewa strona poświęcona była ciemności, prawa zaś światłu. Stojąc przy murze, obojętnie z której strony, nie dojrzelibyście otworu pośrodku. Uznalibyście, że druga strona muru jest jednocześnie tylną ścianą całej świątyni.

We wszystkich egipskich świątyniach adepci byli zmuszani do przeżycia doświadczeń, jakich nie mogliby stworzyć sobie sami, a które wzmacniały ich i łagodziły ich lęk przed podobnymi zdarzeniami, jakie mogły ich spotkać w przyszłości. Stawiano ich w najtrudniejszych i przerażających dla nich sytuacjach, aby mieli szansę pokonać strach. Temu samemu celowi służyło przejście przez otwór pośrodku świątyni – adepci musieli się tu zmierzyć ze szczególnym rodzajem lęku.

Na tym według Tota miała polegać w przybliżeniu funkcja świątyni. Rysunek 10-14a ukazuje przekrój widziany z boku, z pustego miejsca pomiędzy ścianami. Mury oznaczone literami A i B znajdują się w niewielkiej odległości do murów C i D, formując w ten sposób rodzaj tunelu prowadzącego z jednego widocznego otworu do drugiego. Tunel ten wypełniony był wodą i krokodylami. Być może jeden z nich wylegiwał się pośrodku, oczekując na wizytę jakiegoś człowieka. Całość oświetlały promienie wchodzące przez otwór E.

Wyobraźcie sobie, że jesteście neofitami, których zadaniem jest przejście tej próby. Po wielu przygotowaniach i medytacjach stajecie na stopniach oznaczonych literą F i spoglądacie w dół, gdzie u waszych stóp znajduje się wypełniony wodą nieduży otwór, wielkości metra kwadratowego. Nie wiadomo, co kryje się pod wodą, ani dokąd prowadzi otwór. Tymczasem każą wam wejść do wody i nie wychodzić z niej tą samą drogą. Możecie wziąć tylko jeden oddech przed zanurzeniem, a w dodatku musicie być niezwykle ostrożni, bowiem skok do wody w pośpiechu może zakończyć się zderzeniem z granitową płytą oznaczoną na rycinie literą G. Macie jednak za sobą trening, który nauczył was rozwagi w niebezpiecznych sytuacjach. Na początek musicie obejść granitową płytę. Kiedy już znajdziecie się na dnie otworu, mniej więcej na głębokości sześciu metrów pod ścianą oznaczoną literą A, wypłyniecie ponad mroki tunelu i ujrzycie w górze światło. I wtedy zobaczycie krokodyle. Możecie sobie wyobrazić, jaki lęk poczulibyście w tej sytuacji. W takim momencie nie można zrobić wiele więcej, jak tylko jak najszybciej płynąć w górę, przeciskając się między tymi przerażającymi drapieżnikami. Według Tota zadanie to wykonywali niemal wszyscy inicjowani za pierwszym podejściem.

Wyjawię wam teraz, że krokodyle były dobrze nakarmione i nie robiły nikomu krzywdy. Wątpię jednak, by sprawiało to jakąkolwiek różnicę inicjowanym znajdującym się w tym tunelu z zatrzymanym oddechem, patrzącym bestiom prosto w ślepia. Wprawdzie nikt nie padł ofiarą krokodyli, ale zawsze....

Po wyjściu z wody w punkcie E [zob. Ryc. 10-14 b] inicjowani dowiadywali się, że nie przeszli próby. Musieli więc poddawać się kolejnym treningom i ćwiczeniom. Kiedy nauczyciele stwierdzali, że są gotowi, ponownie kazano im odbyć całą ceremonię. Tym razem wiedzieli już o krokodylach, o tym, że wolno im zaczerpnąć tylko jeden oddech oraz że droga na zewnątrz *nie* wiedzie do światła przez gromadę krokodyli. Ponownie płynęli na dno i w najbardziej przerażającym momencie, kiedy stawali oko w oko z krokodylami, musieli szukać innej drogi. Wyjście znajdowało się w miejscu oznaczonym literą H, w którym to ja wraz z przyjaciółką opuściłem się w głąb i wydostałem na zewnątrz podczas wymyślonej przez nią ceremonii. W chwili, w której adepci natrafiali na właściwe wyjście, musieli opuścić się jeszcze głębiej i przepłynąć pod ścianą B, zanim mogli wydostać się na zewnątrz przez kolejny pogrążony w nieprzeniknionych ciemnościach tunel, przy czym po drodze nie wiedzieli, czy zdążają we właściwym kierunku.

Tego rodzaju doświadczenia wymyślali Egipcjanie dla adeptów szkół wiedzy tajemnej. Prób było wiele, bardzo przy tym zróżnicowanych. Budowla składała się z wielu pomieszczeń skonstruowanych tak, by można się tu było zmierzyć z największymi lękami. Po drugiej, pozytywnej stronie świątyni uczono sztuki tantry, obejmującej nie tylko techniki seksualne wzmagające rozkosz, ale i wiedzę o przepływie energii seksualnych oraz o jego znaczeniu w procesie zmartwychwstania. Adepci uczyli się tu również technik oddychania pomocnych w każdej dziedzinie życia. Wystarczy nadmienić, że dzięki tej wiedzy potrafili przebywać pod wodą przez taki długi czas, jakiego wymagała opisywana przez nas próba.

Skoro już poznaliśmy wagę lęku, opowiem wam o pewnym doświadczeniu związanym z tajemnicą Studni.

Pomieszczenie znajdujące się w podziemiach Wielkiej Piramidy, które nazywano Studnią, zostało ostatecznie zamknięte w 1984 roku ze względu na bezpieczeństwo. Wejście do prowadzącego w głąb korytarza zasunięto żelaznymi drzwiami, których przez dłuższy czas strzegła straż. Powodem tej decyzji były liczne wypadki śmiertelne wśród osób zwiedzających Studnię. Było ich tak wiele, że zakazano do niej wstępu turystom. Ofiary umierały z najdziwniejszych powodów – na przykład od ukąszeń węży lub pająków, które w ogóle nie *występowały* w Egipcie! Ostatni incydent miał miejsce tuż przed zamknięciem Studni. Nieoczekiwanie w powietrzu zaczął unosić się gaz, który zadusił grupę ludzi odprawiających tam swoją ceremonię. Nikt nie wie, jak do tego doszło.

Miejsce to ma szczególny charakter, zwłaszcza u końca tunelu, w którym wznosi się ściana. Znajduje się tu przejście z trzeciego do czwartego wymiaru. Cokolwiek pomyślicie lub poczujecie będąc tutaj, staje się *prawdą*. Jeśli więc odczuwacie lęk, jego przyczyna się urzeczywistni. Zamanifestuje się przed wami i nie pozwoli wam przetrwać w nowym świecie. Tylko człowiek wolny od lęku może przeniknąć do pozytywnego świata i tylko przed nim otworzą się drzwi do wyższych wymiarów. Przekonacie się, że taka jest natura czwartego wymiaru: cokolwiek myślicie i czujecie, staje się prawdą.

Dlatego właśnie nauka w egipskich szkołach wiedzy tajemnej obejmowała dwanaście lat, w czasie których adepci musieli się zmierzyć ze wszystkimi lękami znanymi ludzkości. W Kom Ombo spotykali tylko lęki związane z drugą czakrą. Każda czakra wiąże się z określonymi rodzajami lęku. Inicjowani musieli poznać je wszystkie i po dwunastu latach prób stawali się prawdziwie nieustraszeni. Ten sam proces powtarza się we wszystkich szkołach wiedzy tajemnej na całym świecie, choć na różne sposoby.

Niewiarygodne metody stosowali na przykład w tym względzie Inkowie. Nie sposób opisać doświadczeń, jakie stwarzali swoim adeptom, aby wzbudzić w nich najgorsze lęki i stworzyć możliwość ich przezwyciężenia. W przeciwieństwie do Egipcjan nie zależało im, by pozostawić ich przy życiu. Próby te były bardzo intensywne. Podobnie postępowali Majowie. Raz w roku urządzali wielki mecz gry w piłkę, do którego zawodnicy przygotowywali się przez cały rok. Gra przypominała dzisiejszą koszykówkę z tą różnicą, że członkom zwycięskiej drużyny ścinano głowy. Taka śmierć była wielkim zaszczytem, w istocie bowiem stanowiła etap treningu przygotowującego do przejścia w wyższe wymiary.

Kolejnym interesującym ćwiczeniem, przez które musieli przejść inicjowani w podziemiach Wielkiej Piramidy było ułożenie się na podłodze tunelu z zamkniętymi oczami. Doświadczali tam niezwykłych rzeczy, a budzili się w sarkofagu w Komnacie Króla! Pytali potem, jak do tego doszło. Ten etap inicjacji był wielokrotnie opisywany, ale współcześni

Egipcjanie nie rozumieją, na czym właściwie polegał. Tymczasem adepci nie przeszli jeszcze odpowiedniego treningu, toteż podczas tego doświadczenia wciągała ich próżnia energii czarnego światła. Przemierzali Wielką Próżnię i przybywali do miejsca, w którym otwierała się próżnia czarnego światła. Tu następowała zmiana polaryzacji i opuszczali się wzdłuż spirali białego światła do sarkofagu. Dzięki temu mogli fizycznie przejść do innej rzeczywistości.

Ludzie leżący na dnie tunelu i przeżywający tam doświadczenia irracjonalne z punktu widzenia człowieka współczesnego, napotykali jednak tak wiele trudności, że ostatecznie postanowiono przesunąć sarkofag. Przestawiono go tak, by nie był zestrojony z polem energii. Gdybyście teraz spróbowali się położyć w sarkofagu, wasza głowa nie znajdowałaby się w strumieniu energii. Zostało to uniemożliwione. Egipcjanie o tym wiedzą. Rozumieją, co się stało, nie są głupi. Mieszkają tu od bardzo długiego czasu. Opowiadają, rzecz jasna, swoją wersję historii o przesunięciu sarkofagu, ale milczą, jeśli zapytać ich, dlaczego nie przywrócili go do pierwotnej pozycji.

Egipcjanie wiedzą o sarkofagu, ale nie rozumieją, na czym polegała próba w tunelu pod wielką Studnią. Dlatego też w 1984 roku, kiedy zginęła tam kolejna grupa ludzi, zamknęli cały obszar i nie wpuszczali tam nikogo. Kiedy przybyliśmy na miejsce w roku 1985, wytłumaczyliśmy im, że problemy pojawiają się tylko na końcu tunelu i namówiliśmy ich do tego, by udostępnili zwiedzającym pozostałą część budowli. Cały obszar był więc zamknięty zaledwie przez rok.

TUNEL POD WIELKĄ PIRAMIDĄ

Kiedy zacząłem prowadzić warsztaty zatytułowane Kwiat Życia, opowiadałem mnóstwo historii, bowiem jest to najlepsza metoda przekazywania informacji. Historia, którą opowiem wam teraz, przydarzyła mi się w tunelu. Dzięki niej zrozumiecie, na czym polegała inicjacja w starożytnym Egipcie i jaka jest natura czwartego wymiaru. W miarę lektury tej książki, zaczniecie pojmować, jak istotna jest ta wiedza. Wszystko wydarzyło się zgodnie z tym, co sobie wyobrażałem i mam nadzieję, że moja opowieść pozwoli wam uzyskać wgląd w charakter tej próby. Nie musicie mi wierzyć. Możecie to potraktować jako wymyśloną historię.

To, co wam opowiem zostało opublikowane z pominięciem pewnych szczegółów.

W 1984 roku pojawił się przede mną Tot i polecił mi przygotować się do inicjacji w Egipcie. Powiedział, że powinienem poddać się tej próbie, bowiem nawiążę w ten sposób łączność z energiami Ziemi i w przyszłości będę potrafił dostosować się do zachodzących przemian. Tot nakazał mi pojechać do Egiptu bez żadnych przygotowań. Nie wolno mi było samemu kupić sobie biletu ani zarezerwować miejsca w hotelu. Nie mogłem też nikomu wyjawić swojej chęci wyjazdu. Życie samo miało mnie tam zaprowadzić bez najmniejszych starań z mojej strony. Dzięki temu mogła rozpocząć się inicjacja. W przeciwnym razie do niczego by nie doszło. Reguły były jasne.

Dwa tygodnie później pojechałem do Kalifornii, żeby odwiedzić moją siostrę, Nitę Page. Nie widziałem jej już od dłuższego czasu. Niedawno wróciła z Chin, więc nadarzała się doskonała okazja do spotkania. Nita jest ciągle w podróży. Odwiedziła niemal wszystkie większe miasta w kraju i na świecie, i to wielokrotnie. Tak bardzo lubi podróżować, że w końcu otworzyła własne biuro podróży, aby połączyć hobby z pracą.

Podczas rozmowy byłem bardzo ostrożny, żeby nie wspomnieć jej o życzeniu Tota. A jednak stało się. Była późna noc, około wpół do drugiej, a my siedzieliśmy w jej mieszkaniu i rozmawialiśmy o Chinach. Na stoliku do kawy leżała książka autorstwa Manley P. Hall *The Secret Teachings of All Ages (Sekretna wiedza wszechczasów)*. Mówiąc coś, Nita bezwiednie otworzyła książkę na stronie ze zdjęciem Wielkiej Piramidy i zaczęliśmy rozmawiać o Egipcie. Nagle popatrzyła mi w oczy i powiedziała:

„Gdybyś kiedyś chciał tam pojechać, daj mi znać. Opłacę ci tę podróż."

Ugryzłem się w język, żeby nie powiedzieć jej o poleceniu Tota. Nie powiedziałem ani słowa. Podziękowałem tylko i obiecałem, że zwrócę się do niej, jeśli podejmę decyzję o wyjeździe.

Moja siostra była w Egipcie dwadzieścia dwa razy i z pewnością odwiedziła każdą świątynię. Byłem uradowany, że chce mnie tam zabrać, choć nie wiedziałem, co to znaczy, jeśli chodzi o inicjację. Kiedy tylko wróciłem do domu, pojawił się jednak Tot i powiedział, że moja siostra jest właściwą osobą. Słuchałem go. Kazał mi zadzwonić do niej następnego ranka i powiedzieć, że chciałbym pojechać do Egiptu między 10 a 19 stycznia 1985 roku. Tot twierdził, że tylko w tym czasie może się odbyć moja inicjacja. Potem odszedł. Był początek grudnia 1984 roku, co oznaczało, że pozostał mi tylko miesiąc na przygotowania.

Następnego ranka miałem zamiar zadzwonić do siostry, ale poczułem się nieco dziwnie. Kiedy zaproponowała mi wspólny wyjazd, miała przecież na myśli jakąś bliżej nieokreśloną przyszłość. Zastanawiałem się, jak jej to powiedzieć. Spędziłem chyba ze dwadzieścia minut przy telefonie, zanim zebrałem się na odwagę.

Gdy usłyszałem jej głos w słuchawce, opowiedziałem jej o Tocie i jego życzeniu. Powiedziałem również, że musimy wyjechać za miesiąc. Przerwała mi jednak, oświadczając, że będzie mogła pojechać najszybciej za dziewięć miesięcy. Spodziewałem się tego. Jak już wspomniałem, Nita prowadziła biuro podróży i miała zajęte terminy aż do połowy września. Kochała mnie i chciała nieco złagodzić cios spowodowany jej odmową, więc powiedziała, że właśnie wychodzi do biura i sprawdzi, czy nie znajdzie się choć jeden wolny termin. Po tej rozmowie sądziłem, że wszystko przepadło, ale nic nie rozumiałem. Tot nigdy się nie mylił, a powiedział przecież, że w taki sposób mam pojechać do Egiptu.

Wkrótce potem zadzwoniła moja siostra. Miała zmieniony głos. Powiedziała, że w rzeczywistości ma zajęte terminy aż do końca października, ale kiedy zajrzała do kalendarza pod datę, którą jej podałem, okazało się, że nie ma w tym czasie żadnej wycieczki. Kartka była pusta. Miała zajęte terminy dziewiątego i dwudziestego pierwszego stycznia, ale nic pomiędzy.

„Tot miał rację, Drunvalo" – powiedziała. – „Mamy tam pojechać."

Następnego dnia zadzwoniła, żeby przekazać mi kolejne interesujące wieści.

„Zadzwoniłam do kasy linii lotniczych United Airlines, żeby zamówić dla nas bilety. Rozmawiałam z kolegą, który zwykle rezerwuje bilety dla mojego biura podróży. Kiedy dowiedział się, że bilety są tym razem dla mnie i dla mojego brata, dał mi je za darmo."

Jeśli chodzi o mnie, to byłem przekonany, że całą sprawą kierują wyższe siły. Rzeczywiście, nie włożyłem w ten wyjazd najmniejszego wysiłku.

Tot przychodził teraz codziennie, aby przekazywać mi informacje na temat pracy, jaką miałem wykonać w Egipcie. Na początku udzielił mi wstępnych wskazówek. Mieliśmy ściśle trzymać się kolejności wchodzenia do wskazanych świątyń. Gdybyśmy pomylili porządek, cała inicjacja zostałaby zaprzepaszczona.

Następnie przeszedł do nauki języka atlantydzkiego. Musiałem bezbłędnie wymówić pewne frazy i formuły, aby proces zadziałał. Tot codziennie sprawdzał, jak sobie z tym radzę. Kazał mi wciąż powtarzać wyuczone zdania do chwili, kiedy uznał, że wypowiadam je bez błędu. Następnie kazał mi je zapisać fonetycznie po angielsku, żebym ich nie zapomniał po przyjeździe do Egiptu. Aby rozpocząć inicjację, miałem wypowiadać określone zwroty w każdej z odwiedzanych przez nas świątyń.

Na koniec Tot uczył mnie o lęku. Przekazał mi techniki, które pozwalały rozpoznawać, czy lęk jest prawdziwy, czy wyobrażony. Polecił mi wyobrazić sobie elektryczne niebieskie pierścienie, które przesuwały się w dół i w górę wokół mego ciała, jak obręcze hula-hop. Jeśli lęk był nieprawdziwy, pierścienie przesuwały się w jedną stronę, jeśli zaś był realny, przesuwały się w drugą. Potraktowałem ten trening bardzo poważnie. Tot twierdził, że moje życie może zależeć od tego, czy prawidłowo wykonam tę wizualizację. Słuchałem więc pilnie i powtarzałem wszystko, co mi kazał.

Kiedy zbliżył się dzień wyjazdu, zaczęli się nim interesować inni ludzie. Tot przewidział, że tak będzie. Powiedział, że zostało to napisane dawno temu. Ostatecznie więc wyjeżdżaliśmy w piątkę: moja siostra i ja, a do tego pewna kobieta z mężem i jego bratem. Pamiętam, że podczas podróży przelatywaliśmy nad kompleksem budowli w Gizie i pilot wykonał nad nim pełne okrążenie. Całą naszą piątkę ogarnęło dziecięce podniecenie. Chcieliśmy znaleźć się tam jak najszybciej.

Na lotnisku powitał nas Ahmed Fayhed, który obok swego ojca, Mohammeda, był najbardziej uznanym archeologiem egipskim. Mohammed zyskał sobie sławę w całym Egipcie, a obaj panowie byli zaprzyjaźnieni z moją siostrą Nitą. Ahmed przeprowadził nas przez rząd celników, wyjął pieczątkę z rąk jednego z nich, podstemplował nasze paszporty i od razu wyszliśmy na ulicę prosto do taksówki. Dzięki niemu nikt nie zainteresował się naszym bagażem. Zawiózł nas do swego domu, który przypominał wielopiętrową kamienicę. Liczna rodzina Ahmeda zajmowała w niej poszczególne mieszkania. Okna domu wychodziły prosto na Sfinksa.

Ojciec Ahmeda, Mohammed, był ciekawym człowiekiem. W dzieciństwie miał sen, w którym obok Wielkiej Piramidy znalazła się spora drewniana łódź. Po przebudzeniu narysował ją, łącznie z hieroglifami, które ujrzał we śnie. Zapisał również, w którym dokładnie miejscu znajdowała się łódź w stosunku do Wielkiej Piramidy. Rysunek dostał się jakimś sposobem w ręce urzędników egipskich, którzy stwierdziwszy iż hieroglify mają rzeczywiste znaczenie, wydrążyli otwór w miejscu wskazanym przez dziecko. Okazało się, że łódź naprawdę tkwiła tam zakopana w ziemi!

Przedstawiciele rządu wydobyli łódź, która była rozłożona na części. Latami bezskutecznie próbowano ją złożyć. W końcu zaniechano starań. Tymczasem Mohammed miał kolejny sen. Zobaczył w nim proces składania łodzi. Przedstawiciele rządu tym razem chętnie go wysłuchali. Postępując według jego wskazówek, od razu złożyli całą łódź. Wybudowano dla niej piękną komnatę przylegającą do Wielkiej Piramidy. Znajduje się tam do dziś, o czym możecie się przekonać na własne oczy.

Mohammed odnalazł również całe starożytne Memfis, wskazując bezbłędnie miejsce, w którym należało prowadzić wykopaliska. Dostarczył archeologom rysunek budowli czy też świątyni, która znajdowała się pod ziemią. I tym razem nie pomylił się ani na jotę.

Także środkowa piramida w Gizie została otwarta dzięki nadnaturalnej mocy Mohammeda. Przedstawiciele rządu pytali go, czy mogą ją otworzyć. Mohammed zagłębił się w medytacji i ostatecznie udzielił odpowiedzi twierdzącej. Rząd uznał, że można przesunąć tylko jeden kamienny blok (spośród ponad dwóch milionów), zatem Mohammed ponownie usiadł do medytacji przed wejściem do piramidy. Poświęcił na to około pięciu godzin, aż wreszcie wskazał blok, który należało przesunąć. Jak się okazało, za tą płytą znajdowało się wejście do drugiej piramidy. Mohammed był ojcem Ahmeda Fayheda, naszego przewodnika i przyjaciela mojej siostry.

Ahmed oddał do naszej dyspozycji pokoje w swoim domu, w których mieliśmy odpoczywać przez kilka godzin. Później usiedliśmy we trójkę z moją siostrą i spytał nas, dokąd się wybieramy. Pokazałem mu wówczas plan działań otrzymany od Tota. Przejrzał go i stwierdził, że mamy mało czasu. Nasz pobyt miał trwać zaledwie dziesięć dni, a francuski pociąg do Luksoru odchodził dopiero nazajutrz o osiemnastej. Stracilibyśmy całe dwa dni. Ahmed postanowił, że najpierw udamy się do Saqqary, a zaraz potem do Wielkiej Piramidy. Była to propozycja dokładnie *wbrew* zaleceniom Tota, który podkreślał, że mamy się kierować przez niego ustalonym harmonogramem.

Tymczasem Ahmed nalegał, byśmy *zrezygnowali* z wypełniania wskazówek Tota. Nie chciał słuchać naszych argumentów i od razu zorganizował nam wyprawę do Wielkiej Piramidy na następny dzień. Do tego wszystkiego nie chciał się zgodzić, byśmy opuścili się do tunelu obok Studni. Musieliśmy go długo przekonywać, twierdząc, że jest to absolutnie konieczne, że głównie po to przyjechaliśmy do Egiptu. Ahmed twierdził, że jest to bardzo niebezpieczne, opowiadał, jak wielu ludzi zginęło w tej części budowli. Powiedział też, że jeśli mimo wszystko zdecydujemy się wejść do tunelu, on nie pójdzie z nami.

Nie wiedziałem, co robić. Tot nalegał, byśmy postępowali *ściśle* według jego wskazówek, a zanosiło się na to, że będzie to niemożliwe. Pamiętałem, że może to oznaczać rezygnację z inicjacji. W końcu postanowiłem wyruszyć do Wielkiej Piramidy następnego ranka, tak jak zalecał Ahmed, choć wiedziałem, czym ryzykuję.

Następnego ranka cała nasza grupa zgromadziła się w salonie Ahmeda. Każdy z nas miał przy sobie chlebak z niezbędnym ekwipunkiem, czyli latarki, świece, wodę i tak dalej. O ustalonej porze Ahmed otworzył drzwi i oświadczył:

„Jedziemy."

Jako pierwsza wstała moja siostra, a za nią wyszło troje pozostałych uczestników wyprawy. Sam stałem przez chwilę pośrodku pokoju, a potem założyłem plecak i ruszyłem w stronę wyjścia.

I wtedy stało się coś naprawdę dziwnego. Przez cały ranek czułem się bardzo dobrze, niepokoiłem się tylko o program działań. Kiedy jednak zrobiłem krok w stronę oczekującego w drzwiach Ahmeda, poczułem, jak przenika mnie fala energii. Zatrzymałem się. Po chwili napłynęło drugie, potężne uderzenie fali energii. Nie wiedziałem, co się ze mną dzieje. Tymczasem kolejne fale energii napływały coraz szybciej. Upadłem na podłogę i zacząłem wymiotować. Mój organizm przechodził totalny kryzys. Atak trwał zaledwie piętnaście sekund, a ja czułem się tak chory, że ledwie zdawałem sobie sprawę z tego, co się wokół dzieje.

To dziwne. Kiedy organizm nieoczekiwanie ulega atakowi choroby, duch nie może tak szybko przystosować się do nowej sytuacji. Pamiętam, jak leżałem na podłodze próbując zrozumieć, co mi się przydarzyło. Miałem wrażenie, jakbym oglądał film ze swoim udziałem.

Przeniesiono mnie do łóżka, gdzie ogarnął mnie całkowity paraliż. Moje mięśnie były bezwładne. Było to niezwykłe doświadczenie. Leżałem tak przez trzy godziny, a stan mojego zdrowia zdawał się coraz bardziej pogarszać. Nikt nie potrafił mi pomóc. Przytomność odzyskałem dopiero następnego ranka. Pół dnia przeleżałem w łóżku. Dopiero koło trzeciej po południu poczułem się nieco lepiej. Usiłowałem wprowadzić się w medytację Mer-Ka-Ba dla uzdrowienia, ale wtedy jeszcze nie potrafiłem tego zrobić leżąc na boku. Ostatecznie wszelkie próby zawiodły. Na koniec poprosiłem moją koleżankę i jej brata, aby mnie posadzili. Usadowili mnie we właściwej pozycji do rozpoczęcia medytacji.

Kiedy poczułem, jak w moim ciele ponownie zaczyna krążyć prana, odzyskałem siły. Już po trzydziestu minutach mogłem przejść się po pokoju, choć nadal lekko kręciło mi się w głowie. Wtedy zajrzał do mnie Ahmed. Zapytał, czy czuję się lepiej. Wciąż miałem nudności. Sięgnął do kieszeni i wyjął stamtąd program podyktowany przez Tota. Powiedział, że jeśli zdołam się pozbierać za półtorej godziny, zdążymy na francuski pociąg do Luksoru.

„To cię powinno uszczęśliwić" – powiedział. – „Pojedziemy zgodnie z twoim planem."

Zastanawiałem się później, czy to ja sam zachorowałem, żebyśmy mogli wypełnić polecenie Tota, czy też była to jego sprawka. Tak czy owak, moja „choroba" nie była normalnym zjawiskiem. Nigdy w życiu nie przytrafiło mi się nic takiego. Tymczasem odzyskałem nadzieję na to, że jednak zostanę poddany inicjacji. Podczas podróży pociągiem do Luksoru powracały do mnie myśli i uczucia związane z chorobą, ale usuwałem je ćwicząc oddech praniczny i napełniając się energią siły życiowej. Kiedy następnego ranka dotarliśmy do Luksoru, w pełni wróciłem do siebie i z niecierpliwością oczekiwałem tego, co się tu wydarzy.

Przed rozpoczęciem inicjacji w pierwszej świątyni zameldowaliśmy się w hotelu. Zaraz potem mieliśmy udać się do Świątyni w Luksorze, tej poświęconej człowiekowi. Ahmed wręczył mi klucz do pokoju. Miał on numer 444, a była to liczba inicjacji ducha. Poczułem, że wszystko wróciło do porządku. Od tamtej pory wydarzenia w Egipcie przebiegały bez najmniejszych zakłóceń. Przyjeżdżaliśmy do kolejnych świątyń w idealnym porządku, tak jak to ustalił Tot. Miałem przy sobie kartkę z tekstem w języku Atlantów, mogłem więc bezbłędnie przeprowadzić wszystkie ceremonie. Życie płynęło swobodnie jak Nil.

Wreszcie 17 stycznia powróciliśmy do domu Ahmeda, gotowi do odbycia ostatniej inicjacji w głębi tunelu. Nie planowałem tego, mając niewielką kontrolę nad przebiegiem wydarzeń w Egipcie, ale okazało się, że do Wielkiej Piramidy weszliśmy dokładnie 18 stycznia, w dniu moich urodzin. Kiedy przybyłem do Egiptu po raz drugi w roku 1990, poruszaliśmy się zgodnie z planem mojej przyjaciółki, ale także i tym razem znalazłem się w Wielkiej Piramidzie w dniu swoich urodzin. Jestem przekonany, że istnieje kosmiczna przyczyna we wszystkim, co nam się przydarza.

Choć przybyliśmy na miejsce 17 stycznia, nie mogliśmy wejść do Wielkiej Piramidy, dopóki Ahmed nie uzyskał dla nas specjalnego zezwolenia od rządu. Odebraliśmy je dopiero późnym wieczorem. Do tunelu wybraliśmy się zatem rankiem 18 stycznia.

Kiedy stanęliśmy przed żelazną bramą prowadzącą do Studni, Ahmed i jego ludzie ustawili straże zatrzymujące ciekawych turystów, którzy nie mogli zobaczyć tego, co robimy. Pamiętajcie, że Wielką Piramidę odwiedza dziennie około 18 tysięcy zwiedzających, a powstrzymanie tego strumienia przypominało zaganianie wielkiego stada bydła na prerii. Strażnik, który nas wpuścił, powiedział, że mamy dokładnie półtorej godziny. Kazał nam nastawić budziki w zegarkach. Gdybyśmy nie powrócili w porę, mieli po nas przyjść, a to już brzmiało groźnie. Nie mogliśmy się spóźnić. Kiedy tylko zniknęliśmy mu z oczu, kazał otworzyć normalną drogę dla turystów.

Tymczasem my staliśmy u wejścia do długiego tunelu opadającego pod kątem 23 stopni. Jest to zarazem kąt nachylenia osi Ziemi. Wąski korytarz prowadził do podziemnej komnaty odległej o około 130 metrów.

Żadne z nas nie wiedziało, co robić. Jak poruszać się w tunelu szerokim i wysokim zaledwie na metr, który w dodatku zakręca w dół pod ostrym kątem? Nie można było swobodnie iść, nie można było nawet się czołgać. Zaczęliśmy żartować, że będziemy się turlać. Musieliśmy też zdjąć plecaki, bo zawadzały przy niskim stropie. W końcu uradziliśmy, że będziemy naśladować chód kaczek, trzymając pakunki na podołku. Nieźle nam szło. Wszyscy ruszyli przodem, a ja zostałem na końcu.

Szedłem w dół tunelu mając zupełnie pusty umysł. Nie myślałem o niczym, po prostu obserwowałem. Nieoczekiwanie coś obudziło moją czujność. We wnętrzu Wielkiej Piramidy rezonują niezwykle silne, intensywne wibracje. Wydaje się, że nie mają one końca. Uświadamiałem sobie obecność tych wibracji od momentu wejścia do piramidy i schodząc koncentrowałem się właśnie na nich. Nagle zobaczyłem dwa czerwone kwadraty [zob. Ryc. 10-15] umieszczone na ścianach tunelu po obu jego stronach. Były wielkości około pięciu centymetrów kwadratowych. Kiedy je mijałem, poziom wibracji obniżył się o pełną oktawę. W tej samej chwili poczułem lęk.

Byłem tak zaprzątnięty odczuwaną przez siebie wibracją oraz lękiem, który jest dla mnie rzadkością, że zapomniałem o wszystkim, czego nauczył mnie Tot. Napominał on, że po wejściu do tej przestrzeni najważniejszą rzeczą będzie przezwyciężenie lęku, ale ja o tym nie pamiętałem. Reagowałem tylko na własne odczucia.

Szedłem dalej, wciąż odczuwając lęk i wkrótce natrafiłem na kolejną parę kwadratów. Kiedy je mijałem, poziom wibracji ponownie obniżył się o oktawę, a lęk nasilił się jeszcze bardziej.

„Czego się boję?" – zapytałem, a jakiś głos z głębi mnie odpowiedział:

„Lękasz się jadowitych węży."

„To prawda" – odparłem. – „Ale w tym tunelu nie ma węży."

„Skąd możesz wiedzieć?" - zapytał głos. – „Mogą być."

Kiedy dotarłem do końca tunelu, wciąż prowadząc ze sobą ten dziwny dialog, odczuwałem już silny lęk przed wężami. To prawda, boję się węży, ale w dzisiejszych czasach rzadko można na nie trafić. Wydawało mi się, że Tot znajduje się teraz miliony kilometrów stąd. Prawie zapomniałem o jego istnieniu. Zapomniałem o błękitnych elektrycznych pierścieniach, które mogły usunąć mój lęk. Cały mój trening poszedł na marne.

Minęliśmy pierwsze pomieszczenie, o którym rzadko wspominają książki na temat Egiptu i weszliśmy do głównej komnaty, w której tunel

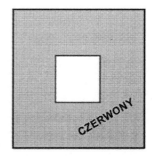

Ryc. 10-15. Czerwony kwadrat.

– główna przyczyna naszej podróży – urywał się. Pośrodku znajdowała się studnia, dzięki której pomieszczenie zyskało swoją nazwę.

Zajrzeliśmy do środka, ale studnia zasypana była gruzem na głębokość dziesięciu metrów. Komnata nie miała określonego kształtu. Miała naturę żeńską, nie znaleźliśmy tam bowiem ani jednej linii prostej. Wyglądem bardziej przypominała pieczarę. Na koniec stanęliśmy u wejścia do małego tunelu, z powodu którego przyjechaliśmy do Egiptu.

Chciałbym tu zrobić pewną interesującą dygresję. Otóż kiedy rozmawiałem z Totem o tym miejscu, powiedział mi że nie zostało ono zbudowane przez Egipcjan. Pochodziło z czasów tak odległych, że nawet on sam nie wiedział, kim byli jego budowniczowie. Oświadczył tylko, że jedynym powodem, dla którego zbudowano Wielką Piramidę właśnie tutaj, było stworzenie ochrony dla tego pomieszczenia. Według niego stanowiło ono przejście do komnaty Amenti, czterowymiarowej przestrzeni nazywanej łonem Ziemi, jednego z najważniejszych miejsc na całym świecie. Zawsze, kiedy to możliwe staram się sprawdzać prawdziwość wypowiedzi Tota, do czego on sam mnie zresztą zachęca. Podczas podróży pociągiem francuskim do Luksoru zapytałem Ahmeda, kto wybudował podziemny pokój. Ahmed potwierdził, że nie byli to Egipcjanie, ale także i on nie znał tożsamości budowniczych. Nie wyjaśniono tej kwestii również w żadnej ze znanych mi książek na temat starożytnego Egiptu.

Ale powróćmy do naszej opowieści. Drugi tunel był bardzo mały. Nie potrafię dokładnie określić jego rozmiarów, ale z pewnością był mniejszy niż poprzedni. Jedynym sposobem na przedostanie się do środka było czołganie się na brzuchu. Wydaje mi się, że biegł on w głąb Ziemi na głębokość około 30 metrów, choć ludzie, którzy odwiedzili to miejsce ostatnio twierdzą, iż sięga on zaledwie 8 metrów w głąb. Z całą pewnością był dłuższy podczas naszej tam wizyty, zatem Egipcjanie musieli go później zasypać. Podłoże tunelu było miękkie, wysypane krzemowym piaskiem. Ściany i strop pokrywały drobne kryształki kwarcu, które świeciły niczym diamenty. Wszystko wyglądało bardzo pięknie. Kiedy zapaliliśmy latarki, światło wydawało się krążyć spiralnym ruchem, rozjaśniając przestrzeń tylko na niewielkiej odległości, reszta tunelu zaś leżała pogrążona w mroku. Nigdy dotąd nie widziałem niczego podobnego.

Jedno po drugim oświetlaliśmy tunel latarkami, aby zorientować się w sytuacji. Kiedy wszyscy zajrzeli do środka, zwrócili się do mnie:

„Ty nas tu przyprowadziłeś, więc idziesz pierwszy."

Nie miałem wyboru.

Założyłem plecak z przodu i zacząłem się czołgać. Oświetlałem sobie przy tym drogę małymi latarkami. Nadal odczuwałem silny lęk przed wężami i miałem nadzieję, że ich tu nie spotkamy. Wydawało mi się, że upłynęło wiele godzin, zanim dotarłem do końca tunelu. Węży nie było. Rozluźniłem się nieco i zacząłem głębiej oddychać. I wtedy zauważyłem mały okrągły otwór po prawej stronie przy końcu tunelu. Wyglądał jak otwór zrobiony przez węże.

Poczułem, jak strach chwyta mnie za gardło. Skierowałem snop światła prosto w otwór, żeby zobaczyć, czy nie czai się tam niebezpieczeństwo. Nikogo nie dostrzegłem. Nie podobało mi się to wszystko, ale co mogłem zrobić w tej sytuacji?

Skierowałem uwagę na bardziej bezpośredni problem. Uświadomiłem sobie wówczas, że w dzisiejszych czasach nie można już kierować się hieroglifami ukazującymi drogę, którą Ozyrys prowadził inicjowanych, bowiem nasze ciała są większe [zob. Ryc. 10-16].

Według hieroglifów Ozyrys i inicjowani siedzieli. Dla mnie okazało się to niemożliwe, więc ostatecznie przypomniałem sobie o Tocie i poprosiłem go o pomoc. Kazał mi się położyć z głową skierowaną na koniec tunelu. Pozostałym polecił zrobić to samo. Przekazałem im jego słowa i posłusznie wykonali polecenie.

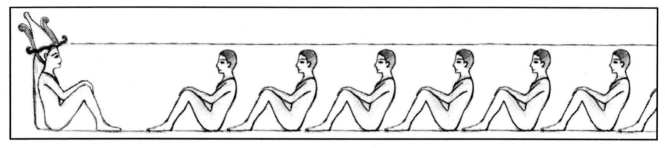

Ryc. 10-16. Ozyrys wraz z inicjowanymi w tunelu.

Kiedy tylko położyłem się na plecach wydarzyło się kilka rzeczy. Po pierwsze odkryłem przytłoczony, że było to najciemniejsze miejsce, w jakim się kiedykolwiek znalazłem. Uniosłem dłoń do oczu, ale nie dostrzegłem nawet jej zarysu. Sądzę, że tej przestrzeni nie rozjaśniał ani jeden foton światła.

Następnie z niezwykłą wyrazistością pojawiło się odczucie ciężaru i grawitacji. Czułem nad sobą ciężar wielkiej góry. Miałem wrażenie, jakbym został pogrzebany żywcem. Tunel otaczały zewsząd jednolite skały, on sam zaś był zapchany ludzkimi ciałami. Całe szczęście, że nie mam klaustrofobii. Gdybym cierpiał na tę dolegliwość, moja inicjacja w tej małej zamkniętej przestrzeni nie mogłaby się dopełnić. Na szczęście dobrze się tam czułem.

Tymczasem Tot przejął prowadzenie i kazał mi rozpocząć medytację Mer-Ka-Ba. Posłuchałem go, ale w tej samej chwili nasilił się mój lęk przed wężami. Przypomniałem sobie, że tuż za moją głową po lewej stronie, znajduje się mały „wężowy" otwór. Moja wyobraźnia oszalała. Widziałem przed sobą węże wypełzające z dziury i wchodzące na mnie. Wizji tej towarzyszyły bardzo realne odczucia. Wiedziałem, że jeśli jej nie przerwę, mój lęk stanie się rzeczywistością i naprawdę pokryją mnie ciała grzechotników. Ale wiedza ta tylko pogarszała sytuację. Pamiętałem, że wielu ludzi zginęło w tym tunelu właśnie z tej przyczyny. Wciąż jednak nie mogłem sobie przypomnieć technik opanowywania lęku, których nauczył mnie Tot.

Moja reakcja była zapewne typowo amerykańska. Wzorem Johna Wayne'a chwyciłem się za fraki i zacząłem przemawiać sobie do rozumu. Mówiłem, że skoro przyjechałem do Egiptu aż z Ameryki, to jakie znaczenie będzie miało to, że zginę?

„Weź się w garść" – powtarzałem sobie. – „Zapomnij o wężach i pamiętaj o Bogu. Nawet jeśli węże pokryją całe twoje ciało, będziesz trwał."

Na szczęście udało mi się skoncentrować uwagę na medytacji Mer-Ka-Ba. Kiedy ją zakończyłem, na wysokości około 20 metrów nade mną pojawił się piękny latający talerz, co sprawiło, że poczułem się doskonale. W jednej chwili zapomniałem o wężach. I choć wtedy o tym nie myślałem (uświadomiłem to sobie dopiero po powrocie do Ameryki), wykonałem całą medytację leżąc na plecach w tunelu, podczas gdy w domu Ahmeda okazało się to niemożliwe. Być może w tunelu mogłem tego dokonać, ponieważ zatraciłem tam poczucie orientacji. Nie wiedziałem, gdzie jest góra, a gdzie dół. Miałem wrażenie, że unoszę się w przestrzeni. Niezależnie od przyczyn, Bogu niech będą dzięki, że udało mi się wykonać tę medytację.

Tot nie schodził mi teraz z oczu. Kazał mi wypowiedzieć tekst w języku Atlantów, który prosił o pozwolenie siedmiu władców Komnaty Amenti. Polecił mi wymówić te słowa z mocą i tak też zrobiłem. Potem zapanowała cisza. Wydawało mi się, że minęły lata. Później Tot zapytał mnie, czy zdaję sobie sprawę, że znajduje się w polu Mer-Ka-Ba i że promieniuję światłem we wszystkie strony niczym słońce. Odparłem, że wiem o tym.

„Naprawdę to wiesz?" – spytał.

„Naprawdę" – powiedziałem.

„Jeśli naprawdę to wiesz, to otwórz oczy i zobacz" – powiedział po raz trzeci.

Otworzyłem oczy i ujrzałem tunel spowity w miękką jasną poświatę przypominającą światło księżyca. Światło to nie pochodziło z określonego źródła. Miałem wrażenie, że tak świeci powietrze.

Zaraz potem włączył się mój umysł i pomyślałem, że pewnie któryś z członków grupy ma włączoną latarkę. Uniosłem się nieco na łokciach i spojrzałem na czwórkę moich towarzyszy. Wszyscy leżeli w bezruchu i żadne nie zapaliło latarki. Widziałem ich bardzo wyraźnie. Położyłem się z powrotem i rozejrzałem wokół. Widok był zadziwiający. Widziałem każdy szczegół. Pomyślałem, że jest dość jasno, żeby czytać, a potem znów zamknąłem oczy. Otwierałem je jeszcze kilkakrotnie, aby przekonać się, że światło nie gaśnie.

W pewnej chwili, leżąc z zamkniętymi oczami, zapytałem Tota, co będzie dalej. Popatrzył na mnie i powiedział:

„Nie wystarczy ci rozświetlony tunel?"

Co miałem odpowiedzieć? Rozświetlałem cały tunel przez godzinę i mogłem obserwować to niewiarygodne zjawisko. Pamiętam, że kiedy włączył się mój budzik przypominając, że pora wychodzić, miałem zamknięte oczy. Otworzyłem je spodziewając się ujrzeć światło, ale panowała tu już nieprzenikniona ciemność. Zaskoczyło mnie to. Inicjacja dobiegła końca.

Kiedy dotarliśmy na górę, przy bramie czekali już strażnicy. Moja siostra, która była tu już wiele razy przedtem, wyszła z piramidy, ale pozostali postanowili jeszcze odwiedzić Komnatę Króla i inne pomieszczenia. Później opowiadaliśmy sobie, co nam się przydarzyło. Okazało się, że każdy przeżył co innego, w zależności od indywidualnych potrzeb. Historia mojej siostry była dla mnie szczególnie interesująca. Powiedziała, że stała pośrodku tunelu, kiedy podeszły do niej bardzo wysokie istoty, aby udzielić jej inicjacji. Życie przerasta nasze wyobrażenia.

Kiedy wyszedłem z piramidy, nie wierzyłem własnym oczom. Z wysokości, na której znajduje się wejście, ujrzałem w dole tłum około 60 lub 70 tysięcy ludzi. Przyjrzawszy się bliżej, stwierdziłem, że są to niemal wyłącznie dzieci między piątym a dwunastym rokiem życia. Było wśród nich zaledwie kilkunastu dorosłych. Nie wiem, jak się tam znaleźli, ale byli tam naprawdę.

Spoglądając z góry na najniższy stopień piramidy, zobaczyłem, że dzieci stoją rzędem, trzymając się za ręce. Zszedłem na stopień znajdujący się tuż nad nimi i obszedłem wzdłuż całą piramidę. Okazało się, że dzieci utworzyły łańcuch rąk, opasując całą budowlę. Zatoczyły wielki krąg! Chciałem się przekonać, czy stoją też wokół drugiej i trzeciej piramidy. Stały! Dzieci opasały kręgiem trzy piramidy, kiedy my znajdowaliśmy się w środku. Zadawałem sobie pytanie, co to znaczy.

Po powrocie do pokoju w domu Ahmeda pogrążyłem się w medytacji i przywołałem anioły. Zapytałem je, co oznaczała obecność dzieci przy piramidzie. W odpowiedzi kazały mi sobie przypomnieć, co mi powiedziały przed dwunastu laty. Nie wiedziałem, o czym mówią, więc poprosiłem o wyjaśnienie. Odparły, że dwanaście lat temu poproszono mnie, abym został ojcem dziecka, które przybędzie z centralnego Słońca. Powiedziały, że dziecko to stanie na wierzchołku piramidy utworzonej przez miliony innych dzieci, które przybywają na Ziemię, aby dopomóc nam w przejściu na wyższe wymiary. Anioły twierdziły, że dzieci te w ciągu pierwszych dwunastu lat życia nie będą się niczym wyróżniały wśród rówieśników, potem jednak w ich rozwoju nastąpi przyspieszenie do chwili, w której utworzą na powierzchni Ziemi siłę, której nic nie powstrzyma. Powiedziały również, że dzieci te będą miały ze sobą duchową łączność i w odpowiedniej chwili poprowadzą nas do nowego świata.

Po medytacji policzyłem lata dzielące narodziny mego syna Zacharego od chwili obecnej. Zachary urodził się 10 stycznia 1972 roku, zaś inicjację przeszedłem 18 stycznia 1985 roku. Minęło zatem trzynaście lat i siedem dni. Zapomniałem o tym, ale dzieci pamiętały. W ostatnim rozdziale tej książki przeczytacie, że nauka poznała już fenomen tych dzieci. Przekonacie się, że te piękne istoty z kosmosu są dla nas wielką nadzieją.

Pamiętajcie, dzieci są Środkowym Okiem Horusa, są samym życiem.

HATOROWIE

Hatorowie byli naczelnymi mentorami w Szkole Wiedzy Tajemnej Lewego Oka Horusa. Mimo, że nie pochodzili z naszej planety, w czasach starożytnych przebywali na Ziemi, aby asystować nam w rozwoju naszej świadomości. Darzyli nas wielką miłością i wciąż darzą. Kiedy nasza świadomość zaczęła funkcjonować tylko w trzech wymiarach rzeczywistości, przestaliśmy ich widzieć i straciliśmy zdolność bezpośredniego przyjmowania ich nauk. Teraz, kiedy osiągnęliśmy na powrót wyższy stopień rozwoju, możemy ponownie nawiązać z nimi łączność.

Rycina 10-17 przedstawia wyobrażenie głowy przedstawiciela rasy Hatorów, czterowymiarowych istot przybyłych z Wenus. Nie zobaczycie ich oglądając tę planetę w trzech wymiarach. Dopiero kiedy dostroicie się do czwartego wymiaru, a szczególnie do poziomu wyższych alikwot, odkryjecie, że stworzono tam przebogatą kulturę. Jej przedstawiciele posiadają najwyżej rozwiniętą inteligencję w całym układzie słonecznym, a zarazem pełnią funkcję najwyższego urzędu dla wszystkich istot zamieszkałych pod naszym Słońcem. Istoty, które przybywają do naszego układu z kosmosu, muszą to najpierw uzgodnić z Wenusjanami.

Ryc. 10-17. Hator.

Hatorowie cechują się ogromną miłością. Osiągnęli w tym względzie poziom świadomości Chrystusowej. Komunikują się za pomocą dźwięków i dokonują cudów w swoim otoczeniu. Mają zadziwiające uszy. Nie ma w nich niemal cienia ciemności. Są istotami utworzonymi z czystego światła i czystej miłości.

Bardzo przypominają delfiny. We wszystkim co robią delfiny posługują się dźwiękiem, podobnie jak Hatorowie głosem. My, ludzie, konstruujemy maszyny do oświetlania i ogrzewania naszych domostw, podczas gdy Hatorowie robią to poprzez wytwarzanie dźwięku.

Nie zachowało się wiele posągów przedstawiających Hatorów, bowiem Rzymianie uznali je za wyobrażenia złych duchów i niszczyli je bez opamiętania. Tę rzeźbę znaleziono w Memfis. Stoi ona na postumencie o wysokości około 13 metrów, który jednak niemal w całości był przykryty ziemią [Rycina przedstawia ją po wydobyciu z ziemi]. Tamtejszą świątynię odkopano w czasie mojej wizyty w Egipcie, w roku 1985.

Hatorowie mieli od 3 do 5 metrów wzrostu, podobnie jak Nefilimowie, o których wspominałem w rozdziale trzecim. Pomagali oni Ziemianom przez długi czas, służąc im swoją miłością i niewiarygodną wręcz wiedzą na temat dźwięku. W Wielkiej Piramidzie odbywa się między innymi również inicjacja, w której tworzy się dźwięk ankh. Jest to ciągły dźwięk wytwarzany przez Hatora, który emituje go nieprzerwanie przez pół godziny do godziny. Mocą tego dźwięku sprowadza się uzdrowienie i przywraca równowagę w naturze. Przypomina on intonację dźwięku Om emitowanego przy jednoczesnym oddychaniu. Hatorowie potrafią oddychać, wydobywając z siebie jednocześnie dźwięki. Biorą wdech przez nos i wypuszczają powietrze ustami. Prowadzona przez nich inicjacja dźwięku ankh to tylko jeden z wielu sposobów, dzięki którym pomagają nam zaprowadzić równowagę w naszym świecie. Hatorowie towarzyszą nam na Ziemi już od tysięcy lat.

Jednoczesne oddychanie i wytwarzanie dźwięku jest nam znane skądinąd. Tę samą technikę stosują Aborygeni grający na didgeridoo. Dzięki umiejętności kontrolowania przepływu powietrza przez płuca potrafią oni wytwarzać jednostajny dźwięk przez godzinę. Swoją drogą nie jest to takie trudne.

DENDERA

Rycina 10-18 przedstawia widok Dendery, świątyni poświęconej Hatorom, wielkim nauczycielom rasy ludzkiej. Na wszystkich kolumnach stały niegdyś posągi Hatorów, jednak w przeszłości usiłowano je zniszczyć. Wewnątrz świątyni ustawiono ogromne postumenty, które ciągną się daleko w głąb budowli. Świątynia ta jest wielka. Bylibyście zadziwieni jej ogromem! Ma ona prawie 400 metrów długości.

Ryc. 10-18. Dendera i Katrina.

W Denderze znajdują się dwa szczególne miejsca, o których chciałbym wam opowiedzieć. Wewnątrz świątyni odnajdziecie wykresy astrologiczne, o których już kilkakrotnie wspominałem. Natraficie tu również na pomieszczenie, o którym opowiadam sporadycznie, bowiem nie byłem tam osobiście. Tłumaczono mi, że znajduje się ono po prawej stronie od wejścia, pod frontową warstwą podłogi. Komnata ta zawiera coś, co jest absolutnie niezgodne z obowiązującą dziś wiedzą powszechną. Jest tam mianowicie wyryty obraz Ziemi widzianej z kosmosu w doskonałych proporcjach wraz z przewodem, który wychodzi z niej, a na drugim końcu posiada coś w rodzaju wtyczki do kontaktu. Obok niej wyryto obraz ściany z kontaktem o jak najbardziej współczesnym wyglądzie. Wtyczka jest jednak odłączona. Jak to możliwe? Skąd starożytni Egipcjanie mogli wiedzieć, że Ziemia zostanie zelektryfikowana?

Opowiem wam teraz historię i pokażę zdjęcia obiecane w poprzednim rozdziale. Kiedy byłem w Abydos, w świątyni poświęconej Setowi I [zob. rozdział 2, Ryc. 10-19a], jeden ze strażników polecił mi zaczekać, aż wszyscy opuszczą budowlę. Kiedy zostaliśmy sami, kazał mi skierować obiektyw aparatu na punkt znajdujący się na suficie. Było ciemno i nie widziałem dobrze, co właściwie fotografuję. Przekonałem się o tym dopiero, kiedy wywołałem zdjęcie.

Zdjęcie na Rycinie 10-19b przedstawia obraz, który zgodnie z naszą obecną wiedzą na temat przeszłości, teraźniejszości oraz przyszłości nie ma prawa istnieć. Omawiając „żłobione wstęgi czasu" stwierdziliśmy, że rysunki znajdujące się na wysokości pięciu metrów wzwyż od podłogi opisują przyszłość. Na zdjęciu widać żłobienia umiejscowione na wysokości ok. 13 metrów od podłogi, tuż pod sufitem.

Co przedstawiają? Jest to obraz atakującego helikoptera. Poniżej znajduje się coś, co przypomina beczki z ropą oraz półkula, na której stoi orzeł skierowany w stronę uzbrojonego czołgu. Widać tam jeszcze dwa inne samoloty skierowane w tę samą stronę. Czołg kieruje się wprost na „wroga". Kiedy po raz pierwszy zaprezentowałem to zdjęcie w 1986 roku, nikt nie dopatrzył się w nim żadnego sensu. Dopiero w roku 1991 pewien emerytowany oficer armii amerykańskiej, który brał udział w moich zajęciach orzekł, że podobne helikoptery znajdują się na stanie armii, zaś szereg rysunków tworzy sekwencję zdarzeń zaistniałych w operacji Pustynna Burza. Była to jedyna wojna, w której jednocześnie brały udział czołgi i helikoptery.

Nie można zatem stwierdzić, że Egipcjanie nie potrafili przewidywać przyszłości, skoro sporządzili te hieroglify tysiące lat przed powstaniem pierwszego helikoptera. Od tamtej pory zdjęcie to oglądało wielu ludzi, publikowano je również w internecie, ale nikt nie potrafił wytłumaczyć, jak to możliwe.

Fotografia na Rycinie 10-20 ukazuje górny fragment drzwi prowadzących do niewielkiego pomieszczenia w tylnej części świątyni w Denderze. Pośrodku, na kamieniu znajdującym się nad drzwiami widnieje symbol Marduka, planety olbrzymich Nefili-

Ryc. 10-19a. Świątynia Seta I w Abydos.

mów. Pod nim narysowano koło z wpisanym weń symbolem Lewego Oka Horusa. Symbol ten jest na zdjęciu zamazany. Po lewej umieszczono hieroglif Tota wskazującego na koło [zob. szczeg. na Ryc. 10-20a].

Za portalem, jak i na ścianach pokoju widnieje przepiękne przedstawienie dziejów Izis i Ozyrysa, które opowiedziałem wam w piątym rozdziale pierwszej części książki. Żałuję, że nie pozwolono mi ich sfotografować. Historia przedstawiona w tej komnacie stanowi podwaliny religii egipskiej. Oto, jak brzmi ona w najbardziej uproszczonej formie.

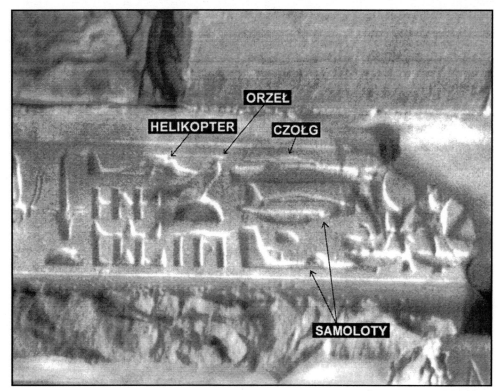

Ryc. 10-19b. Rzeźbienia w Świątyni Seta I w Abydos.

NIEPOKALANE POCZĘCIE

Ozyrys i Set oraz Izis i Neftys byli braćmi i siostrami. Ozyrys wziął za żonę Izis, a Set ożenił się z Neftys. Później Set zabił Ozyrysa, włożył jego ciało do drewnianej skrzyni i puścił ją na wody Nilu (w rzeczywistości była to inna rzeka na Atlantydzie). Izis i Neftys szukały ciała Ozyrysa po całym świecie. Kiedy je wreszcie odnalazły i sprowadziły do domu, Set posiekał je na czternaście kawałków. Potem rozrzucił je po świecie, aby upewnić się, że Ozyrys już nigdy nie powróci. Izis i Neftys znów ruszyły na poszukiwania i w końcu udało im się odnaleźć trzynaście kawałków ciała Ozyrysa. Nie znalazły czternastej części, czyli penisa. Histo-

Ryc. 10-20. Kamień na drzwiach prowadzących do komnaty w Świątyni Dendera. Na górze, pośrodku, widnieje symbol planety Marduk, poniżej wpisane w koło Lewe Oko Horusa, zaś po lewej hieroglif oznaczający Tota. W pomieszczeniu opisano hieroglifami dzieje Izis i Ozyrysa.

Ryc. 10-20a. Szczegóły koła przedstawionego w dolnej części Ryc. 10-20.

ria przedstawiona na ścianach świątyni ukazuje złożonych ze sobą trzynaście kawałków ciała Ozyrysa pozbawionego penisa. Tymczasem na scenę wkracza Tot, który za pomocą czarów ożywia penis, a ten zasila ciało Ozyrysa życiodajną energią. Następnie Izis przemienia się w jastrzębia, wzbija się w powietrze i opada na penis Ozyrysa, który owija skrzydłami. W ten sposób zachodzi w ciążę. Rodzi później syna Horusa o głowie jastrzębia. W rzeczywistości nie miał on jednak głowy jastrzębia – hieroglif przedstawia jedynie symbol jego imienia. Horus mści cierpienia i śmierć ojca, które zgotował mu Set.

Zdaniem Tota rysunki przedstawiają opis niepokalanego poczęcia. Kobieta nie musi być dziewicą, aby się ono dokonało. Tot twierdzi, iż narodziny te mają charakter wielowymiarowy. Izis przyleciała do Oyzrysa w innym wymiarze, do ich spotkania nie doszło w rzeczywistości *fizycznej*.

HISTORIA NIEPOKALANEGO POCZĘCIA NA ŚWIECIE

Przedstawię wam teraz informacje, które już zapowiadałem. Przez długi czas sam nie wiedziałem, co o tym myśleć i dlatego wam pozostawiam wyciągnięcie wniosków. Opowiem o sprawach, o których prawdziwości zdążyłem się przekonać, choć kiedy usłyszałem o nich po raz pierwszy, uznałem je za mit. Podobnie myśli większość ludzi. Powszechnie uważa się, że niepokalane poczęcie przydarzyło się tylko Maryi i Józefowi, że tylko Jezus mógł narodzić się w taki sposób. Tymczasem poznałem dowody na to, że niepokalane poczęcie wydarza się również w codziennym życiu i jest całkowicie naturalnym zjawiskiem.

Mówi się, że w taki właśnie sposób przyszło na świat wielu przywódców religijnych i założycieli nowych religii, jak Kriszna czy Jezus. Ich ojcowie i matki nie współżyli ze sobą fizycznie. Jak już powiedziałem, uważamy powszechnie, że coś podobnego nie mogłoby się wydarzyć w naszym życiu. A przecież na innych poziomach życia na Ziemi, poza ludzkim, niepokalane poczęcie zachodzi niemal bez przerwy, w każdej minucie. Owady, rośliny, drzewa - niemal wszystkie formy życia - stosują niepokalane poczęcie jako jeden ze sposobów rozmnażania się. Przedstawię to wam na przykładzie.

Rycina 10-21 przedstawia drzewo rodowe samca pszczoły. Samica pszczoły może zrodzić samca, kiedy tylko zechce. Nie potrzebuje do tego pozwolenia partnera, nie potrzebuje drugiego samca, aby stworzyć samca. Może to zrobić sama. Gdyby jednak chciała stworzyć samicę, musi połączyć się z samcem. Na tym drzewie genealogicznym widać, że samiec

potrzebuje tylko matki, podczas gdy samica musi mieć i matkę i ojca. Każdy ojciec
pszczoły musi mieć tylko matkę i tak powstają całe pokolenia pszczół. Kolumna
cyfr po lewej stronie przedstawia liczbę
członków rodziny na każdym poziomie
drzewa genealogicznego. Przyjrzawszy
się tym liczbom, przekonacie się, że tworzą one sekwencję 1,1,2,3,5,8 i 13, czyli
szereg Fibonacciego.

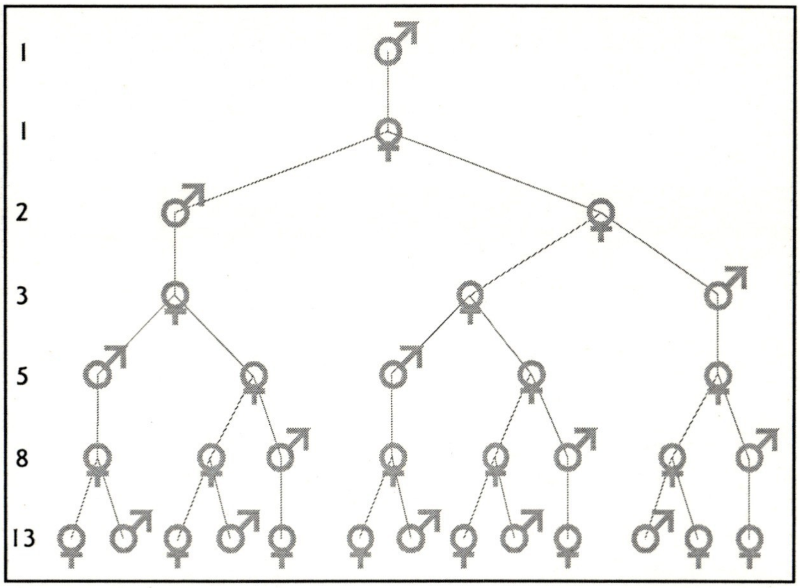

Oznacza to, że niepokalane poczęcie,
przynajmniej w tym wypadku, opiera się
na szeregu Fibonacciego. Według jakiej sekwencji rodzą się jednak ludzie? Na początku mamy dziecko, potem dwoje rodziców,
czworo dziadków i ośmioro pradziadków,

Ryc. 10-21. Drzewo rodzinne
samca pszczoły.

co daje szereg 1,2,4,8,16,32, a zatem szereg binarny. Oba procesy tworzą
dwie podstawowe sekwencje życia: szereg Fibonacciego ma naturę żeńską,
zaś szereg binarny męską. Według tej teorii niepokalane poczęcie następuje
drogą żeńską, zaś fizyczna kopulacja wyznacza drogę męską.

PARTENOGENEZA

Rycina 10-22 przedstawia zdjęcie gekko, małej jaszczurki [przedruk
z *Morning News Tribune* z 15 stycznia 1993, Tacoma, Waszyngton; ko-
mentarz na temat artykułu zamieszczonego w aktualnym wówczas numerze czasopisma *Science*]. Gekko żyją na Wyspach Pacyfiku, zaś ten
okaz nazywany jest lamentującą gekko. Mają one około 7,5 centymetrów
długości i są wyłącznie rodzaju żeńskiego. Nigdy na tej planecie nie pojawił się ani jeden samiec gatunku lamentującej gekko. Cała kultura tych
jaszczurek jest wyłącznie żeńska, a przecież mają one dzieci. W artykule
napisano, że rozmnażają się one aseksualnie, składając jaja bez pomocy
samców. Jak to możliwe?

W 1977 roku Peter C. Hoppe i Karl Illmenser ogłosili, że w Laboratorium Jackson w Bar Harbor w Maine szczęśliwie przyszło na świat
siedem myszy poczętych samodzielnie przez matkę. Proces ten nazwano
partenogenezą lub dzieworództwem, chociaż „niepokalane poczęcie" jest
bardziej odpowiednim określeniem, bowiem samica nie musi być dziewicą. Innymi słowy, uczonym udało się doprowadzić do zapłodnienia sami-
cy myszy bez udziału samca. Jak to możliwe?

Szczęśliwie na jednym z moich warsztatów pojawił się lekarz, który
prowadził wcześniej badania nad partenogenezą, również w odniesieniu
do istot ludzkich. Mogliśmy więc podyskutować o tym zjawisku. Lekarz
ten twierdził, że jedynym zadaniem uczonego w celu jego wywołania jest
przekłucie błony (*zona pellucida*) przy pomocy szpilki. W chwili przekłu-

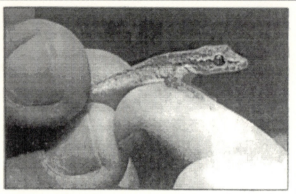

Gecko lizards were part of a competitiveness study.

Lizards with big appetites force smaller cousins to move outside

The Associated Press

LOS ANGELES — Scientists staged wars between lizards inside old hangars in Hawaii to learn why sexually reproducing geckos have pushed their asexual rivals out of urban homes throughout the South Pacific.

The answer: Sexual lizards are bigger and hog the dinner table.

Without overt aggressive action, the bigger wall-climbing, insect-eating lizards simply scare the smaller reptiles away from houses where tasty insects congregate around light bulbs, ecologists said in today's issue of the journal Science.

"Ecologists like me would like to be able to predict which ecosystems are more susceptible to invaders from outside, which are more resistant and why," said Ted Case, a co-author of the study and biology chairman at the University of California, San Diego.

The new study "is one of the best examples so far of the way

and the rate at which an invader can displace a resident competitor," Case said Thursday during a phone interview from San Diego.

For thousands of years, people in the Pacific islands have shared their homes with mourning geckos, which enter houses through small openings and are virtually impossible to keep out. Mourning geckos are about 3 inches long. All are female. They reproduce asexually by laying and hatching eggs without male help.

Since World War II, 3.5- to 4-inch-long house geckos — a different species native to the Philippines and Indonesia — have displaced mourning geckos in urban homes as they hitchhiked on planes and boats to Fiji, Samoa, Tahiti and Hawaii.

House geckos come in male and female varieties. They reproduce sexually through copulation. They have pushed the mourning geckos into rural communities and forests far from bright city lights.

Ryc. 10-22. Artykuł na temat gekko, gatunku wyłącznie żeńskiego. Być może czytelnicy zechcą dowiedzieć się więcej na ten temat na własną rękę.

cia rozpoczyna się proces mitozy, który prowadzi do narodzin dziecka. Wydaje się zatem, że wystarczy tylko dostać się pod warstwę powierzchniową!

Jak już napisałem, chromosomy samca nie stanowią niezbędnych 50 procent w procesie zapłodnienia, jak dotąd powszechnie uważano. Okazuje się, że samica może ofiarować swoje chromosomy w 100 procentach. Nauka ostatecznie potwierdziła ten fakt. Jednocześnie dokonano ważnego odkrycia z zakresu genetyki. Do tej pory sądzono, że poszczególne geny pełnią określone i niezmienne funkcje w organizmie. Tymczasem i to okazało się nieprawdą. Dany gen w zależności od tego, od którego z rodziców pochodzi, może pełnić całkowicie odmienną funkcję. Odkrycie to spowodowało daleko idące zmiany w sposobie myślenia o biologii.

Począwszy od 1977 roku, uczeni wciąż prowadzą badania nad przebijaniem skorupy jaj wszelkich form życia na ziemi. Kiedy tej samej próbie poddano jajeczko kobiety, urodziła ona dzieci płci żeńskiej – przynajmniej do tej pory płeć dzieci nie uległa zmianie – bez udziału męskiego nasienia.

Pozostają jednak dwie istotne kwestie: (1) dzieci płci żeńskiej narodzone drogą partenogenezy są identyczne jak ich matki oraz (2) wszystkie te dzieci są bezpłodne. Mam wrażenie, że na ten temat można powiedzieć o wiele więcej niż sądzimy. To samo zresztą dotyczy wielu innych dziedzin życia, o których w *naszym mniemaniu* wiemy już tak dużo.

POCZĘCIE W INNYM WYMIARZE

Zastanawiałem się nad kwestią niepokalanego poczęcia przez długi czas, aż w końcu sformułowałem pytanie: Czy to możliwe, że zastosowanie partenogenezy prowadzi do narodzin dziecka funkcjonującego w innym wymiarze? Być może w rzeczywistości nie jest ono bezpłodne, tylko konstytuuje je nie szereg binarny, ale szereg Fibonacciego? Czy to możliwe, że samice mogą same począć dziecko *wyłącznie* między wymiarami? Nikt tego dotąd nie zbadał, bowiem do tej pory przedmiotem zainteresowania nauki była sama możliwość *fizycznego* poczęcia dziecka tą drogą. „Między wymiarami" oznacza, że rodzice nie muszą znajdować się na tej samej półkuli, ani nawet na tej samej planecie. Łączą się ze sobą na innym poziomie bytu. Również i ten rodzaj zapłodnienia posiada aspekt seksualny, także i on prowadzi do orgazmu, choć nie wymaga kontaktu fizycznego.

I jeszcze jedno: jeśli do zapłodnienia dochodzi drogą syntetyczną, czyli poprzez partenogenezę, kiedy powierzchnię błony przekłuwa się za pomocą ostrego przedmiotu, nieodmiennie na świat przychodzi dziecko płci żeńskiej. Sądzę, że teraz, kiedy rodzice będą mogli dobierać się w pary między wymiarami, za każdym razem będzie się rodził chłopiec. Fakt, że Maryja i Józef spłodzili Jezusa oraz że Kriszna był chłopcem nie jest, rzecz jasna, wystarczającym dowodem na to, że tą drogą zawsze rodzi się dziecko płci męskiej, ale wszystko na to wskazuje. Nie słyszałem o żadnym odstępstwie od tej reguły.

POCHODZENIE TOTA I JEGO DRZEWO GENEALOGICZNE

Moje zainteresowanie kwestią niepokalanego poczęcia sięga wielu lat wstecz. Któregoś dnia robiłem ćwiczenia geometryczne, podczas gdy Tot mnie obserwował. Nie mogłem rozwikłać pewnego problemu, a on próbował mi go objaśnić. Ostatnią rzeczą, o jakiej wtedy mógłbym pomyśleć, była kwestia niepokalanego poczęcia, a szczególnie partenogenezy. Tot zapytał jednak, czy chciałbym usłyszeć historię o jego matce.

„Jasne" – odparłem nieuważnie, mając głowę zaprzątniętą geometrią.

Nie byłem zbytnio zainteresowany jego opowieścią. Tymczasem usłyszałem niezwykłą historię. Nie wiedziałem, co o tym myśleć, a Tot skończył i zostawił mnie samego. Po jego odejściu zastanawiałem się, *co* chciał mi przekazać.

Jego matka miała na imię Sekutet. Miałem okazję ją kiedyś spotkać, ale tylko raz. Jest niezwykle piękną kobietą, która żyje w tym samym ciele od 200 000 lat. Tot twierdzi, że po narodzinach Adama i Ewy, kiedy ludzie nauczyli się łączyć ze sobą fizycznie według szeregu binarnego, jego matka postąpiła inaczej. Zakochała się w pewnym mężczyźnie, wraz z którym nauczyła się kochać między wymiarami. Tym sposobem urodził im się syn – nie dziewczynka, ale chłopiec. Dzięki poczęciu i narodzinom dziecka także i oni, podobnie jak Aj i Tija, pojęli na czym polega nieśmiertelność i stali się nieśmiertelni [zob. rozdz. 3,4 i 5].

Wydarzenia te miały miejsce bardzo dawno temu, u zarania ludzkości. Matka Tota i jej mąż byli przedstawicielami nowo powstałej rasy, którą stworzono w celu wydobywania złota w kopalniach. Nie wiem, czy wywodzili się z rodu Adama i Ewy, czy też z linii ludzi, którzy mieli być bezpłodni. Tak czy owak, już na samym początku naszej ewolucji odkryli sposób zapładniania między wymiarami. Być może byli nawet pierwszymi istotami, które ten sposób wypracowały.

RÓD ZIEMIAN PODRÓŻUJE W KOSMOSIE

Kiedy dziecko podrosło i stało się mężczyzną, jego ojciec, pierwszy mąż Sekutet, opuścił Ziemię i przeniósł się do czwartego wymiaru życia na Wenus, gdzie podjął tamtejszą drogę ewolucji i stał się Hatorem. Jego dzieje opisują egipskie opowieści i mity. Istnieje wiele historii o tym, jak umierano i wznoszono się na wenusjański poziom świadomości.

Kiedy ojciec dziecka przeniósł się na Wenus, Sekutet połączyła się między wymiarami ze swoim synem i ponownie zaszła w ciążę. Urodziła drugiego syna, a kiedy ten dorósł, jej pierwszy syn (ojciec drugiego syna) udał się tam, gdzie ojciec, na Wenus. Kiedy tam przybył, jego ojciec przeniósł się na Syriusza. Później, kiedy dorosło drugie dziecko, Sekutet połączyła się między wymiarami także z nim, rodząc tą drogą trzecie. Kiedy trzeci syn dorósł, syn drugi (ojciec trzeciego) dołączył do swojego brata/ojca (pierwszego syna) na Wenus. Kiedy się tam osiedlił, jego ojciec przeniósł się na Syriusza. Kiedy zaś pierwszy syn osiedlił się na Syriuszu, jego ojciec (pierwszy ojciec) udał się na Plejady. Ale Plejady stanowiły zaledwie początek tej drogi.

W taki oto sposób ród Ziemian rozpoczął coraz dalsze podróże w kosmosie, przemieszczając się na coraz bardziej odległe planety. To ciekawa historia. Tot twierdzi, że trwało to od czasów sięgających niemal Adama i Ewy, aż do nastania cywilizacji Atlantów.

Ojciec Tota, Tome, był jednym z trzech, którzy utworzyli *corpus callosum* łączący dwie części wyspy Udal na Atlantydzie. W pewnym momencie Tome opuścił Atlantydę – po prostu zniknął z powierzchni Ziemi i przeniósł się na Wenus, pozostawiając Sekutet i Tota.

Tymczasem Tot przerwał ten rodowy łańcuch. Poślubił kobietę o imieniu Szesat i, zgodnie z egipską legendą, doczekał się z nią syna Tata. Sam Tot twierdzi, że było inaczej, że cała historia była bardziej skomplikowana. Powiedział, że zanim poznał Szesat, połączył się ze swoją matką między wymiarami i że to ona właśnie jest matką Tata. Miał również dziecko z Szesat, ale o nim nie napisano w kronikach. Dziecko to zostało poczęte w Peru i było płci żeńskiej. Do zapłodnienia doszło poprzez kontakt fizyczny. Tot twierdzi, że dzięki temu posiada jednocześnie dwa szeregi: Fibonacciego u dzieci, które ma ze swoją matką, jak również szereg binarny. Twierdzi również, że takie zjawisko zaistniało po raz pierwszy.

Kończąc opowieść o swojej matce, oświadczył: „To wszystko" i wyszedł. Dziwiłem się i zastanawiałem, o co tu chodzi. Dlaczego mi o tym opowiedział? Po jakimś czasie Tot powrócił i polecił mi dowiedzieć się czegoś więcej na temat niepokalanego poczęcia. Przeczytałem na ten temat wszystko, co wpadło mi w ręce. Im więcej czytałem, tym bardziej byłem zadziwiony.

Jeśli chcecie zgłębić ten temat, zróbcie to. Odkryjecie, że spłodzenie dziecka może otwierać drogę do nieśmiertelności. Jeśli więc naprawdę kogoś kochacie, a ta osoba również darzy was miłością – jeśli miłość, która was łączy jest prawdziwa – być może macie przed sobą nową szansę, wniebowstąpienie poprzez święte małżeństwo i poczęcie między wymiarami. Poprzez wasz związek możecie odtworzyć żywą świętą trójcę na Ziemi.

Doświadczenie, które stało się udziałem Aja i Tiji poprzez ich święty związek i narodziny na Lemurii, staje się teraz zrozumiałe. Być może życie zawiera w sobie znacznie więcej możliwości niż sądzimy.

Na poprzednich stronach badaliśmy fragmenty ścieżki żeńskiej, czyli Szkoły Wiedzy Tajemnej Lewego Oka Horusa. Musicie wiedzieć, że wasze emocje i uczucia muszą znajdować się w równowadze oraz że przyjdzie wam przezwyciężyć własne lęki, zanim będziecie mogli podjąć prawdziwą pracę z polem energetycznym ciała świetlistego, Mer-Ka-Ba.

Ryc. 10-23. Kwiat Życia.

KWIAT ŻYCIA
Z PERSPEKTYWY ŻEŃSKIEJ

Zbadamy teraz jeszcze jeden aspekt filozofii egipskiej z czysto kobiecej, czy też żeńskiej perspektywy, charakterystycznej dla Szkoły Wiedzy Tajemnej Lewego Oka Horusa. Jednocześnie poznamy kolejny dowód na to, że Egipcjanie znali symbol Kwiatu Życia i potrafili się nim posługiwać.

Zanalizujemy teraz symbol Kwiatu Życia w zupełnie inny niż dotąd sposób. Spróbujemy go zobaczyć z perspektywy prawej, żeńskiej półkuli mózgowej, podczas gdy dotąd badaliśmy go z perspektywy męskiej. Posłużymy się w tym celu logiką żeńską w przeciwieństwie do logiki męskiej.

Tak jak poprzednio, rozpoczynamy od wzoru Kwiatu Życia [Ryc. 10-23]. Wyodrębnimy z niego pewien szczególny fragment. Po usunięciu wzorca Genezis i otoczeniu go kołem, otrzymamy taki oto obraz [Ryc. 10-24].

Ryc. 10-24. Wzorzec Genezis wpisany w koło (obrócony o 30 stopni).

Następnie, po wyodrębnieniu czterech kół z góry i z dołu większego koła, powstanie obraz przedstawiony na Ryc. 10-25. Jak widzicie, obraz ten pochodzi z wzoru Kwiatu Życia.

Otrzymany w ten sposób wzór będziemy używać wielokrotnie. Bierzemy teraz dwa koła i rysujemy je pomniejszone o połowę we wnętrzu kół o średnim rozmiarze [Ryc. 10-26]. W każdym z powstałych w ten sposób kół rysujemy koła mniejsze o połowę, aż otrzymamy obraz pokazany na Ryc. 10-27.

Pamiętacie *zona pellucida* i komórkę jajową? Pamiętacie, jak jajeczko wnika najpierw w siebie, aby zrozumieć proces życia, a następnie osiąga etap, w którym przybiera kształt jabłka i wychodzi poza

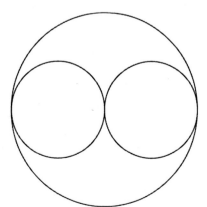

Ryc. 10-25. Dwa koła objęte większym kołem.

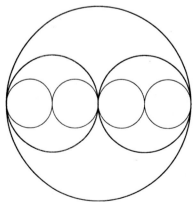

Ryc. 10-26. Podwojone koła.

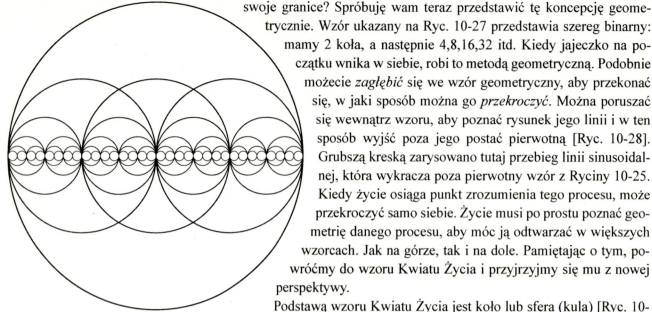

Ryc. 10-27. Szereg kół.

swoje granice? Spróbuję wam teraz przedstawić tę koncepcję geometrycznie. Wzór ukazany na Ryc. 10-27 przedstawia szereg binarny: mamy 2 koła, a następnie 4,8,16,32 itd. Kiedy jajeczko na początku wnika w siebie, robi to metodą geometryczną. Podobnie możecie *zagłębić* się we wzór geometryczny, aby przekonać się, w jaki sposób można go *przekroczyć*. Można poruszać się wewnątrz wzoru, aby poznać rysunek jego linii i w ten sposób wyjść poza jego postać pierwotną [Ryc. 10-28]. Grubszą kreską zarysowano tutaj przebieg linii sinusoidalnej, która wykracza poza pierwotny wzór z Ryciny 10-25. Kiedy życie osiąga punkt zrozumienia tego procesu, może przekroczyć samo siebie. Życie musi po prostu poznać geometrię danego procesu, aby móc ją odtwarzać w większych wzorcach. Jak na górze, tak i na dole. Pamiętając o tym, powróćmy do wzoru Kwiatu Życia i przyjrzyjmy się mu z nowej perspektywy.

Podstawą wzoru Kwiatu Życia jest koło lub sfera (kula) [Ryc. 10-29]. Każde koło, niezależnie od swego rozmiaru, mieści w sobie idealnie dopasowanych siedem mniejszych kół [Ryc. 10-30]. Jest to odwieczna prawda.

Możecie to zobaczyć na rysunku przedstawiającym Kwiat Życia, na którym siedem podstawowych kół ukryło się wewnątrz większego. Ów stosunek 7 do 1 stanowi również podstawę wzorca Owocu Życia. Owoc ukryty jest we wzorze Kwiatu Życia. Można go odnaleźć dorysowując niedokończone koła wokół krawędzi zewnętrznej, a następnie wykonując jeden pełny obrót *poza* wzorem – Owoc Życia znajdzie się wówczas poza nim [zob. Ryc. 6-12].

Istnieje jednak sposób uzyskania Owocu Życia *w granicach* układu. Wystarczy posłużyć się *promieniem* koła środkowego (lub któregoś z pozostałych

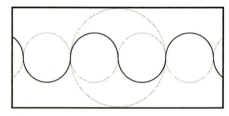

Ryc. 10-28. Fala sinusoidalna przekraczająca siebie samą.

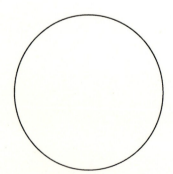

Ryc. 10-29. Koło. Wzór podstawowy.

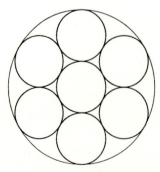

Ryc. 10-30. Siedem kół wpisanych w jedno.

Ryc. 10-31. Trzynaście kół wpisanych w siedem.

siedmiu kół) jako *średnicą* nowych kół, zaczynając rysunek pierwszego nowego koła w samym środku pierwotnego wzoru składającego się
z siedmiu kół. W ten sposób należy narysować dwanaście kół sięgających poza i otaczających koło znajdujące się w środku, a otrzymamy symbol Owocu Życia *wewnątrz* wzoru [zob. Ryc.10-31].

Przekonacie się, że można dojść bezpośrednio do Owocu
Życia wewnątrz, a nie jak dotąd poza wzorem. Dostrzeżecie
dzięki temu niewiarygodną harmonię tej geometrii. Czyż nie
tak samo jest z muzyką? Oktawa zawiera siedem nut, ale *wewnątrz* niej jest jeszcze pięć dodatkowych nut na skali chromatycznej.

Otrzymałem polecenie kontynuowania tego procesu, zatem
na Ryc. 10-32 wykorzystałem promienie mniejszych kół jako
średnice jeszcze mniejszych i ciągnąłem ten proces tak długo,
dopóki nie zarysowałem całej kartki.

Na tym etapie możecie już zaobserwować zjawisko, którego na razie
nie można potwierdzić, a mianowicie to, że wzór Owocu Życia stanowi
hologram. Innymi słowy, widać na nim 13 kół połączonych z 13 kołami
połączonymi z 13 kołami i tak dalej – wszędzie wokół widać małe symbole Owocu Życia, idealnie i harmonijnie dopasowane do siebie na kartce
papieru.

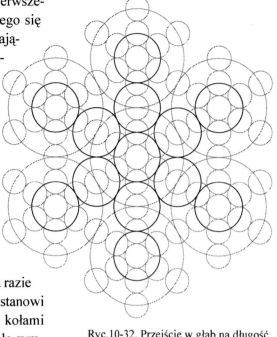

Ryc.10-32. Przejście w głąb na długość
jednego promienia lub reprodukcja
w pomniejszeniu o połowę.

Powtarzam raz jeszcze: rysując szereg coraz mniejszych kół zgodnie
z proporcją promienia jako średnicy kolejnych, otrzymamy siatkę kół
przedstawioną na Ryc. 10-33.

Celowo nie rozrysowałem sieci na całym wzorze, abyście nie stracili z oczu tego obrazu. Widzicie, że wzór ten
wciąż się powtarza: 13 kół połączonych z 13 kołami
i tak dalej. Można dorysowywać do nich kolejne
koła w nieskończoność, cały czas posuwając się
coraz bardziej do wewnątrz i zachowując przy
tym idealną harmonię obrazu holograficznego.
Proces ten nazywamy progresją geometryczną.
Możecie w nieskończoność przesuwać się do
wewnątrz, jak i na zewnątrz, dzięki temu że
koło otaczające cały rysunek będzie po prostu
stanowiło centralne koło coraz większej sieci.

Ta geometryczna progresja przypomina
współczynnik Złotego Środka – nie ma początku ani końca. W sytuacjach, w których brak początku i końca, mamy do czynienia z czymś najbardziej podstawowym, pierwotnym. Zrozumienie
tego faktu pozwala nam na różne dokonania w dziedzi-

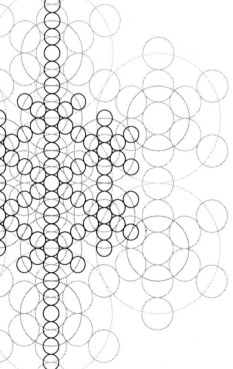

Ryc. 10-33. Przejście w głąb na
długość jeszcze jednego promienia.

Ryc. 10-34a. Koła egipskie na sklepieniu grobowca.

nie nauki, takie jak stworzenie nieograniczonego banku danych komputerowych, co zgodnie z konwencjonalnym sposobem myślenia w matematyce jest niemożliwością.

Skoro pojmujemy już sposób działania nowej siatki, przekonajmy się, co przedstawiają koła na suficie egipskich grobowców, o których wspominaliśmy w rozdziale 2. Oto dwie fotografie [Ryc. 10-34a i b] oraz ich uproszczony schemat [10-34c]. Nikt nie wie, co to jest. Być może uda nam się udzielić jednej z możliwych odpowiedzi. [Zob. opis na dalszych stronach.]

Na początek przyjrzyjcie się przepięknej harmonii okrągłej siatki przedstawionej na Ryc. 10-35, pochodzącej z wizerunku Kwiatu Życia [Ryc. 10-32]. Zauważcie, ile tu doskonałości. Stanowi ona dowód na pochodzenie od doskonałego źródła – Kwiatu Życia!

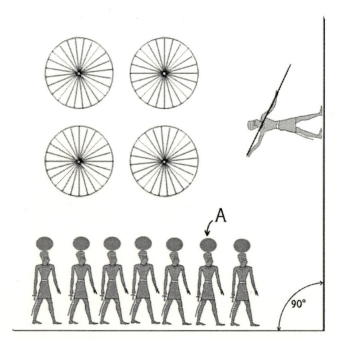

Ryc. 10-34c. Uproszczony rysunek kół na sklepieniu grobowca.

Ryc. 10-34b. Bardziej szczegółowy obraz kół na innym sklepieniu.

Przyjrzyjcie się, jak gwiazda wpisana w gwiazdę Owocu Życia przesuwa się harmonijnie po całej sieci [Ryc. 10-36]. Na Rycinie 10-36b obróciłem gwiazdę wpisaną w inną gwiazdę oraz całą siatkę o 30 stopni. Nadal możecie zobaczyć tu tetraedr gwieździsty wpisany w sferę (kulę), choć teraz został on przewrócony na bok. Rycina 10-37 przedstawia wykres biegunowy z rozdziału 8. Zobaczcie lub starajcie się wyobrazić sobie, jak te dwa wewnętrzne wzory Owocu Życia mogą się nakładać pozostając ze sobą w harmonii.

A przy okazji, te dwa rysunki nałożone na siebie ukazują częściowo widziany z góry obraz waszego osobistego pola energetycznego, mającego średnicę o długości niecałych 20 metrów i około 10-metrowy promień biegnący od środka do granicy obwodu. Wokół was skupiają się wszystkie te figury geometryczne. Jeśli uważnie przyjrzycie się prezentowanym tu rysunkom, zobaczycie, że można je dowolnie na siebie nakła-

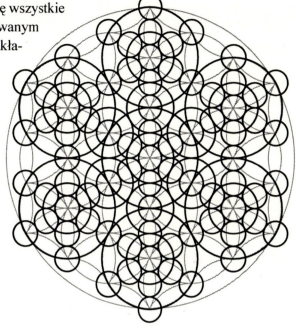

Ryc. 10-35. Kwiat Życia i nowa siatka.

Ryc. 10-36. Gwiazda wpisana w gwiazdę Owocu Życia.

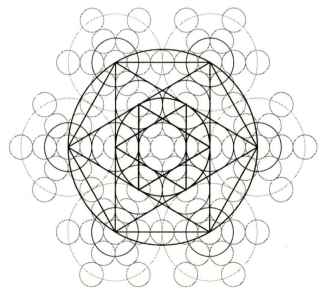

Ryc. 10-36b. Gwiazda wpisana w gwiazdę Owocu Życia obrócona o 90 stopni.

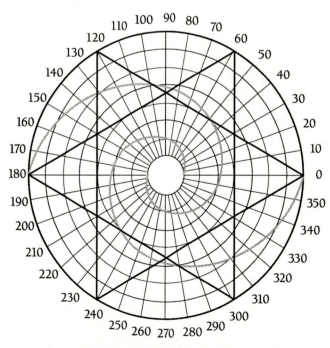

Ryc. 10-37. Tetraedr gwieździsty wpisany w koło na wykresie biegunowym z rozdziału 8.

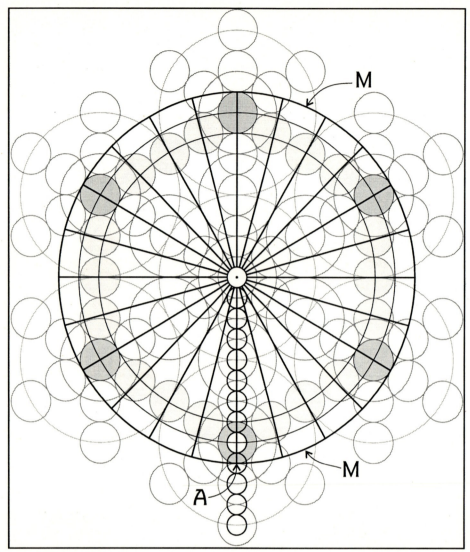

Ryc. 10-38. Sekretny klucz.

dać. Szczegółowa obserwacja tych form ukaże wam fakt, iż wszystkie one wywodzą się z jednego obrazu – z Kwiatu Życia.

Widzieliśmy, jak obraz przedstawiony na Rycinie 10--38 łączy się z harmonią właściwą muzyce. Przekonaliśmy się również, w jaki sposób harmonia muzyczna oraz różne poziomy wymiarów tworzą wzajemne relacje. Wiemy, że sekundowe różnice w cyklach pomiędzy nutami muzycznymi a długością fali następujących po sobie wymiarów, czy też wszechświatów, są proporcjonalnie identyczne. Skoro zatem wiecie, że ten obraz jest powiązany z harmonią muzyczną i dźwiękową, możecie teraz studiować ten wykres [10-38], aby uzyskać głębsze zrozumienie tego, czym w istocie są koła na sklepieniach egipskich grobowców.

Na początek zwróćcie uwagę, że w siatce tej mieści się łańcuch połączonych ze sobą kół, które zacieniowano na rysunku i które otaczają środek, tworząc wzór heksagonalny. Są to dokładnie 24 małe sfery. Gdybyście pomniejszyli je o jeden stopień według przyjętej skali, chcąc otrzymać koła o wielkości małej sfery pośrodku wykresu, przekonalibyście się, że odległość między środkiem a krawędzią zewnętrznego koła oznaczoną literą M jest równa długości średnicy tych pomniejszonych kół pomnożonej przez dziewięć. Krawędź koła oznaczona literą M mieści w sobie wspomniane już 24 połączone ze sobą koła. Koło znajdujące się na końcu łańcucha dziewięciu kół oznaczono na rysunku strzałką opatrzoną literą A. Liczba dziewięć zawiera w sobie zarówno długość *promienia* koła środkowego, jak i zewnętrznego, tworzących jedną średnicę. Wyraźnie widać tu te średnice; nie ma potrzeby dokonywać ich pomiarów. Zwróćcie teraz uwagę na to, że koło zewnętrzne narysowane ciemniejszą kreską, oznaczone strzałkami opatrzonymi literą M, idealnie opasuje 24 sfery, oraz na to, że z 24 promieni jedynie 12 przecina te sfery poprzez ich środek.

KOŁA NA SKLEPIENIU

Koło oznaczone literą M oraz 24 promienie tworzą obraz identyczny jak ten przedstawiony na sklepieniu egipskiego grobowca [Ryc. 10-39].

Pamiętacie fotografię kół na sklepieniu z tomu pierwszego? Było to jedno z pierwszych zdjęć, które wam zaprezentowałem. Powiedziałem wtedy, iż stanowi ono dowód na to, że Egipcjanie rozumieli znaczenie symbolu Kwiatu Życia, który w żadnym razie nie występuje na sklepieniach ich grobowców jako ozdoba. Teraz wyjaśnię wam, czym w istocie są owe koła z perspektywy prawej półkuli, abyście mogli zrozumieć sposób myślenia starożytnych.

Dokonałem ścisłych pomiarów egipskich kół. Gdybyście zmierzyli długość średnicy małego koła znajdującego się pośrodku i narysowali szereg kół tej samej wielkości, poczynając od środka aż po krawędź większego koła, otrzymalibyście dokładnie dziewięć odległości stanowiących dowód na to, że proporcje pomiędzy małym kołem, kołem zewnętrznym i 24 promieniami są identyczne w stosunku do tych pokazanych na dwóch poprzednich wykresach [Ryc. 10-37 i 38].

Ryc. 10-39. Koła A,B,C i D ilustrują wzajemną zgodność i różnice między promieniami.

Strzałka oznaczona literą A [Ryc. 10-34a i wyraźniej 10-34c] wskazuje Jajo Przemiany umieszczone nad głowami postaci, które skręcają pod kątem 90 stopni, prezentując tym samym, jak sądzę, drogę do zmartwychwstania w oparciu o przedstawione wyżej figury geometryczne. Koła stanowią tutaj klucz. Ukazują proporcje wyznaczające dokładną lokalizację wymiaru, do którego przechodzili starożytni Egipcjanie. Zostawili nam więc oni mapę na tym starożytnym sklepieniu.

Zauważcie, że każde z tych kół obrócone jest inaczej, toteż promienie poszczególnych z nich nie zawsze są ze sobą zharmonizowane [Ryc.10-39]. Promienie kół B i C wyglądają na idealnie zestrojone, w przeciwieństwie do promieni kół A i B oraz B i D. Są one przesunięte o niewielki kąt. Jestem przekonany, że wskazują one na wymiar bądź też świat, do którego udawali się Egipcjanie.

Jednak niezależnie od naszej interpretacji, niezależnie od tego, co w istocie oznaczają te rysunki, jedno pozostaje faktem: pojmowali oni ukryte reguły geometrii rządzącej Kwiatem Życia. Wykonanie tych rysunków wymagało głębokiej wiedzy, nie mogli tego zrobić przypadkowo. Zatem z mojego punktu widzenia mamy dowód na to, że znali znaczenie Kwiatu Życia. Egipcjanie z pewnością posiadali w tej kwestii wiedzę równą naszej, a być może nawet zdawali sobie sprawę z rzeczy, które my zaczynamy sobie dopiero przypominać i przyjmować do wiadomości.

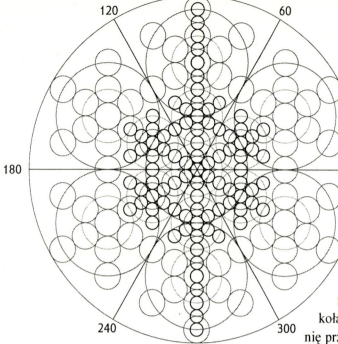

Ryc. 10-40. Owoc Życia podzielony na sześć części.

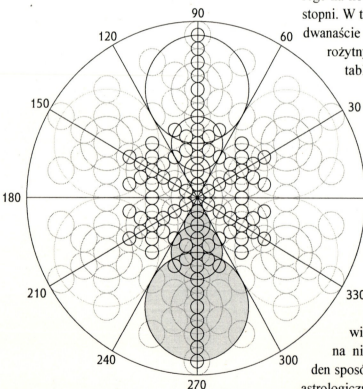

Ryc. 10-41. Zacienione koła ukazują kąt 60 stopni,
zaś linie przecinające środek Owocu Życia kąt 30 stopni.

GEOMETRIA EGIPSKICH KÓŁ

Chciałbym teraz uzupełnić waszą wiedzę na temat geometrii kół przedstawionych na sklepieniu oraz innych egipskich hieroglifów. Mówię tu o dwóch hieroglifach posiadających duże znaczenie i znajdujących się również na omawianych przez nas rysunkach. Jest dla mnie oczywiste, że musimy się z nimi zapoznać, jeśli chcemy naprawdę 0-360 zrozumieć, co mówią nam Egipcjanie.

Na Ryc. 10-40 powracam do starszego rysunku, który ukazuje wzór Owocu Życia na kolejnym etapie przekształceń. Zauważcie, że dokonano tu podziału na sześć części pod kątem 60 stopni.

Na rycinie 10-41 przedstawiony został górny i dolny łuk o szerokości 60 stopni. Mieszczące się w nim koła precyzyjnie go określają. Jeżeli narysujemy teraz linię przechodzącą w dół, przebiegającą przez środek każdego łuku określonego przez środek każdego wzoru Owocu Życia, dotrzemy do drugiego podziału na sześć części, na skutek którego na kole zewnętrznym powstaną podziały pod kątem 30 stopni. W ten sposób koło zewnętrzne zostanie podzielone na dwanaście części. Jest to, rzecz jasna, koło używane w starożytnym Egipcie, w Świątyni Dendera, do sporządzania tablic astrologicznych, do ustalania podziału nieba i układów gwiazd.

Dalej, na Rycinie 10-42, zacienione koła w górnej części łuku o kącie 60 stopni wyznaczają dwa łuki o kącie 15 stopni znajdujące się po obu stronach środkowej linii biegnącej pod kątem 90 stopni, między 75 a 105 0-360 stopniem. To, co pozostaje z górnego 60 - stopniowego łuku to dwa łuki 15 - stopniowe, które dzielą koło zewnętrzne na 24 części. Identyczną geometrię odnajdujemy na sklepieniach egipskich grobowców.

Ponieważ koła podzielone na 24 części występują tam również wraz z gwiazdami o pięciu wierzchołkach, które mają symbolizować gwiazdy na nieboskłonie, można to wytłumaczyć tylko w jeden sposób. Koła te musiały mieć powiązanie z wykresami astrologicznymi znajdującymi się w Denderze, na podstawie których Egipcjanie układali swoją drogę do niebios. Kolejne dowody potwierdzające tę tezę można odnaleźć na tablicy astrologicznej pochodzącej z tego miejsca [Ryc. 10-43]. Zauważcie, że koło zewnętrzne podtrzymuje 8 postaci męskich i 4 kobiece. Reprezentują one 12 rejonów nieba. Zwróćcie również uwagę na fakt, że koło jest podtrzymywane przez 24 ręce. Wewnątrz niego umieszczono zaś 36 obrazków. Na wykresie z Dendery występują zatem wszystkie trzy podstawowe podziały: 12, 24 i 36.

Co więcej, jeśli przyjrzycie się wykresowi na Ryc. 10-44, dokonacie zadziwiającego odkrycia. Z początku może on się wydawać nieco zagmatwany, ale szybko się w nim połapiecie. Na początek przyjrzyjcie się linii biegnącej pod kątem 30 stopni oraz siedmiu kołom (począwszy od 0), od środkowego aż do koła opatrzonego numerem 6. Białe koło z numerem 1 pozwalało dokonać podziału na sześć części pod kątem 60 stopni. Białe koło z numerem 2 pozwalało wyznaczyć 30-stopniowy łuk oraz podział na 24 części na kole zewnętrznym. Trzecie koło dzieli koło zewnętrzne na łuki 20-stopniowe oraz, podzielone na połowę, tworzy łuki 10-stopniowe, równe 10 stopniom na wykresie biegunowym, który, jak się uważa, pochodzi z Egiptu. (Nawet gdyby tak nie było faktycznie, to nadal jest to możliwe.) Przyjrzyjcie się teraz linii biegnącej pod kątem 150 stopni. Trzecie koło na tej linii zostało zacienione. Dwa zacienione koła po obu stronach ciemnego koła z numerem 3 wyznaczają taki sam kąt 10 stopni, rozdzielając cały 60-stopniowy łuk na sześć 10-stopniowych wycinków, co w sumie daje 36 części na kole zewnętrznym wykresu biegunowego.

Przyjrzyjcie się tym prawom matematycznym. Pierwsze koło ma pełnych 60 stopni. Drugie koło to 60 stopni pomnożone przez połowę, co daje 30 stopni (24 koła zewnętrzne). Trzecie koło to 60 stopni pomnożone przez jedną trzecią, co daje 20 stopni (36 części na kole). Gdybyśmy mieli kontynuować te działania, otrzymalibyśmy następne koło, czwarte, z kątem 60 stopni pomnożonym przez jedną czwartą co dawałoby 15 stopni (48 części na kole zewnętrznym). Piąte koło dawałoby 60 stopni pomnożone przez jedną piątą, a więc 12 stopni (60 części) i ostatecznie szóste koło, czyli 60 stopni pomnożone przez jedną szóstą dawałoby 10 stopni (72 części).

Ostatnie koło utworzyłoby pełen wykres biegunowy i musimy tu podkreślić, że podział koła zewnętrznego na 72 części tworzy płaszczyznę przej-

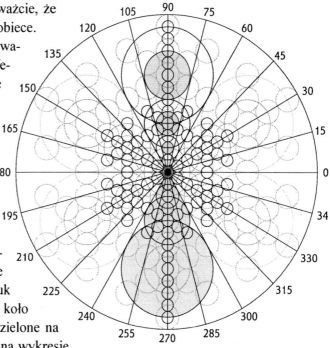

Ryc. 10-42. Koła znajdujące się pomiędzy 75 a 105 stopniem w górze również ukazują kąt 30 stopni.

Ryc. 10-43. Wykres astrologiczny w Denderze.

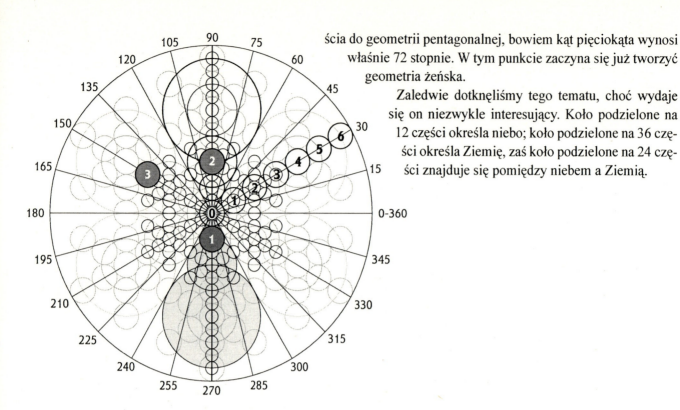

ścia do geometrii pentagonalnej, bowiem kąt pięciokąta wynosi właśnie 72 stopnie. W tym punkcie zaczyna się już tworzyć geometria żeńska.

Zaledwie dotknęliśmy tego tematu, choć wydaje się on niezwykle interesujący. Koło podzielone na 12 części określa niebo; koło podzielone na 36 części określa Ziemię, zaś koło podzielone na 24 części znajduje się pomiędzy niebem a Ziemią.

Ryc. 10-44. Koła od 0 do 6 ukazują różne kąty różnych kół.

Uaktualnienie: Kilka dni przed publikacją tej książki, kiedy sprawdzaliśmy zgodność matematyczną na ostatnim wykresie, wykryliśmy pewną anomalię. Z początku chciałem napisać cały ustęp od nowa, ale stwierdziłem, że przyszli badacze będą mogli posłużyć się tym przykładem i wykazać, że błędy mogą czasem prowadzić do ważnych odkryć. Zostawiłem zatem tekst bez zmian, bowiem zasadniczo jest on poprawny i prezentuje dowód.

Przede wszystkim należy nadmienić, że święta geometria należy do nauk ścisłych. Nie ma w niej miejsca na błędy. Studiując tę dziedzinę prze-

konałem się, że kiedy coś „wygląda właściwie", to zapewne jest właściwe, choć nie w każdym przypadku. Jeżeli jednak dowiedziono istnienia obiektu w procesie progresji geometrycznej na konkretnym rysunku, to wszystkie pokrewne progresje zawarte w tej pierwszej również powinny być rzeczywiste. Do tej pory nie zdarzyło się, by ten fakt okazał się nieprawdą.

W czym zatem tkwi problem? Otóż w progresji pierwszych sześciu podziałów koła zewnętrznego na 0, 60, 120, 180, 240 i 300 stopni, przedstawionej na Ryc. 10-40, nie występuje najmniejsza nawet niezgod-

ność. Drugi zestaw sześciu linii tworzących podział na 12 części [Ryc. 10-41] również okazuje się bezbłędny. Jest rzeczą oczywistą, że progresja okrężna występująca na wysokości 90 i 270 stopni oddziela te linie od siebie dokładnie o szerokość 60 stopni, zaś linię środkową dzieli na dwie równe części o szerokości 30 stopni. Jest to fakt.

A jednak na Rycinie 10-42 wewnętrzna progresja okrężna zawierająca się wewnątrz progresji pierwotnej nie ma kontynuacji w kolejnych progresjach. Reguły matematyki dowodzą, że linie przecinające punkty 75 i 105 stopni nie stykają się idealnie z kołem. Każ-

da z nich jest oddalona o pół do jednego stopnia. Odchylenie to jest ledwo widoczne. Cóż to oznacza?

Kiedy dokonano pomiarów kół, założono jednocześnie, że wszystkie podziały są równe, choć być może nie zawsze tak jest. Jeśli starożytni Egipcjanie używali tych kół do wyznaczania dróg w przestrzeni kosmicznej oraz na Ziemi, to co jest w tym wszystkim istotne? Czy ważniejsze jest to, by podziały były naprawdę równe, czy może to, by oddawały faktyczny stan rzeczy? Jeśli starożytni posługiwali się wzorem wywiedzionym z symbolu Kwiatu Życia, to najważniejszy będzie faktyczny przebieg progresji geometrycznej, bowiem niezależnie od tego, jak daleko w przestrzeni rozwija się progresja, mapa nie będzie zawierała błędów.

Oznacza to, że ktoś powinien udać się do Egiptu i z nadzwyczajną dokładnością zmierzyć te koła. Jeśli okaże się, że 12 linii jest idealnie równych, zaś 12 pozostałych biegnie w niewielkim odchyleniu dostosowując się do istniejącej geometrii, wtedy osiągniemy głębszy poziom zrozumienia starożytnego Egiptu. Będziemy potrafili odtworzyć ich mapę.

Istnieją też inne sposoby, które jednak będziecie musieli odnaleźć samodzielnie.

Na końcu książki zamieszczam nowy adres internetowy, gdzie możecie odnaleźć prawdę nie tylko o tym, o czym tu pisaliśmy, ale niemal o każdej istniejącej rzeczy.

Modlę się, byście stali się badaczami spraw duchowych, poszukiwaczami prawdy. Prawda ukaże wam bowiem nie tylko znaczenie kół przedstawionych na sklepieniu starożytnych grobowców egipskich, prawda ukaże wam również kim w istocie jesteście.

WPŁYW STAROŻYTNOŚCI NA ŚWIAT WSPÓŁCZESNY

Oto prostokąt Złotego Środka [Ryc. 11-1; zob. też rozdział 7] nałożony na piramidy. Można go rozpoznać tylko patrząc z powietrza. Spirala Złotego Środka zbliża się do kompleksu piramid z odległości około dwóch kilometrów (od punktu A) i przechodzi przez środki, czy wierzchołki wszystkich trzech piramid w Gizie. Spirala Fibonacciego wydaje się niemal identyczna, kiedy przebywa tę samą drogę. Jak widzieliśmy w rozdziale 8, szereg Fibonacciego jest bardzo zbliżony do Złotego Środka. Oznacza to, że bierze on swój początek w niewielkim oddaleniu od miejsca początku spirali Złotego Środka. Mimo, że spirale te rozpoczynają się w różnych miejscach, zbliżają się do siebie tak bardzo, że wydają się niemal identyczne.

Połączenie spirali Złotego Środka z kompleksem budowli w Gizie odkryto stosunkowo niedawno, bo w roku 1985, podczas gdy miejsce, z którego bierze swój początek spirala Fibonacciego zlokalizowano dziesięć lat wcześniej i nadano mu nazwę Krzyża Solarnego. O ile wiem, nie wymyślono nazwy dla punktu, z którego biegnie spirala Złotego Środka.

Spirala Złotego Środka w Gizie stanowi bardzo interesujące zjawisko. Egipcjanie ustawili kamienny słup w miejscu, w którym spirala ta bierze początek oraz dwa inne słupy po bokach. Nie widziałem tego osobiście. (Podczas mojej pierwszej wizyty w Egipcie przechodziłem obok tych kamiennych słupów, ale nie wiedziałem o ich istnieniu.) Badania McColluma [*Giza Survey: 1984*] przeprowadzone w 1984 roku potwierdziły, że w miejscu tym znajdują się trzy kamienne słupy. Kiedy pojechał tam John Anthony West, stwierdził, że odnalazł tam *cztery* słupy. Nie wiem, jak to rozumieć. Być może czwarty słup po prostu tam wyrósł, albo któryś z badaczy popełnił błąd. Kamienne słupy nie tylko wyznaczają środek wiru, ale z niezwykłą dokładnością wyzna-

Ryc. 11-1. Spirala Złotego Środka. Symbol *Fi* (ϕ) wskazuje jedno z dwóch miejsc, w których prawa pionowa krawędź zostaje przedzielona na wysokości współczynnika *Fi*.

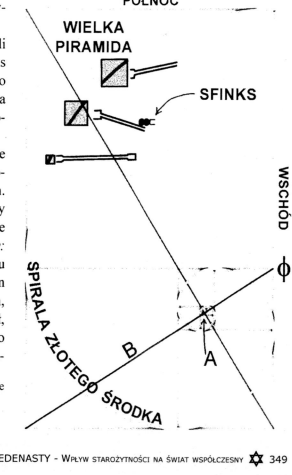

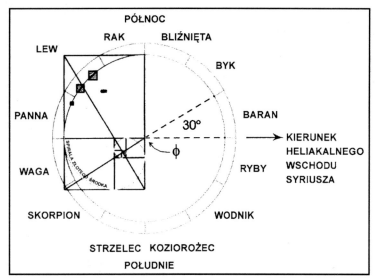

Ryc. 11-2. Egipskie koło astrologiczne,
Ryc. 11-1 oglądana z większej odległości.

Uaktualnienie: Około dwóch lat temu odkryliśmy wielki sekret zawarty w całości układu kompleksu w Gizie. Chodzi o budynek znajdujący się obok „dziury", o której pierwotnie sądziliśmy, że jest środkiem, z którego bierze początek spirala. Od tego czasu odkryliśmy wiele więcej.

Pierwotnie sądziłem, że budynek obok dziury jest spiralą Złotego Środka, ze względu na inne raporty, które tak twierdziły. Jednak ze względu na pewne badania, które prowadziliśmy stało się oczywiste, że tak być nie może. Wysłałem zatem kogoś do Egiptu, aby zmierzył tę budowlę i opowiedział mi, co tam się naprawdę znajduje.

Okazało się, że jest to kwadrat z czterema komnatami wokół. Był dokładnie tych samych proporcji, co rysunek wokół kanonu Leonarda.

Wewnątrz budowli znajdowały się cztery filary. Dwa z nich leżały w początku dwóch spiral Fibo-

czają również przekątną (B), co wskazuje na to, że Egipcjanie chcieli, byśmy zauważyli tę linię. Dlaczego? Zanim udzielę odpowiedzi na to pytanie, muszę przekazać wam garść informacji

Z kompleksem budowli wokół Wielkiej Piramidy łączy się wielkie koło astrologiczne, którego pomiary można przeprowadzić wyłącznie z powietrza [Ryc. 11-2]. Biorąc pod uwagę poczynania druidów, którzy wywodzili się z Egiptu, wykonanie takiego koła astrologicznego widocznego wyłącznie z powietrza nie było dla Egipcjan niczym niezwykłym. Druidzi przywędrowali do Glastonbury w Anglii i stworzyli tam dokładnie taki sam powietrzny obraz koła astrologicznego, jaki można zobaczyć w Egipcie. Różnica polegała na tym, że ten drugi obraz stanowił przedstawienie bardziej graficzne. Wyraźnie ukazywał on rożne znaki na ziemi, choć widać je było tylko z powietrza. Na terenie Anglii znaleziono jeszcze pięć lub sześć takich kół wykonanych przez druidów i widocznych tylko z góry. Wydaje się, że tę umiejętność posiadali jedynie Egipcjanie-druidzi.

W świątyni Dendera w Egipcie odnaleziono kolejny dowód na potwierdzenie tej tezy. Na sklepieniu budowli znajduje się pełne koło astrologiczne podobne do tych, które znamy. Wiemy zatem, że Egipcjanie wiedzieli, czym jest koło astrologiczne i stosowali tę wiedzę w praktyce. Koła te różnią się tylko kierunkiem ruchu niebios. W stosunku do dzisiejszych obserwacji koło egipskie miało poruszać się wstecz.

Kolejnym szczegółem widocznym na rysunku jest kąt pomiędzy rampą Wielkiej Piramidy i rampą wystającą z drugiej piramidy. Wynosi on dokładnie 30 stopni [Ryc. 11-3]. Jest to dla nas ważna informacja. Za chwilę do niej powrócimy.

Badanie McColluma wykazało, że rampa z Ryciny 11-3 wychodząca z trzeciej piramidy dokładnie wskazuje na drugi punkt o wartości *Fi* znajdujący się na dłuższym boku prostokąta Złotego Środka, w którym zawiera się cała ta geometria. Jest to kolejny dowód na to, że Egipcjanie rozumieli geometryczne

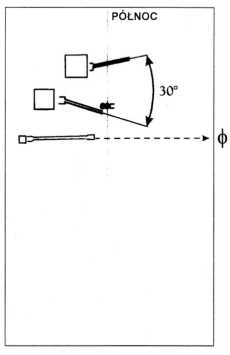

Ryc. 11-3. Dwie rampy znajdujące się pod kątem 30 stopni

implikacje spirali wychodzących z owych dziwnych otworów na pustyni.

Umiejscowienie Sfinksa wydaje się przypadkowe. Powszechnie sądzi się, że postawiono go pośrodku pustki i nikt nie wie dlaczego. Przywołajmy jednak obraz prostokąta Złotego Środka rozpościerającego się wokół kompleksu budowli w Gizie, który widać tylko z powietrza. Jeśli narysujecie linię pionową przecinającą prostokąt [Ryc. 11-4] – ustawicie cyrkiel na prawej krawędzi i zakreślicie pośrodku mały łuk, po czym zrobicie to samo od strony lewej krawędzi – i narysujecie pośrodku linię prowadzącą w dół, to linia ta przechodzić będzie dokładnie poprzez, jak i równolegle do pionowej płaszczyzny przedniej części płaskiego nakrycia głowy Sfinksa. Jednocześnie, jeśli pociągniecie dalej linię południowej podstawy drugiej piramidy, to dotknie ona prawego ramienia Sfinksa, wyznaczając w ten sposób określony punkt [Ryc. 11-5].

Rycina 11-6 przedstawia płaskie nakrycie głowy Sfinksa. Pionowa linia równoległa do dłuższego boku prostokąta, znajdująca się dokładnie pośrodku prostokąta, przechodzi przez przednią krawędź nakrycia głowy sfinksa. Innymi słowy, *nakrycie głowy* Sfinksa wyznacza środek symetrii dłuższego boku prostokąta Złotego Środka, co dowodzi, że Sfinks nie stoi w przypadkowym miejscu. Przedłużona linia południowej fasady drugiej piramidy dotyka powierzchni ramienia Sfinksa.

Obie linie zaznaczające to miejsce na powierzchni Sfinksa o czymś świadczą, nie znalazły się tu przypadkowo. Ci z was, którzy znają prace Edgara Cayce'a, pamiętają, że przed 60 laty przepowiedział on, iż pewnego dnia odnajdziemy pomieszczenie związane ze Sfinksem, w którym przechowywane są dowody na istnienie przed milionami lat wysoko rozwiniętych cywilizacji oraz że wejście do tego pomieszczenia ma się znajdować w prawej łapie Sfinksa. Mówiąc dokładniej, ustawienie piramid wobec Sfinksa nie jest przypadkowe, bowiem Sfinks jest starszy niż piramidy.

Podczas naszego pobytu w Egipcie Tot powiedział nam, że 144 osoby - w 48 grupach liczących po 3 osoby – przybędą do Egiptu z Zachodu. Każda z tych grup będzie miała określone zadanie do wykonania. W końcu jedna z nich przybędzie w okolice Sfinksa i odnajdzie wejście do pomieszczenia, które Edgar Cayce nazywał Archi-

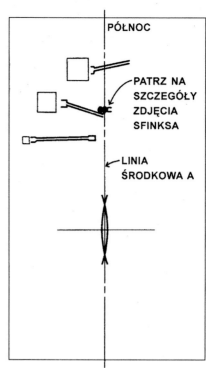

Ryc. 11-4. Usytuowanie Sfinksa. Zwróć uwagę na pionową linię dzielącą tę rycinę. Została ona utworzona poprzez odnalezienie środka prostokąta Złotego Środka (patrz na ciemne linie utworzone cyrklem z obydwu stron). Linia ta pokrywa się z pionowym przodem nakrycia głowy Sfinksa.

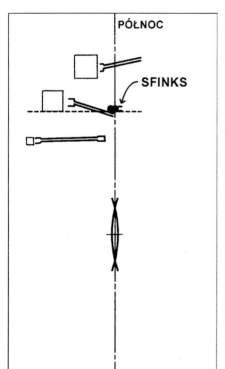

Ryc. 11-5. Prawe ramię Sfinksa znajduje się na tej samej linii, co druga piramida (patrz na przerywaną linię znajdującą się wewnątrz prostokąta Złotego Środka).

nacciego. Jedna z nich przechodzi dokładnie przez trzy wierzchołki piramid i bez wątpienia jest początkiem spirali Fibonacciego, która została odkryta już wcześniej. Druga wychodzi na pustynię w dokładnie odwrotnym kierunku. Obraz ten jest wzorem kratownicy, identycznym z tym z kanonu Leonarda. Sieć ta zdefiniowała wszystko to, co znajduje się w kompleksie w Gizie. Jest to klucz do wszystkich części Gizy i prawdopodobnie każdego świętego miejsca na ziemi.

Pozostałe kolumny wydawały się stać w miejscach zupełnie dowolnych, jednakże tak nie było. Były one źródłem całej serii pentagonal-

Ryc. 11-6. Sfinks z płaskim nakryciem głowy. Rusztowanie wskazuje na prace restauracyjne / wzmacniające.

nych, geometrycznych postępów, które definiują pozycję Wielkiej Piramidy oraz innych części kompleksu w Gizie, korzystając jednak z innego systemu, niż ten powyższy. Być może chodziło o podwójne potwierdzenie geometrii w Gizie?

Pokazaliśmy te informacje egipskiemu rządowi. Odpowiedzią było usunięcie tego budynku i zniszczenie wszelkich znaków wskazujących jego położenie! Tak jakby go tam nigdy nie było. Oryginalna egipska budowla będąca kluczem do całego Egiptu została zniszczona. Bóg jedynie wie z jakiego powodu. Wydaje mi się, że chcą, abyśmy nie wiedzieli gdzie znajdują się

wum. Tot twierdzi, ze ich głosy otworzą przejście do jednego z trzech korytarzy wiodących głęboko pod powierzchnią pustyni wprost do Archiwum. Ostatecznie miejsce to odkryli japońscy uczeni. Tak jak zapowiedział Tot, miało się tam znajdować w rogu gliniane naczynie, na którym wyrysowano hieroglify wskazujące, którym tunelem należy pójść dalej. Doskonałe przyrządy japońskie prześwietliły pomieszczenie ukryte za ścianą i wykryły tam gliniane naczynie oraz zwój liny.

Kiedy przyjechałem tam w 1985 roku wraz z dwojgiem przyjaciół, Sfinks siedział sobie spokojny i nieporuszony, nie stwarzając najmniejszych problemów. Zgodnie z instrukcją Tota użyliśmy specjalnego dźwięku w tunelu biegnącym dokładnie za Sfinksem w odległości około pół kilometra. Tot kazał nam wydawać z siebie określony dźwięk przez dłuższy czas, a potem opuścić tunel. Tak też zrobiliśmy.

Nie mogę powiedzieć, że to my spowodowaliśmy późniejsze wydarzenia, ale kiedy przyjechaliśmy do Egiptu ponownie w roku 1990, Sfinks przechylił się na prawą stronę. Budowla wyraźnie zaczęła się obracać, a jej prawe ramię pękło. Egipcjanie dokładali wszelkich starań, aby utrzymać je w stanie nienaruszonym. Spójrzcie na zbudowane przez nich rusztowania na Rycinie 11-6. Wydaje się również, że głowa Sfinksa zaczyna odpadać. Tot zapowiedział, że pewnego dnia ostatecznie *odpadnie*, a kiedy to się stanie, ujrzymy ukrytą w szyi posągu złotą kulę, stanowiącą coś w rodzaju kapsuły czasu. Nie powiedział mi wiele więcej na ten temat. Tak więc Egipcjanie borykają się z dwoma poważnymi problemami – usiłują utrzymać głowę Sfinksa na swoim miejscu oraz zapobiec pękaniu prawej łapy posągu.

Według ostatniej wiadomości, przekazanej mi przez Tota, pod powierzchnią kompleksu w Gizie ukryte jest miasto, w którym żyło około 10 000 ludzi. Powiedział mi on o tym w 1985 roku, a ja ogłosiłem tę wiadomość publicznie w roku 1987. Mieszkańcy tego miasta byli tymi, którzy osiągnęli nieśmiertelność i wstąpili w szeregi istot nazywanych wniebowstąpionymi mistrzami. Egipcjanie nazywali ich Bractwem Tata. Mniej więcej sześć lat temu ich liczba sięgnęła ponad 8 000. Właśnie w tym podziemnym mieście żyli członkowie bractwa z dala od ludzi, których rozwój przebiegał swoim torem. Wspominaliśmy już o tym w rozdziale 4. Przedstawię wam teraz najnowsze informacje dotyczące zaistniałych wydarzeń w podziemnym mieście w ciągu ostatnich pięciu lat. Powinniście o tym wiedzieć, choć informacje te nie zostały dotąd udowodnione, zatem zaczekajcie z ich oceną do czasu, gdy wszyscy poznamy prawdę.

To, co zamierzam wam opowiedzieć o podziemnym mieście na terenie Egiptu, jest wielce kontrowersyjne, toteż przedstawiciele rządu egipskiego całkowicie temu zaprzeczają. Twierdzą, że historia ta jest jedynie wytworem wyobraźni. Cóż, historia pokaże, kto ma rację. O ile wiem, Egipcjanie nie mówią prawdy. Mają ważne powody, by nie ujawniać światu istnienia podziemnego miasta, przynajmniej na razie.

Uaktualnienie: Tot przyszedł do mnie około 1992 roku i powiedział, że zamierza opuścić Ziemię, bowiem zakończył ze mną pracę, przynajmniej na razie. Powiedział, że jest mu przykro, ale wydarzenia na Ziemi następują teraz z coraz większą szybkością i wniebowstąpieni mistrzowie, Bractwo Tata oraz ci, których wielu nazywa Wielkim Białym Bractwem (choć nie ma tu żadnej różnicy) mają przenieść się na nowe obszary świadomości, tam dokąd nigdy nie dotarła żadna ludzka istota. Zapowiedział, że cokolwiek się wydarzy, ostatecznie przesądzi o przebiegu naszej ewolucji. Nie widziałem go od tamtej pory. (zob. uaktualnienie pod koniec tego rozdziału, bowiem Tot powrócił)

Tot wyjaśnił, że latem 1990 roku postanowił wraz z innymi wniebowstąpionymi mistrzami, iż świadomość na Ziemi osiągnie punkt krytyczny w styczniu 1991, pomiędzy 10 a 19 dniem tego miesiąca. Twierdził, że zacznie się to w sierpniu 1990 roku, a następnego miesiąca skutki będą już przesądzone. Zdaniem Tota ludzkość nadal podlega silnej polaryzacji, jednak nadszedł szczególny moment, w którym będzie można dokonać wielkiej zmiany.

Mistrzowie uznali, że w tym momencie, między wymienionymi wyżej dniami my, Ziemia, możemy połączyć się w jednego

ducha i wznieść się na wyższy poziom świadomości. Tot wyznał, że wniebowstąpieni nie wiedzą na pewno, co się wydarzy. Będzie to zależało od serc ludzkich na Ziemi. Mistrzowie postanowili opuścić Ziemię w jednej chwili jako kula światła, przekazując tym samym Ziemi ogromną porcję energii, aby umożliwić jej przejście do nowego poziomu świadomości. Decyzja o przejściu na wyższy poziom życia ma zatem służyć dobru całego rodzaju ludzkiego.

Przyszedł jednak sierpień roku 1990, a Tot nie był już pewien, czy dokonamy tej zmiany (w przewidywanym czasie) ani czy pojawi się dla nas kolejna możliwość jej dokonania. Wniebowstąpieni mistrzowie wstrzymali swój zamiar opuszczenia Ziemi. W drugiej połowie sierpnia Irak i jego sojusznicy okazali się jedynymi przedstawicielami Ziemian, którzy sprzeciwiali się dążeniom do jedności. We wrześniu 1990 roku świat wypowiedział wojnę Irakowi. Dokładnie 15 stycznia 1991 roku, kiedy to wniebowstąpieni mistrzowie mieli nadzieję na zjednoczenie całej ludzkości, świat połączył swoje dążenia i wystąpił zgodnie jako cała planeta z wyjątkiem Iraku, który toczył wojnę. Straciliśmy szansę na osiągnięcie jedności z powodu jednego narodu. Jedność ta nie miała jednak dotyczyć narodów, ale ludzi, mieszkańców całego świata.

Zamiast niej 15 stycznia 1991 rokurozpoczęliśmy wojnę, a zamiast zapowiadanej światłości jeszcze głębiej zapadliśmy w ciemność.

Tot i wniebowstąpieni mistrzowie postanowili wówczas, że 32 z nich opuści Ziemię i spróbuje odnaleźć takie miejsce we wszechświecie, do którego ludzkość będzie mogła się przenieść. Mieli się oni przenosić małymi grupkami w momentach istotnych dla ludzkiego doświadczenia, aby zasilić je tym samym swoją mocą. Tot i jego żona Szesat znaleźli się w pierwszej grupie. Wniebowstąpieni mistrzowie opuszczali nas odtąd niemal każdego dnia lub tygodnia, przenikając do innych wymiarów, gdzie mieli rozpocząć nowe życie, my zaś któregoś dnia mamy do nich dołączyć. Ostatecznie ich miasto znajdujące się pod Wielką Piramidą opustoszało. Pod koniec 1995 roku pozostała zaledwie grupka siedmiu istot, które miały je chronić.

Puste miasto mogło posłużyć innym celom – udowodnić współczesnemu światu, że życie mieści w sobie jeszcze wiele tajemnic oraz że jest jeszcze nadzieja dla ludzkości.

Pomówmy teraz o plotkach. Nie ma zbyt wielu dowodów na to, co powiem, potraktujcie to zatem jako jedną z możliwości, dopóki świat nie pozna prawdy.

Otóż w listopadzie 1996 roku skontaktował się ze mną pewien człowiek z Egiptu, który oświadczył, że dokonano tam niezwykłego odkrycia. Podobno na powierzchni ziemi między łapami Sfinksa pojawiła się kamienna tablica. Był na niej napis informujący o Archiwum i pomieszczeniu znajdującym się pod Sfinksem.

Egipski rząd natychmiast usunął znalezisko, aby nikt nie mógł odczytać napisu. Następnie zaczęto kopać między łapami Sfinksa i odkryto w ten sposób pomieszczenie, które znaleźli Japończycy w roku 1989. Leżał tam zwój lin oraz gliniane naczynie. Mój rozmówca twierdził, że przedstawiciele rządu odnaleźli również tunel prowadzący z tego pokoju do innego okrągłego pomieszczenia, z którego wychodziły trzy kolejne tunele. W jednym z nich, biegnącym w kierunku Wielkiej Piramidy, odnaleziono przedmioty, jakich nigdy dotąd nie widziano.

Na początku badacze natrafili na pole światła, które blokowało przejście. Stosowano różne sposoby, ale nic nie zdołało przez nie przeniknąć, nawet kula z pistoletu. Kiedy jeden z członków ekipy próbował zbliżyć się do światła, natychmiast źle się poczuł i zaczął wymiotować. Mimo to próbował dalej, ale wkrótce zaniechał, bowiem miał wrażenie, że to go zabije. O ile wiem, nikt dotąd nie dotknął świetlistej tarczy.

Także i nad polem, pod powierzchnią ziemi, rząd egipski natrafił na niezwykłe zjawisko. Znaleziono tam dwunastopiętrowy budynek ukryty pod ziemią!

Oba znaleziska – pole światła oraz dwunastopiętrowy budynek – przekroczyły granice wytrzymałości egipskich oficjeli. Zwrócili się więc z prośbą o pomoc do cudzoziemców. Zdaniem egipskiego rządu tylko jeden człowiek (którego nazwiska nie wymienię) mógł zdezaktywować działanie pola i wejść do tunelu. Miał tego dokonać przy pomocy dwojga innych osób. Jedną z nich był mój dobry przyjaciel i dzięki temu otrzymywałem szczegółowe informacje na temat postępów ich pracy. Mój przyjaciel sprowadził kiedyś do Egiptu ekipę studia Paramount, aby sfilmowała otwarcie grobowca króla Tuta, zatem miał dobre kontakty z przedstawicielami rządu.

Przekroczenie pola zaplanowano na 23 stycznia 1997 roku. Rząd zażądał siedmiu milionów dolarów od studia Paramount w zamian za możliwość filmowania tego wydarzenia. Jednak dzień przedtem Egipcjanie zmienili zdanie i nieoficjalnie podwyższyli żądaną sumę o półtora miliona dolarów. Paramount zapłonął oburzeniem i odmówił, co spowodowało, że wszystko zostało odwołane. Przez trzy miesiące panowała absolutna cisza. Któregoś dnia dowiedziałem się, że inna grupa trzech osób weszła do tunelu. Słyszałem, że udało im się zdezaktywować pole światła za pomocą głosu i wypowiadania świętych imion Boga. Osoba prowadząca tę ekspedycję jest bardzo znana i nie życzyła sobie, by podawać jej nazwisko. Po szczęśliwie zakończonym eksperymencie pojechała ona do Australii, gdzie zaprezentowała film wideo ukazujący wędrówkę po tunelu oraz wnętrze dwunastopiętrowego budynku, który okazał się czymś więcej niż tylko zwykłą budowlą. Ciągnęła się ona wiele kilometrów pod ziemią, tworząc coś w rodzaju miejskich murów. Moi trzej dobrzy znajomi z Australii oglądali ten film na własne oczy.

Później pojawiła się kolejna postać, Larry Hunter, od dwudziestu lat zajmujący się archeologią egipską. Pan Hunter skontaktował się ze mną, aby opowie-

dzieć historię bardzo podobną do tej, którą usłyszałem ze swoich źródeł w Egipcie, z tą różnicą, że jego opowieść zawierała więcej szczegółów. Twierdził mianowicie, że podziemne miasto rozciąga się na powierzchni o rozmiarach dziesięciu kilometrów na dwanaście, a jednocześnie sięga w głąb ziemi na dwanaście pięter. Jego granice wyznaczają szczególne i jedyne w swoim rodzaju świątynie. Dalsze szczegóły pokrywają się z informacjami zawartymi w książce Grahama Hancocka i Roberta Bauvala Message of the Sphinx (Przesłanie Sfinksa). Graham i Robert odgadli, że trzy piramidy w Gizie zostały ustawione dokładnie tak, jak rozłożone są trzy gwiazdy w pasie Oriona. Uznali również, że wszystkie większe gwiazdy konstelacji Oriona ułożone są tak jak świątynie egipskie, choć dotąd nie udało się w pełni potwierdzić tej teorii.

Pan Hunter dowiódł jednak prawdziwości swojej wersji. Wykorzystując swoją znajomość nawigacji powietrznej zdobytą podczas służby w marynarce, odkrył, że wszystkie świątynie Egiptu postawiono w miejscach wyznaczających mapę większych gwiazd w konstelacji Oriona. Zastosował on system GPS, aby zlokalizować te miejsca na Ziemi z dokładnością do 16 metrów, a następnie odwiedził wszystkie te, w których świątynia wyznaczała położenie danej gwiazdy na niebie. Teoria została zatem potwierdzona. W każdym z tych miejsc rzeczywiście stała świątynia – co było zadziwiające – i każda z tych świątyń wykonana została z innego, unikalnego budulca, który nie występował w żadnej innej świątyni w Egipcie. Ten sam materiał posłużył jako kamienie węgielne trzech piramid w Gizie, łącznie z Wielką Piramidą. Nazywają go monetami w kamieniu. Jest to wapień, który wygląda tak, jakby wtopiono weń monety. Stanowi unikat i występuje wyłącznie w budowlach świątynnych na tym obszarze, stanowiącym powierzchnię o rozmiarach 10 na 13 kilometrów.

Musimy tu wyjaśnić, że teoria ta nie została zaakceptowana przez rząd Egiptu. Podziemne miasto, które jak twierdził Tot mogło pomieścić 10 000 mieszkańców, zostało oznaczone zdaniem pana Huntera szeregiem świątyń wykonanych z unikalnego budulca, które stanowią ziemską mapę konstelacji gwiazd Oriona.

Na podstawie tego, co widzia-łem sądzę, że tak jest naprawdę, choć dostojnicy egipscy twierdzą, że to czysta fantazja. Sam staram się zachować otwarty umysł. Ostatecznie i tak poznamy prawdę. Sądzę, że jeśli jest tak, jak myślę, to owo odkrycie archeologiczne będzie miało wpływ na wzrost poziomu ludzkiej świadomości. Musimy poczekać, aż podziemne miasto zostanie ujawnione. Tymczasem powróćmy do naszego dyskursu o starożytnym Egipcie.

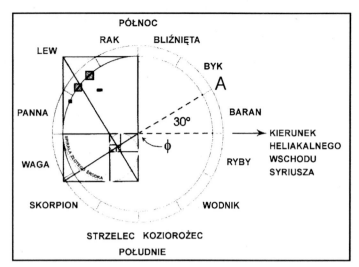

PÓŁNOC
RAK   BLIŹNIĘTA
LEW
BYK
A
PANNA
30°
BARAN
φ
→ KIERUNEK
HELIAKALNEGO
WSCHODU
WAGA   RYBY   SYRIUSZA
SKORPION   WODNIK
STRZELEC KOZIOROŻEC
POŁUDNIE

Ryc. 11-7. Kołowy szkic kompleksu piramid oraz Sfinksa. Zwróćcie
uwagę, że prostokąt Złotego
Środka oraz spirala kompleksu w
Gizie stykają się ze środkiem koła
astrologicznego w punkcie równym
wielkości *Fi*.

Ryc. 11-8. Kopia egipskiego koła
astrologicznego umieszczonego
na stropie świątyni w Denderze.

HELIAKALNY WSCHÓD SYRIUSZA

Oto piramidy i prostokąt Złotego Środka otaczający cały kompleks [Ryc. 11-7]. Zwróćcie uwagę na
dwie linie przecinające środek koła w punkcie *Fi* (φ).
Gdybyśmy dopełnili rysunek koła na ziemi, miałoby
ono średnicę długości około czterech kilometrów.
Uczeni z grupy badawczej McColluma, którzy odkryli
ten związek oraz niemal wszyscy, którzy napisali cokolwiek na temat kompleksu budowli w Gizie twierdzą, że piramidy i Sfinks skierowane są na wschód.
My jednak wiemy, że to nieprawda. Do tej pory uzna-
wano powszechnie, że piramidy ustawione są zgodnie
z magnetyczną linią północ-południe, ale dzięki obli-
czeniom komputerowym okazało się, że nie dotyczy to naszych trzech piramid. Wykazują one drobne odchylenie od przyjętej normy. Niektórzy sądzą,
iż zostało ono spowodowane przemieszczaniem się kontynentów.

W istocie jednak „odchylenie" to w najmniejszym stopniu nie stanowi naruszenia porządku rzeczy. Trzy na wschód skierowane strony piramid
spoglądają w kierunku określonego punktu na horyzoncie. Jest nim punkt
heliakalnego wschodu Syriusza, który znajduje się w pewnym odchyleniu
od wschodu Słońca. Omawialiśmy to zjawisko w rozdziale 1. Otóż 23 lipca gwiazda Syriusz wstaje na minutę przed wschodem Słońca, rozświetla-
jąc niebo jaskrawoczerwonym blaskiem. W tej jednej chwili Ziemia, Słońce
i Syriusz tworzą linię prostą.

Jeszcze bardziej zadziwia jednak fakt, iż *oczy* Sfinksa patrzą dokładnie w ten
punkt. Tak wykazały komputery. Jest to zresztą zrozumiałe,
skoro religia starożytnego Egiptu oraz egipski kalendarz były
oparte na heliakalnym wschodzie Syriusza. Syriusz stanowił
według nich klucz do wszelkiej egzystencji. Zamiast więc ka-
librować obraz na rysunku ze wschodem Słońca, ustawmy go
zgodnie z kierunkiem heliakalnego wschodu Syriusza.

Podzielmy koło na części równe 30 stopniom. Otrzymamy w ten sposób na tablicy astrologicznej dwanaście seg-
mentów (30 x 12 = 360 stopni). Wiemy bez wątpliwości, że
Egipcjanie posiadali szeroką wiedzę astrologiczną, bowiem
odkryliśmy pełne koło astrologiczne na stropie świątyni
w Denderze [Ryc. 11-8]. Umieszczenie dwunastu segmen-
tów na kole jest więc działaniem konsekwentnym i logicz-
nym. Dzięki temu utworzycie koło czasu. Badanie McColluma wykazało na przykład, że przy zastosowaniu tej teorii
Wielka Piramida znajduje się na pozycji Lwa, zaś linia czasu
punktu relatywnego do zera stopni Barana wskazuje rok 10
800 przed Chrystusem. (Według Edgara Cayce'a jest to rok
powstania budowli.)

Panna i Lew, Wodnik i Ryby

Patrząc na rzutowany z góry wykres piramid wraz z nałożonym nań kołem astrologicznym [Ryc. 11-7], ujrzymy, że trzy piramidy znajdują się dokładnie na pozycji Lwa oraz Panny. Jest to zarazem miejsce, w którym znajdujemy się obecnie na naszej orbicie podczas równonocy. Co więcej, Sfinks miał być w założeniu w połowie lwem, a w połowie kobietą. Uważa się, że dopiero podczas panowania Czwartej Dynastii zmieniono oblicze posągu na męskie i dodano mu brodę, która później odpadła. Obecnie Sfinks ma więc oblicze męskie bez brody. Na początku jednak był kobietą (Panna) oraz lwem (Lew). Jest to kolejne potwierdzenie dokładności naszego wykresu astrologicznego.

Mapa sporządzona przez ekipę McColluma pokazuje, że gdybyśmy narysowali linie przechodzące przez wierzchołki i narożniki piramid oraz środek koła astrologicznego i rzutowali je na jego przeciwległą stronę, wyznaczałyby one spektrum dat leżących między Wodnikiem a Rybami, czyli czas, w którym żyjemy obecnie – stanowiący przejście z Ery Ryb do Ery Wodnika. To kolejna kwestia do rozważenia. Nic mi jednak nie wiadomo o tym, by ktoś wykonał dostateczną ilość badań i obliczeń. Dzisiejszy poziom techniki komputerowej pozwala na stwierdzenie tego z największą dokładnością. Być może zatem ktoś z was podejmie się tego zadania?

Implikacje czterech kątów

Na początku tego rozdziału zadaliśmy pytanie, dlaczego starożytni Egipcjanie wyznaczyli linię [zob. linia B na Ryc. 11-1] połączoną z prostokątem Złotego Środka, który otacza Wielką Piramidę. Stwierdziliśmy również, że zanim udzielimy na nie odpowiedzi, musimy przekazać wam szereg istotnych informacji. Teraz spróbujemy pokusić się o jedną z możliwych odpowiedzi.

Otóż była sobie raz pani astrolog, która wpadła na zadziwiający pomysł narysowania przekątnej łączącej ze sobą gwiazdy i pewne miejsce na Ziemi, znajdujące się w Stanach Zjednoczonych. Kiedy ujrzała tablicę astrologiczną na piasku wokół Wielkiej Piramidy, zapragnęła dowiedzieć się więcej na temat przekątnej oznaczonej literą A na Ryc. 11-7, do której starożytni Egipcjanie wyraźnie przywiązywali wielką wagę. Nie jestem astrologiem, nie potrafię zatem wyjaśnić, co dokładnie zrobiła ta kobieta. Wiem tylko, że ustawiła koło astrologiczne w relacji do Bieguna Północnego i w jakiś sposób zestroiła je z Kairem. Następnie odszukała miejsce, które wskazywała linia po drugiej stronie. Był to specyficzny punkt na mapie świata. W jej rozumieniu wskazywał on obszar w Stanach Zjednoczonych oznaczony przez Cztery Kąty, łączący ze sobą stany Utah, Kolorado, Nowy Meksyk i Arizonę. Według Indian Hopi oraz innych rdzennych mieszkańców Ameryki obszar ten w pomniejszeniu wyznacza-

Uaktualnienie: W styczniu 1999 roku anioły powiedziały mi, że wniebowstąpieni mistrzowie będą powracać na Ziemię w czasie pomiędzy 10 a 19 stycznia 1999 roku. Powiedziały również, iż przyniosą oni ze sobą wieści o nowym, całkowicie odmiennym wszechświecie. Według aniołów Ziemia ma wkrótce uzyskać dostęp do wiedzy, o jakiej rodzaj ludzki nigdy dotąd nie słyszał.

Później, w listopadzie 1999, pojawił się Tot, którego nie widziałem od lat. Twierdził, że powrócił we właściwym momencie, abyśmy mogli podjąć przerwaną pracę. Ciekawe, że kilka dni później, podczas prowadzonego przeze mnie wykładu, jakiś młody człowiek podarował mi prezent. Było to pomarańczowe pióro ibisa. Ptak ten jest symbolem Tota.

Szesat powróciła w tym samym czasie, co jej mąż i ona również nawiązała ze mną kontakt. Pozostała ze mną przez dwa tygodnie. Miała mi wyjawić, jaki jest podstawowy cel mojej egzystencji w tej oktawie wymiarów. Nadal zgłębiam tę lekcję, zatem nie wyjawię wam jeszcze tego, co mi powiedziała.

ją wierzchołki czterech gór.

Przechowywałem tę informację latami, czekając, aż ktoś opublikuje materiał na temat związku Czterech Kątów z Egiptem. Kilka lat temu odwiedził mnie pewien młody człowiek, który opowiedział mi niezwykle zajmującą historię. Wysłuchałem jej, bowiem dowodziła, że coś, co dotyczy Egiptu, ma związek z Czterema Kątami [zob. uaktualnienie na następnej stronie].

EKSPERYMENT FILADELFIJSKI

Zajmiemy się teraz sprawą, która tylko pozornie nie wiąże się z tematem naszej książki.

Zapewne większość z was słyszała o eksperymencie filadelfijskim, przeprowadzonym przez amerykańską marynarkę wojenną w roku 1943, niedługo przed zakończeniem II wojny światowej. Interesujący jest fakt, że pierwszą fazę badań prowadził Nicola Tesla, który jednak zmarł przez zakończeniem eksperymentu. Moim zdaniem odegrał on tu kluczową rolę, choć nie sposób tego dowieść, bowiem rząd zataił wszelkie szczegóły. Miejsce Tesli zajął John von Neumann, powszechnie uznawany za twórcę i koordynatora eksperymentu.

Naukowcy zamierzali sprawić, że okręty marynarki wojennej staną się niewidzialne. Sukces tego eksperymentu dałby Amerykanom ogromną przewagę podczas działań wojennych. Pomysł polegał na tym, aby okręt przenosił się w razie potrzeby do innego wymiaru, a następnie powracał do tej rzeczywistości. Sądzę, że Tesla komunikował się z Graysami i to oni wyjawili mu, na czym polega sekret podróży między wymiarami. Czytałem, że zapytano go kiedyś, skąd wziął się pomysł tego eksperymentu, on zaś odparł, że podsunęli mu go kosmici. Jestem przekonany, że w latach 40. uznano jego wypowiedź za żart.

Zdaję sobie sprawę, iż wielu ludzi uznaje te informacje za wytwór fantazji osób niezrównoważonych psychicznie. Gdybyście jednak chcieli to sprawdzić (sam tak zrobiłem), możecie uzyskać kopię dokumentów przechowywanych w archiwach rządowych, które w tamtych czasach traktowano jako ściśle tajne. Większość usunięto zresztą z powodu „bezpieczeństwa publicznego". Pozostało jednak dosyć dowodów na to, że eksperyment został przeprowadzony naprawdę oraz mówiących o tym, na czym właściwie polegał.

Dzięki istniejącym dokumentom oraz rozmowom z ludźmi, którzy je studiowali – a przede wszystkim poprzez medytacje z aniołami – dowiedziałem się, że eksperyment filadelfijski był powiązany pod względem energetycznym z innymi próbami prowadzonymi w tym samym czasie w innych wymiarach i przestrzeni. Pierwszą taką próbę przeprowadzono na Marsie około miliona lat temu. Wtedy to Marsjanie przybyli na Ziemię u początków cywilizacji Atlantydy. Kolejny eksperyment podjęto 13 000 lat później na Atlantydzie, co doprowadziło do powstania Trójkąta

Uaktualnienie: Opowiem wam teraz coś, co jest wielce kontrowersyjne. Być może jest to prawda, a może nie. Warto byłoby, gdyby ktoś z was zechciał to sprawdzić.

Historię tę opowiedział mi pewien młody człowiek. Twierdził on, że w Wielkim Kanionie znajduje się szczyt zwany Świątynią Izis. Być może zaciekawi was, dlaczego tak go nazwano. Otóż w 1925 roku dokonano w tym miejscu wielkiego odkrycia. Opisała je Arizona Gazette w numerze z tego samego roku, a później w 1926 opublikowano książkę na ten temat. Mój rozmówca udał się do redakcji wciąż istniejącej gazety i znalazł tam mikrofilm z informacjami na temat tamtego odkrycia. Poświęcono mu sześć stron tekstu. Widziałem to na własne oczy. (Być może czytelnicy zechcą nas wesprzeć i odnajdą dokładne informacje na temat źródła artykułu oraz książki. W tytule było słowo „Egipt", a na okładce obraz latającego talerza.)
Gazeta podała, że we „wnętrzu" góry znaleziono egipskie mumie, a na ścianach skalnych

Bermudzkiego i spowodowało poważne problemy w odległych zakątkach przestrzeni kosmicznej. Ten eksperyment, jak napisałem w pierwszym tomie książki, przebiegał poza kontrolą Marsjan, którzy zapomnieli procedury tworzenia syntetycznego pola Mer-Ka-Ba, dzięki któremu zamierzali przejąć władzę nad Atlantydą.

Powstałe w ten sposób syntetyczne pole Mer-Ka-Ba w rejonie Trójkąta Bermudzkiego niedaleko Bimini, powoduje od tamtej pory ogromne problemy w całym kosmosie. Zasadniczym powodem przybycia Graysów na Ziemię była właśnie próba rozwiązania tego problemu. Rasa ta najdotkliwiej odczuwała skutki nielegalnego eksperymentu. Wiele ich planet zostało zniszczonych. W późniejszym okresie Graysowie usiłowali wykorzystać nas, ludzi, do stworzenia nowej rasy - hybrydy, która miała ich ocalić - jednak ich eksperymenty nie miały nic wspólnego z pierwotnym problemem.

Chcąc jak najszybciej uporać się z problemem Mer-Ka-Ba w okolicach Bimini, które nie podlegało niczyjej kontroli, istoty te postanowiły wspomóc ludzi w przeprowadzeniu pierwszego współczesnego eksperymentu w celu opanowania sytuacji w Trójkącie Bermudzkim. Próbę podjęto w roku 1913, ale nie przyniosła ona pożądanych rezultatów. Sądzę, że nawet pogorszyła stan rzeczy i być może przyczyniła się do wybuchu w 1914 roku I wojny światowej. Dokładnie 40 lat później (a był to krytyczny okres czasu), w roku 1943, armia amerykańska podjęła eksperyment filadelfijski. Na świecie również toczyła się wówczas wojna. Po następnych 40 latach, w roku 1983, podjęto eksperyment Montauk. Jego celem było rozwiązanie problemu wywołanego przez eksperyment filadelfijski. Ten niewielki eksperyment został ostatecznie ukończony w roku 1993 (harmonia cyklu 40 lat), co miało przyspieszyć działanie męskiego czynnika pierwotnego problemu, spowodowanego przez Atlantów.

Wszystkie wymienione eksperymenty były ze sobą powiązane. Zrozumienie tego, na czym polegały, jest istotne, bowiem stanowiły one próby prowadzone w najwyższych wymiarach w oparciu o naukę o Mer-Ka-Ba. Eksperyment filadelfijski oparto na przeciwnie ukierunkowanym ruchu obrotowym tetraedru gwieździstego, zjawisku bardzo podobnym do tego,

hieroglify. **Widziałem zdjęcia przedstawiające wynoszenie mumii oraz hieroglify. Autor artykułu napisał, że badania nad znaleziskiem prowadzi Instytut Smithsonian, którego przedstawiciele określili swoje odkrycie mianem największego w historii Ameryki Północnej. Rok później powstała książka na ten temat, ale nie pamiętam nazwiska jej autora. Jeszcze później cała sprawa przycichła na 68 lat. Powróciła dopiero w roku 1994.**

Młody człowiek powiedział, że najpierw przeczytał książkę z 1926 roku, a dopiero później odnalazł wcześniejszy artykuł. Twierdził, że wyruszył autostopem do Wielkiego Kanionu, aby odnaleźć górę. Musicie wiedzieć, iż znajduje się ona w tej części kanionu, która nie jest dostępna dla zwiedzających. Trzeba mieć na to specjalne pozwolenie. Zezwolenie zaś wydaje się tylko niewielkim grupom osób. Na obszarze tym nie ma wody, z wyjątkiem dwóch odległych źródełek. Tym samym należy zaopatrzyć się

w jej zapas, co ogranicza ilość czasu, jaki można tam spędzić. Temperatura w owym miejscu jest tak wysoka, że przeżycie wymaga specjalnego treningu.

Mój rozmówca wybrał się tam razem z przyjacielem. Obaj specjalizowali się we wspinaczce i mieli w tej dziedzinie duże doświadczenie. Kiedy dotarli na miejsce, odnaleźli tam kamień wieńczący piramidę wykonany ludzkimi rękami. Był dostatecznie duży, by zrobić na nich wrażenie. Wejście do Świątyni Izis wymagało wspinaczki na wysokość około 170 metrów. Nie powstrzymało ich to, bowiem byli odpowiednio przygotowani do takiej wyprawy.

Artykuł z Arizona Gazette stwierdzał, że do świątyni prowadzą 32 wielkie bramy znajdujące się wysoko nad ziemią. Mój znajomy potwierdził ich istnienie, choć powiedział, że najwyraźniej ktoś usiłował je zburzyć. Nasi badacze wybrali jedno przejście, które wydawało się najbezpieczniejsze i wspięli się na górę.

Na miejscu przekonali się, że brama prowadziła około 13 metrów w głąb skały, gdzie dalsze przejście zagradzało rumowisko. Powyżej odkryli jednak idealnie okrągły otwór o średnicy dwóch metrów, głęboki na kilkanaście centymetrów, najwyraźniej także wykonany ręką ludzką. Nie było tu jed-

o którym tu mówimy. Z kolei eksperyment Montauk oparto na przeciwnie ukierunkowanym ruchu obrotowym oktaedru, wykorzystując tym samym inną możliwość.

Któregoś dnia prowadziłem zajęcia na Long Island w Nowym Jorku. Opowiadałem tam o eksperymencie filadelfijskim. Po zakończeniu warsztatu miałem prowadzić drugi w następny weekend, toteż pozostałem na kilka dni w domu kobiety, która sponsorowała pierwszy warsztat.

Następnego ranka po zajęciach zapytała mnie ona, czy widziałem film pod tytułem *Eksperyment filadelfijski*. Nie słyszałem o tym filmie, więc obejrzeliśmy go wspólnie na wideo. Tego wieczoru lub następnego ranka zadzwonił do mnie człowiek o nazwisku Peter Carroll. W owym czasie był on trenerem New York Jets. Twierdził, że dowiedział się o mnie i słyszał, że opowiadam o eksperymencie filadelfijskim. Pytał, czy chciałbym poznać kogoś, kto przeżył tę próbę.

W owym czasie nawiązałem już kontakt z jednym z inżynierów pracujących nad eksperymentem, który zresztą nie mógł uwierzyć, że rozumiem nad czym wówczas pracowali. Był tym tak podekscytowany, że ofiarował mi kilka elementów ich oryginalnego ekwipunku i zademonstrował jego działanie. Cały proces oparto na zasadzie ruchu tetraedru gwieździstego. Teraz zaś miałem poznać osobę, która przeżyła tę próbę.

Pojechałem do domu Petera, w którym poznałem dwóch ludzi – Duncana Camerona, jedną z osób, która przeżyła skutki eksperymentu filadelfijskiego oraz Prestona Nicholsa, człowieka, który niedawno napisał na ten temat książkę. Przeżyłem tam prawdziwie oświecające chwile.

Duncan i jego ludzki kręgosłup został wykorzystany do celów eksperymentu w roku 1943. Utworzono wówczas wokół niego syntetyczne pole Mer-Ka-Ba. Później, kiedy ponowiono próbę w roku 1983 pod nazwą eksperymentu Montauk, Preston znalazł się w ekipie inżynierskiej. Słysząc to, powiedziałem:

„W porządku, skoro jesteście ludźmi, za których się podajecie, powiedzcie mi dokładnie, w jaki sposób to robiliście."

I Preston opisał mi szczegółowo całą procedurę. Mówił prawdę i najwyraźniej posiadał głębokie zrozumienie zasad geometrii rządzących Mer-Ka-Ba. Podejrzewałem, że Preston rzeczywiście był człowiekiem, za którego się podawał.

Wtedy do pokoju wszedł Duncan. Wokół jego postaci działy się dziwne rzeczy. Otaczały go dwa wirujące pola Mer-Ka-Ba, nad którymi nie miał kontroli. Były rozedrgane i bezustannie zmieniały pozycje wobec siebie nawzajem. Wirowały w spowolnionym tempie i nie były w stanie współpracować ze sobą.

Kiedy Duncan wszedł do pokoju i znalazł się w moim polu, zatrzymał się nagle, bowiem nie mógł podejść bliżej. Wyglądało na to, że go ono odpycha, tak jak odpychają się od siebie dwa magnesy. Próbował się do mnie zbliżyć, ale miał tak silne zaburzenia równowagi, że nie był w stanie przekroczyć mojego pola. Odpychało go ono z wielką siłą. W końcu cofnął się

Ryc. 11-9 Galaktyka Sombrero.

o dobre dziesięć metrów i stanął w korytarzu, gdzie wreszcie poczuł się lepiej i z tej odległości mógł prowadzić ze mną rozmowę. Znajdował się w promieniu metra lub dwóch od mojego pola Mer-Ka-Ba. Musieliśmy do siebie krzyczeć. Nie miałem problemu z tym, żeby się do niego zbliżyć, kiedy jednak to zrobiłem, Duncan poczuł się gorzej i poprosił, bym się na powrót oddalił.

Sam funkcjonuję bezustannie w moim żywym Mer-Ka-Ba. Duncan od razu zapytał, czym jest ten czarny pierścień otaczający moje pole. Mer-Ka-Ba tworzy czarną obręcz o średnicy około 20 metrów wtedy, gdy wiruje z szybkością równą dziewięciu dziesiątym prędkości światła. [zob. zdjęcie galaktyki Sombrero w rozdz. 2 oraz Ryc. 11-9]

Zauważcie, że tam, gdzie galaktyka wiruje z największą szybkością, pojawia się czarny pierścień. Kiedy osiągamy prędkość światła, światło przestaje być widoczne. Jest tam, ale wydaje się, że zamienia się w czerń. Dzięki temu dowiedziałem się jednak, że Duncan widzi moje Mer-Ka-Ba, co stanowi prawdziwą rzadkość.

Następnie zauważyłem, że nie posiada on ciała emocjonalnego. Zapytałem go o to. Odparł, że rząd podawał mu LSD i wykorzystywał jego energię seksualną do pozbawienia go wszelkich emocji. Nie spotkałem dotąd nikogo w takim stanie. Sprawiał to, rzecz jasna, problem, jaki Duncan miał z dwoma wirującymi polami Mer-Ka-Ba. Było ich dwa, bowiem brał on udział w obu eksperymentach – w Filadelfii i Montauk. Żadne z tych pól nie zostało stworzone z miłością, toteż ich równowaga była całkowicie zaburzona.

Tymczasem Preston siedział obok mnie i zauważyłem, jak się poci i obgryza paznokcie. Sprawiał wrażenie przestraszonego. Zapytałem go o to i przyznał, że jest bardzo zdenerwowany. Wydaje się, że Mer-Ka-Ba, które stworzone zostały przez eksperymenty w Filadelfii i Montauk, zo-

nak śladu hieroglifów.

Musieli wracać, bowiem kończyły się im zapasy wody. Mój znajomy twierdził, że wycofali się w ostatnim momencie, ponieważ źródło, z którego mieli nadzieję zaczerpnąć wody, wyschło.

Kolejną interesującą częścią tej historii jest fakt, że rząd amerykański rozpoczął wykopaliska we wnętrzu innej „góry" Wielkiego Kanionu, położonej na podobnej wysokości, a oddalonej od świątyni zaledwie o kilometr lub dwa. Rząd uznał to miejsce za niezwykle ważne, bowiem zakazano nad nim lotów na wysokości niższej niż 3 tysiące metrów! Teren wokół góry został otoczony przez wojsko i nikt nie ma tam wstępu. Cóż takiego odkryto?

Jedynym powodem, dla którego zgodziłem się wysłuchać tych rewelacji były informacje, jakie uzyskałem na temat przekątnej Równiny w Gizie, wskazującej na obszar „Czterech Kątów w Stanach Zjednoczonych". Wszystko wskazywało na to, że coś istotnego związanego z Egiptem zostało ulokowane w tym właśnie miejscu.

Dlaczego wam to mówię? Ponieważ wierzę, że Egipt odegra ważną rolę w rozwoju świadomości Ziemi i nie chcę, by moja wiedza na ten temat została zaprzepaszczona.

stały teraz połączone, a na podstawie posiadanych informacji podejrzewano, że oba Mer-Ka-Ba mogą obecnie powrócić na Ziemię i wyrządzić poważne szkody. Preston obawiał się o życie swoje oraz innych ludzi.

Kiedy stamtąd wyszedłem, zwróciłem się do aniołów. Zobaczyłem bardzo wyraźnie, na czym polega problem z Mer-Ka-Ba Duncana i uznałem, że łatwo go zlikwidować. Mimo to anioły nie udzieliły mi pozwolenia. Powiedziały, że 12 grudnia 2012 roku zostanie podjęta pierwsza próba nowego eksperymentu, która trwać będzie dwanaście dni i ostatecznie przywróci równowagę. Musiałem więc wstrzymać się z oferowaniem pomocy.

Jednak parę dni później zadzwonił do mnie Al Bielek, brat Duncana, który również przeżył eksperyment filadelfijski. Prosił, bym pomógł Duncanowi. Musiałem odmówić. Mieli czekać jeszcze kilka lat, zanim nastąpi poprawa.

Opowiedziałem wam tę historię, bowiem oba eksperymenty są interesujące z naszego punktu widzenia. Jak już powiedziałem, oparto je na wiedzy o Mer-Ka-Ba. W obecnym czasie nasz rząd wykorzystuje te informacje do innych celów niż tworzenie broni niewidzialnej dla wroga. Okazało się, że Mer-Ka-Ba może wpływać na ludzkie emocje i umysły. Powinniście o tym wiedzieć, bowiem wykorzystując wiedzę podaną w tej książce, możecie się uodpornić na wszelkie manipulacje.

Rządy tego świata prowadzą przeróżne eksperymenty na ludności, nie wspominając już o szkodach, jakie wyrządzają w środowisku naturalnym. Poznanie i umiejętne zastosowanie mocy ludzkiego ciała świetlistego pozwoli wam jednak przywrócić równowagę nie tylko we własnych wnętrzach, ale i na całym świecie. Chciałbym wam przede wszystkim zwrócić uwagę na to, byście dowiedzieli się jak najwięcej o ciele świetlistym. Ono może wszystko zmienić. Jesteście czymś więcej, niż wam się wydaje. Mieszka w was Wielki Duch, który w odpowiednich okolicznościach sprawi, że wszystko stanie się możliwe. Jeśli będziecie mieli w sobie dość miłości, będziecie mogli uzdrowić siebie oraz otaczający was świat i wspomóc Matkę Ziemię wstępującą do świata innego.

Mer-Ka-Ba,
Ludzkie ciało świetliste

Egipska szkoła wiedzy tajemnej zajmowała się wszelkimi możliwymi aspektami ludzkiego doświadczenia. Nie sposób ich tu wszystkich wymienić. Jednak kluczowym aspektem dla całego programu nauki tajemnej było Mer-Ka-Ba, czyli ludzkie ciało świetliste, które jest podstawą wszystkiego! Bez wiedzy i doświadczenia w tej dziedzinie nie można przekroczyć granicy innych światów, przynajmniej z punktu widzenia starożytnych Egipcjan.

Wyrażenie „Mer-Ka-Ba" ma to samo znaczenie w wielu językach. Zulusi wymawiają je tak samo jak Anglicy. Ich duchowy przywódca, Credo Mutwa, twierdzi, iż jego lud przybył tu z kosmosu w pojeździe Mer-Ka-Ba. Hebrajczycy mówią o Mer-Ka-Vah, co oznacza zarówno tron Boży, jak i rydwan, pojazd przenoszący ludzkie ciało oraz ducha.

W języku egipskim „Mer-Ka-Ba" to połączenie trzech wyrazów. „Mer" oznacza szczególny rodzaj światła, czy też obracające się w przeciwnych kierunkach pole światła; „Ka" oznacza ducha (przynajmniej tu na Ziemi jest to odniesienie do ludzkiego ducha); „Ba" zaś oznacza „interpretację Rzeczywistości", co na Ziemi dotyczy zwykle po prostu ludzkiego ciała. Połączenie tych słów w moim rozumieniu oznacza „wirujące w przeciwnych kierunkach pole światła, które oddziałuje na i przenosi ducha oraz ciało z jednego świata do drugiego", choć w istocie oznacza to o wiele, wiele więcej. Jest to sam wzorzec tworzenia, z którego powstało wszystko, co istnieje.

Wiecie o tym. Tak naprawdę to dla was nic nowego. Po prostu zapomnieliście o tym na jakiś czas. Korzystaliście z Mer-Ka-Ba miliardy razy, w miarę jak wasze życie rozwijało się poprzez kreację przestrzeni / czasu / wymiarów. Przypomnicie sobie o wszystkim, kiedy nadejdzie taka potrzeba.

W tym rozdziale będziemy mówić pośrednio o ludzkim ciele świetlistym, czyli o Mer-Ka-Ba. Omówimy jego mechanizmy wewnętrzne oraz przepływ jego energii, zaś w następnym rozdziale wyjaśnimy, na czym polega medytacja Mer-Ka-Ba, w jaki sposób można jej doświadczyć, jak sobie ją przypomnieć. Będzie wam łatwiej, jeśli na początku poznacie strukturę wewnętrzną, aby później móc pracować z własnym ciałem świetlistym. Jeśli uznacie, że nie jest to wam potrzebne, możecie od razu przejść do następnego rozdziału.

Powiedzmy od razu, że możecie odtworzyć czy też aktywować swoje ciało świetliste bez tej wiedzy. Wystarczy wiara i miłość, a dla niektórych ludzi stanowią one jedyny sposób. Sam uznaję tę możliwość, jednak moim zadaniem na Ziemi jest wprowadzenie nowej ścieżki, wykorzystującej męską wiedzę, bowiem niektóre rzeczy możemy zrozumieć tylko lewą półkulą mózgu. Ścieżka żeńska pozostaje nienaruszona w biosferze Ziemi i to męska droga rozpaczliwie potrzebuje dziś zrównoważenia.

Zaczniemy od najbardziej wewnętrznych punktów energetycznych, zwanych czakrami i stopniowo przejdziemy do wyjaśnienia, czym jest ludzkie pole energii w ogóle. Przekażę wam tu mnóstwo informacji. Niewiele mogę zrobić, by udostępnić wam ten wielce skomplikowany temat możliwie najprościej.

Zanim zaczniemy, musicie jeszcze zobaczyć jeden obraz, bez którego nie będziecie w stanie zrozumieć całego procesu. Niezależnie od tego, ile wysiłku włożycie w próby zrozumienia Mer-Ka-Ba w świętej geometrii, nigdy nie będzie go dość. Zabraknie wam części doświadczalnej, ta zaś staje się możliwa tylko dzięki zanurzeniu się w miłości. Miłość jest czymś więcej niż tylko warunkiem istnienia; miłość jest samym istnieniem Mer-Ka-Ba. Tak, Mer-Ka-Ba istnieje, żyje. Nie jest niczym mniej niż tym, czym wy jesteście, a wy jesteście żywi. Mer-Ka-Ba nie jest czymś oddzielnym od was samych; ono jest wami. Są to linie energetyczne, które pozwalają energii siły życiowej, pranie, chi, przepływać do was i od was do Boga. Jest to wasze połączenie z Bogiem. Łączy was z Bogiem w jedno. Miłość stanowi połowę wirującego wokół was światła, drugą połową jest wiedza. Wszędzie tam, gdzie miłość i wiedza tworzą jedno, Chrystus jest zawsze obecny.

Jeśli sądzicie, że odnajdziecie na tych stronach coś, co pomoże wam w osiągnięciu jednego z celów wymyślonych przez umysł, nigdy nie poznacie prawdy. Prawdę można poznać wyłącznie drogą doświadczenia. Jeśli chcecie poznać techniki prowadzące do doświadczenia Mer-Ka-Ba, proponuję wam następujące rzeczy.

GEOMETRIA LUDZKIEGO UKŁADU CZAKR

Jeśli wybraliście ścieżkę męską, musicie poznać najpierw układ czakr. Zrozumienie tego pozwoli wam pracować z subtelnymi energiami gromadzącymi się wewnątrz oraz wokół ludzkiego ciała. Są one często połączone ze sobą i nazywane ludzkim ciałem świetlistym.

Czakra jest punktem energetycznym mieszczącym się wewnątrz, a czasem również na zewnątrz ludzkiego ciała. Ma ona szczególne właściwości. Kiedy koncentrujemy się na którejś z czakr, cały nasz świat przejmuje jej barwę energetyczną. Przypomina to działanie soczewki, poprzez którą następuje interpretacja wszystkiego, co istnieje.

Mimo że każda czakra jest inna zarówno pod względem energetycznym, jak i doświadczalnym, wszystkie mają pewne wspólne cechy. Przez cały układ czakr przepływa strumień energii, który je ze sobą łączy, a zarazem pozwala na lepsze zrozumienie tego zjawiska.

Układ czakr w ludzkim ciele składa się z ośmiu ośrodków ułożonych wzdłuż kręgosłupa. Istnieje również bardziej złożony układ trzynastu czakr, który omówimy później. Pamiętajcie, że jest jeszcze wiele mniejszych czakr, o których nie będziemy tu wspominać, takich jak czakry na dłoniach lub stopach.

Na początku skupimy się na opisie przepływu energii w górę kręgosłupa, a następnie przejdziemy do innych związanych z nim tematów. W kolejnym rozdziale pokażemy wam świetliste święte pola geometryczne wokół ciała, które stanowią podstawę żywego Mer-Ka-Ba.

Zbadamy geometryczne źródło układu ośmiu czakr, które opiera się na strukturze Jaja Życia, czyli takim samym wzorze energetycznym, jaki posiada osiem pierwotnych komórek w ludzkim ciele. Pisałem o tym w rozdziale 7. Zauważcie, że osiem komórek pierwotnych, układ ośmiu czakr, jak również osiem wewnętrznych obwodów elektrycznych w ciele ludzkim, które uwzględnia chińska medycyna, są związane - w zależności od punktu widzenia - z kostką sześcianu lub z tetraedrem gwieździstym. Obwody elektryczne mają liczne odgałęzienia łączące je z każdą komórką ciała. Medycyna chińska nazywa je meridianami. Pełne opracowanie wiedzy na temat czakr powinno zawierać takie informacje, choć jest to zbyt złożony temat, byśmy mogli zajmować się nim szczegółowo w tym miejscu. Przedstawiamy tu tylko informacje niezbędne do aktywacji Mer-Ka-Ba.

JAJO ŻYCIA A SKALA MUZYCZNA

Zwizualizujcie Jajo Życia, figurę o kształcie tetraedru gwieździstego złożoną z ośmiu sfer [Ryc. 12-1]. Następnie rozłączcie sfery i utwórzcie z nich łańcuch [Ryc. 12-2]. Musicie jednak zastosować się do szczególnej sekwencji, pamiętając o półkrokach. Otrzymacie w ten sposób układ ośmiu czakr w ludzkim ciele – tych podstawowych biegnących w górę wzdłuż ciała. Według tego samego wzorca przebiega strumień ludzkiej energii, począwszy od energii seksualnej po elektryczną.

Ryc. 12-1. Jajo Życia.

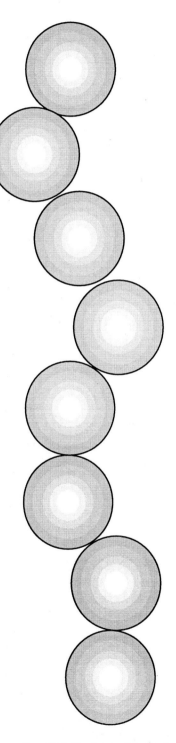

Ryc. 12-2. Rozłożone Jajo Życia.

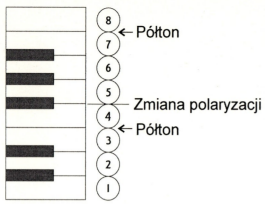

Ryc. 12-3. Jajo Życia przedstawione na klawiaturze muzycznej. Po lewej widać oktawę instrumentu klawiszowego. Skala C wykorzystuje białe klawisze, ułatwiając wizualizację półkroków (w stosunku do czarnych klawiszy) i pozwalając zobaczyć dwa tetra-akordy tworzące większą skalę. Większa skala ma półtony pomiędzy nutami 3 i 4 oraz 7 i 8.

Między trzecią a czwartą oraz między siódmą i ósmą czakrą występują takie same zmiany kierunku w półkroku. Również między czwartą a piątą czakrą serca oraz gardła zachodzi ta szczególna zmiana. Taki sam ruch charakteryzuje harmonię w muzyce. Przedstawienie struktury skali muzycznej pozwoli wam odnieść ją do ludzkiego układu czakr. Przyjrzyjcie się teraz skali muzycznej, aby zrozumieć, co powiedziałem.

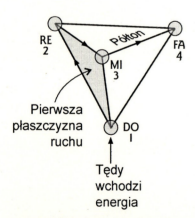 Ryc. 12-4. Trójwymiarowy tetraedr wpisany w Jajo Życia.

W każdej większej skali muzycznej występują półtony między nutami trzecią i czwartą oraz siódmą i ósmą [Ryc. 12-3]. Półtony te uwzględnione zostały w instrumentach dętych, takich jak flet, w postaci odpowiedniego rozmieszczenia otworów. Według słów Gurdżijewa istnieje również szczególne miejsce między nutą czwartą a piątą. Dochodzi tu do odwrócenia polaryzacji, przemiany żeńskiego w męskie. Na przykładzie rozłożonego Jaja Życia pokażemy wam przepływ energii w muzyce oraz w tej formie, która jest identyczna jak w ludzkim układzie czakr.

Energia Mer-Ka-Ba, dwa tetraedry otaczające formę ludzkiego ciała [Ryc. 12-4], porusza się w następujący sposób [Ryc. 12-5]: 1 (nuta *do*)

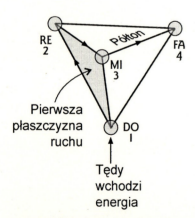

Ryc. 12-5. Tetraedr żeński. Z dolnego punktu, *do*, zostaje wybrana płaszczyzna dojścia do *re* oraz *mi*; zmiana kierunku (półkrok) jest niezbędna, aby dotrzeć do *fa* na ostatnim wierzchołku tetraedru, dopełniając pierwszy tetra-akord skali.

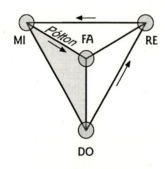

Ryc. 12-6. Podstawa tetraedru została wybrana jako płaszczyzna ruchu. Ostatni wierzchołek tetraedru musi więc wyznaczać nutę *fa* oglądaną tu pośrodku „na górze".

Ryc. 12-7. Półkrok pomiędzy nutami 3 a 4. Zmiana kierunku pod kątem 120 stopni jest konieczna, aby przejść na inną płaszczyznę i dotrzeć do *fa* na ostatnim wierzchołku.

przechodzi na 2, 3 lub 4, a następnie do jednego z dwóch wierzchołków, przemieszczając się w tym celu po równej powierzchni. Aby dotrzeć do drugiego wierzchołka, musi jednak zmienić kierunek i w tym miejscu pojawia się zmiana w półkroku.

W klasycznym zachodnim układzie oktawy muzycznej, jaka występuje na klawiaturze pianina, nuta *do* wchodzi do tetraedru gwieździstego Jaja Życia od dołu (dolnego wierzchołka) tetraedru żeńskiego. Energia ta pochodząca z poprzedniej oktawy jest męska, musi jednak ulec przemianie w żeńską, bowiem właśnie weszła do nowego „żeńskiego" tetraedru. Polaryzacja ponownie ulega przemianie, kiedy przechodzi ona do kolejnego tetra-akordu lub tetraedru [Ryc. 12-6 i 7]. Energia przychodząca do wierzchołka może poruszać się po trzech płaszczyznach (A, B lub C), do widać na Ryc. 12-6. Aby zademonstrować wam przepływ energii, zaczniemy od środka. Po dokonaniu wyboru płaszczyzny (C) energia musi przepływać po płaszczyźnie trójkąta, co sprawia, że pojawiają się dwie następne nuty - *re* oraz *mi* - w dwóch pozostałych punktach na tej płaszczyźnie.

Ruch zachodzi na planie trójkąta, a odległość pomiędzy nutami jest jednakowa. Aby jednak dotrzeć do czwartej i ostatniej nuty *fa*, a tym samym dopełnić tetraedru żeńskiego, energia musi przejść na inną płaszczyznę (półton) i tym samym zmienić kierunek ruchu [zob. też Ryc. 12-7].

Pamiętacie ruch z Genezis oraz tworzenie z pustki [rozdział 5]? Projekcja Ducha w Próżni – figury cieni – opierają się na tej samej koncepcji. Kiedy Duch znajduje się w Próżni, czy też w pustce, to formy, które tworzy również są nicością. Zgodnie z regułą przyjętą przez Ducha, wszystko można postrzegać w dwóch albo w trzech wymiarach, przy czym najpierw pojawia się to w dwóch wymiarach. Rzeczywistość dwuwymiarowa ma pierwszeństwo przed trójwymiarową.

Kiedy Duch obserwuje ruch na jednej płaszczyźnie tetraedru i następuje zmiana kierunku ruchu, forma cienia w świecie dwuwymiarowym (przebyta odległość postrzegana jest jako cień) wydaje się umiejscowiona w połowie drogi między dwoma pierwszymi posunięciami na płaszczyźnie trójkąta. Pod względem geometrycznym cień jest nieco dłuższy niż połowa i wierzę, że tak właśnie jest pod względem doświadczalnym. Nazywamy to półkrokiem. W istocie odległość ta jest taka sama jak miedzy trzema pozostałymi nutami, ale w doświadczeniu Ducha ruch jest o połowę krótszy, co w tym świecie tworzy efekt półtonu między *fa* i *mi*, bowiem jak już powiedzieliśmy podstawę stanowi świat dwuwymiarowy. Pierwszy tetraedr żeński został tym samym ukończony.

W tym momencie energia musi też ulec przemianie z tetraedru żeńskiego w tetraedr męski [zob. Ryc. 12-8]. Osiąga to przechodząc z nuty *fa* bezpośrednio przez środek tetraedru gwieździstego (penetrując tetraedr męski oraz żeński) lub „próżni", aby dotrzeć do nuty *sol*, jako pierwszej w tetraedrze męskim. Tym samym zmienia polaryzację z żeńskiej na męską.

Energia będzie się teraz przemieszczać podobnie jak w tetraedrze żeńskim, ale płaszczyzna, po której musi się teraz poruszać jest ograniczona do

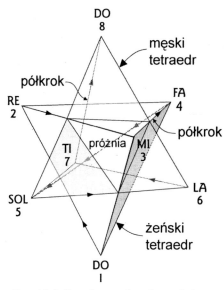

Ryc. 12-8. Energia przepływająca między tetraedrami.

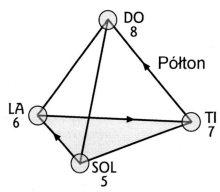

Ryc. 12-9. Tetraedr męski. Zmiana kierunku na *do*, pierwszą nutę / wierzchołek następnego tetraedru (żeńskiego).

poziomej, dolnej partii tetraedru męskiego (*sol, la, si*). Po wyborze jednego z trzech wierzchołków dla *sol* (5 po lewej) wybiera *la* oraz *si*, aby dopełnić płaszczyzny.

Teraz energia musi ponownie zmienić kierunek, aby się dopełnić, tak jak to miało miejsce w tetraedrze żeńskim. Dokonuje zatem zmiany kierunku [Ryc. 12-9] i dociera do ostatniej nuty, *do*, będącej jednocześnie pierwszą nutą nowego tetraedru. Śmierć staje się narodzinami, przejściem jednej formy w drugą. Męskie staje się żeńskim i cały proces rozpoczyna się od nowa.

Czy rzeczywiście od nowa? Tak, bowiem tetraedry gwieździste tworzą w istocie cały kompleks – jest to co najmniej łańcuch tetraedrów gwieździstych – we wszystkich omawianych przez nas układach. Tak samo jak w muzyce istnieją oktawy poniżej i powyżej, proces ich tworzenia teoretycznie nie ma końca. To samo zjawisko dotyczy muzyki oraz świadomości, a nawet rożnych poziomów wymiarów, o których mówiliśmy w rozdziale 2. Tak samo przebiega energia przez kolejne czakry. Istnieją inne układy czakr poniżej *oraz* powyżej tego, który jest waszym doświadczeniem. Można to uznać za geometryczną podstawę nieśmiertelności. Duch porusza się w górę lub w dół zgodnie ze swoim życzeniem, pozostawiając jeden świat (ciało), aby przejść do drugiego.

Ryc. 12-10 Ludzki układ 8 czakr

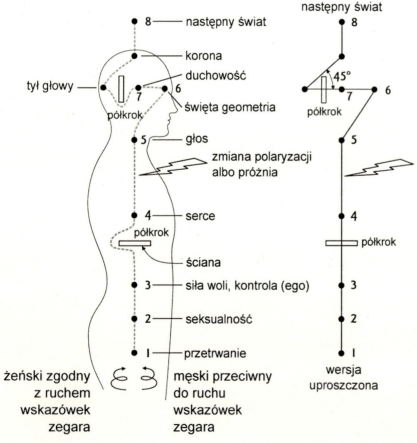

żeński zgodny z ruchem wskazówek zegara

męski przeciwny do ruchu wskazówek zegara

wersja uproszczona

CZAKRY LUDZKIE A SKALA MUZYCZNA

Przyjrzyjmy się teraz układowi czakr w ciele ludzkim [Ryc. 12-10] i przekonajmy się, że energia porusza się w nich w identyczny sposób jak w skali muzycznej. (Rozmieszczenie czakr na tym rysunku nie jest idealnym odzwierciedleniem rzeczywistości.)

Poruszając się w topografii ludzkiego ciała, zwróćcie uwagę na trzy najniższe czakry. Pierwsza znajduje się blisko podstawy kręgosłupa, druga 7,23 centymetra wyżej, a trzecia kolejne 7,23 centymetra powyżej. Jest to typowe rozmieszczenie u *wszystkich* ludzi. Ta sama odległość dzieli dwoje oczu, choć mogą tu wystąpić indywidualne różnice. Na wysokości trzeciej czakry, na „ścianie" ukazanej powyżej, następuje zmiana kierunku, którą nazwiemy tu półkrokiem.

Ów półkrok jest kluczowy dla ewolucji człowieka i zostaje ujawniony dopiero wtedy, kiedy duch jest na to gotowy, kiedy w pełni objął już pozycję w nowym świecie. Dla ducha przebywającego w ciele półkrok ten jest niewidoczny. Nie dostrzeże go, dopóki nie nadejdzie odpowiedni czas.

Kiedy półkrok zostaje zauważony i przekroczony, energia wpływa do serca, gardła, przysadki oraz szyszynki zanim napotka kolejną ścianę czy też półkrok, który i tym razem zablokuje jej przepływ. Kolejna ściana znajduje się między tylną częścią głowy a przysadką i umiejscowiona jest prostopadle do płaszczyzny pierwszej ściany. Kiedy energia przekracza drugi półkrok, dociera do ósmej i ostatniej czakry w tej oktawie. Ósma czakra zwana jest w języku hindi głową Boga, ponieważ stanowi cel wszelkiego istnienia. Umiejscowiona jest dokładnie na wysokości dłoni uniesionej ponad głową.

Ósma czakra stanowi początek, czy też pierwszą nutę kolejnego układu czakr znajdującego się nad głową. Istnieje również inny układ czakr, znajdujący się pod nogami, który już przekroczyliście.

Energia może przepływać w górę ciała na dwa podstawowe sposoby: męski i żeński. Przede wszystkim porusza się ona spiralnie. Jeśli spirala ta biegnie w kierunku przeciwnym do wskazówek zegara w stosunku do ciała, ma ona charakter męski, jeśli wiruje w drugą stronę, czyli zgodnie z ruchem wskazówek zegara, ma charakter żeński. Główny punkt skupienia ludzkiego ducha znajduje się na samym dole układu czakr w chwili waszych narodzin, z czasem zaś przemieszcza się coraz wyżej.

Każda czakra posiada osobną jakość, którą zaznaczyliśmy na rysunku. Pierwszą jest przetrwanie, drugą seksualność, trzecią siła woli, czwartą serce lub emocje, piątą głos, szóstą święta geometria tworzenia, siódmą duchowość, a ósmą nowy wymiar istnienia.

Kiedy jakieś istoty osiągają nowy poziom rzeczywistości, na którym nigdy dotąd nie były – na przykład kiedy dziecko rodzi się na Ziemi – mają w głowie tylko jedno. Chcą przetrwać, pozostać tutaj. Całą swoją uwagę koncentrują na przetrwaniu w nowym świecie i robią wszystko, co w ich mocy, aby tak się stało. Jak już wspomnieliśmy, pierwsza czakra tworzy coś w rodzaju soczewek służących interpretacji nowej rzeczywistości, a interpretacja ta wymaga pełnej uwagi.

W chwili, w której kwestia przetrwania zostaje przesądzona, duch uświadamia sobie dostępność jednej lub dwóch kolejnych czakr. (Jest ich dwie, ale duch może dostrzegać tylko jedną.) Reszta czakr pozostaje niewidoczna z powodu ścian. Półkrok skrywa wyższe czakry przed duchem przynajmniej dopóty, dopóki nie opanuje on jakości niższych czakr, a mądrość nie wskaże mu drogi do wyższego poziomu rozumienia.

Kiedy przetrwanie zostanie zapewnione, pojawia się pragnienie nawiązania kontaktu z istotami zamieszkującymi tę rzeczywistość. Jest to potrzeba instynktowna. Jako niemowlę nawiązujecie najczęściej kontakt z matką, a szczególnie z jej piersią, choć natura tego kontaktu ma podłoże seksualne.

W miarę dorastania potrzeba kontaktu nabiera czysto seksualnej jakości. Człowiek pragnie wówczas fizycznego kontaktu z istotami z tej samej rzeczywistości. W wyższych światach przybiera ona różne formy, ale zasadniczo odnajdujemy i nawiązujemy kontakt z żywymi istotami w nowym świecie. Nazywam więc ten ośrodek czakrą seksu. Kiedy już zapewnicie sobie przetrwanie i nawiążecie kontakt natury seksualnej z podobnymi sobie istotami, możecie uzyskać dostęp do trzeciej czakry, która charakteryzuje się chęcią manipulowania i kontrolowania nowej rzeczywistości lub też wiąże się z siłą woli. Człowiek pragnie na tym etapie dowiedzieć się, jak funkcjonuje ten świat i jakie obowiązują w nim prawa. Jak to się przejawia? Cały swój czas poświęcamy wówczas na badanie zjawisk fizycznych. Siła woli pozwala nam przejąć kontrolę nad światem fizycznym. W wyższych światach fizyczność oznacza coś innego niż w trzecim wymiarze, choć znaczenia te korespondują ze sobą.

W miarę upływu czasu wasze wysiłki zmierzające do zrozumienia rzeczywistości są interpretowane na różne sposoby. Szczególnie ciekawy jest okres niemowlęctwa, w którym straszliwe dwulatki chcą się dowiedzieć wszystkiego na temat świata oraz przekonać się, co mogą, a czego nie mogą zrobić. Sięgają po każdą rzecz znajdującą się w ich zasięgu, łamią ją, podrzucają do góry, szukają kolejnej rzeczy – krótko mówiąc robią wszystko, czego robić nie powinny. Proces ten trwa tak długo, dopóki dziecko nie poczuje się usatysfakcjonowane w swoim zrozumieniu świata fizycznego.

Jako dzieci nie zdajemy sobie sprawy ze zmiany kierunku następującej na wysokości trzeciej czakry. Kolejne cztery czakry skrywa przed nami ściana. Dziecko nie jest świadome tego, jakie jeszcze czekają go lekcje dotyczące czakr na tej drodze. Życie skrywa szerszą rzeczywistość, ale dziecko pozostaje nieświadome tego faktu. Nawet kiedy dorośnie, może nie zdawać sobie sprawy z istnienia wyższych ośrodków we własnym ciele. Większość ludzi poprzestaje na pierwszych trzech czakrach. Obecnie jednak sytuacja ta ulega gwałtownej przemianie, bowiem Matka Ziemia się budzi.

UKRYTE PRZEJŚCIE W ŚCIANIE

Bóg umieścił tę ścianę albo półkrok dla zmiany kierunku, abyście nie dowiedzieli się o istnieniu wyższych ośrodków, zanim nie opanujecie jakości niższych. Dorastając, macie zatem do dyspozycji jedynie trzy pierwsze czakry. Możecie korzystać ze wszystkich w jednakowym stopniu lub koncentrować się głównie na jednej.

Ten sam wzór może dotyczyć osoby, kraju, planety, galaktyki i wszystkiego, co żyje. Może on występować na każdym poziomie egzystencji. Weźmy na przykład kraj taki jak Stany Zjednoczone. Jest to nowe państwo w starym świecie, młody organizm w porównaniu z krajami Europy, zaledwie dziecko. Większość jego mieszkańców tkwiła do lat pięćdziesiątych ubiegłego wieku na poziomie trzech pierwszych czakr – nie wszyscy, rzecz jasna, ale większość. Interesowały nas głównie pieniądze, sprawowanie kontroli, materializm, domy, samochody, seks i jedzenie, które miały zapewnić nam przetrwanie. Ludzie gromadzili pieniądze, aby stworzyć sobie poczucie bezpieczeństwa. Żyliśmy w świecie materializmu. W latach sześćdziesiątych nastąpiła jednak gwałtowna przemiana świadomości. Coraz więcej osób zaczynało medytować i dzięki temu osiągało poziom wyższych czakr.

Jeśli znajdziecie się w kraju starym takim jak Indie, Tybet czy Chiny w niektórych partiach, w miejscach, które mają długowiekową tradycję i które jako kraje odnalazły ukryte przejście w ścianie pomiędzy poziomami, będziecie się mogli przekonać, że znajdują się one na wysokości czwartej, piątej, szóstej, a nawet siódmej czakry. Postępując w rozwoju coraz wyżej poprzez kolejne czakry, ostatecznie napotykają one ścianę blokującą przejście powyżej siódmej czakry, która zatrzymuje ich dalszy rozwój.

W dolnej części ciała znajdują się trzy ośrodki, w górnej zaś kolejne cztery. Kiedy dany kraj lub osoba przekroczy pierwszy półkrok, już nigdy nie będzie taka jak dawniej. Kiedy już dowie się, że istnieje coś więcej, poświęci resztę życia, aby powrócić do wyższych ośrodków, nawet jeśli zachowała w pamięci tylko ulotne doświadczenia z wyższych światów.

Kiedy jednak osoba lub cały kraj przekracza pierwszą ścianę i przedostaje się na poziom serca, głosu, świętej geometrii i duchowej natury rzeczy, traci czasem zainteresowanie niższymi ośrodkami świadomości. Przestaje się wówczas troszczyć o fizyczną stronę rzeczy – na przykład o to, jak wygląda jej dom i tak dalej. Bardziej interesują ją informacje oraz doświadczenia płynące z wyższych ośrodków. Zdarza się więc, że kraje o prastarej tradycji są zdewastowane, ponieważ całą swoją uwagę poświęcają na odkrycie Rzeczywistości wyższych wymiarów. Doskonałym tego przykładem są Indie.

Kiedy dany kraj osiąga poziom siódmej czakry, co jest niezwykle trudne, zaczyna się troszczyć wyłącznie o to, co będzie po śmierci, na następnym poziomie życia. Tak było w przypadku starożytnego Egiptu.

Przejście pomiędzy dwoma grupami czakr znajduje się w miejscu (kierunku), w którym w normalnych okolicznościach nigdy byście go nie odnaleźli. Nie dowiedzielibyście się o jego istnieniu. Zdarza się, że musimy przeżyć kilka inkarnacji, zanim dowiemy się o istnieniu drzwi prowadzących do wyższych czakr – szczególnie jeśli prowadzimy proste, konwencjonalne życie. Ostatecznie jednak, szczególnie w wypadku krajów lub osób rozwijających się duchowo, przejście stanie przed nimi otworem.

SPOSOBY SZUKANIA SEKRETNEGO PRZEJŚCIA

Czuję, że na początku – początku *nowego*, po upadku, który nastąpił u schyłku istnienia Atlantydy – ludzie zaczęli doświadczać wyższych poziomów świadomości, które zostały utracone. Osiągnęli to poprzez doświadczenia bliskie śmierci, bowiem śmierci doświadczają wszyscy bez wyjątku. Kiedy człowiek umiera, przechodzi przez pierwsze drzwi i odnajduje inne światy, inne sposoby interpretacji Rzeczywistości. Może wówczas na krótko doświadczyć istnienia w nowej rzeczywistości, a potem wydarza się coś dziwnego. Zamiast umrzeć, powraca do swego ciała, ale zachowuje pamięć o tym, co tam przeżył. Ludzie, którzy przeżyli coś podobnego ulegają całkowitej przemianie i zapewne gotowi są zrobić wszystko, aby to się powtórzyło. Pragną poznać nowy aspekt życia, który jest związany z wyższymi czakrami.

Podejrzewam, że drugą grupę ludzi, którzy odnaleźli przejście na wyższe poziomy stanowią ci, którzy próbowali zażywania środków halucynogennych. Środki te znane są na całym świecie, a w ciągu dziejów stosowały je wszystkie znane mi religie. Nie są to narkotyki w typowym tego słowa znaczeniu. Nie przynoszą przyjemnych doznań w rodzaju tych powodowanych przez opium, heroinę i podobne substancje, które często mają odwrotne działanie do środków halucynogennych. Narkotyki, które wywołują przyjemne doznania, pobudzają niższe ośrodki energetyczne i poprawiają samopoczucie, ale człowiek zostaje wówczas uwięziony na niższym poziomie. Gurdżijew sądził, że w kategoriach rozwoju duchowego najgorszym narkotykiem jest kokaina. Nie chcę tu nikogo osądzać, ale takie było jego zdanie na temat kokainy, która wywołuje specyficzne halucynacje i wzmacnia poczucie ego. Jej zażywanie prowadzi ludzi w przeciwnym kierunku niż ten, do którego zmierza ścieżka duchowa.

Jednak środki halucynogenne mają odmienne działanie i zwykle nie powodują uzależnienia fizycznego. Inkowie zażywali na przykład liście kaktusa San Pedro w połączeniu z liśćmi koki. (Liście koki to coś zupełnie innego niż kokaina.) Niektórzy rdzenni Amerykanie (Indianie) zażywają środek halucynogenny o nazwie pejotl, a w dodatku robią to legalnie, bowiem pejotl jest usankcjonowany przez ich religię. Na murach Egiptu, w ponad dwustu miejscach, natraficie na wizerunki dużego białego grzyba z czerwonymi kropkami, zwanego Amanita muscaria. Tematowi temu poświęcono co najmniej jedną książkę [jak na przykład *TheSacred Mushroom* (*Święte grzyby*) Andrieja Puharicza].

W latach 60. ubiegłego wieku w Stanach Zjednoczonych ludzie zaczęli przekraczać granice wyższych czakr przy pomocy LSD, a konkretnie LSD-25. Ponad dwadzieścia milionów Amerykanów próbowało LSD-25, który przerzucał ich prosto do wyższych ośrodków energetycznych. Większość z nich nie miała nad tym najmniejszej kontroli, bowiem nie przeszła wcześniej inicjacji. W starożytnych kulturach adeptów przygotowywano odpowiednio do stosowania środków halucynogennych, ale większość Amerykanów nie była na to przygotowana i znalazło się między nimi wiele ofiar. Potężna siła przerzucała ich na poziom wyższych czakr. Najczęściej lądowali oni w ośrodku serca. Towarzyszyło temu poczucie nadmiernej ekspansji i totalnej miłości dla wszelkiego stworzenia.

Zdarzało się jednak, że trafiali do piątej czakry głosu, jeśli wcześniej zajmowali się muzyką. Wówczas nic nie mogło ich powstrzymać, albowiem muzyka automatycznie przenosi nas na poziom piątej czakry. Doświadczenie tej czakry jest całkowicie odmienne od doświadczenia ośrodka serca, podobnie jak jakość czakry seksualności różni się do jakości czakry przetrwania.

Jeśli osoba eksperymentująca ze środkami halucynogennymi docierała na poziom czakry szóstej, odkrywała święte figury geometryczne, które stworzyły wszechświat. Znajdowała się nagle w rzeczywistości geometrycznej, w której całe życie układało się we wzory i figury.

Zaledwie nieliczni odnajdowali drogę do siódmej czakry, czyli ośrodka duchowości. Na tym poziomie istnieje tylko jedno pytanie: jak znaleźć sposób na osiągnięcie jedności z Bogiem, jak połączyć się z Nim bezpośrednio. Tylko to interesuje osobę, która znalazła się na tym poziomie. Nic innego nie ma znaczenia.

Problem z zażywaniem środków halucynogennych polega na tym, że ludzie zawsze potem spadają z powrotem do niższych ośrodków i do rzeczywistości trójwymiarowej. Doświadczenie to odmienia ich na zawsze i najczęściej poszukują potem sposobu, który pozwoliłby im powrócić na wyższe poziomy i to nie za pomocą narkotyków.

Era środków halucynogennych zmieniła jedno – otworzyła drzwi świadomości Stanów Zjednoczonych jako kraju. Ofiarowała ludziom przeżycia, które potwierdziły istnienie wyższych wymiarów. Od tamtej pory miliony ludzi poświęcały życie, aby ponownie dostać się do tych wyższych świętych miejsc, a tym samym dokonywały zmian w kraju i na świecie.

Sądzę, że ludzie osiągnęli wyższy etap ewolucji, usiłując odnaleźć drogę do wyższych stanów świadomości bez użycia narkotyków. Zaczęliśmy kontaktować się z różnymi guru i joginami, praktykować medytacje i inne techniki duchowe i religijne. Pod koniec lat 60. i w latach 70. panowała fiksacja na punkcie nauczycieli duchowych. Istnieje wiele technik medytacyjnych i duchowych, które mogą zaprowadzić was w tak spokojne miejsce, że pozwoli wam ono odnaleźć drzwi i przejście przez ścianę. Żaden sposób nie jest lepszy niż inne. Kwestia polega na tym, który okaże się skuteczny dla was.

Na koniec, po dostatecznie długim przebywaniu na poziomie wszystkich siedmiu czakr i opanowaniu lekcji, jakie one przed wami stawiają, napotkacie kolejną ścianę znajdującą się pod kątem 90 stopni w stosunku do poprzedniego poziomu. Kąty, przez które musicie przejść, aby przedostać się do najwyższego poziomu są różne i stawiają przed wami pułapki. Jeśli jednak uda się wam odnaleźć własną drogę, będziecie mogli przekroczyć ten trójwymiarowy świat i przejść do następnego, co któregoś dnia uczyni wszelkie istnienie na Ziemi. Umrzecie tutaj i narodzicie się w innym miejscu. Opuścicie to miejsce, aby przenieść się do nowego. Duch jest wieczny. Wkrótce porozmawiamy o tym nowym miejscu. Nie jest to dokładnie *miejsce*, a raczej stan bycia.

Adepci w starożytnym Egipcie poddawani byli 24-godzinnemu treningowi, po którym podawano im środek halucynogenny i układano ich w sarkofagu w Komnacie Króla, gdzie pozostawali przez trzy dni i dwie noce (czasem nawet o jeden dzień dłużej).

Ich celem było przede wszystkim doświadczenie przejścia do wyższych światów, a następnie powrót na Ziemię i pomaganie innym. Cel ten staje się oczywisty niemal dla wszystkich, którzy osiągają wyższe poziomy. Po powrocie na Ziemię jest tylko jedno do zrobienia – służyć wszelkiemu istnieniu po tym, jak zrozumie się, że każdy z nas jest całym istnieniem.

Ostatecznie większość poszukujących na całym świecie chce odnaleźć drogę inną niż ta, jaką dają doświadczenia bliskie śmierci lub narkotyki. Poszukuje sposobu, który wynikałby z natury, takiego, który został w nich zapisany zanim jeszcze się narodzili. Droga ta zawsze zmierza do tego samego celu. Niezależnie od religii czy duchowej dyscypliny, techniki lub formy medytacji, niezależnie do słów, jakimi będą opisywali oni swoje doświadczenia, chodzi o drzwi, pierwsze lub drugie. Celem poszukiwań jest zawsze znalezienie przejścia.

CZAKRY W NASZYCH TETRAEDRACH GWIEŹDZISTYCH

Osiem czakr biegnących wzdłuż kręgosłupa ma swoje odpowiedniki w przestrzeni otaczającej nasze ciało [Ryc.12-11]. Są to kule energii różniące się między sobą rozmiarem, uzależnionym od wzrostu danej osoby. Promień tych kul jest tej samej długości, co ręka człowieka mierzona od końca najdłuższego palca po pierwszą bruzdę na nadgarstku. (Moja kula ma promień długości ok. 23 centymetrów, a średnicę długości 46 centymetrów.)

Są to zatem kule energii umiejscowione na wierzchołkach tetraedrów gwieździstych tworzących pole wokół naszego ciała. Stanowią one „duplikaty" czakr w przestrzeni. Można je wykryć, czy też poczuć po wejściu w obszar kul, choć prawdziwe czakry przypominają końce szpilek – są tak małe i dokładnie ześrodkowane – usytuowane na wierzchołkach wszystkich punktów tetraedru gwieździstego.

Kiedy miałem dostęp do skanera emisji molekularnej (MES), mogłem zobaczyć to na własne oczy. Zanim porzuciłem pracę w dziedzinie technologii, dokonaliśmy pomiarów naszych ciał i zbadaliśmy ośrodki naszych czakr umiejscowionych na wierzchołkach tetraedrów gwieździstych. Z początku próbowaliśmy je namierzyć za pomocą głowicy czujnika MES, ale aparat niczego nie wykrył. Kiedy jednak natrafiliśmy na pierwszy wierzchołek, na ekranie komputerowym zapaliło się światełko. Wykonaliśmy wtedy „fotografię", używając mikrofali uzyskując obraz przypominający czakram wewnątrz ciała. Odkryliśmy, że każda czakra wewnętrzna żywo pulsuje w powiązaniu z każdą czakrą zewnętrzną oraz wspólnie z całym systemem. Tuż przed odejściem z pracy próbowałem zbadać, z jakim zjawiskiem związane jest to pulsowanie, ale nie zdążyłem znaleźć odpowiedzi. Na początku, rzecz jasna, sprawdziliśmy, czy nie chodzi o rytm bicia serca. Nasze ciała wytwarzają jednak wiele innych rytmów i dotąd nie znamy jeszcze ich znaczenia.

Ryc. 12-11. Kanon Leonarda z ośmioma kulami.

EGIPSKI SYSTEM 13 CZAKR

Przyjrzymy się teraz rozszerzonej energii chromatycznego układu czakr, który składa się z trzynastu ośrodków. Chciałbym rozpocząć ten temat od stwierdzenia, że większość z was nie ma potrzeby posiadania tych informacji. Przedstawiają one wielce złożony obraz, który może tylko utrudnić wam zrozumienie procesu przepływania energii w ciele ludzkim. Radzę więc pominąć ten ustęp lub jeśli macie ochotę, potraktować go jako „informację dodatkową".

Ktoś, kto wykorzystuje układ 13 a nie 8 czakr, musi osiągnąć pewien poziom rozumienia, w przeciwnym razie spowoduje tym wielkie zamieszanie. Z tego co wiem, nie można stosować obu tych układów jednocześnie. Można z nich korzystać na przemian, ale nigdy w tym samym czasie. Warunek ten pozostaje zagadką, choć podobne zjawisko występuje w fizyce kwantowej: rzeczywistość można postrzegać jako zbiór cząsteczek (atomów) lub jako wibracje (fale), jeśli jednak wprowadzić obie perspektywy jednocześnie, żadna z nich nie będzie odpowiednia.

Dla przykładu: próżnia pomiędzy czwartą a piątą nutą w skali muzycznej ma swój odpowiednik w układzie ośmiu czakr pomiędzy czakrą serca a gardła. Jednak w układzie trzynastu czakr punkt ten znajduje się między dwoma sercami, na poziomie czakry szóstej i siódmej. Przyczyną zachodzących różnic jest fakt, że duch wykorzystuje dwie całkowicie odmienne perspektywy lub układy ruchu po tetraedrze gwieździstym. Postaramy się to przedstawić jak najprościej.

Otóż w skali chromatycznej, której najlepszym przykładem jest klawiatura pianina, do ośmiu białych klawiszy dodano pięć czarnych i w ten sposób powstała oktawa C składająca się z trzynastu nut [Ryc. 12-12]. Innymi słowy, jeśli dodacie pentatoniczną skalę składającą się z pięciu czarnych klawiszy (C#, D#, F#, G#, A#) do głównej skali C (białe klawisze C, D, E, F, G, A, B, C), otrzymacie skalę chromatyczną. Wszystkie inne skale na pianinie wyglądają podobnie i składają się z półtonów lub całych tonów. Zaczynając od *do* (lub C, ponieważ skalę C najlepiej widać na klawiaturze), otrzymamy następującą skalę chromatyczną:

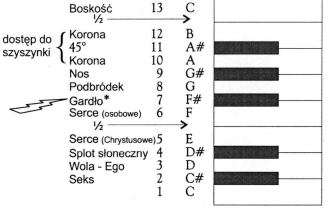

System 13 czakr
* Zmiana w gardle (dźwięk F#)

System 8 czakr

Ryc. 12-12. Skala fortepianowa oraz systemy – skali 13 czakr (chromatycznej) i 8 czakr (majorowej).

C, C#, D, D#, **E, F,** F#, G, G#, A, A#, **B, C**

Półkroki znajdują się między E i F oraz między B i C (zaznaczone są tłustym drukiem). Zauważcie, że nie ma tu półtonowych (czarnych) nut między parami. Szczególna próżnia pomiędzy czwartą a piątą nutą oktawy znajduje się między F i G, w miejscu, w którym zaczyna się drugi tetraakord [zob. piorun po prawej stronie na Ryc. 12-12]. W skali chromatycznej wygląda to inaczej, ponieważ przepływ opiera się na innej perspektywie tetraedru gwieździstego. Najpierw przyjrzyjmy się ułożeniu skali chromatycznej, a później przejdziemy do przepływu energii.

Skala chromatyczna składa się z dwunastu nut, a nuta trzynasta jest zarazem pierwszą w skali następnej. W każdej oktawie mieści się siedem nut, ósma zaś jest początkiem nowej oktawy. Oznacza to, że ósma czakra w oktawie i trzynasta na skali chromatycznej to ta sama nuta, spełniająca tę samą rolę.

Zestawienie obu tych układów harmonicznych w systemie czakr tworzy chromatyczny system trzynastu czakr, o wiele pełniejszy niż system ośmiu czakr. Rozszerzony chromatyczny system czakr pozwala odpowiedzieć na wiele pytań. Na przykład jedynie w tym układzie można odnaleźć topograficzną odległość (w ciele ludzkim) między czakrami, wynoszącą 7,23 cm.

System trzynastu czakr umożliwia zatem rzeczy, które nie mogłyby zaistnieć w systemie ośmiu czakr i na odwrót. Dlatego też czasem korzystać będziemy z systemu ośmiu czakr, a innym razem sięgniemy po system trzynastu ośrodków. Za każdym razem jednak będziemy was informować, z którego układu korzystamy.

Istnieje wiele innych układów harmonicznych oraz skal, które służą naturze do tworzenia harmonijnych relacji wokół nas. Podkreślam jednak, że wszystkie harmoniczne układy w muzyce pochodzą z jednej świętej formy geometrycznej, choć wiedza ta jest nieprzydatna w naszej pracy. Owa jedyna święta forma geometryczna jest związana z tetraedrem, choć jest to zbyt złożone zjawisko, by je tu wyjaśniać.

Jednym z układów, o których mówiliśmy są wymiarowe poziomy stworzenia [rozdz. 2]. Gdybyście zechcieli przeczytać ten fragment ponownie, odkrylibyście w nim nowe znaczenia.

Odkrywanie prawdziwej lokalizacji czakr

Mogliśmy zajrzeć w głąb ciała ludzkiego przy pomocy skanera emisji cząsteczek i zobaczyliśmy wychodzące ze wszystkich czakr mikrofale. Zlokalizowaliśmy je bardzo precyzyjnie. Odkryliśmy jednocześnie, że obrazy wychodzące z czakr nie zawsze są umiejscowione tam, gdzie wskazują autorzy rozmaitych książek na ten temat. W wielu książkach czytałem na przykład, że czakra trzynasta znajduje się na wysokości od czterech do sześciu palców nad głową – a jednak tam jej nie ma! Przeszukaliśmy dokładnie to miejsce, ale niczego nie znaleźliśmy. Kiedy zaczęliśmy szukać w miejscach wyznaczonych metodą geometryczną, czyli na wysokości dłoni uniesionej ponad głową, okazało się, że tam jest! Ekran rozświetlił się wskazując owo miejsce.

Kolejną oczywistą różnicę wskazuje umiejscowienie trzeciej czakry w systemie ośmiu. Zgodnie z zasadami wielu szkół walki oraz z filozofią hinduską trzecia czakra znajduje się na wysokości jednej do dwóch szerokości palca poniżej pępka. Ale tam również nic nie ma! Przeszukaliśmy cały ten obszar, aż w końcu odnaleźliśmy ją w najbardziej oczywistym miejscu wskazanym przez geometrię. Patrząc na idealny pod względem geometrycznym środek pępka, odnajdziecie tam trzecią czakrę.

Podejrzewam, że ktoś w tej historii uciekł się do białego kłamstwa. Próbowano to ukryć, bowiem wiadomo było, że czakra ta stanowi bardzo ważny punkt. Sądzę, że celowo pomieszano informacje na jej temat. Podobne metody ukrywania poprzez wprowadzanie w błąd znane są w nauce i religii oraz w kwestiach duchowości od dwóch tysięcy lat.

MAPA CZAKR NA POWIERZCHNI CIAŁA

Kolejną rzeczą, o której mówią Egipcjanie w odniesieniu do systemu trzynastu czakr jest to, że ośrodki te można odnaleźć przy pomocy topografii. Znajdują się one na powierzchni ciała w równych odstępach. W rzeczywistości czakry nie występują w równych odstępach wewnątrz tuby oddechowej. Odstępy te na powierzchni ciała wyznaczają tylko punkty wejścia. Oddziela je identyczna odległość, która znajduje się między naszymi oczyma. Odległość ta równa się odległości między koniuszkiem nosa a końcem podbródka i powtarza się w kilku innych miejscach ciała. Jeśli macie nadwagę, może to wyglądać nieco inaczej, ale spróbujcie zmierzyć.

Potraktujcie tę odległość jako swoją jednostkę miary, a następnie połóżcie się na płaskiej twardej powierzchni, na przykład na podłodze, i przyłóżcie palec do krocza. Namierzycie w ten sposób pierwszą czakrę, ośrodek przetrwania. (Krocze znajduje się między odbytem a pochwą u kobiet, u mężczyzn zaś między odbytem a moszną.) Odmierzając z tego punktu wyznaczoną odległość na powierzchni ciała, namierzycie drugą czakrę, ośrodek seksu znajdujący się na lub nieco powyżej kości łonowej.

Odmierzając tę samą odległość w górę nad czakrą seksu, przekonacie się, że kciuk dotyka pępka, w którym znajduje się trzecia czakra.

Kolejny odcinek ponad pępkiem wyznaczy ośrodek splotu słonecznego, czwartą czakrę w układzie trzynastu.

Dalej odnajdziecie piątą czakrę, Chrystusową, pierwszą czakrą serca. Umiejscowiona jest ona nieco powyżej mostka.

Następny odcinek w górę zlokalizuje szóstą czakrę, będącą zarazem drugą czakrą serca. Pierwsza czakra serca, bardziej podstawowa, wiąże się z uniwersalną bezwarunkową miłością dla wszelkiego życia. Jest ona ośrodkiem miłości do Boga, podczas gdy czakra szósta wiąże się z miłością dla wybranych form życia. Kiedy się w kimś zakochujecie, odczuwacie to w górnej czakrze. Jeśli zakochacie się w planecie - dopóki jest to tylko element Rzeczywistości, nieważne, jak duży odczujecie to również w górnej czakrze serca.

Obie czakry serca odpowiadają białym klawiszom skali chromatycznej. Jest to bardzo interesujące, bowiem znajdują się dokładnie tam, gdzie pojawia się półkrok w układzie trzynastu czakr [Ryc. 12-12].

Kolejna miara (pamiętajcie, że musicie leżeć na płaskiej powierzchni) wskaże jabłko Adama, w wypadku mężczyzn. U kobiet trudniej będzie to ocenić. Jest to siódma czakra skali chromatycznej.

Następny odcinek kończy się w miejscu podbródka, na którym znajduje się czakra ósma. Jest to ośrodek o dużej mocy. Rzadko się o nim wspomina, choć jogin Bhajan opowiadał o tym swoim uczniom. Uważa go za najpotężniejszy ze wszystkich ośrodków energetycznych w ciele.

Kolejny odcinek wskazuje nos, na którym znajduje się dziewiąta czakra. Nad nią zaś mieści się dziesiąta czakra, czakra trzeciego oka.

Następny ośrodek, jedenasty, znajduje się tuż nad czołem. Nazywamy go punktem 45 stopni. Poniżej wyjaśnimy dlaczego.

Kolejna miara dotyka czubka głowy. Jest to dwunasta czakra, czakra korony. Miejsce znajdujące się powyżej na wysokości dłoni wyciągniętej nad głową wyznacza położenie czakry trzynastej, która jest zarazem ostatnią w tym układzie oraz pierwszą w następnym.

Czakrę jedenastą nazywamy czakrą 45 stopni z powodu charakterystycznego połączenia, jakie tworzą z szyszynką ośrodki dziesiąty, jedenasty i dwunasty [Ryc. 12-13]. Pamiętacie, że nazwałem szyszynkę rodzajem oka? Wydaje się, że kiedy szyszynka „patrzy", czy też posyła energię do przysadki, tworzy w ten sposób percepcję trzeciego oka. Istnieje jeszcze inny strumień energii przepływający z szyszynki do czakry jedenastej. Z perspektywy przysadki tworzy on (mniej więcej) kąt 45 stopni. Moim zdaniem kąt ten wynosi dokładnie 45 stopni, chociaż nie mogę tego udowodnić. Kolejny strumień energii płynie prosto w górę i przechodzi przez czakrę korony. Trzy ostatnie czakry skupiają się wokół szyszynki i poprzez nią wysyłają strumienie energii.

Oto kolejna sprzeczność między dwoma układami czakr. Układ ośmiu czakr postrzega szyszynkę jako ośrodek, z którego przechodzi się do innego świata. W układzie trzynastu czakr czakra ta posiada trzy punkty dostępu oraz możliwości pracy z energią różniące się od prostego układu ośmiu czakr.

I jeszcze jedna interesująca uwaga: w systemie ośmiu czakr pierwszy półkrok pojawia się między uniwersalnym sercem a gardłem (głos). W układzie trzynastu czakr pierwszy półkrok umiejscowiony jest między uniwersalnym sercem (ośrodkiem miłości wszelkiego życia) a sercem osobistym (ośrodkiem miłości do kogoś lub czegoś). Znajduje się on zatem między piątą a szóstą czakrą w tym systemie. Różnica między świadomością Chrystusową a jednostkową miłością świadomości ludzkiej stanowi jeden z najważniejszych obszarów zrozumienia w pracy duchowej. Poza

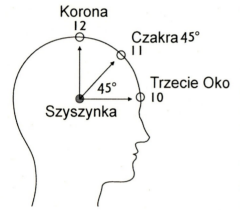

Ryc. 12-13. Trzy czakry szyszynki.

tym występuje ona dokładnie w tym samym miejscu, w którym następuje zmiana kierunku. Kolejny półkrok powyżej, pomiędzy czakrami dwunastą a trzynastą, również stanowi kluczowy punkt, który jednocześnie różni się od perspektywy występującej w układzie ośmiu czakr. Miejsce to ma tak duże znaczenie, bowiem stąd właśnie przechodzimy do innego świata, czy też wymiaru. Obydwa półkroki zresztą (podobnie jak poszczególne czakry) udzielają nam zasadniczych życiowych lekcji.

ZMIANA RUCHU W TETRAEDRZE GWIEŹDZISTYM

Wygląda na to, że duch uznał istnienie więcej niż jednej drogi prowadzącej przez tetraedr gwieździsty. W układzie ośmiu czakr jest to dość proste, jednak w układzie trzynastu czakr duch wykonuje bardziej złożoną pracę. Miałem przedstawić wam możliwą drogę, jaką duch mógłby się poruszać przez tetraedr gwieździsty, jednocześnie bezbłędnie spełniając wymogi Rzeczywistości, ostatecznie jednak, przyjrzawszy się sytuacji uznałem, że pogłębiłbym tylko zamieszanie w tej kwestii. Jeśli więc naprawdę chcecie to wiedzieć, odkryjcie to sami. Spróbujcie zacząć od góry lub od dołu tetraedru. Oto wskazówka: jeden tetraedr da tylko białe klawisze, zaś drugi wyłącznie czarne.

PIĘĆ KANAŁÓW ŚWIATŁA KRĄŻĄCYCH SPIRALNYM RUCHEM

Oba omawiane poprzednio układy czakr ukazują znacznie uproszczone rozumienie pełnego układu, który jest o wiele bardziej skomplikowany. Mimo że mówiliśmy dotąd o jednym tunelu światła łączącym wszystkie czakry strumieniem energii, naprawdę istnieje *pięć różnych kanałów* oraz cztery dodatkowe czakry związane z każdą czakrą główną. Umiejscowione są one na linii poziomej, biegnącej pod kątem 90 stopni do linii pionowej [Ryc. 12-14a] i krążą skokami, stopni wznosząc się w górę kolumny środkowej [Ryc. 12-14b].

Trzy z tych kanałów są podstawowe – dwa zewnętrzne i jeden środkowy – a towarzyszą im dwa dodatkowe. Schemat ten odnosi się do pięciu rodzajów świadomości ludzkiej, o których mówił Tot w rozdziale 9. Pamiętajcie, że pierwsza, trzecia i piąta to świadomości jedności, podczas gdy drugą i czwartą charakteryzuje brak harmonii. Dalej odnosi się to również do pięciu zmysłów oraz pięciu brył platońskich. Nie będziemy jednak rozwijać tego zagadnienia, żeby

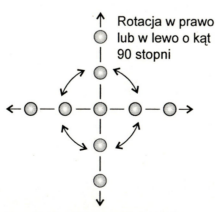

Rotacja w prawo lub w lewo o kąt 90 stopni

Ryc. 12-14a. Widok z góry na pięć kanałów widzianych jako linia pozioma wirująca w górę kolumny kręgosłupa.

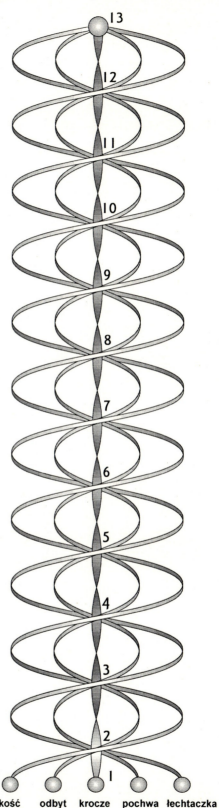

kość   odbyt   krocze   pochwa   łechtaczka

Ryc. 12-14b. Rotacja żeńskiej spirali światła w górę czakr, widziana z boku.

nie komplikować zbytnio sprawy.

Zanim przejdziemy do omówienia pięciu świetlistych kanałów, musimy porozmawiać o świetle. Zrozumienie sposobu poruszania się światła w przestrzeni kosmicznej ułatwi nam zrozumienie ruchu prany postępującej w górę łańcucha czakr. Wszystkie formy energii mają jednakowe źródło, a jest nim prana, chi lub energia siły życiowej. Jest to sama świadomość, duch, który podjął drogę przez Próżnię, tworząc wyobrażenia linii oraz kół.

Badanie światła jest zarazem badaniem ruchu ducha w świętym tańcu natury. Badaniem tego, co uczynił duch. Badamy zatem ruchy ducha, a teraz zajmiemy się konkretami. Na początek przyjrzymy się światłu, a następnie powrócimy do dyskusji o czakrach.

NIECH SIĘ STANIE ŚWIATŁOŚĆ

Ten prosty rysunek ukazany na Rycinie 12-15 jest najważniejszy w moim rozumieniu Rzeczywistości. Pamiętacie, jak opowiadałem wam o pierwszym dniu Genezis – choć wydaje się, że to było przed tysiącem lat – i przenieśliśmy się z Próżni na szczyt pierwszej sfery? A jak już znaleźliśmy się na samej górze i uformowaliśmy drugą sferę i powstała jednocześnie vesica piscis, – czyli aureola? W Biblii napisano, że po tym, jak Bóg wykonał pierwszy ruch „na powierzchni wody", powiedział: „Niech się stanie światłość". Pamiętacie, jak obiecałem, iż zademonstruję, że aureola *jest* w istocie światłem? Rycina 12-15 ukazuje energię aureoli. Jest to zjawisko o wiele bardziej złożone, choć rysunek ten wystarczy, aby pokazać relację między aureolą a światłem.

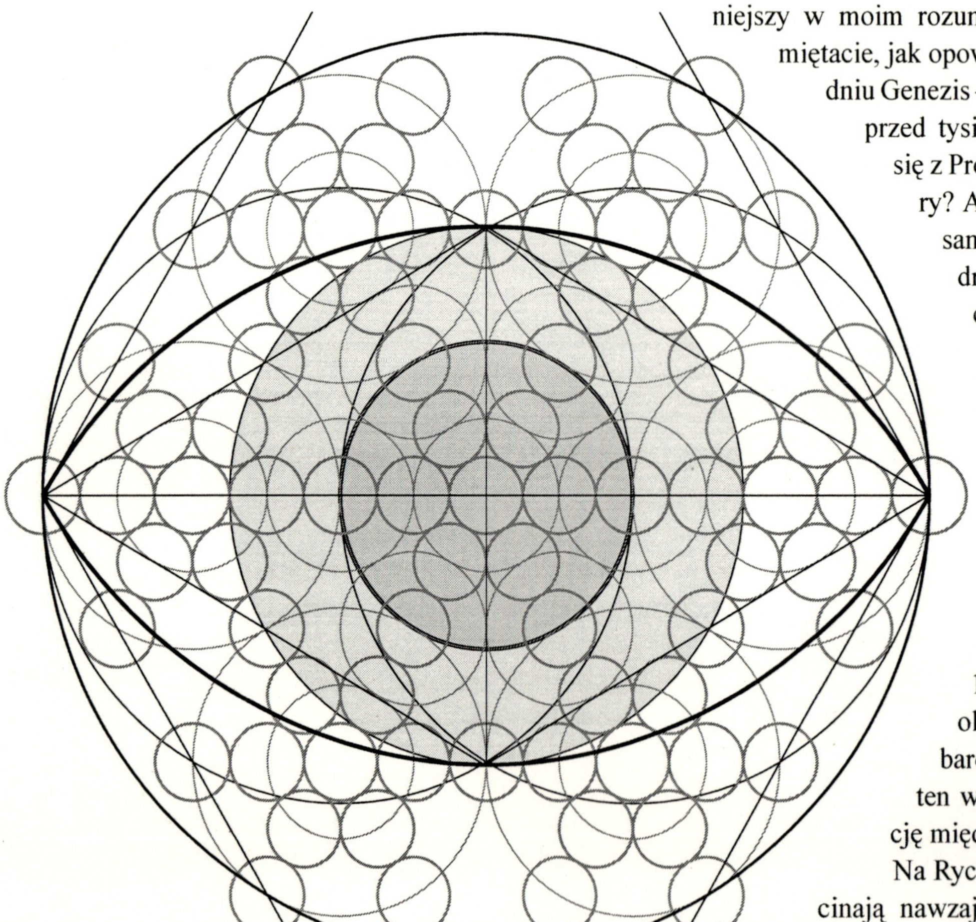

Na Rycinie 12-16a koła A i B przecinają nawzajem swoje środki, tworząc aureolę i oba idealnie wpisują się w koło C. Dodatkowo w aureoli znajdują się linne, które tworzą trójkąty równoboczne. Długość (D) i sze-

Ryc. 12-15. „Oko". Rysunek utworzony według zasad świętej geometrii.

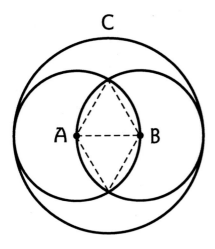

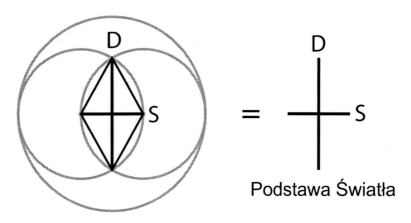

Podstawa Światła

Ryc. 12-16a. Aureola utworzona przez
dwa koła wpisane w większe koło.

Ryc. 12-16b. Ten sam rysunek z diamentem i krzyżem wewnątrz aureoli.

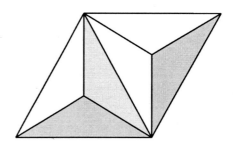

Ryc. 12-17a. Widok z góry na trójwymiarowe
tetraedry, których krawędzie stykają się ze
sobą.

rokość (S) tych połączonych trójkątów tworzą krzyż [zob. Ryc. 12-16b].
Krzyż ten stanowi podstawę światła.

Zauważcie, że oba trójkąty to w rzeczywistości dwa połączone krawędziami tetraedry w trzech wymiarach [Ryc. 12-17a]. (Wyobraźcie sobie, że
patrzycie z góry na dwa tetraedry umieszczone na stole i stykające się ze
sobą krawędziami). Na Rycinie 12-17b są one w pełni widoczne i idealnie
wpisują się w aureolę. D przedstawia długość aureoli a S jej szerokość. Za
każdym razem, kiedy aureola obraca się pod kątem 90 stopni, powstaje
nowa [zob. mniejsze i większe krzyże na rycinie], zaś długość mniejszej
staje się szerokością większej. Rysunek zaczyna formować obiekt,
który przypomina oko. Progresja ta może ciągnąć się w nieskończoność, kierując się zarówno w stronę środka, jak i w stronę
przeciwną. Jest to geometryczna progresja relacji biegnąca
wewnątrz aureoli, tożsama z hologramem światła, który
powstaje w oparciu o pierwiastek kwadratowy z 3. Jak
zobaczycie poniżej na Rycinie 12-18, światło porusza
się dokładnie tą samą drogą.

Kiedy prowadziłem ten warsztat przed wielu laty,
pojawił się na nim pewien człowiek. Nie wyjawię tu
jego nazwiska, ponieważ nie wiem, czy wyraziłby na
to zgodę. Człowiek ten jest uznawany za największego eksperta od światła na świecie. Jest również jednym
z największych umysłów świata. To niewiarygodna osoba. Ukończył college w wieku 23 lat i od razu zatrudnił
go Martin-Marietta, przydzielając ogromny fundusz
i dużą ekipę naukowców.

Powiedziano mu:

„Rób, na co masz ochotę. To twoja sprawa."

Tak wspaniały umysł posiada ten człowiek. Tymcza-

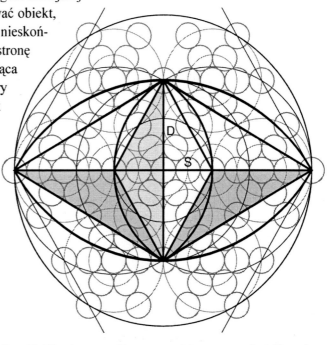

Ryc. 12-17b. Dwa tetra-edry trójwymiarowe stykające się ze sobą krawędziami.

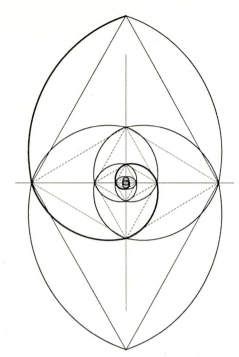

Ryc. 12-18. Spirale światła.

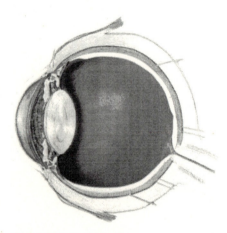

Ryc. 12-19. Ludzkie oko.

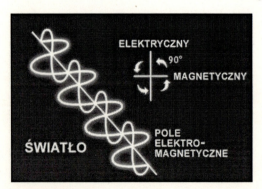

Ryc. 12-20. Ruch fali światła.

sem przeznaczył on otrzymane pieniądze na badania nad światłem. Jednym z pierwszych obiektów jego studiów były oczy, ponieważ to one odbierają światło.

Jeśli zamierzacie zbadać jakieś naturalne zjawisko, przyjrzyjcie się jego poszczególnym składnikom. W tym wypadku były to fala światła oraz instrument, który je odbiera, czyli organiczne oko bowiem w przedstawieniu geometrycznym jedno odzwierciedla drugie. Pomiędzy okiem a falą światła, jak również pomiędzy prawidłowościami ich ruchu, powinny zaistnieć podobieństwa. Jeśli chcecie skonstruować odbiornik, najlepiej, jeśli będzie on w jak największym stopniu odzwierciedlał to, co ma odbierać.

Nasz uczony zbadał wszelkie istniejące rodzaje oczu na tej planecie i odkrył, że można je podzielić na sześć kategorii, tak jak kryształy. Na planecie Ziemia istnieje zatem sześć różnych typów oczu, a każda żywa istota wykazuje geometryczne i fizyczne podobieństwo do innych żywych istot w obrębie danej kategorii.

Poznałem tego człowieka, kiedy zjawił się na jednym z moim pierwszych warsztatów. Omal nie spadł z krzesła, kiedy wyświetliłem ten obraz na ekranie [Ryc. 12-18]. Poczuł złość, ale później wyjaśnił mi, dlaczego. Okazało się, że poświęcił wiele czasu na badania oczu i pokrewnych zagadnień, a jego wysiłki zwieńczył ten oto rysunek, który ukazuje wspólną jakość wszystkich oczu. Na tej właśnie podstawie dokonał on podziału na kategorie. Z początku uznał, że wykradłem mu jego odkrycie. Potem zaakceptował jednak fakt, że to Tot przekazał mi całą wiedzę. Poza tym, jak wiecie, tego rodzaju informacje nie są i nie mogą być niczyją własnością. Należą do wszystkich ludzi i są dostępne dla tych, którzy odpowiednio sformułują pytanie. Zostały zapisane w każdej żywej komórce.

Patrząc w czyjeś oczy, widzimy owal, choć w istocie są one okrągłe. Oko jest kulą, sferą, na której powierzchni znajdują się soczewki [Ryc. 12-19]. Na Rycinie 12-15 możecie zobaczyć okrągłą sferę, owalny kształt aureoli oraz mniejsze koło tęczówki. Prawidłowość geometryczną tego rysunku można niemal poczuć prawą półkulą mózgu.

Ale oko przedstawione na rycinie to coś znacznie więcej niż zwykły rysunek. Ukazuje ono geometrię ukrytą za gałką oczną oraz geometrię samego światła, ponieważ są one jednym i tym samym. Geometria, z której powstało każde istniejące oko oraz geometria całego spektrum elektromagnetycznego, obejmującego również światło, są identyczne. Kiedy Duch Boży wykonał pierwszy ruch w Genezis, stworzył aureolę (vesica piscis) i zaraz potem powiedział: „Niech się stanie światłość". To nie przypadek, że światło pojawiło się pierwsze.

Fala światła porusza się w sposób ukazany na Rycinie 12-20. Widać na niej wyraźnie związek między aureolą a światłem. Składnik elektryczności porusza się falą sinusoidalną po jednej osi, podczas gdy składnik magnetyczny przesuwa się pod kątem 90 stopni wobec niego, również przybierając postać fali sinusoidalnej. Całość wykonuje jednocześnie rotację segmentami pod kątem 90 stopni.

Jeśli przyjrzycie się Rycinie 12-21, ujrzycie geometrię światła. Długa oś wyznaczająca długość aureoli stanowi składnik elektryczności, podczas gdy oś krótka lub szerokość stanowi składnik magnetyczny. Pozostają one względem siebie w stosunku pierwiastka kwadratowego z trzech. W rozdziale drugim omyłkowo stwierdziłem, że długość i szerokość aureoli prezentują proporcje Złotego Środka. W istocie są one pokrewne poprzez jedną ze świętych liczb egipskich, czyli pierwiastek kwadratowy z 3. Jeśli jednak przyjrzeć się wzorcowi utworzonemu przez dwie aureole ustawione wobec siebie pod kątem 90 stopni, które odpowiadają proporcjom Złotego Środka oraz wzorcowi pierwiastka kwadratowego z 3, staje się oczywiste, że są one do siebie uderzająco podobne. Być może natura próbuje ponownie odtworzyć proporcje Złotego Środka, tak jak w przypadku spirali Fibonacciego.

Płynący strumień światła obracający się pod kątem 90 stopni można zobaczyć geometrycznie, badając, w jaki sposób obraca się aureola poruszająca się pod kątem 90 stopni w kierunku progresji na zewnątrz i do wewnątrz. Jeśli zdołacie to zobaczyć, zrozumiecie, na czym polega geometria światła przedstawiona na Rycinie 12-18.

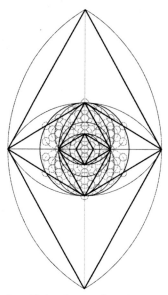

Ryc. 12-21. Geometria światła.

Spirala Złotego Środka wydaje się bardzo podobna do spiral aureoli pierwiastka kwadratowego z 3, zauważcie jednak, że prostokąty na Rycinie 12-22a nie stykają się ze sobą tak jak w prawdziwej aureoli.

Co ciekawe, Rycina 12-22b, przedstawiająca rysunek prawdziwej aureoli, przedstawia jednocześnie geometrię oczu i światła. Jest to zarazem geometria wielu innych żywych istot, takich jak na przykład liście z Ryciny 12-23. Liście zostały stworzone przez naturę, aby odbierały światło do fotosyntezy. Widać na nich tę samą geometrię, jaką widzieliście na Rycinie 12-18 przedstawiającą spirale światła.

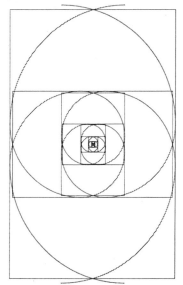

Ryc. 12-22a. Geometria światła w spirali Złotego Środka.

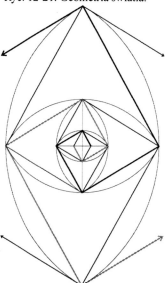

Ryc. 12-22b. Cztery męskie spirale pierwiastka kwadratowego z 3 wychodzące z aureoli.

Teraz widzimy również, że ruch energii w górę szeregu czakr przypomina ruch światła. (Powtarzam, że informacje te przeznaczone są dla osób, dla których są one istotne. Możecie zatem równie dobrze pominąć ten ustęp i zadowolić się podstawową wiedzą na temat przepływu energii w układach 8 i 13 czakr).

Rycina 12-24a przedstawia obraz światła lub energii. Ukazuje ona, jak spirala światła porusza się w górę kręgosłupa, podobnie jak porusza się w odległej przestrzeni kosmicznej, z tą różnicą, że jej ruch w kosmosie jest nieskończony. Rycina 12-24b ukazuje ten widok z góry.

Przyjrzyjmy się teraz, jak przepływa energia. Istnieje pięć kanałów, którymi energia wznosi się wzdłuż czakr. Kanały te wznoszą się spiralnie wzdłuż ciała na dwa sposoby, męski i żeński. Spirala męskiej energii biegnie odwrotnie do ruchu wskazówek zegara, zaś spirala energii żeńskiej zgodnie

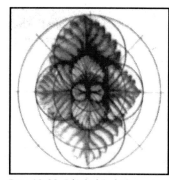

Ryc. 12-23. Liście i światło.

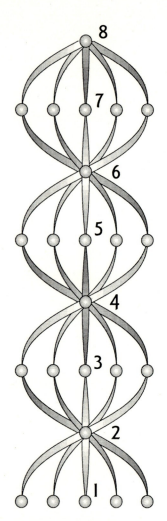

Ryc. 12-24a. Spirala światła biegnąca w górę ośmiu czakr.

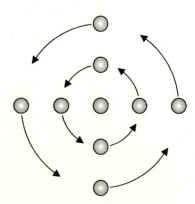

Ryc. 12-24b. Spirala męska widziana z góry. Spirala żeńska jest odwrócona, biegnie zgodnie z ruchem wskazówek zegara (patrząc z góry).

z ruchem wskazówek zegara, tak jak widać to z punktu środka ciała.

Najlepiej będzie, jeśli przedstawię wam to opisowo. Nie da się ominąć kwestii pięciu kanałów. Gdybyście znajdowali się poniżej danej osoby i patrzyli w górę na jej kanały subtelnej energii (w obszarze genitaliów), zobaczylibyście pięć kanałów energii płynących w górę wzdłuż kręgosłupa. Na linii poziomej, która leży pod katem 90 stopni do tuby pionowej biegnącej wzdłuż łańcucha czakr, widać bardzo szczególne połączenia i otwory. Otwory te przedstawiłem u dołu wykresu. Znajdują się one u podstawy tułowia, w okolicy krocza.

Jak już mówiliśmy, krocze jest umiejscowione między odbytem a pochwą u kobiet i między odbytem a moszną u mężczyzn. Miękkie miejsce na kroczu stanowi w istocie wewnętrzny otwór, którego nie można zobaczyć. Co najmniej jedna z technik pracy z ciałem polega na naciskaniu tego punktu i wtedy palec zagłębia się około pięciu centymetrów do wewnątrz. Krocze stanowi zatem wejście do środkowej tuby, w której znajdują się czakry podstawowe. Oprócz tego istnieją jeszcze cztery inne wejścia i kanały energetyczne, po dwa z każdej strony [zob. Ryc.12-25].

PRZÓD CIAŁA

Ryc. 12-25. Pięć otworów do pięciu kanałów.

Za kroczem znajduje się kolejny otwór, odbyt, z którego energia płynie spiralnie w górę, co pokazuje wykres. Za odbytem zaś mamy jeszcze jeden otwór. Przepływ energii bierze początek w świętym punkcie o kształcie trójkąta, mieszczącym się na koniuszku kości ogonowej. Punkt ten układa się poziomo w jedną linię z odbytem i kroczem. Ruch kołyszący jest tu o wiele szerszy, co pokazane jest graficznie na Ryc. 12-24a, i posiada o wiele silniejszy strumień energii niż odbyt. Przed kroczem znajduje się pochwa u kobiet i moszna u mężczyzn, w których poziom energii przypomina poziom energii odbytu. Jeszcze bardziej z przodu mamy kolejny otwór o znacznie potężniejszym strumieniu energii, porównywalnym ze strumieniem energii biegnącym wzdłuż kręgosłupa. Bierze on swój początek z łechtaczki lub penisa i podąża szerokim ruchem ukazanym na Rycinie 12-24.

Patrząc na pięć kanałów znajdujących się u podstawy tułowia, zwróćcie uwagę, że tworzą one linię prostą biegnącą od przodu do tyłu. Wszystko tu płynie od tyłu do przodu z wyjątkiem męskich jąder, które znajdują się po bokach, choć bardzo blisko siebie. Wyjątek nabierze znaczenia, kiedy za chwilę przejdziemy do piątej czakry. Otwór w pochwie jest aureolą skierowaną od przodu do tyłu. Strumień energii w pierwszej czakrze płynie od przodu do tyłu z jednym wyjątkiem, o którym wspomniałem.

Do drugiej czakry można dotrzeć poprzez rotację o 90 stopni zgodną z ruchem wskazówek zegara (żeńską) bądź odwrotną do ruchu wskazówek (męską). Życie zawsze dąży do harmonii naturalnego przepływu energii. Możecie zaobserwować, że w wielu wypadkach owe ukierunkowane strumienie energii odpowiadają fizycznym narządom i częściom ciała. Tak naprawdę to poszczególne narządy fizyczne dostosowują się do ukierunkowanego przepływu energii przez czakry wewnętrzne.

Na poziomie drugiej czakry (seksu) żeńskie jajowody umiejscowione są po bokach – pod kątem 90 stopni wobec pierwszej czakry, czyli od przodu do tyłu. Wykonując kolejny spiralny ruch w górę, docieramy do trzeciej czakry mieszczącej się na wysokości pępka. Pomyślcie o pępowinie wychodzącej w kierunku przód – tył. Następny ruch spiralny w górę i osiągamy wysokość czwartej czakry, czyli splotu słonecznego. Ma ona kształt aureoli i porusza się z boku na bok pod kątem 90 stopni wobec czakry trzeciej.

Kolejna rotacja osiąga punkt powyżej mostka, gdzie widzimy odmienną sytuację niż w poprzednich czakrach, z wyjątkiem pierwszej. Różnicę tę można zaobserwować przyjrzawszy się wzorcowi rotacji.

Rycina 12-26a przedstawia widok głowy osoby skierowanej twarzą do szczytu kartki. Po rozpoczęciu spiralnego ruchu w górę kręgosłupa energia pierwszej czakry będzie skierowana do przodu (szczyt kartki). Aby zilustrować ten proces, załóżmy, że porusza się ona ruchem obrotowym odwrotnym do ruchu wskazówek zegara (kierunek strzałek na Rycinach 26a i 26b). Kiedy dociera do drugiej czakry (2), rotacja skierowana jest w lewo. Na poziomie trzeciej czakry (3) będzie skierowana do tyłu (dół kartki). Na wysokości czakry czwartej (splotu słonecznego) skieruje się w prawo. Osiągając wysokość mostka, gdzie znajduje się niższa czakra serca (5), powraca na swoją pierwotną pozycję skierowaną do przodu.

To dlatego czakra serca jest inna od pozostałych – zna ona całą sekwencję, bowiem energia zatoczyła w tym miejscu pełen obrót 360 stopni. Podobnie jest z krzywą sinusoidalną lub z falą światła [zob. Ryc. 26c]; musi ona dotrzeć do pięciu punktów, aby proces się dopełnił. Na wysokości niższej czakry serca, w której cykl się zamyka, odnajdujemy energie płynące od przodu do tyłu oraz z boku na bok. W tym szczególnym miejscu powstaje krzyż energetyczny. Egipcjanie sądzili, że jest to jeden z najważniejszych ośrodków w ciele. Miejsce pełni, w którym doświadczamy naszej miłości do Boga. W ośrodku tym widzimy, że piersi skierowane są od przodu do tyłu oraz że rozłożone są po bokach. Oba kierunki występują tu jednocześnie. Podobną sytuację obserwowaliśmy w przypadku jąder na poziomie czakry pierwszej, która znajduje się w tym samym punkcie na kole [1 i 5 na Ryc. 12-26a lub 12-26b].

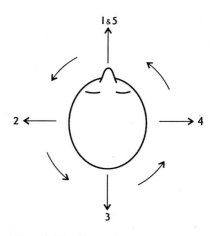

Ryc. 12-26a. Głowa ukazana z góry. Jeden pełny cykl biegnie w górę kręgosłupa w pięciu ruchach, co ukazują strzałki wskazujące każdy kierunek.

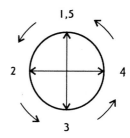

Ryc. 12-26b. Jeden pełny cykl przedstawiony jako koło.

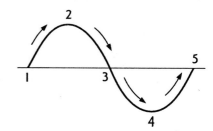

Ryc. 12-26c. Jeden pełny cykl jako fala sinusoidalna lub fala światła.

Uczynimy w tym miejscu małą dygresję, aby poruszyć niezwykle szerokie zagadnienie – znaczenie energii seksualnej dla ludzkiego organizmu. W starożytnym Egipcie uważano, że orgazm jest kluczem do wiecznego życia oraz że jest on bezpośrednio powiązany z piątą czakrą. Na początek omówimy związek orgazmu z życiem wiecznym.

Dzisiejsze życie seksualne i orgazm rzadko wiążą się ze świadomą obserwacją procesów energetycznych. Większość ludzi nie zdaje sobie sprawy, co się dzieje z ich energią seksualną uwolnioną podczas orgazmu. Zwykle energia ta płynie w górę kręgosłupa, wychodzi przez czubek głowy i dociera na wysokość ósmej lub trzynastej czakry. Niezwykle rzadko się zdarza, że energia seksualna płynie w dół kręgosłupa do ukrytego ośrodka pod stopami, do punktu znajdującego się dokładnie naprzeciwko ośrodka nad głową. W każdym wypadku jednak energia seksualna, jako skoncentrowana energia siły życiowej, zostaje rozproszona i utracona. Przypomina to rozładowanie baterii w uziemionym obwodzie elektrycznym. Bateria jest odtąd bezużyteczna. Na tym założeniu opierają się wszystkie znane mi szkoły tantryczne. Twierdzą one, że orgazm przybliża nas do śmierci, ponieważ ludzie tracą w tym momencie energię siły życiowej. Jednak starożytni Egipcjanie odkryli, że nie musi tak być.

Właśnie dlatego hinduskie i tybetańskie szkoły tantryczne zalecają, by mężczyźni powstrzymywali się od wytrysku. W zamian za to objaśniają im funkcjonowanie niewidocznych kanałów energetycznych, którymi nasienie przenoszone jest do wyższych ośrodków, podczas gdy adepci uczą się kontrolować orgazm.

Obie szkoły, podobnie jak chińska taoistyczna szkoła tantry, zajmują się przede wszystkim kwestią przepływu energii seksualnej, nazywanej czasem prądem seksualnym. Interesuje je głównie to, co się dzieje, kiedy energia seksualna zostaje wzbudzona jeszcze przed orgazmem, choć w porównaniu z Egipcjanami przyjmują one całkowicie odmienną perspektywę.

Egipcjanie uważali, że orgazm jest zdrowy i potrzebny, ale przepływ energii seksualnej musi być kontrolowany za pomocą głębokich technik ezoterycznych, które nie przypominały żadnych znanych nam metod. Ich zdaniem możliwość kontrolowania energii sprawia, że ludzki orgazm staje się źródłem nieskończonej energii pranicznej, która nie zostaje utracona. Uważali, że całe Mer-Ka-Ba, czyli ciało świetliste, korzysta z uwolnienia seksualnego, a w odpowiednich warunkach orgazm bezpośrednio prowadzi do życia wiecznego, do którego klucz stanowi ankh.

Co ma wspólnego ankh z energią seksualną? Trudno to wyjaśnić, ale będę się starał. Zdobycie tej wiedzy zajęło Egipcjanom tysiące lat. Zacznijmy zatem od czakry piątej. Przeczytaliście powyżej, że czakra piąta jest pierwszym punktem, w którym rotacyjny układ czakr zatacza pełne

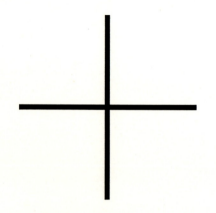

Ryc. 12-27a. Widok z góry na spiralne energie w czakrze piątej.

koło. Jest to pierwszy ośrodek, w którym występują zarówno energie płynące od przodu do tyłu oraz z lewej na prawą stronę. Patrząc z góry, energie te przedstawiają następujący widok [Ryc.12-27a].

Gdybyście mogli zobaczyć te energie z przodu, wyglądałyby następująco [Ryc.12-27b].

Zauważcie, że oba ukazane powyżej przykłady stanowią zarazem symbole chrześcijańskie. Gdybyście jednak zobaczyli te same energie ustawieni bokiem do sylwetki ludzkiej, wyglądałyby one inaczej. Znajduje się tam inna „tuba" dla strumienia energii, którą Egipcjanie poznali dzięki naukom Bractwa Tat pod Wielką Piramidą. Wiedza ta przybyła prosto z Atlantydy. Oto jak wygląda z boku ludzkie pole energii roztaczające się wokół czakry piątej [Ryc. 12-27c].

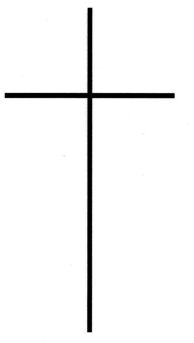

Ryc. 12-27b. Widok z przodu na energie w czakrze piątej.

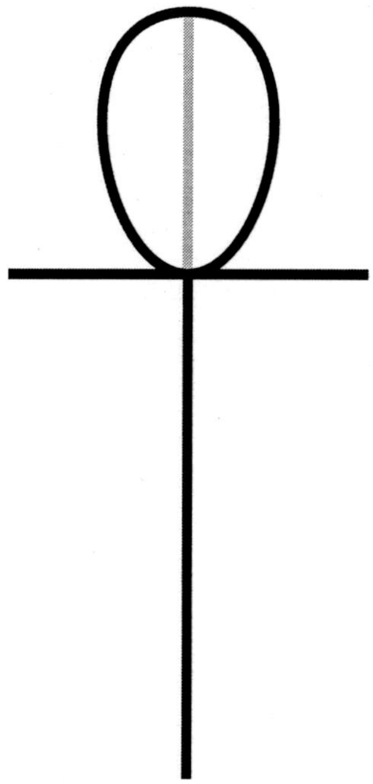

Ryc. 12-27c. Widok z boku na piątą czakrę – egipski ankh.

Interesujące jest to, że chrześcijanie musieli dawniej posiadać tę samą wiedzę, bowiem na starych ornatach zakładanych w określonych porach roku związanych ze zmartwychwstaniem widnieją takie właśnie symbole [Ryc. 12-27d]. Symbol ten obejmuje wszystkie trzy widoki – z góry, z przodu oraz z boku. Sądzę, że chrześcijanie opuścili fragment symbolu i nie rysowali pełnej pętli ankh, aby nie budzić skojarzeń ze starymi wierzeniami Egiptu. Jest jednak oczywiste, że rozumieli jego znaczenie.

Teraz, kiedy już wiecie, że przepływ energii „ankh" jest umiejscowiony w ludzkim polu energii, będziecie mogli lepiej zrozumieć egipskie rytuały seksualne.

Zanim opowiem wam o związku ankh z energią seksualną, muszę wam coś wyjaśnić. Kiedy zwiedzałem egipskie muzea, naliczyłem tam ponad 200 różdżek. Różdżki te były w większości wykonane z drewna, choć zdarzały się również z innego materiału. Z jednej strony zakończone były rozwidleniem (kamertonem), z drugiej zaś można było do nich podłączyć cztery końcówki różnego rodzaju.

O jednej z nich, tworzącej kąt 45 stopni, którego używano w doświadczeniu zmartwychwstania, wspominałem w rozdziale 5, choć do tej pory nie omawialiśmy dokładnie samego ankh. Jej końcówka jest zadziwiająca. Kiedy kamerton na jednym końcu wibruje, energia zwykle ulega szybkiemu rozproszeniu. Jeśli jednak podłączycie na drugim końcu ankh, energia będzie owijać się wokół różdżki i popłynie w dół, a tym samym nie zostanie utracona.

Ryc. 12-27d. Chrześcijański symbol zawierający wszystkie trzy powyższe obrazy.

Kilka lat temu byłem w Holandii i widziałem tam różdżki wykonane z miedzi, zaopatrzone u dołu w wysokiej jakości kamerton, u góry zaś sporządzone w taki sposób, by można do nich było przykręcać różne końcówki. Przeprowadziłem kilka eksperymentów z tą różdżką. Z początku nie nakładałem na nią nic z góry, tylko uderzyłem w kamerton, aby przekonać się, jak długo będzie on wibrował. Później przykręciłem z góry ankh i ponownie uderzyłem w kamerton. Tym razem różdżka wibrowała trzy razy dłużej.

Oto powód, dla którego Egipcjanie stosowali praktyki seksualne, które wam opiszemy. Odkryli oni, że kiedy energia orgazmu wydostaje się przez wierzchołek lub dół kręgosłupa, zostaje utracona. Jeśli jednak świadomie kontroluje się przepływ energii seksualnej według wzorca ankh, powraca ona do kręgosłupa i nadal wibruje. W ten sposób energia siły życiowej nie zostaje utracona, a przeciwnie, jej poziom wzrasta.

Możemy o tym opowiadać przez cały dzień, ale wystarczy raz spróbować, aby wszystko zrozumieć. Niełatwo jednak osiągnąć odpowiedni rezultat za pierwszym razem. Zdarza się, że energia seksualna kilkakrotnie wydostaje się poza ośrodek piątej czakry, a stamtąd poza ciało. Ćwiczenie to wymaga praktyki. Kiedy jednak uda wam się to opanować, wątpię, byście kiedykolwiek jeszcze przeżywali orgazm w dawny sposób. Uczucie, którego doświadczycie, jest potężne i niezwykle przyjemne. Kiedy wasze ciało zapamięta to przeżycie, nie będzie chciało powracać do starych sposobów.

64 KONFIGURACJE SEKSUALNE / OSOBOWOŚCIOWE

Kiedy już doświadczycie tego, o czym mówię, możecie dostosować to przeżycie do swoich potrzeb. Zacznę od opisania podstawowych praktyk seksualnych starożytnych Egipcjan w sposób, w jaki przedstawił mi je Tot. Z dzisiejszej perspektywy trudno uwierzyć, jak skomplikowany i wyrafinowany był ich system.

Po pierwsze, Egipcjanie nie rozróżniali dwóch polaryzacji seksualnych, ale 64 całkowicie odrębne polaryzacje. Nie będę zbytnio zagłębiał się w szczegóły, wyłożę tylko, na czym polegał podstawowy wzorzec. Został on skopiowany z cząsteczki ludzkiego DNA i 64 kodonów.

Egipcjanie wyróżniali zatem cztery podstawowe wzorce seksualne: męski, żeński, biseksualny i neutralny. Wzorce te dzielą się dalej na polaryzacje. Męska na męską hetero i homoseksualną. Żeńska na żeńską hetero i homoseksualną. Biseksualna na ciało męskie i ciało żeńskie. Neutralna na neutralne ciało męskie i neutralne ciało żeńskie. W ten sposób mamy osiem podstawowych wzorców seksualnych.

To, co teraz powiem, znowu wykracza poza normalne ludzkie pojmowanie. Egipcjanie nie ograniczali się w swojej percepcji człowieka wyłącznie do jego ciała. Rozróżniali osiem całkowicie odrębnych typów osobowości. Wszystkie były związane z ośmioma komórkami pierwotnymi, co tworzyło osiem obwodów elektrycznych prowadzących do ośmiu podstawowych czakr, a w efekcie dawało podstawę ośmiu wierzchołków tetraedru otaczającego ciało.

Kiedy duch przybywa na Ziemię po raz pierwszy, tworzy wokół ciała tetraedry na dwa sposoby: męski lub żeński. Rodząca się wówczas osobowość jest pierwsza. W drugim wcieleniu duch zwykle tworzy tetraedry płci przeciwnej. Dalej duch wybiera kolejne wierzchołki tetraedru aż do momentu, w którym wszystkich osiem osobowości doświadczy życia na Ziemi. Po pierwszych ośmiu wcieleniach duch zwykle wybiera rytm, który utrzyma równowagę seksualną w kolejnych wcieleniach na Ziemi. Przykładem może być wybór trzech męskich wcieleń, po których następują trzy wcielenia żeńskie i dalej według tego wzoru. Rytm jest kwestią wolnego wyboru ducha.

Zazwyczaj dzieje się tak, że duch przedkłada osobowość męską lub żeńską i taką wybiera częściej. W rezultacie osobowość jednej płci staje się dominująca, na przykład osobowość babci lub dziadka dla pozostałych sześciu. Następna jest osobowość nieco młodsza, stanowiąca ekwiwalent osoby w średnim wieku. Kolejne miejsce zajmuje osobowość mniej więcej w wieku dwudziestu kilku, trzydziestu lat. Osobowość najrzadziej używana jest w wieku kilkunastu lat. Sytuacja ta wygląda jednakowo w wypadku obu płci. Osiem typów osobowości połączonych ze sobą tworzy złożony kompleks osobowości ducha, który po raz pierwszy przybył na Ziemię.

Starożytni Egipcjanie łączyli osiem podstawowych orientacji seksualnych z ośmioma osobowościami w celu stworzenia 64 konfiguracji seksualno / osobowościowych związanych z egipską tantrą. Obecnie nie jesteśmy w stanie pracować w tej dziedzinie. Jest to fascynujący temat, którego doskonalenie wymaga wielu lat. Egipcjanie potrzebowali dwunastu lat na to, by przejść przez wszystkie konfiguracje seksualno / osobowościowe, a w rezultacie stawali się ludźmi obdarzonymi głęboką mądrością i zrozumieniem życia. Pod koniec szkolenia adepci odbywali „konferencje" ze wszystkimi ośmioma osobowościami jednocześnie, aby umożliwić dziadkowi i babce przekazanie mądrości młodszym osobowościom.

Instrukcje dotyczące orgazmu

Oto jak można osiągnąć „ankh" poprzez orgazm. Cokolwiek robicie w trakcie współżycia, zanim nastąpi orgazm, zależy tylko od was. Nie mnie was oceniać – z pewnością nie osądzaliby nikogo również Egipcjanie, skoro uważali, że człowiek musi poznać 64 opcje seksualne, zanim wejdzie do Komnaty Króla, aby przenieść się na wyższy poziom świadomości. Tak uważali Egipcjanie, ale powinniście wiedzieć, że naprawdę nie jest to konieczne. Bez tej wiedzy również można osiągnąć wyższy poziom świadomości. Jednakże, z ich punktu widzenia, idea ankh stanowi kluczową wartość dla osiągnięcia życia wiecznego. Jeśli chcecie praktykować tę metodę, będziecie musieli sami dokonać wyboru.

1. W chwili, w której poczujecie, że energia seksualna zaczyna płynąć w górę kręgosłupa, weźcie głęboki wdech, tak aby wasze płuca niemal całkowicie wypełniły się powietrzem, a potem wstrzymajcie oddech.

2. Pozwólcie, aby seksualna energia orgazmu płynęła w górę kręgosłupa, a kiedy dotrze na wysokość piątej czakry, zawróćcie ten strumień siłą woli pod kątem 90 stopni do tyłu ciała. Będzie on wówczas automatycznie kontynuował swoją drogę wewnątrz tuby ankh. Następnie powoli zawróci, aż przejdzie dokładnie przez ósmą lub trzynastą czakrę, znajdującą się na wysokości dłoni uniesionej ponad głową pod kątem 90 stopni wobec osi pionowej. Strumień wykona pełen obrót, aż powróci do piątej czakry, z której wziął początek. Często zwalnia zanim dotrze do miejsca początku. Kiedy strumień energii dociera do piątej czakry z przodu ciała, dochodzi czasem do silnego wstrząśnięcia w chwili jego połączenia się z tym ośrodkiem. Wszystko to dzieje się w momencie, w którym wstrzymujecie oddech.

3. W momencie, w którym energia seksualna dotrze do swego źródła, weźcie głęboki oddech. Do tej pory napełniliście płuca w 9/10, teraz zaś wypełnijcie je do końca.

4. Teraz bardzo powoli wypuśćcie powietrze. W tym czasie energia seksualna będzie krążyła wokół kanału ankh. Kiedy opróżnicie płuca, nadal oddychajcie bardzo głęboko, tymczasem zaś nastąpi pewna zmiana.

5. Oddychając, zobaczcie swoją energię seksualną jako strumienie prany wychodzące z dwóch biegunów, które spotykają się w piątej czakrze, tak jak przedtem. Bądźcie świadomi swego ciała świetlistego i poczujcie jak energia promieniuje przez całe wasze Mer-Ka-Ba. Pozwólcie, by ta energia sięgnęła do najgłębszych warstw fizycznej struktury waszego organizmu, nawet do poziomu komórkowego. Poczujcie, jak wszystkie wasze komórki ulegają odmłodzeniu dzięki energii siły życiowej. Poczujcie, jak ta piękna energia otacza całą waszą istotę i przywraca zdrowie waszemu ciału, umysłowi oraz sercu.

6. Nadal oddychajcie głęboko, aż poczujecie, że całe wasze ciało jest odprężone. Teraz możecie powrócić do normalnego oddechu.

7. Jeśli to możliwe, pozwólcie sobie odprężyć się w pełni, a nawet zasnąć na krótki czas.

Jeśli będziecie powtarzać to ćwiczenie codziennie dłużej niż przez tydzień, sądzę, że w pełni zrozumiecie, o co tu chodzi. Długotrwała praktyka przywróci wam zdrowie i siłę w ciele mentalnym, emocjonalnym oraz fizycznym. Zasili również wasze ciało świetliste. Jeśli jednak z jakiegoś powodu nie będziecie się czuli z tym dobrze, przerwijcie ćwiczenia.

POZA PIĄTĄ CZAKRĘ

Następne czakry nie są widoczne w równym stopniu, co pięć dolnych, ale w górnej części ciała obserwujemy to samo zjawisko [zob. Ryc.12-28]. Kiedy spirala wychodzi poza piątą czakrę, wykonuje obrót w lewo

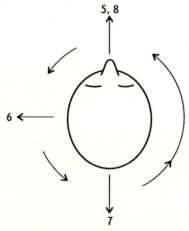

Ryc. 12-28. Spirala biegnąca w górę począwszy od piątej czakry.

do czakry szóstej, która jest ośrodkiem miłości jednostkowej. Nasze fizyczne serce znajduje się nieco po lewej stronie pod kątem 90 stopni wobec piątej czakry Chrystusowej.

Następnie spirala wykonuje obrót do tyłu i wznosi się na poziom czakry gardła. Na płaszczyźnie przód-tył znajduje się u mężczyzn jabłko Adama. Kiedy spirala dociera do czakry znajdującej się na podbródku, system wydaje się załamywać. Nadal mamy kierunek przód-tył, podobnie jak na wysokości gardła. Nie występuje tu jednak zmiana pod kątem 90 stopni. Dlaczego? W tym momencie energia tworzy nową konfigurację, być może dlatego, iż jest to czakra ósma, która zwykle kończy cykl w układzie ośmiu ośrodków. W obrębie głowy pojawia się nowy, mniejszy układ, który określa układ trzynastu czakr, choć jest od niego oddzielony.

Co się dzieje? Jeśli przestudiujecie kanon Leonarda [Ryc. 12-29], zobaczycie, że narysował on głowę na polu

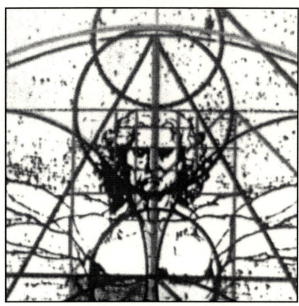

Ryc. 12-29. Kanon człowieka autorstwa Leonarda.

będącym jednym z 64 kwadratów, które można podzielić na siatkę szesnastu kwadratów o wymiarach 4 x 4. Na tym rysunku niezbyt dobrze widać to, o czym mówię, ale postarajcie się o dobrą kopię. Siatka składająca się z 16 kwadratów jest funkcją siatki utworzonej z 64 kwadratów, na której głowa postaci ma rozmiar jednego kwadratu. W ten sposób głowa stanowi 1/64 kwadratu opasującego całą sylwetkę.

Układ czakr przechodzi przez całe ciało, także przez głowę, w której jednocześnie mieści się odrębny mniejszy układ czakr biegnących od podbródka po czubek głowy. Wydaje się, iż jest to łańcuch 8 czakr, choć nie jestem pewien, czy nie odnaleźlibyśmy tam jednocześnie łańcucha składającego się z 13 elementów. Pamiętajcie, że mniejszy układ stanowi uzupełnienie, a zarazem część podstawowego układu 13 czakr.

Kolejne ośrodki znajdują się na końcu podbródka, na wysokości ust, na czubku nosa, na poziomie oczu oraz trzeciego oka. Kolejne trzy czakry mieszczą się wewnątrz i nie można ich zobaczyć gołym okiem, a jedynie poprzez studiowanie wewnętrznych partii mózgu.

Także i w tej partii ciała możemy zaobserwować wzorzec rotacyjny. Na początku zakończenie podbródka skierowane jest do przodu, dalej usta tworzące aureolę umiejscowione są pod kątem 90 stopni, rozchodząc się w lewą i w prawą stronę. Nos skierowany jest od przodu do tyłu pod kątem 90 stopni wobec ust. Następnie oczy, również tworzące aureolę, umiejscowione są po bokach pod kątem 90 stopni wobec nosa. Trzecie oko stanowi dopełnienie, ośrodek piąty, podobnie jak czakra Chrystusowa. Z tego właśnie powodu obydwa punkty, czakra Chrystusowa i czakra trzeciego oka, mają tak istotne i jedyne w swoim rodzaju znaczenie. Zajmują one piąte, dopełniające miejsce w każdym z układów.

Zagadnieniem tym zajmowałem się w czasie, kiedy Tot opuszczał Ziemię. Żałuję, że nie mogłem z nim nad tym pracować, bowiem problem

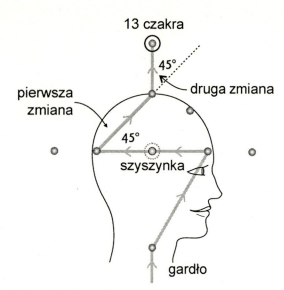

13 czakra

45°

druga zmiana

pierwsza
zmiana

45°

szyszynka

gardło

Ryc. 12-30. Wniebowstąpienie
w dzisiejszych czasach.

ten nie pojawia się w żadnej książce. Egipcjanie nie spisali swojej wiedzy przekazywanej w Szkole Prawego Oka Horusa. Jej ślady pozostały jedynie w Wielkim Archiwum. Poza tym była podawana ustnie.

Ostatni półkrok

Rycina 12-30 przedstawia głowę, szyszynkę i czakrę trzynastą. Nasza świadomość ostatecznie zlokalizuje się w szyszynce i będziemy dążyli do poziomu czakry trzynastej. Najprościej byłoby go osiągnąć przesuwając się w górę, ale Bóg zadbał o to, by droga naszego rozwoju *nie* była tak oczywista. Zmienił szerokość kąta, którego odtąd nie można tak łatwo odnaleźć. Ludzka świadomość pozostaje tym samym na poziomie szyszynki do chwili, w której nie opanujemy całej wiedzy. Tak samo jak na rysunku przedstawiającym układ 8 czakr [Ryc. 12-10] – gdzie powyżej trzeciej czakry pojawia się blokada uniemożliwiająca dotarcie na wyższe poziomy – kolejna blokada powstaje z tyłu głowy w miejscu, w którym występuje półkrok. Bardzo trudno wyczuć to miejsce doświadczalnie. Tybetańczycy mówią, że nie sposób dotrzeć do trzynastej czakry, zanim nie przejdzie się przez tył głowy. Najpierw trzeba znaleźć drzwi, a potem przez nie przejść.

W prostej linii od przodu do tyłu biegnie pięć czakr. Trzy znajdują się wewnątrz głowy, jedna w przestrzeni za głową i jedna przed głową. Większość z nas zna tylko przysadkę i szyszynkę.

Nefilimowie odkryli już, w jaki sposób przedostać się z czakry dwunastej do trzynastej i tym samym zmienić poziom wymiaru, ale my zrobimy to inaczej. Nefilimowie na początek kierowali się do szyszynki, a stamtąd wysyłali strumień świadomości do przysadki i dalej, w przestrzeń, gdzie z przodu głowy mieści się inna czakra. Kiedy znajdowali się w ośrodku z przodu głowy, wykonywali zwrot pod kątem 90 stopni i przesuwali się w górę. W ten sposób przedostawali się do innego świata. Dzięki tej szybkiej i skutecznej technice, którą można przedstawić graficznie za pomocą litery L, rasa Nefilimów była również znana jako E(L)owie. Taki zyskali sobie przydomek. W późniejszym okresie, kiedy na ziemi pozostało ich już bardzo niewielu, zaczęto ich nazywać starszyzną.

Sądzę, że obecnie Ziemia wykorzysta jednak inną drogę – chyba, że zechcecie naśladować Nefilimów. Co do mnie, to podążę za resztą mieszkańców planety. Tymczasem opiszę wam, w jaki sposób Tot i Szesat opuścili Ziemię. Używamy ich metody, bowiem jest najprostsza. Oto instrukcje, które Tot pozostawił mi w ostatnim dniu swego pobytu na ziemi.

Nasza droga wiedzie zatem od szyszynki do tylnej części głowy. Aby się wydostać na zewnątrz, będziemy musieli przejść przez czakrę korony, zatem z tyłu głowy trzeba będzie uczynić zwrot pod kątem 45 stopni. Kiedy znajdziemy się w czakrze korony, będziemy musieli wykonać kolejny zwrot pod kątem 45 stopni, aby przedostać się do czakry trzynastej. Taki gwałtowny zwrot pod kątem 45 stopni może spowodować zachwianie równowagi pola Mer-Ka-Ba. Ale nie martwcie się tym, bowiem wkrótce się ono ustabilizuje.

Zanim Atlantyda upadła, wykonywaliśmy zwrot pod kątem 90 stopni, który stanowił jednak wielki szok dla organizmu. Łatwiej podzielić go na dwa zwroty pod kątem 45 stopni. Po wykonaniu zwrotu możecie poczuć zachwianie równowagi Mer-Ka-Ba, któremu towarzyszyć będą dziwne odczucia. Najlepiej wówczas usiąść i poczekać, aż pole się ustabilizuje. Wykonacie więc dwa zwroty z około minutową lub półtoraminutową przerwą. Kiedy poczujecie, że pole się stabilizuje, wykonajcie drugi zwrot pod kątem 45 stopni, aby nawiązać połączenie z trzynastą czakrą.

Tak właśnie postępowało wielu mistrzów na drodze do wniebowstąpienia. Zatrzymywali się po pierwszym zwrocie, czekając, aż wszystko się uspokoi, a zaraz potem dokonywali kolejnej zmiany. Przez chwilę zatrzymacie się na ziemi niczyjej, która nie jest stabilna i na której nie możecie pozostać. Nie wiem, co by się stało, gdybyście zatrzymali się tam na dłużej. Już po chwili zatem będziecie musieli wykonać kolejny zwrot, po którym znajdziecie się w następnym, czyli w czwartym wymiarze.

Powtarzam to wszystko, abyście dobrze zapamiętali. W którymś momencie może wam się to przydać. Istnieje wiele sposobów bezpośredniego doświadczenia innych wymiarów, jednak zmiana pod kątem 90 stopni wymaga od duszy dużej dojrzałości. Dwukrotna zmiana pod kątem 45 stopni jest łatwiejsza i nie zaburza równowagi w zbyt dużym stopniu.

POLA ENERGETYCZNE WOKÓŁ CIAŁA

Przyjrzyjmy się teraz polom energii roztaczającym się wokół ludzkiego ciała, a powstałym dzięki ruchowi energii i świadomości zawartej *wewnątrz* czakr.

Pierwszym polem energii wychodzącym z ciała jest prana lub chi, zwana czasem polem eterycznym. Mimo że jest ono emitowane przez całą powierzchnię ciała, najczęściej bywa widoczne wokół dłoni, stóp, głowy i czasem w okolicach barków. Zwykle pojawia się w postaci łagodnej błękitno-białej poświaty. Tuż przy skórze poświata ta przybiera barwę czarną, a w nieco większej odległości niebieską. Błękitne światło to prana, czy też energia siły życiowej waszego ciała. Jeśli pojawia się wokół dłoni, jej pole sięga zazwyczaj na długość 2 do 10 centymetrów. W pozostałych miejscach na powierzchni ciała sięga zazwyczaj na odległość 2 centymetrów od skóry.

Możecie się o tym łatwo przekonać, nawet jeśli nie wierzycie w prawdziwość tego zjawiska. Powiem wam, co robić, jeśli zechcecie to sprawdzić. Wystarczy wziąć czarny papier konstrukcyjny i włożyć go bezpośrednio pod lampę z żarówką z wyłącznikiem przyciemniającym. Wystawcie dłoń na odległość 2,5 centymetra od kartki i powoli przyciemniajcie do chwili, w której nie będzie już widać dłoni. Odczekajcie 11 sekund. Kiedy wa-

Ryc. 12-31. Zdjęcia kirlianowskie
końców palców wskazujących w dół.

sze oczy przyzwyczają się do ciemności, ponownie zobaczycie swoją rękę,
a wokół niej pole prany. Czasem całą tę procedurę trzeba powtórzyć.

Następnie przyjrzyjcie się ostatniemu członowi palca środkowego, za
którym w odległości 2,5 centymetra widać czarną kartkę. Skoncentrujcie na
nim wzrok i powstrzymajcie się od mrugania. Odczekajcie chwilę. W ciągu
10 lub 15 sekund zobaczycie łagodną niebieskawą poświatę roztaczającą
się wokół palców.

Kiedy już zobaczycie swoje pole energii, możecie robić różne rzeczy.
Możecie złączyć ze sobą końce palców obu dłoni, a tym samym połączyć
płomienie wychodzące z waszych rąk. Następnie rozłączyć palce i zobaczyć, jak pole energii wydłuża się jak guma do żucia. Płomienie rozłączą
się, kiedy rozłączycie palce na odległość ok. 12 centymetrów. Możecie eks-
perymentować w ten sposób wiele razy. Większość ludzi potrafi to zobaczyć.

Następnie weźcie kryształ – nie musi być to szczególny okaz – i przyłóżcie go do nadgarstka. Zacznijcie oddychać według techniki jogi, głęboko
i rytmicznie, aby pobudzić pranę. Wkrótce ujrzycie wychodzące z palców
płomienie. Zdarza się, że sięgają one na długość 15 centymetrów. (Naprawdę można to zobaczyć.) Potem zauważycie, że są one połączone z oddechem. Podczas wdechu pole energii lekko się kurczy, a rozszerza się wraz
z wydechem. Możecie się przekonać na własne oczy, że pole prany jest
połączone z oddechem.

Fotografia kirlianowska polega na tym, że kładziemy dłoń, palec lub
też liść na naelektryzowanej powierzchni, a następnie ukazuje się ona na
specjalnej kliszy. Można wówczas zobaczyć pole energetyczne na zdjęciu.
Zdjęcia pokazane na Rycinie 12-31 pochodzą ze zbiorów Instytutu Ludzkich Wymiarów (Human Dimensions Institute). Przedstawiają pole roztaczające się wokół palca znanej lokalnej uzdrowicielki. Na górnym zdjęciu,
kiedy uzdrowicielka po prostu siedzi nie wykonując żadnych czynności,
widać błękitno-białą poświatę wokół końcówki palca. Zdjęcie poniżej pokazuje, co się dzieje, kiedy kobieta zaczyna oddychać i koncentruje się na
uzdrawianiu. Z końca jej palca wychodzą teraz biało-błękitne płomienie.
W tym wypadku nie chodzi tylko o oddech, ale również i o czakrę, w której
ześrodkowuje się świadomość uzdrowicielki. Wyjaśnię to w rozdziale poświęconym uzdrawianiu.

Poza polem prany promieniującym z ciała, rozciąga się drugie pole
energii niezwiązane bezpośrednio z oddechem, ale z myślami i emocjami.
Wasze myśli emitują z mózgu pole elektromagnetyczne. Podobnie wasze
emocje. Możecie je zobaczyć. Większość ludzi nie jest jednak z nimi zestro-
jona, zatem nie wie o ich istnieniu. Dzięki podłączeniu kamer do komputerów fotografujących aurę, istnienie tych pół energetycznych zostało uznane
za fakt naukowy. Wystarczy przyjrzeć się pracy doktor Valorie Hunt, aby
przekonać się, jak dalece nauka otworzyła się na sekrety ludzkiej aury.

Odłączanie się od napływających informacji stanowi interesujące zjawisko. Przypomina ono życie w wielkim mieście, w którym nagle wyłączone

zostają wszystkie hałasy i syreny uliczne – policji, straży pożarnej, klaksony aut, krzyki ludzkie – a więc wszelkie możliwe dźwięki. Ponieważ otaczają nas one zewsząd, przywykliśmy do nich i odbieramy je jako bezustanny buczący pogłos, choć w rzeczywistości mają one dużo większe natężenie. W każdym mieście rozchodzi się ten jednostajny hałaśliwy dźwięk, choć większość ludzi nie zwraca na niego uwagi. Wyłącza go i przestaje słyszeć. Jednak dla kogoś, kto przybyłby do miasta prosto z lasu, panujący tam hałas były nie do zniesienia, ponieważ osoba ta miałaby bardzo wrażliwy słuch. Pozostając w mieście przez dłuższy czas, ostatecznie znieczuliłaby się na hałas i przestałaby go słyszeć, tak jak my. Nie wiadomo z jakiej przyczyny postąpiliśmy tak samo z naszą aurą. Przestaliśmy ją zauważać. Być może dlatego, że widok cudzych myśli i uczuć był dla nas zbyt bolesny.

JAK NAUCZYĆ SIĘ WIDZIEĆ AURĘ

Jeśli naprawdę chcecie się nauczyć widzieć aurę, na początek zalecam wam lekturę kilku książek na temat terapii kolorem. Dzięki nim poznacie znaczenie różnych kolorów, choć przekonałem się, że w głębi duszy wszyscy je znamy i wszyscy rozumiemy na poziomie podświadomym. Przeczytałem 22 książki o kolorach i przekonałem się, że wszystkie mówią o tym samym. Definicje w nich zawarte również są podobne, zatem wystarczy, jeśli przeczytacie dwie albo trzy. Doskonałym, prostym i konkretnym podręcznikiem jest książka Edgara Cayce'a Aury: *Esej o znaczeniu kolorów*.

Widzenie aury wchodzi w skład programu szkoleniowego wojskowych służb specjalnych, w których przydaje się wiedza na temat czyichś myśli i uczuć. Opiszę wam zatem technikę stosowaną w wojsku.

Przygotujcie kolorowy papier i jeden większy arkusz białego papieru o wymiarach 60 na 90 centymetrów. Zobaczycie pewien fenomen, który wprawdzie nie ma nic wspólnego z aurą, ale pokazuje technikę, którą można w odniesieniu do niej zastosować.

Połóżcie biały arkusz na podłodze pod lampą, która posiada przyciemniacz.

Pośrodku niego połóżcie papier kolorowy, na początku najlepiej czerwoną kartkę. Skoncentrujcie wzrok na środku kolorowej kartki i powstrzymajcie się od mrugania przez 30 sekund. Teraz błyskawicznie usuńcie kartkę. Przed wami leży tylko biały arkusz. W czasie krótszym niż sekunda ujrzycie na nim kartkę koloru uzupełniającego. Jeśli wpatrywaliście się więc w kolor czerwony, teraz zobaczycie zieleń. Kolor obrazu uzyskanego w ten sposób zawsze będzie różny od pierwotnej barwy, choć kształt pozostanie ten sam.

Powstały obraz będzie przezroczysty. Będzie promieniował światłem unosząc się jakby nad powierzchnią kartki. Jeśli powtórzycie ten eksperyment z czterema lub pięcioma kolorami z rzędu, co powinno zająć zaledwie kilka minut, w rezultacie uzyskacie stan podwyższonej wrażliwości i będziecie widzieć podobne barwy – jaśniejące, przezroczyste i unoszące się w przestrzeni. Kolory te przypominają pole aury, choć w porównaniu z ludzką aurą, która rzadko bywa tak czysta i jasna, wydają się idealne.

Przeprowadzenie następnego ćwiczenia wymaga udziału partnera. Najlepiej, jeśli oboje będziecie ubrani na biało. W ten sposób najłatwiej zobaczyć kolory. Ubranie z pewnością nie zablokuje aury, ale barwa ubrania może utrudniać bądź ułatwiać jej widzenie. Poproście partnera, by stanął przy białej ścianie, a następnie skierujcie na niego światło lampy z przyciemniaczem, ustawione na najwyższą jasność. Teraz weźcie arkusz kolorowego papieru i poproście, aby partner przytrzymał go w odległości 2,5 centymetra od siebie na wysokości od nosa w dół. Cofnijcie się i popatrzcie na kolorową kartkę w taki sam sposób jak poprzednio. Skoncentrujcie się na niej licząc do 30, a następnie poproście, by partner ją opuścił. W tej samej chwili zobaczycie barwę komplementarną unoszącą się w powietrzu przed sylwetką partnera. To ćwiczenie pozwoli wam przywyknąć do idei kolorów unoszących się w przestrzeni wokół człowieka.

Następnie możecie umieścić kartkę kolorowego papieru za głową lub ramieniem w odległości 30 do 60 centymetrów przed partnerem. Powtórzcie ten zabieg cztery lub pięć razy, aż przywykniecie do postrzegania barw unoszących się wokół jego ciała. Teraz opuśćcie kartkę i nadal obserwujcie partnera, jednocześnie powoli przyciemniając snop światła. Przeniesiecie się teraz do magicznej przestrzeni, w której sylwetka partnera zrobi się czarna... i nagle tak! – w jednej chwili wybuchną wszystkie barwy i zobaczycie aurę.

Będziecie mogli zobaczyć ją w całej krasie. Rozpoznacie prawdziwe barwy aury w przeciwieństwie do widzianych wcześniej kolorów komplementarnych, ponieważ ujrzycie wielką różnorodność barw zmieniających się na waszych oczach. W tej samej chwili zobaczycie projekcję aktualnych myśli i uczuć partnera. Najczęściej okazuje się, że kolory wokół głowy i ramion ukazują stan myśli, podczas gdy barwy spowijające klatkę piersiową, plecy i resztę ciała prezentują uczucia i emocje. Czasem zdarza się jednak, że kolory te zachodzą na siebie.

Poza aurą ukazującą stan myśli i uczuć danej osoby jest jeszcze trzecia możliwość. Otóż bywa, że aura ukazuje dolegliwości fizyczne. Ból obecny w ciele często jest widoczny w postaci zabarwienia aury. Kolory emitowane przez wasze myśli świecą i zmieniają się tak, jak zmieniają się myśli, a kolory, które odzwierciedlają wasze emocje zwykle unoszą się w powietrzu lub poruszają wokół ciała. Tymczasem zabarwienia wskazujące na konkretne dolegliwości najczęściej tkwią w jednym miejscu, przybierając określone kształty o zdecydowanych kątach, które nie ulegają przemianom. Kiedy ciało będzie się poruszać, kształt choroby będzie poruszał się razem z nim na tej samej wysokości. Zdarza się i tak, że choroby w ogóle nie widać, ponieważ jej barwa ukryta jest wewnątrz ciała i nic nie przedostaje się na zewnątrz. Zwykle jednak jej światło przenika.

Pewien lekarz z Instytutu Ludzkich Wymiarów uczy diagnozowania chorób na podstawie odczytu aury. Dawno temu odkrył on, że zdolność widzenia aury pozwala rozpoznać wszystkie problemy danej osoby wyłącznie na podstawie uważnej obserwacji. Nie trzeba dodatkowego szkolenia. Wystarczy umieć patrzeć. Większość ludzi jest w stanie opanować tę umiejętność, a ów człowiek uczy odpowiednich do tego technik. Sądzę, że wszyscy moglibyśmy widzieć aury, chyba że uniemożliwia nam to poważna dolegliwość fizyczna bądź problem natury emocjonalnej.

A oto, w jaki sposób można ocenić czy pola te są prawdziwe. Podczas warsztatu zwykle proszę osobę, w którą wpatruje się reszta uczestników, aby myślała o swoim samochodzie. (Ludzie mają mieszane uczucia w związku ze swoimi samochodami.) W chwilę później obserwujemy zmianę kolorów aury nad głową modela. Następnie można poprosić, aby pomyślał on o kimś, kogo nie lubi. Najczęściej pojawia się wówczas mętna barwa czerwieni symbolizującej gniew, bowiem ludzie, których nie darzymy sympatią często budzą nasz gniew. Barwa ta pojawia się najczęściej wokół głowy i ramion, a czasem nawet wokół całej sylwetki. Później możecie poprosić, aby partner pomyślał o kimś, kogo kocha. Proście, aby skupił się na osobie, którą darzy największą miłością. Wokół klatki piersiowej ujrzycie wówczas różowe smugi światła, podczas gdy wokół głowy pojawią się barwy złota i bieli. Jeśli zaś poprosicie, by partner rozmyślał o Bogu i sprawach duchowych, jego aura zabarwi się złotem i fioletem. Barwy będą się zmieniały wraz ze zmianą myśli danej osoby. W ten sposób możecie sprawdzić, czy naprawdę widzicie aurę.

Kiedy już opanujecie tę umiejętność, będziecie mogli z niej korzystać, kiedy tylko zechcecie. Sam uruchamiam ją tylko w odpowiedzi na wyraźną prośbę. To bardzo łatwe. Przypomina działanie stereogramu (obrazu utworzonego z różnokolorowych punktów, które po zmianie ogniskowej oka ukazują kształty, np. lokomotywę, czy kwiat. Przyp. tłum.). Jeśli chcecie, możecie zwyczajnie patrzeć na kartkę papieru, ale możecie również spojrzeć na nią z wyższego poziomu, który umożliwia zarazem widzenie aury. Można po prostu patrzeć na czyjąś sylwetkę, albo głębiej, wniknąć wzrokiem do wnętrza ciała. Obserwacja przestrzeni wokół ciała przypomina obserwację stereogramu. Macie więc wybór.

POZOSTAŁY OBSZAR CIAŁA ŚWIETLISTEGO

Ludzka aura ma kształt jajka spowijającego ciało. W polu tym powstają setki obrazów geometrycznych o bardzo specyficznych cechach. Mają one naturę elektromagnetyczną (przynajmniej w tym wymiarze) i można je zobaczyć na ekranie komputera, jeśli jest on do tego odpowiednio przystosowany. Bez odpowiedniej aparatury trudno je dostrzec. Można je sobie uświadamiać przy pomocy umysłu, można odczuwać, ale trudno zobaczyć tak subtelną energię. Aktywacja pola Mer-Ka-Ba ułatwia to zadanie, bowiem posiada ono dużą moc. W kolejnym rozdziale zbadamy różne pola geometryczne i objaśnimy ich działanie. Zdolność ich widzenia stwarza możliwość wniebowstąpienia do świetlistych światów, co z kolei zapewnia nam nieśmiertelność i bezpośrednie doświadczanie Boga.

GEOMETRIA MER-KA-BA I MEDYTACJA

Podsumowując ostatni rozdział, przypomnijmy: na początku strumień energii płynie przez czakry, z których poprzez meridiany dociera do każdej komórki w ciele. Najbliżej ciała znajduje się pole prany wytwarzane przez strumień energii czakr / meridianów. Następna warstwa to pole aury rozciągające się w promieniu kilkudziesięciu centymetrów od ciała, generowane przez myśli, uczucia i emocje i otoczone polem energii w kształcie jaja. W jeszcze większej odległości na zewnątrz widać geometryczne pola światła, które tworzą ludzkie ciało świetliste. Mer-Ka-Ba stanowi potencjał geometrycznych pól światła i tworzone jest poprzez świadomość. Nie dzieje się to automatycznie, ale w bardzo długim przeciągu czasowym procesu ewolucji. Obecnie zaledwie 0.1 procent ludzkości dysponuje żywym polem Mer-Ka-Ba. Sądzę jednak, że w ciągu najbliższych kilku lat sytuacja ta ulegnie radykalnej przemianie.

Istota ludzka funkcjonuje w tym wymiarze w otoczeniu wielu pól geometrycznych o naturze elektromagnetycznej [Ryc. 13-1]. Pole Mer-Ka-Ba rozciąga się we wszystkich możliwych wymiarach, a w każdym z nich podlega prawom tam obowiązującym. Na rycinie widać zaledwie jedną setną możliwości istnienia form geometrycznych wokół ciała. Jest to pole tetraedru gwieździstego, które stanowi pierwsze geometryczne pole wokół ciała, nazywane czasem „bramą" do Mer-Ka-Ba. Właśnie z tego pola będziemy korzystać obecnie na Ziemi (a w każdym razie większość z nas), ale teraz pokażemy wam pełniejsze geometryczne pole świetliste, ponieważ dla niektórych informacja ta może być niezwykle istotna. Większość z was może poprzestać na znajomości pierwszego pola tetraedru gwieździstego. Kiedy przejdziecie do następnego świata, czyli do czwartego wymiaru tej planety, otrzymacie wszelkie dodatkowe informacje, które będą wam potrzebne.

Dlaczego przekazuję wam informacje przeznaczone zaledwie dla garstki osób? Zwracam się do grona czytelników znajdujących się na wielu poziomach ewolucji. Każdy z was jest istotą ważną dla życia. Gdyby choć jeden duch miał zaniknąć, wraz z nim cały wszechświat przestałby istnieć. Jeśli zatem mam dotrzeć do każdego z was, muszę wykraczać poza wiedzę potrzebną większości.

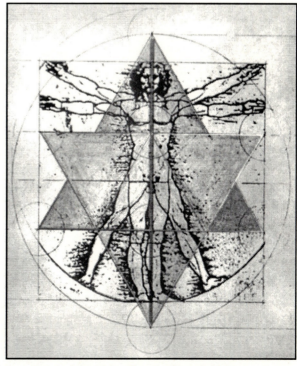

Ryc. 13-1. Ludzka geometria tetraedru gwieździstego.

TETRAEDR GWIEŹDZISTY – ŹRÓDŁO WSZYSTKICH GEOMETRYCZNYCH PÓL WOKÓŁ CIAŁA

Gdybyście prześledzili bieg linii energetycznych pola tetraedru gwieździstego do punktu w ciele, z którego wzięły one początek, ujrzelibyście tam drobne pole tetraedru gwieździstego utworzone z ośmiu komórek pierwotnych – Jajo Życia umiejscowione dokładnie w geometrycznym środku ciała. Jak widzieliście w rozdziale 7, stworzenie życia ma naturę geometryczną. Proces mitozy przybiera formę kuli, tetraedru, tetraedru gwieździstego, sześcianu, ponownie kuli, aż utworzy się torus. Ten geometryczny początek życia nie zatrzymuje się w tym miejscu. Rozciąga się dalej na długości ok. 16 metrów od ciała, tworząc niezwykle wyrafinowaną konfigurację połączonych ze sobą i przenikających się form geometrycznych, którymi życie będzie się posługiwać na kolejnych etapach ewolucji.

Teraz, kiedy poznaliście już źródło wszystkich pól geometrycznych roztaczających się wokół ciała, przyjrzyjmy im się bliżej. Zaczniemy od tetraedru gwieździstego. Na początek powtórzmy informacje przedstawione wcześniej.

Praca, którą należy tu wykonać jest święta, a w efekcie odmieni was na zawsze. Jeśli nie czujecie, że jest to dla was odpowiedni moment, zrezygnujcie. Poczekajcie, aż pojawi się pewność. Kiedy raz wkroczycie na tę ścieżkę, nie będzie już odwrotu. Na poziomie wyższych czakr uzyskacie zbyt dużą wiedzę, by się cofnąć. Możecie poprzestać na przeczytaniu tego rozdziału, bowiem dopiero *doświadczenie* Mer-Ka-Ba odmieni wasze życie. Obudzi waszą Wyższą Jaźń, która wiedząc, że stajecie się świadomi, zacznie zmieniać wasze życie na Ziemi, a tym samym spowoduje radykalne przyspieszenie waszego duchowego rozwoju.

W ciągu kilku dni lub tygodni od chwili podjęcia tej praktyki możecie zauważyć w swoim życiu wielkie zmiany. Przyjaciele i relacje z nimi mogą odejść, a na ich miejsce pojawią się nowi ludzie i związki. Odejdzie od was wszystko, co do tej pory przeszkadzało wam w rozwoju duchowym, zaś pojawi się to, co będzie was wspomagało. Jest to zgodne z duchowym prawem, jak się wkrótce przekonacie, jeśli wejdziecie na ścieżkę prowadzącą do wyższych czakr oraz do Mer-Ka-Ba. Mówię wam to teraz, byście nie byli później zaskoczeni. Kiedy bowiem życie uświadomi sobie waszą gotowość, zacznie was wspierać. Kiedy raz się przebudzicie, życie nie pozwoli wam już zasnąć. Pamiętacie? Już nie pierwszy raz znaleźliście się na tej drodze. Wiecie, jak ona przebiega. Zatem zaczynajmy.

Tetraedr gwieździsty, w który wpisana jest sylwetka ludzka [Ryc. 13-2], stanie się jednym z najważniejszych rysunków dla zrozumienia i pracy z polem Mer-Ka-Ba według zaleceń przedstawionych w niniejszej książce. Na poniższej Rycinie widać go tylko w dwóch wymiarach, ale postarajcie się go sobie wyobrazić jako figurę trójwymiarową. Będą to wówczas dwa tetraedry zachodzące na siebie i doskonale wpisane w sześcian. Bardzo pomocnym byłby zakup modelu takiej figury lub samodzielne jej wykonanie, aby jej obraz dobrze zapisał się w umyśle. (Na ostatniej stronie książki zamieszczamy rysunek, który możecie skopiować lub wyciąć i samodzielnie skleić model tetraedru gwieździstego.)

Anioły, które przekazywały mi wiedzę, już na początku poleciły mi wykonać model tetraedru z tektury. Możliwość wzięcia go do ręki w pewien sposób ułatwia zrozumienie. Błędna interpretacja tej wiedzy może nawet zablokować wasz dalszy rozwój.

Jednym z najprostszych sposobów skonstruowania tetraedru gwieździstego jest sporządzenie oktaedru składającego się z ośmiu identycznych trójkątów równobocznych (w środku tetraedru gwieździstego znajduje się oktaedr), a następnie sporządzenie ośmiu jednakowych tetraedrów pasujących do każdej ściany oktaedru. Teraz wystarczy skleić osiem tetraedrów ze wszystkimi ścianami oktaedru i otrzymacie tetraedr gwieździsty. Istnieją inne sposoby wykonania tej figury [zob. wzór z tyłu książki], ale ten jest najprostszy. Podkreślam, że ważne jest, abyście posiadali wykonany przez siebie tetraedr gwieździsty.

Kolejną kwestią jest zrozumienie, w jaki sposób ciało ludzkie wpasowuje się w ten tetraedr gwieździsty lub w jaki sposób gwiazda otacza ciało. Dzięki wnikliwemu studiowaniu modelu tetraedru lub dzięki rysunkowi przedstawionemu na Rycinie 13-1 wasz umysł z czasem zacznie to sobie przypominać. Proszę, wykonajcie ten model.

Na rysunku Leonarda tetraedr skierowany w górę do Słońca jest męski. Drugi, skierowany do Ziemi, ma naturę żeńską. Będziemy nazywali ten pierwszy tetraedrem *Słońca*, drugi zaś tetraedrem *Ziemi*. Istnieją tylko dwa symetryczne sposoby, dzięki którym istota ludzka może wyglądać poza formę tetraedru gwieździstego z jednym wierzchołkiem gwiazdy nad głową i drugim pod stopami oraz w takim ustawieniu całej sylwetki, aby patrzyła w stronę horyzontu.

W przypadku ciała mężczyzny wyglądającego poza tę formę tetraedr *Słońca* skierowany jest naprzód wierzchołkiem znajdującym się na dolnej płaszczyźnie, podczas gdy przeciwna płaska ściana znajduje się poza nim. Tetraedr *Ziemi* tymczasem skierowany jest górnym wierzchołkiem do tyłu, a przeciwległą płaską ścianą do przodu [zob. Ryc. 13-2 po prawej].

Ryc. 13-2. Ciało męskie i ciało żeńskie wpisane w tetraedr gwieździsty.

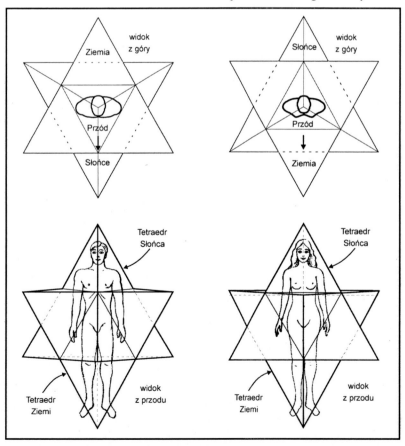

**Uaktualnienie 1: Jeśli prze-
bywacie obecnie na Ziemi,
a nie przybyliście tu niedawno
z innego miejsca, wasze Mer-
-Ka-Ba było uśpione przez 13
000 lat. Wasze ciało zatem od
bardzo dawna nie doznawało
tych doświadczeń. Proponowa-
na tu praktyka oddecho-
wa ponownie ustanowi żywe
pole Mer-Ka-Ba wokół wa-
szego ciała. Technika ta przypomina wirujące koło, które
trzeba regularnie popychać,
aby nie przestawało się kręcić. W przypadku Mer-Ka-Ba
jednak koło po jakimś czasie
zaczyna wirować samo i żyć
własnym życiem. Wymaga to
czasu. Taki stan rzeczy nazywamy „permanentnym" Mer-
-Ka-Ba, a osobę „oddychającą
świadomie". Osoba oddychająca świadomie i posiadająca
permanentne Mer-Ka-Ba jest
stale świadoma oddechu Mer-
-Ka-Ba. Mówiąc prościej, sposobem na stworzenie żywego
pola Mer-Ka-Ba wokół ciała
jest codzienna praktyka, jednak pewnego dnia dyscyplina
zostaje zastąpiona świado-
mym oddychaniem.**

**Zaprzestanie praktyki Mer-
-Ka-Ba zanim osiągnie ono
stan permanentny może jednakże spowodować określone
problemy. Wasze ego może
być przekonane, iż posiadacie
już permanentne Mer-Ka-Ba,
podczas gdy w rzeczywistości
nie osiągnęliście jeszcze tego
stanu. Jeśli zatem zbyt wcześnie zaniechacie praktyki,**

W przypadku ciała kobiety tetraedr *Słońca* skierowany jest płaską ścianą do przodu, a wierzchołkiem do tyłu. Tetraedr *Ziemi* zaś skierowany
jest wierzchołkiem do przodu, a przeciwległą płaską powierzchnią do tyłu
[zob. Ryc. 13-2 po prawej]. Co więcej, wokół ludzkiego ciała znajdują się
trzy pełne tetraedry gwieździste tego samego rozmiaru, które nakładają się
na siebie wzdłuż jednej osi. Gdybyście mogli je zobaczyć, moglibyście
sądzić, iż jest to jeden tetraedr, choć w istocie jest ich trzy. Wyjaśnimy to
przy okazji omawiania oddechu piętnastego.

Teraz objaśnimy wam starożytną technikę medytacji Mer-Ka-Ba. Za-
łączamy też informacje uaktualniające, aby pomóc wam w rozwiązaniu
większości problemów, które napotykało wielu ludzi chcących aktywować
swoje Mer-Ka-Ba przy pomocy tych samych bądź podobnych instrukcji.
Instrukcje te, nieco tu przeze mnie poprawione, były dotąd stosowane na
warsztatach Kwiatu Życia oraz publikowane na stronach internetowych na
całym świecie. Większość ludzi nie potrafiła jednak z nich skorzystać, bowiem do niedawna zawierały one szereg ukrytych niejasności. Aby uniknąć podobnych problemów, przeczytajcie informacje uaktualniające.

Problemy z właściwym zrozumieniem tej metody pojawiały się w ciągu ostatnich pięciu lat bezpośrednich doświadczeń u najróżniejszych osób
uczestniczących w warsztatach. Informacje o nich zamieszczamy na mar-
ginesie tłustym drukiem oraz poświęcamy im osobny ustęp w książce.
Sądzę, że to wystarczy, by je wyeliminować, choć najlepszym sposobem
uniknięcia błędu jest konsultacja u instruktora warsztatów Kwiat Życia.
Osoby do tego przeszkolone pochodzą z 33 krajów. Możecie je odnaleźć
w internecie, na stronie www.floweroflife.org. Możecie też zasięgnąć informacji w naszym amerykańskim biurze w Phoenix w Arizonie pod numerem telefonu (602) 996-0900. Nasi instruktorzy zostali odpowiednio prze-
szkoleni nie tylko pod kątem techniki medytacji Mer-Ka-Ba, ale również
przekazywanej ustnie wiedzy o medytacji serca, której nie sposób poznać
za pośrednictwem książek. Nauka serca jest ważniejsza niż wszelkie techniki. Wybór należy do was, jednak na drodze do zrozumienia Mer-Ka-Ba
nauczyciel może okazać się niezbędny. Po takim wstępie możemy przejść
do samych instrukcji. Podzieliłem je na cztery części.

ODDYCHANIE SFERYCZNE
I PRZYPOMINANIE SOBIE MER-KA-BA

*Musimy oddychać tak jak Słońce, promieniując na wszelkie istnienie.
A z wszelkiego istnienia będziemy czerpali naszą mannę.*

Na początek stwórzcie w swoim domu miejsce przeznaczone wyłącznie do medytacji. Zadbajcie o to, by nikt tamtędy nie przechodził i nie
przeszkadzał wam. Może to być na przykład jeden z kątów sypialni. Warto zbudować tam mały ołtarzyk, postawić świeczkę i położyć poduszkę do
medytacji. Niech to miejsce będzie święte. To tutaj nauczycie się stwarzać
żyjące Mer-Ka-Ba wokół swego ciała oraz nawiązywać świadomą łącz-

ność ze swoją wyższą jaźnią.

Praktykujcie tę medytację codziennie do chwili, w której zaczniecie oddychać świadomie, pomni tego, że każdy oddech przynosi pamięć o bliskiej więzi z Bogiem. [Zob. Uaktualnienie 1.]

Przed rozpoczęciem medytacji usiądźcie wygodnie i zrelaksujcie się. Medytację można praktykować w dowolnej pozycji, choć najlepsza wydaje się pozycja kwiatu lotosu lub siedzenie na krześle. Decyzja należy do was. Teraz pozwólcie odpłynąć codziennym troskom, oddychając lekko i rytmicznie. Bądźcie świadomi swego oddechu i tego, jak opuszcza was napięcie. Skierujcie uwagę na czakrę Chrystusową umiejscowionej centymetr nad mostkiem i skoncentrujcie się na otwieraniu swego serca. Poczujcie miłość. Poczujcie miłość do Boga i do wszelkiego istnienia. Nadal oddychajcie rytmicznie (jednakowa długość wdechu i wydechu), świadomi przepływu powietrza i miłości płynącej przez waszego ducha. Kiedy waszą istotę ogarnie uczucie miłości, będziecie gotowi na doświadczenie Mer-Ka-Ba. Stopień miłości, jaki jesteście w stanie osiągnąć, będzie zarazem decydował o sile doświadczenia żyjącego Mer-Ka-Ba.

PROCES MEDYTACJI

Pełen cykl medytacji obejmuje siedemnaście oddechów. Sześć pierwszych służy zrównoważeniu polaryzacji w ośmiu obwodach elektrycznych oraz ich oczyszczeniu. Kolejnych siedem oddechów, które są dość odmienne, ma przywrócić właściwy przepływ prany w układzie czakr oraz odtworzyć proces zwany *oddychaniem sferycznym*. Oddech czternasty jest jedyny w swoim rodzaju. Zmienia on równowagę energii pranicznej w ciele z poziomu świadomości trójwymiarowej na czterowymiarową. Trzy ostatnie oddechy odtwarzają wirujące w przeciwnych kierunkach pola żyjącego Mer-Ka-Ba wewnątrz i wokół ciała.

CZĘŚĆ I: SZEŚĆ PIERWSZYCH ODDECHÓW

Poniższe instrukcje można podzielić na cztery kategorie: ciała, umysłu, oddechu i serca.

PIERWSZY ODDECH: WDECH

Serce: Otwórz serce i poczuj miłość do wszelkiego istnienia. Jeżeli nie potrafisz zrobić tego w pełni, otwórz się na miłość tak bardzo, jak możesz. Jest to najważniejsze ze wszystkich poleceń.

Umysł: Skoncentruj się na tetraedrze Słońca (męskim, z wierzchołkiem skierowanym w górę do Słońca oraz z punktem skierowanym do przodu u mężczyzn i do tyłu u kobiet). Zobacz, że tetraedr Słońca przepełnia białe, brylantowe światło otaczające twoje ciało. (Barwa tego światła

wasze Mer-Ka-Ba przestanie istnieć (czy też wirować) po upływie 47 do 48 godzin. Jak więc można stwierdzić, czy jest ono permanentne?

Niektórym ludziom przyjdzie to z trudnością, bowiem na początku praktyki energia Mer-Ka-Ba jest niezwykle subtelna. Jeśli praktykujecie Mer-Ka-Ba dłużej niż rok i uświadamiacie sobie jego istnienie wiele razy w ciągu dnia, to możecie być pewni, iż jest ono permanentne. Jeśli pozostajecie w łączności ze swoją wyższą jaźnią i jesteście pewni jej prawdziwości, wystarczy ją zapytać. Jedno jest pewne: jeśli przerywacie praktykę, a po jakimś czasie przekonujecie się, że zapomnieliście o Mer-Ka-Ba na kilka dni, musicie zacząć od początku. Osoba oddychająca świadomie pamięta o swoim Mer-Ka-Ba każdego dnia.

Uaktualnienie 2: Potrzebny wam będzie niewielki trójwymiarowy model tetraedru gwieździstego. Pamiętajcie, że boki tetraedru są szerokości waszych wyciągniętych ramion, licząc od środkowego palca jednej dłoni do środkowego palca drugiej dłoni (lub też, jeśli wolicie, waszego wzrostu). Tak więc gwiazda rozpościerająca się wokół waszego ciała jest naprawdę duża. Możecie narysować trójkąt na podłodze lub zaznaczyć go przy pomocy sznurka, aby zobaczyć, jak duży jest wasz tetraedr. Zabieg ten jest ogromnie pomocny. Podczas warsztatów Kwiatu Życia często buduje się modele tetraedru gwieździstego naturalnej wielkości, do którego uczestnicy później wchodzą. To działa. Kiedy wizualizujecie swoje tetraedry, nie róbcie tego poza własną osobą. Nie wyobrażajcie sobie również małej gwiazdy i siebie w środku. W ten sposób odłączycie się od pola i nie stworzycie Mer-Ka-Ba. Wasz umysł potrzebuje połączyć się z rzeczywistym polem, zatem wizualizujcie tetraedry wokół swego ciała.

Po drugie, istnieje kilka możliwości nawiązania połączenia z tetraedrami. Niektórzy stosują wizualizację i bywa, że wykazują się przy tym zadziwiającymi zdolnościami. Inni odczuwają swoje gwiazdy. Oba sposoby mają jednakową wartość. Wizualizacja jest domeną lewej, męskiej półkuli mózgowej, podczas gdy czucie przynależy do prawej, żeńskiej półkuli. Każdy sposób jest dobry. Są tacy, którzy stosują oba jednocześnie.

Uaktualnienie 3: Mudra jest ustawieniem dłoni. Wiele duchowych praktyk, między innymi szkoły Tybetu oraz Indii, wykorzystuje mudry. Pozwalają one nawiązać świadome połączenie z określonym obwodem elektrycznym w naszym ciele. Zmiana mudry po-

przypomina barwę błyskawicy pochodzącej z burzowej chmury. Ma ona nie tylko kolor błyskawicy, ale również jej energię). Postaraj się to zwizualizować najlepiej jak potrafisz. Jeśli nie możesz tego zobaczyć, spróbuj to poczuć. Poczuj się otoczony tetraedrem Słońca, który przepełnia energia. [Zob. Uaktualnienie 2.]

Ciało: W chwili wdechu ułóż dłonie w mudrę, w której stykają się ze sobą kciuki i pierwsze palce obu rąk. Pozwól, aby koniuszki palców lekko się dotykały i aby boczna część palców nie stykała się z żadną powierzchnią. Dłonie powinny być skierowane do góry. [Zob. Uaktualnienie 3.]

Oddech: W tym samym momencie, kiedy opróżnisz płuca, zacznij oddychać pełnym oddechem jogicznym. Oddychaj wyłącznie nosem z wyjątkiem kilku momentów, które tu opiszemy. Z początku wdychaj powietrze na poziomie brzucha, potem przepony i dalej do klatki piersiowej. Rób to jednym ruchem, nie trzema. Podczas wydechu możesz usztywnić klatkę piersiową i rozluźnić brzuch, jednocześnie powoli wypuszczając powietrze albo rozluźnić klatkę piersiową zaciskając brzuch. Najważniejsze jest to, by oddychać rytmicznie, co oznacza tę samą długość wdechu i wydechu. Na początek możesz odliczać po siedem sekund, tak jak robią to Tybetańczycy. Kiedy już opanujesz tę metodę medytacji, odnajdziesz własny rytm. Długość oddechu jest kwestią twojej wygody, choć nie powinna być krótsza niż pięć sekund pod warunkiem, że nie przeszkadzają ci w tym dolegliwości fizyczne. Jeśli tak jest, ćwicz tak, aby było ci wygodnie.

Poniższe instrukcje dotyczące pełnej techniki oddechu jogicznego pochodzą z książki *Science of Breath: A Complete Manual of the Oriental Breathing Philosophy of Physical, Mental, Psychic and Spiritual Development (Nauka oddechu: kompletne wskazówki dotyczące wschodniej filozofii oddechu w rozwoju fizycznym, umysłowym, psychicznym oraz duchowym)* autorstwa Jogi Ramaczaraki [Yoga Publishers Society, 1904]. Być może opis ten okaże się dla was pomocny:

Podczas oddechu przez nos wdychaj powietrze miarowo, najpierw wypełniając niższą partię płuc, co można osiągnąć dzięki zaangażowaniu przepony i jednoczesnym wywieraniu łagodnego ucisku na narządy brzuszne, wypychając do przodu przednie ścianki żołądka. Następnie wypełnij powietrzem środkową partię płuc, wypychając na zewnątrz dolną część żeber i klatkę piersiową. Teraz napełnij górną partię płuc, jednocześnie unosząc w górę klatkę piersiową oraz górne sześć lub siedem par żeber.

Po pierwszym przeczytaniu tego fragmentu możecie odnieść wrażenie, że oddech składa się z trzech ruchów. Naprawdę jednak jest inaczej. Wdech jest ruchem ciągłym, począwszy od najniższego punktu przepony po najwyższy punkt klatki piersiowej przy kości karku. Ruch ten staje się poszerzony i jednostajny. Unikajcie gwałtownych krótkich oddechów i koncentrujcie się na miarowym ciągłym ruchu. Praktyka po krótkim czasie pozwoli wam przełamać tendencję do dzielenia wdechu na trzy oddzielne ruchy, prowadząc w efekcie do nieprzerwanego jednostajnego oddechu. Po krótkim ćwiczeniu będziecie w stanie wykonać taki pełny oddech.

Wydech niech przebiega powoli; wstrzymajcie ruch klatki piersiowej i wciągnijcie nieco brzuch, który powinien lekko się unosić w miarę, jak powietrze będzie wychodziło z płuc. [Uwaga Autora: niektórzy nauczyciele nakazują odwrotne działanie, to znaczy wstrzymanie ruchu brzucha i rozluźnienie klatki piersiowej. Większość zaleca jednak tę pierwszą metodę. Oba sposoby są dobre.] Kiedy całkowicie opróżnicie płuca z powietrza, rozluźnijcie brzuch oraz klatkę piersiową. Po krótkiej praktyce z łatwością wykonacie tę część ćwiczenia, a wymagane działania raz opanowane wkrótce będziecie robić automatycznie.

PIERWSZY ODDECH: WYDECH

Serce: Miłość.

Umysł: Skoncentruj się na tetraedrze Ziemi (żeńskim, z wierzchołkiem skierowanym w dół i punktem skierowanym do tyłu u mężczyzn, u kobiet zaś do przodu). Zobacz, że ten tetraedr również wypełnia białe, brylantowe światło.

Ciało: Utrzymuj tę samą mudrę.

Oddech: Nie wahaj się pozwolić sobie na wydech w szczytowym momencie wdechu. Wydychaj powoli przez około siedem sekund według techniki jogi. Kiedy opróżnisz płuca z powietrza, rozluźnij je oraz brzuch i wstrzymaj oddech. Kiedy po około pięciu sekundach poczujesz napięcie skłaniające do zaczerpnięcia oddechu, wykonaj następujące działania:

Umysł: Przypomnij sobie płaski trójkąt równoboczny na szczycie tetraedru Ziemi, umiejscowiony na płaszczyźnie poziomej, która przechodzi przez twoją klatkę piersiową na wysokości około 7,5 centymetra poniżej czakry Chrystusowej lub w pobliżu splotu słonecznego [zob. kanon Witruwiusza przed pierwszym rozdziałem]. W jednej chwili, używając pulsującej energii, wyślij tę trójkątną płaszczyznę w dół tetraedru Ziemi. W miarę spadania będzie się ona robiła coraz mniejsza w celu dostosowania się do kształtu tetraedru i będzie spychać całą negatywną energię mudry, czy też obwodu elektrycznego, przez wierzchołek tetraedru. W stronę środka ziemi z wierzchołka wystrzeli wówczas strumień światła. Światło to, gdybyście mogli je zobaczyć, zwykle przybiera barwę mętną, ciemną. Ćwiczenie umysłu wykonuje się jednocześnie z następującymi ruchami ciała. [Zob. Uaktualnienie 4.]

Ciało: Poniższe ćwiczenie można wykonywać z zamkniętymi lub z otwartymi oczami. Zróbcie lekkiego zeza do środka. Teraz spójrzcie

woduje nawiązanie łączności z innym obwodem.

W ciele ludzkim istnieje osiem obwodów elektrycznych, pochodzących z ośmiu komórek pierwotnych. Trudno to wyjaśnić w tym miejscu, ale osiągnięcie równowagi w ośmiu obwodach wymaga jedynie zrównoważenia sześciu. Przypomina to działanie systemu GPS, który potrafi zlokalizować dowolny punkt znajdujący się na powierzchni ziemi. System ten oparty jest o pole tetraedru. Jeśli znamy położenie trzech punktów na tetraedrze, możemy odnaleźć czwarty. Tą samą drogą zrównoważenie trzech obwodów elektrycznych automatycznie równoważy czwarty obwód. Jeśli zatem mamy w równowadze sześć punktów tetraedru gwieździstego, to dwa pozostałe umiejscowione ponad głową i pod stopami również zostają zrównoważone. Dlatego wystarczy sześć równoważących (i oczyszczających) oddechów dla ośmiu obwodów elektrycznych.

Uaktualnienie 4: Nie martwcie się negatywną energią przenikającą do Matki Ziemi. Potrafi ją ona doskonale zasymilować. Jeśli jednak mieszkacie w budynku dwupiętrowym lub wyższym, poczucie odpowiedzialności wymaga pewnych zabiegów. Jeśli negatywna energia będzie opadała na niższe piętra, może zatruwać ich mieszkańców. Aby nie wyrządzić im krzywdy, należy zastosować następujące działanie:

Nie wyjaśniliśmy jeszcze, czym jest energia parapsychiczna, jeśli więc tego w pełni nie rozumiecie, musicie nam uwierzyć na słowo. Musicie zobaczyć i uznać, że negatywna energia, którą wyemitowaliście nie przyczepia się do nikogo, ale w całości przenika do Matki Ziemi, nie czyniąc najmniejszej szkody. Stanie się tak mocą samych tylko waszych myśli.

w górę. Ruch gałek ocznych powinien być delikatny, w żadnym wypadku ekstremalny. W rejonie trzeciego oka możecie poczuć lekkie łaskotanie. Teraz spójrzcie w dół najdalej, jak potraficie i tak szybko, jak to możliwe. W tym momencie możecie odczuć prąd elektryczny przenikający w dół kręgosłupa. Umysł i ciało muszą skoordynować powyższe ćwiczenie z ruchem gałek ocznych. Oczy patrzą w dół z najwyższej możliwej pozycji, a jednocześnie umysł ogląda poziomą płaszczyznę trójkąta tetraedru Ziemi, która przesuwa się w dół w kierunku wierzchołka. W naturalny sposób powróci ona do normalnej pozycji.

To połączone ćwiczenie oczyści negatywne myśli i uczucia, które przeniknęły do twego obwodu elektrycznego. Konkretnie oczyści ono część układu elektrycznego związaną z mudrą, którą wykonujecie. Natychmiast po wysłaniu energii w dół kręgosłupa zmieńcie mudrę na następną i rozpocznijcie cały cykl drugiego oddechu.

Pięć kolejnych oddechów stanowi powtórzenie pierwszego z następującymi zmianami mudr:

ODDECH DRUGI	Mudra:	Kciuk i drugi (środkowy) palec stykają się ze sobą.
ODDECH TRZECI	Mudra:	Kciuk i trzeci palec stykają się ze sobą.
ODDECH CZWARTY	Mudra:	Kciuk i mały palec stykają się ze sobą.
ODDECH PIĄTY	Mudra:	Kciuk i pierwszy palec stykają się ze sobą (jak w pierwszym oddechu).
ODDECH SZÓSTY	Mudra:	Kciuk i drugi palec stykają się ze sobą (jak w drugim oddechu).

Część pierwsza, składająca się z pierwszych sześciu oddechów (równoważących polaryzację i oczyszczających twój układ elektryczny), została zakończona. Jesteś gotowy przejść do części drugiej.

CZĘŚĆ 2: KOLEJNYCH SIEDEM ODDECHÓW. ODTWORZENIE ODDYCHANIA SFERYCZNEGO

W tym miejscu rozpoczyna się całkowicie nowy wzorzec oddychania. Tym razem nie musisz wizualizować tetraedru gwieździstego. Musisz tylko zobaczyć i pracować z tubą oddechową, która przebiega przez teteadr, poczynając od wierzchołka tetraedru Słońca (męskiego) nad głową po wierzchołek tetraedru Ziemi (żeńskiego) pod stopami. Tuba rozciąga się od punktu leżącego w odległości dłoni uniesionej nad głową do punktu leżącego w odległości dłoni wyciągniętej pod stopami. Średnica twojej tuby będzie rozmiaru koła utworzonego przez zetknięcie twojego kciuka i palca środkowego. (Ponieważ wszyscy ludzie są różni, do każdego zastosowanie ma jego własna miara.) Tuba przypomina świetlówkę zakończoną na końcu krystalicznymi końcówkami, które pasują do górnego i dolnego wierzchołka obu tetraedrów. Strumień prany przenika do tuby przez nieskończenie mały otwór na górze końcówki.

ODDECH SIÓDMY: WDECH

Serce: Miłość. Po opanowaniu tej medytacji można wprowadzić pewne ulepszenie. [Zob. uaktualnienie 5.]

Umysł: Zwizualizuj lub poczuj tubę biegnącą przez twoje ciało. W chwili, w której weźmiesz siódmy oddech, zobacz promieniejące białe światło prany płynące w górę i w dół tuby jednocześnie. Ruch ten jest niemal natychmiastowy. Punkt, w którym oba strumienie prany spotykają się wewnątrz twego ciała jest kontrolowany przez umysł. Jest to ogromna wiedza, znana w całym wszechświecie. Na razie jednak poznasz tylko tyle, ile będzie trzeba, aby przejść ze świadomości wymiaru trzeciego do czwartego i poruszać się wraz ze wstępującą Ziemią.

Skieruj dwa strumienie prany biegnące wewnątrz tuby tak, aby spotkały się w pępku – a mówiąc dokładniej – wewnątrz ciała na wysokości pępka. W chwili ich spotkania, czyli w momencie rozpoczęcia wdechu, utworzy się kula białego światła prany wielkości grejpfruta. Będzie ona umiejscowiona wewnątrz tuby dokładnie na wysokości czakry pępka. Wszystko to wydarzy się w jednej chwili. W miarę pogłębiania siódmego wdechu kula prany będzie gęstnieć i powoli się powiększać.

Ciało: Utrzymuj tę samą mudrę przez siedem kolejnych oddechów, zarówno w trakcie wdechu jak i wydechu. Niech twój kciuk oraz palec wskazujący i środkowy stykają się ze sobą, a dłonie skierowane są ku górze.

Oddech: Nabieraj głębokiego rytmicznego oddechu według techniki jogi, przeznaczając siedem sekund na wdech i siedem na wydech, albo tyle, ile będzie ci najwygodniej. Od tej pory nie wstrzymuj już oddechu. Przepływ strumieni prany z obu biegunów nie zostanie zatrzymany ani zmieniony, kiedy będziesz przechodzić z wdechu do wydechu. Będzie to przepływ nieustający dopóty, dopóki będziesz oddychać w taki sposób – nawet po śmierci, zmartwychwstaniu lub wniebowstąpieniu.

ODDECH SIÓDMY: WYDECH

Umysł: Kula prany umiejscowiona na wysokości pępka nadal rośnie. W czasie pełnego wydechu osiągnie ona średnicę około 23 centymetrów.

Oddech: Nie wypychaj powietrza z płuc na siłę. Kiedy płuca opróżnią się w sposób naturalny, od razu weź następny oddech.

Uaktualnienie 5: Proponowane poniżej ulepszenie jest kwestią wyboru. Jeśli nie czujecie, że jest to wam potrzebne, możecie stosować samą tylko miłość. Poniższą praktykę stosujcie dopiero wtedy, kiedy opanujecie tę metodę wystarczająco dobrze, by nie wymagała koncentracji umysłu. A oto ona: zastąpcie uczucie miłości, które prowadziło was przez siedem oddechów następującymi siedmioma uczuciami lub cechami umysłu, utrzymując je przez cały cykl oddychania.

Oddech 7	**Miłość**
Oddech 8	**Prawda**
Oddech 9	**Piękno**
Oddech 10	**Ufność**
Oddech 11	**Harmonia**
Oddech 12	**Pokój**
Oddech 13	**Oddanie Bogu**

Wzorzec ten jest warunkiem przekroczenia gwiezdnych wrót, takich jak wrota znajdujące się na Orionie pośrodku Kraba. Tylko osoba (lub duch) żyjąca zgodnie z tymi wartościami może przekroczyć wrota. Wzorzec ten posiada subtelne pole, które pomoże wam w przyszłości. Jeśli teraz tego nie rozumiecie, przyjdzie na to czas.

ODDECH ÓSMY: WDECH

Serce: Miłość.
Umysł: Kula prany wciąż gromadzi energię siły życiowej i rośnie.

ODDECH ÓSMY: WYDECH

Umysł: Rosnąca kula prany osiągnie swe maksymalne rozmiary wraz z końcem tego oddechu. Owe maksymalne rozmiary są kwestią indywidualną. Jeśli położysz swój najdłuższy palec na krawędzi pępka, linia na nadgarstku, która zakreśla granice dłoni wyznaczy promień twojej kuli o maksymalnej wielkości. Ta kula prany nie może być większa; pozostanie w nienaruszonym rozmiarze, nawet jeśli później stworzymy wokół niej kolejną, większą kulę.

ODDECH DZIEWIĄTY: WDECH

Umysł: Kula nie może dalej rosnąć, zatem prana zaczyna się gromadzić w jej wnętrzu, co sprawia, że robi się ona coraz jaśniejsza.
Oddech: Podczas wdechu kula robi się coraz jaśniejsza.

ODDECH DZIEWIĄTY: WYDECH

Oddech: Podczas wydechu sfera robi się coraz jaśniejsza.

ODDECH DZIESIĄTY: WDECH

Umysł: Podczas dziesiątego wdechu kula światła w twoim żołądku osiągnie stan maksymalnej koncentracji. Mniej więcej w połowie dziesiątego wdechu, w momencie największej możliwej koncentracji, kula zabłyśnie, zmieniając jednocześnie barwę oraz jakość. Elektryczny biało--niebieski kolor prany przybierze teraz złotą barwę Słońca. Kula stanie się złocistym słońcem jasnego światła. Kiedy dopełni się dziesiąty wdech, nowa złocista kula światła osiągnie gwałtownie nowy i wyższy stopień koncentracji. W chwili, w której nabierzesz pełnego wdechu, złocista kula światła w twoim ciele będzie gotowa do transformacji.

ODDECH DZIESIĄTY: WYDECH

Umysł: Podczas wydechu niewielka kula złotego światła o średnicy długości dwóch dłoni zaczyna się rozszerzać. W ciągu jednej sekundy w połączeniu z oddechem opisanym poniżej kula ta szybko osiąga rozmiary kuli Leonarda (sięgając końcówek palców u wyciągniętych ramion). Twoje ciało jest teraz spowite wielką kulą lśniącego złotego światła. Tym samym powróciłeś do starożytnej formy oddychania sferycznego. Na razie jednak kula światła nie uzyskała stabilności. Musisz wykonać jeszcze trzy oddechy (oddech 11, 12, 13), aby ustabilizować nową złotą kulę.

Oddech: W chwili wydechu utwórz mały otwór w ustach i wypchnij powietrze pod ciśnieniem. Zauważ, jak ściskają się mięśnie żołądka, a gardło zdaje się otwierać. W pierwszej chwili wydechu poczujesz jak kula zaczyna pęcznieć, gdy naciskasz powietrzem na usta. Wtedy w odpowiednim momencie (zazwyczaj po sekundzie lub dwóch) zrelaksuj się i wypuść całe pozostałe powietrze przez usta. W tej samej chwili kula natychmiast rozszerzy się do rozmiaru kuli Leonarda. Zwróć uwagę na to, że początkowa mniejsza kula nadal jest na swoim miejscu. Są zatem dwie kule – jedna wewnątrz drugiej.

ODDECHY JEDENASTY, DWUNASTY I TRZYNASTY:
Wdech i wydech

Umysł: Odpręż się i zaniechaj wizualizacji. Po prostu *poczuj* strumień prany wypływający z dwóch biegunów, który zbiega się w twoim pępku i rozszerza się na zewnątrz wypełniając dużą kulę.

Oddech: Nabieraj głębokiego, rytmicznego, jogicznego oddechu. Wraz z końcem trzynastego oddechu duża kula zostanie ustabilizowana i będziesz gotowy do ważnego czternastego oddechu.

Warto tu podkreślić, że mała początkowa kula nadal znajduje się wewnątrz większe. Jest ona jaśniejsza i bardziej skoncentrowana. Z tej właśnie wewnętrznej kuli czerpiemy pranę do różnych celów, na przykład do uzdrawiania.

CZĘŚĆ 3: ODDECH CZTERNASTY

ODDECH CZTERNASTY: WDECH

Serce: Miłość.

Umysł: Na początku czternastego oddechu posłuż się energią umysłu i myśli, aby przesunąć punkt, w którym spotykają się oba strumienie prany z pępka na wysokość szerokości dwóch lub trzech palców ponad mostkiem, na poziom czakry świadomości Chrystusowej z czwartego wymiaru. Cała duża kula oraz nadal zawarta w niej mniejsza kula przeniosą się teraz do nowego punktu wewnątrz tuby. Mimo że jest to bardzo łatwe do zrobienia, jest to działanie o wielkiej mocy. Oddychanie z tego nowego punktu wewnątrz tuby w nieunikniony sposób odmieni stan twojej świadomości, przenosząc ją z poziomu trzeciego wymiaru do wymiaru czwartego lub też ze świadomości Ziemi do świadomości Chrystusowej.

Uaktualnienie 6: Z powodu przemiany w sferze seksualności, która zachodzi obecnie na Ziemi na skutek działania nowych promieni naszego Słońca, wielu ludzi odkrywa u siebie zmianę polaryzacji. Ponieważ mudra ta nie ma specjalnego znaczenia poza znaczeniem relaksującym, możecie stosować w tym miejscu tę dowolnie wybraną. Jeśli czasem wydaje się to zmieniać, poddajcie się tym zmianom.

Rezultaty staną się odczuwalne po jakimś czasie, ale jak powiedziałem, jest to nieuniknione, jeśli będziesz kontynuował tę praktykę.

Ciało: Do końca medytacji będziesz się posługiwał następującą mudrą. Mężczyźni kładą dłoń lewej ręki na dłoni prawej, przy czym obie dłonie skierowane są do góry, kobiety zaś kładą prawą dłoń na lewej. Pozwól, by kciuki obu rąk lekko się ze sobą stykały. Jest to mudra odprężająca. [Zob. Uaktualnienie 6.]

Oddech: Nabieraj głębokiego, rytmicznego, jogicznego oddechu. Jednakże jeśli będziesz kontynuował oddychanie ze swojego ośrodka świadomości Chrystusowej, nie przechodząc do Mer-Ka-Ba (jest to zalecane postępowanie do momentu, w którym nawiążesz kontakt ze swą wyższą jaźnią), zmień sposób oddychania na płytszy, rytmiczny i wygodniejszy. Innymi słowy, oddychaj rytmicznie, ale tak żeby było ci wygodnie koncentrować uwagę na strumieniach energii skierowanych w górę i w dół tuby, które spotykają się na wysokości mostka, skąd rozchodzą się do dużej kuli. Po prostu poczuj ten przepływ. Skorzystaj z kobiecej strony swej istoty i pozwól sobie być. Nie myśl. Po prostu oddychaj, odczuwaj i bądź. Poczuj swoją łączność z wszelkim istnieniem poprzez oddech Chrystusowy. Pamiętaj o swojej bliskiej więzi z Bogiem. [Zob. Uaktualnienie 7.]

Uaktualnienie 7: Przez wiele lat zalecano, aby ludzie oddychali oddechem sferycznym dopiero po nawiązaniu świadomego kontaktu ze swą wyższą jaźnią. Ponieważ w ciągu ostatnich kilku lat Ziemia osiągnęła wyższy poziom świadomości, obecnie zaleca się natychmiastowe przejście do części czwartej żywego Mer-Ka-Ba.

CZĘŚĆ 4: TRZY OSTATNIE ODDECHY. TWORZENIE POJAZDU DO WNIEBOWSTĄPIENIA

Uczono niegdyś, że nie należy próbować czwartej części ćwiczenia, zanim nie nawiąże się kontaktu z wyższą jaźnią, która powinna najpierw zezwolić na dalszą drogę. Teraz dajemy ci pozwolenie na jego kontynuację, ale przede wszystkim bądź otwarty na komunikację ze swą wyższą jaźnią. Potraktuj ten etap z całą powagą. Energie, które wnikną do Twego ciała i które otoczą twoje ciało oraz ducha, mają ogromną moc.

ODDECH PIĘTNASTY: WDECH

Serce: Bezwarunkowa miłość do wszelkiego istnienia.

Umysł: Skoncentruj się na obrazie pełnego tetraedru gwieździstego. Każdy składa się z jednego tetraedru Słońca (męskiego) oraz z zachodzącego nań tetraedru Ziemi (żeńskiego). Tetraedry Słońca i Ziemi połączone ze sobą tworzą pełny tetraedr gwieździsty (trójwymiarową Gwiazdę Dawida). Przyjmijcie teraz do wiadomości, *że istnieją trzy nałożone na siebie tetraedry gwieździste* - trzy pełne zestawy podwójnych tetraedrów tego samego rozmiaru, które wyglądają jak jeden, choć w istocie są od siebie oddzielone. Każdy tetraedr gwieździsty jest tego samego rozmiaru co pozostałe i ma własną polaryzację (męską, żeńską lub neutralną). Każdy tetraedr gwieździsty obraca się, czy wiruje wokół tej samej osi.

Pierwszy tetraedr gwieździsty ma naturę neutralną. Jest to, dosłownie rzecz biorąc, *nasze własne ciało*, które zamknięte jest w miejscu u podstawy kręgosłupa. Nigdy nie zmienia on swojej orientacji, chyba że w rzadkich sytuacjach wyjątkowych, których nie omawialiśmy. Umiejscowiony jest wokół ciała zgodnie z jego płcią.

Drugi tetraedr gwieździsty ma naturę męską i elektryczną. Jest to, ujmując dosłownie, *ludzki umysł*. Może on obracać się w stosunku do ciała ruchem przeciwnym do wskazówek zegara, gdy patrzymy z niego na zewnątrz. Inaczej mówiąc, obraca się on w lewo, począwszy od punktu znajdującego się bezpośrednio przed Tobą.

Trzeci tetraedr gwieździsty ma naturę żeńską i magnetyczną. Dosłownie rzecz ujmując, jest to *ludzkie ciało emocjonalne*. Może on obracać się w stosunku do ciała ruchem zgodnym ze wskazówkami zegara, gdy patrzymy z niego na zewnątrz. Inaczej mówiąc, obraca się on w prawo, począwszy od punktu znajdującego się bezpośrednio przed Tobą. [Zob. Uaktualnienie 8.]

Podczas piętnastego wdechu wypowiedz w myślach słowa kody: „**równa prędkość**". W ten sposób sprawisz, że dwa obracające się w przeciwnych kierunkach tetraedry gwieździste zaczną wirować z jednakową prędkością. Twój umysł bezbłędnie odczyta twoje intencje i zrobi, co mu powiesz. Oznacza to, że jedna pełna rotacja tetraedrów *umysłu* odbędzie się dokładnie podczas jednej pełnej rotacji tetraedrów *emocjonalnych*. Jeśli jeden komplet obróci się 10 razy, drugi wykona tę samą liczbę obrotów, tyle że w przeciwnym kierunku.

Ciało: Utrzymuj mudrę z dłoni nałożonych na siebie i skierowanych do góry. [Zob. Uaktualnienie 9.]

Oddech: Nabieraj głębokiego, rytmicznego, jogicznego oddechu, ale tylko przez trzy kolejne oddechy. Potem powróć do oddechu płytkiego i rytmicznego. Powiemy o tym jeszcze.

ODDECH PIĘTNASTY: Wydech

Umysł: Dwa zestawy tetraedrów zaczynają wirować. W jednej chwili osiągną one na swych zewnętrznych końcówkach dokładnie jedną trzecią prędkości światła. Zapewne nie będziesz w stanie tego zobaczyć z powodu ogromnej prędkości, ale możesz to poczuć. Właśnie uruchomiłeś „silnik" Mer-Ka-Ba. Nigdzie stąd jednak nie wyruszysz, ani nie przeżyjesz ekscytujących rzeczy. Sytuacja ta przypomina włączenie silnika, podczas gdy samochód stoi na jałowym biegu. Jest to istotny krok w tworzeniu Mer-Ka-Ba.

Oddech: Utwórz w ustach niewielki otwór, tak jak podczas oddechu dziesiątego. Wydychaj powietrze w taki sam sposób i jednocześnie poczuj, jak oba zestawy tetraedrów zaczynają wirować. [Zob. Uaktualnienie 10.]

Uaktualnienie 8: Jednym z największych nieporozumień jest fakt, iż ludzie nie wiedząc, że w rzeczywistości istnieją trzy zestawy tetraedrów wokół ciała, obracają po prostu tetraedr Słońca w kierunku przeciwnym do ruchu wskazówek zegara, a tetraedr Ziemi w kierunku zgodnym z ruchem wskazówek zegara. Jest to błąd, który nie powoduje większej szkody, ale blokuje dalszy rozwój duchowy.

Mer-Ka-Ba tego rodzaju przeniesie was do alikwoty trzeciego wymiaru na tej planecie, który używany był przez uzdrowicieli i szamanów od tysięcy lat do uzdrawiania i skąd czerpali oni swoją moc. Poziom ten służył nawet do prowadzenia wojen. Prowadzi on jednak donikąd i z pewnością nie umożliwi wam wzniesienia się do wyższych światów, do których zabiera nas Ziemia. Jeśli zatem praktykujecie medytację w ten sposób, zacznijcie wszystko od nowa według podanego tutaj opisu.

Uaktualnienie 9: Możecie również stosować mudrę splecionych palców, to znaczy spleść palce obu rąk, tak aby kciuki lekko się ze sobą stykały.

Uaktualnienie 10: Po stworzeniu Mer-Ka-Ba - jeśli będziecie je praktykować co najmniej przez dwa tygodnie - możecie wydychać powietrze z naciskiem, bardziej w sposób symboliczny, ponieważ w tym czasie umysł rozpoznaje już wasze intencje i samoistnie może osiągnąć ten poziom. (Jeśli chcecie, możecie nadal wydychać powietrze z naciskiem.)

Uaktualnienie 11: Oto dlaczego stosuje się liczby 34/21. Jak wiecie z rozdziału 8, są to liczby szeregu Fibonacciego. Wszystkie występujące w naturze pola, które wirują w kierunku przeciwnym, takie jak szyszki sosnowe, słoneczniki, itd. i które osiągają różne prędkości, to liczby Fibonacciego. (Może istnieją wyjątki, ale nic mi o nich nie wiadomo.) To wyjaśnienie na jednym poziomie, ale skąd wzięło się 34/21?

Nie wdając się w dywagacje powiedzmy tylko, że każda czakra ma w tym wymiarze właściwy sobie współczynnik prędkości. Czakra, do której docieramy wraz z czternastym oddechem i z której oddychamy jest czakrą Chrystusową i taki jest współczynnik prędkości tej czakry. Kolejna czakra znajdująca się powyżej ma współczynnik 55/34, zaś czakra znajdująca się poniżej, czyli splot słoneczny, 21/13. Nie są to dla nas w tym momencie

ODDECH SZESNASTY: WDECH

Umysł: Jest to najbardziej zadziwiający spośród oddechów. Podczas wdechu powiedz w myślach: „**34/21**" Jest to kod dla umysłu, aby uruchomić wirowanie dwóch zestawów tetraedrów przy współczynniku 34 na 21, co oznacza, że tetraedr *umysłu* obróci się w lewo 34 razy, podczas gdy tetraedr *emocjonalny* wykona 21 obrotów w prawo. Kiedy oba zestawy tetraedrów przyspieszą, współczynnik nie ulegnie zmianie.

Oddech: Ćwicz głębokie, rytmiczne, jogiczne oddychanie. [Zob. Uaktualnienie 11.]

ODDECH SZESNASTY: WYDECH

Umysł: Kiedy wypuszczasz powietrze, oba zestawy tetraedrów nabierają natychmiastowego przyspieszenia, przechodząc od ustalonej prędkości jednej trzeciej prędkości światła do dwóch trzecich prędkości światła. Kiedy osiągną prędkość zbliżoną do dwóch trzecich prędkości światła, nastąpi pewne zjawisko: płaski dysk pochodzący z ośmiu komórek pierwotnych wewnątrz ciała (ulokowany na wysokości podstawy kręgosłupa) szybko rozszerzy się na odległość około 18 metrów w średnicy. Kula energii wokół zestawu obu tetraedrów utworzy wraz z dyskiem wokół ciała kształt przypominający latający talerz. Tę matrycę energii nazywamy Mer-Ka-Ba. Jednakże pole to nie będzie stabilne. Jeśli zobaczysz lub poczujesz wokół siebie pole Mer-Ka-Ba, będziesz wiedział, że jest ono niestabilne. Pole to będzie rozchwiane. Dlatego będzie potrzebny oddech siedemnasty, który ma na celu jego przyspieszenie.

Oddech: Pobierz oddech taki sam jak piętnasty. Utwórz ustami niewielki otwór i wydychaj powietrze pod ciśnieniem. W tym właśnie momencie prędkość wzrośnie. Kiedy poczujesz jej przyspieszenie, użyj siły, aby wypuścić z siebie całe powietrze. Działanie to spowoduje przejęcie większej prędkości przez Mer-Ka-Ba, a tym samym jego ustabilizowanie.

ODDECH SIEDEMNASTY: WDECH

Serce: Pamiętaj, że podczas całej medytacji musisz odczuwać bezwarunkową miłość do wszelkiego życia, w przeciwnym razie bowiem nie osiągniesz żadnego rezultatu.

Umysł: Podczas wdechu wypowiedz w myślach kod: „**dziewięć dziesiątych prędkości światła**". Jest to polecenie dla umysłu, aby zwiększył prędkość Mer-Ka-Ba do 9/10 prędkości światła, co ustabilizuje wirujące pole energii. Jednocześnie stanie się coś jeszcze. Trójwymiarowy wszechświat, w którym żyjemy jest dostrojony do 9/10 prędkości światła. Każdy elektron wewnątrz twojego ciała wiruje wokół atomu z prędkością 9/10 prędkości światła. Z tego właśnie powodu została wybrana taka prędkość. Pozwoli ci to zrozumieć i pracować z Mer-Ka-Ba w trzecim wymiarze, nawet jeśli nie doświadczyłeś rzeczywistości wymiaru czwartego lub wymiarów wyższych. Jest to bardzo ważne na początku drogi. [Zob. Uaktualnienie 12.]

Oddech: Nabieraj głębokiego, rytmicznego, jogicznego oddechu.

ODDECH SIEDEMNASTY: WYDECH

Umysł: Prędkość wzrasta do dziewięciu dziesiątych prędkości światła i stabilizuje Mer-Ka-Ba.

Oddech: Oddychaj tak samo jak w oddechu piętnastym i szesnastym. Utwórz ustami niewielki otwór i wydychaj przezeń powietrze pod ciśnieniem. Kiedy poczujesz przyspieszenie, wypychaj powietrze z siłą. Znajdujesz się teraz w stabilnym polu Mer-Ka-Ba, dostrojonym do trzeciego wymiaru. Z pomocą swej wyższej jaźni zrozumiesz, co to naprawdę oznacza.

Kiedy zakończysz ćwiczenie oddechu, teoretycznie możesz wstać i powrócić do codziennych czynności. Tak długo jak to możliwe, staraj się jednak pamiętać o tym sposobie oddychania i o przepływie energii do momentu, kiedy twoje życie stanie się medytacją z otwartymi oczyma, a wszystko wokół stanie się święte.

Zamiast od razu się zrywać z miejsca, warto jednak pozostać w stanie medytacji od piętnastu minut do godziny. W czasie przebywania w tej medytacji twoje myśli i uczucia zostaną w ogromnym stopniu wzmocnione. Jest to zatem wspaniała okazja do afirmacji. Porozmawiaj ze swoją wyższą jaźnią, aby pokazała ci możliwości, jakie daje ten szczególny czas medytacji. Opowiemy o tym szczegółowo w rozdziale poświęconym energii psychicznej.

ODDECH OSIEMNASTY:

Nie nauczymy cię teraz techniki tego specjalnego oddechu. Musisz ją poznać poprzez swoją wyższą jaźń. Oddech ten pozwoli ci przejść przez prędkość światła do czwartego wymiaru (lub do wyższego wymiaru, jeśli tak rozkaże twoja wyższa jaźń). Jest on oparty na frakcjach liczb całkowitych, podobnych do tych występujących w muzyce. W efekcie znikniesz z tego świata i pojawisz się w innym, który na jakiś czas stanie się twoim domem. Nie będzie to koniec, ale początek bezustannie poszerzającej się świadomości, która przywiedzie cię na powrót do Źródła. Proszę, żebyś nie eksperymentował z tym oddechem. Może to być bardzo niebezpieczne.

Kiedy nadejdzie właściwy czas, twoja wyższa jaźń sprawi, że przypomnisz sobie, jak wykonać ten oddech. Nie musisz się tym przejmować,

istotne informacje, bowiem kiedy dotrzemy do czwartego wymiaru, zyskamy pełną wiedzę z tej dziedziny.

Uaktualnienie 12: Wielu nauczycieli na całym świecie postanowiło nauczać ludzi, jak poruszać swym polem Mer-Ka-Ba szybciej niż prędkość światła. To ich decyzja, choć sam uważam, że jest to nad wyraz niebezpieczne. Wyższe jaźnie większości ludzi nie pozwolą na to, nawet jeśli człowiek wyda takie polecenie. Gdyby ludzkie Mer-Ka-Ba rzeczywiście poruszało się szybciej niż światło, jego właściciel stałby się w tym świecie niewidzialny, za to egzystowałby w innym miejscu we wszechświecie. Przestałby istnieć w trzecim wymiarze na Ziemi.

bowiem informacje pojawią się wtedy, kiedy będą potrzebne.

Wielu ludzi uczy obecnie 18 oddechu, najczęściej przez internet. Nie mogę ci poradzić, jak postąpić, ale proszę, byś zachował ostrożność. Wielu nauczycieli twierdzi, że potrafi przenosić ludzi do innych wymiarów i sprowadzać ich z powrotem na Ziemię. Pamiętaj jednak, że jeśli *naprawdę* wykonasz ten oddech, przestaniesz istnieć w tym wymiarze. Koncepcja wyprawy do innych wymiarów, a następnie powrotu na Ziemię jest wysoce nieprawdopodobna. Nie mówię, że to niemożliwe, ale po prostu wysoce nieprawdopodobne. Gdybyś naprawdę doświadczył innych światów, nie chciałbyś wracać. Proszę, zachowaj więc ostrożność. Jak już powiedziałem, kiedy nadejdzie czas, przypomnisz sobie co robić bez niczyjej pomocy.

DODATKOWE INFORMACJE ORAZ PROBLEMY, KTÓRE MOGĄ WAM SIĘ PRZYDARZYĆ

W tym miejscu wyszczególnimy wszelkie możliwe problemy i nieporozumienia dotyczące techniki oddychania. Niektóre omawialiśmy już wcześniej, inne pojawią się tu po raz pierwszy. Wspominaliśmy już o głównym problemie związanym z tworzeniem ludzkiego Mer-Ka-Ba, polegającym na wprawianiu w wirowanie w przeciwnych kierunkach tetraedrów żeńskiego i męskiego (Słońca i Ziemi) zamiast wprawiania w ruch w przeciwnych kierunkach *tetraedrów gwieździstych* Słońca i Ziemi (ich zestawu). Powtórzymy te informacje, bowiem są one tak bardzo istotne. Poniżej zamieszczamy inne związane z nimi problemy i informacje dodatkowe, do których zastosowaliśmy inne terminy, aby przybliżyć wam ich zrozumienie.

1. Wirowanie tetraedrów tylko na dole i na górze.

Jest to jeden z najczęściej popełnianych błędów. Ludzie nie wiedzą, że naprawdę istnieją trzy zestawy tetraedrów gwieździstych wokół ciała i poprzestają na uruchomieniu tetraedru Słońca w kierunku przeciwnym do ruchu wskazówek zegara oraz tetraedru Ziemi w kierunku zgodnym z ruchem wskazówek zegara. Błąd ten nie przynosi większej szkody, ale blokuje dalszy rozwój duchowy.

Mer-Ka-Ba tego rodzaju przeniesie was do alikwoty trzeciego wymiaru na tej planecie, który używany był przez uzdrowicieli i szamanów od tysięcy lat do uzdrawiania i skąd czerpali oni swoją moc. Poziom ten służył nawet do prowadzenia wojen. Prowadzi on jednak donikąd i z pewnością nie umożliwi wam wzniesienia się do wyższych światów, do których zabiera nas Ziemia. Jeśli zatem praktykujecie medytację w ten sposób, zacznijcie wszystko od nowa według podanego przez nas opisu.

2. Doświadczanie tetraedrów jako albo zbyt małych, albo zbyt dużych lub też tego, że jeden jest większy od drugiego.

Czasami zdarza się podczas badania tetraedrów, że okazują się one zbyt duże, zbyt małe lub że jeden jest większy albo mniejszy od drugiego. Sytuacja ta dotyczy również pola, które jest krzywe lub rozstrojone. Co to znaczy?

Wasze indywidualne tetraedry wyznaczają dokładną miarę równowagi polaryzacji w waszym ciele. Pierwsza i podstawowa polaryzacja pochodzi od rodziców. Tetraedr Słońca to energie ojca, które otrzymaliście w chwili poczęcia. Tetraedr Ziemi jest energią matki, również otrzymaną przy poczęciu. Jeśli w dzieciństwie, a szczególnie od chwili poczęcia do trzech pierwszych lat życia, doznaliście urazu ze strony rodziców, wasz tetraedr będzie odzwierciedlał ten uraz.

Jeśli zatem na przykład ojciec bił was w sposób budzący przerażenie, jest niemal pewne, że wasz tetraedr Słońca skurczył się i jest mniejszy niż powinien. Istnieje szansa, że powróci on do normalnych rozmiarów, jeśli zdarzyło się to tylko raz, a ojciec darzył was prawdziwą miłością. Jeśli jednak bicie powtarzało się, tetraedr pozostanie zniekształcony i skurczony do końca życia, o ile człowiek nie zostanie w jakiś sposób uzdrowiony.

Oba tetraedry powinny być jednakowych rozmiarów, a długości ich boków powinny być równe długości waszego ramienia. Rzadko jednak tak się dzieje. Niemal każdy człowiek żyjący na Ziemi doświadczył urazów w dzieciństwie lub w późniejszym okresie życia. Co zatem możemy zrobić? Potrzeba nam emocjonalnego uzdrowienia, czyli terapii.

W szkołach starożytnych, takich jak egipska, zawsze rozpoczynano naukę od zgłębiania aspektu żeńskiego, czyli od prawej półkuli mózgu (Szkoła Wiedzy Tajemnej Lewego Oka Horusa). Dopiero kiedy uzdrowione zostały emocje i uczucia adepta, mógł on zdobywać wiedzę lewej półkuli mózgowej (Prawego Oka Horusa). W Stanach Zjednoczonych, a także w innych krajach lewej półkuli, na początek wprowadzamy wiedzę lewej półkuli mózgowej, gdyż kraje te mają trudności w zrozumieniu ścieżki żeńskiej. W wielu wypadkach zostaje ona wprost odrzucona. Dlatego i tutaj wprowadziliśmy najpierw ścieżkę męską, aby przyciągnąć waszą uwagę. Skoro jednak już ją zyskaliśmy, a wy podjęliście naukę na tej ścieżce, powinienem wam powiedzieć, że w którymś momencie będziecie musieli poświęcić się również studiom nad ścieżką żeńską.

Uzdrowienie emocji jest warunkiem osiągnięcia oświecenia. Nie można tego pominąć. Kiedy zaczniecie poznawać wyższe światy, sami zatrzymacie swój dalszy rozwój na tej drodze, aby zająć się uzdrowieniem swoich uczuć. Przykro mi, ale tak już jest.

Dobra wiadomość to to, że w ciągu ostatnich siedemdziesięciu lat techniki służące uzdrowieniu ludzkiej emocjonalności zostały znacznie udoskonalone. Od czasów Freuda poczyniono olbrzymie postępy w zrozumieniu ludzkiej psychiki. Wilhelm Reich był jednym z wielkich prekursorów w tej dziedzinie. To jemu zawdzięczamy odkrycie, że dzieci nie chcąc przeżywać bolesnych uczuć, przechowują je w zaciśniętych mięśniach, w układzie nerwowym, jak również w otaczającym je ciele świetlistym. Obecnie wiemy już, że niechciane emocje znajdują się dokładnie w polu naszych tetraedrów.

Później doktor Ida P. Rolf uznała, że warto uwolnić emocjonalny ból ukryty w naszych mięśniach. W ten sposób powstała metoda o nazwie Rolfing. Kolejno pojawiały się wielkie dusze, które kontynuowały dzieło Reicha, między innymi Fritz Perl i Sandy Goodman, którzy opracowali terapię Gestalt i psychodramę. W bardziej współczesnych czasach narodziła się hipnoterapia, która otworzyła nam drzwi do głębszego rozumienia naszych wcieleń przeszłych oraz przyszłych i ich wpływu na nasze obecne życie. Zyskaliśmy również większą wiedzę na temat bytów, duchów i energii, którymi dotąd zajmowały się magia, voodoo i tym podobne, oraz na temat prostych metod uwalniania się od nich.

Sugeruję, byście zaufali sobie i otworzyli się na możliwość, że w waszym życiu pojawi się ktoś, kto pomoże wam przywrócić równowagę emocjonalną (nawet, jeśli nie uświadamiacie sobie istnienia własnych zaburzeń). Niemal zawsze potrzebujemy pomocy z zewnątrz. Zwykle nie dostrzegamy swoich problemów i jest to jeden z tych aspektów naszej egzystencji, w którym pomoc drugiej osoby okazuje się niezbędna.

Tylko człowiek stosunkowo zrównoważony pod względem emocjonalnym może szczęśliwie przejść przez Mer-Ka-Ba.

3. Kiedy dysk, który wychodzi z Mer-Ka-Ba jest w niewłaściwym położeniu.

Dysk o średnicy ok. 18 metrów, który wychodzi z ciała, bierze początek z ośmiu komórek pierwotnych. Dysk ten znajduje się w dokładnie takim położeniu. Przechodzi on przez obszar wokół krocza umiejscowiony u podstawy kręgosłupa. Jest więc ulokowany w konkretnym miejscu lub przynajmniej powinien.

Czasem jednak omyłkowo postrzegamy go jako wychodzący z innych czakr lub punktów w ciele. Bardzo istotne jest wówczas przesunięcie dysku w myślach na właściwą pozycję, w przeciwnym razie bowiem zmieni to naturę całego systemu czakr. Błąd ten może zaburzyć całe doświadczenie Mer-Ka-Ba, choć łatwo go skorygować. Wystarczy „zobaczyć", że dysk powraca na właściwą pozycję i przytrzymać go tam przez jakiś czas, aby mógł się ustabilizować. Każdego dnia podczas praktyki Mer-Ka-Ba upewniajcie się, czy dysk znajduje się na swoim miejscu, a po tygodniu powinien pozostać tam na stałe.

4. Odwrócony stosunek wirowania pola.

Niezrozumienie może być przyczyną odwrócenia stosunku wirowania pola Mer-Ka-Ba. Powstaje wówczas sytuacja, w której zostaje odwrócony stosunek wirowania tetraedrów *umysłu* i tetraedrów *emocjonalnych*. Powinno być tak, że tetraedry *umysłu* wirują 34 razy w lewo (patrząc od wewnątrz ciała, a tetraedry *emocjonalne* 21 razy w prawo (patrząc od wewnątrz ciała). W przypadku opisywanego tutaj błędu umysł porusza się z prędkością 21 obrotów, a emocje 34. Niezależnie od przyczyny tego błędu, jest on bardzo niebezpieczny. Odwrócone pole jest anty-życiem. Jeśli więc utrzyma się przez odpowiednio długi czas, niemal na pewno spowoduje chorobę a nawet śmierć.

Rozwiązanie jest proste – trzeba to naprawić. Jednak poprawa pola przypomina tworzenie stabilnego pola od początku.

Jest to niezwykle istotne, toteż powtórzymy to jeszcze raz: Patrząc z wnętrza ciała na zewnątrz, tetraedr *umysłu* przesuwa się w lewo 34 razy, podczas gdy tetraedr *emocjonalny* przesuwa się w prawo 21 razy.

5. Postrzeganie siebie w zestawie małych tetraedrów gwieździstych poza ciałem, naprzeciw siebie samego.

Jeśli widzicie siebie w małym tetraedrze gwieździstym w przestrzeni naprzeciw siebie, nie stworzycie Mer-Ka-Ba. Wasz umysł *musi* nawiązać *rzeczywiste* połączenie z polem energii tetraedrów gwieździstych. Musicie zobaczyć siebie *wewnątrz centrum* prawdziwego pola istniejącego wokół waszego ciała. Możecie to pole zobaczyć albo poczuć. To bez znaczenia, bowiem w każdym wypadku umysł połączy się z waszym ciałem świetlistym.

POMNIEJSZE PROBLEMY I NIEPOROZUMIENIA

6. Doskonałe stosowanie mudr.

Przez dwa pierwsze tygodnie dokładne stosowanie mudr jest niezwykle istotne. Później, kiedy umysł i ciało będą wiedziały, co chcecie zrobić, możecie bardziej się rozluźnić przy stosowaniu mudr lub też nie stosować ich wcale. Ciało musi wiedzieć, że próbujecie się podłączyć do konkretnego układu elektrycznego wewnątrz. Kiedy ciało będzie wiedziało, który to układ, może to zrobić tylko na skutek waszej intencji. Przypomina to naukę jazdy na rowerze. Z początku musicie koncentrować się na utrzymaniu równowagi, kiedy jednak ciało nauczy się ją utrzymywać, wasza uwaga nie będzie potrzebna. Wszystko będzie się działo automatycznie.

7. Wydychanie powietrza z naciskiem podczas oddechu dziesiątego, piętnastego, szesnastego i siedemnastego.

Przypomina to nr. 6. Wydychanie powietrza jest niezwykle istotne przez dwa pierwsze tygodnie, ale później można je wykonywać lżej lub w ogóle zaniechać nacisku. Kiedy umysł i ciało zrozumieją to, będą spełniały wasze intencje.

8. Kolory.

Przez dwa pierwsze tygodnie, a może nawet przez miesiąc, stosujcie kolor błyskawicy w tetraedrach oraz w tubie oddechowej. Wielu z was odkryje może, że kolor(y) wniknęły na stałe do waszego doświadczenia Mer-Ka-Ba i nie będzie wiedziało, czy jest to właściwe.

Stosujcie kolor błyskawicy, ponieważ jest to barwa najbliższa prawdziwej naturze i kolorowi czystej prany. Często zdarza się jednak, że ludzie nie potrafią powstrzymać napływu kolorów do swego pola Mer-Ka-Ba. W pierwszej kolejności barwą nasycają się tetraedry, a ostatecznie całe Mer-Ka-Ba. Nie ma w tym nic złego. Jest to normalne zjawisko.

Po upływie miesiąca jednak pozwólcie kolorom przeniknąć do Mer-Ka-Ba bez świadomej intencji. Innymi słowy, niech się to dzieje samo. Poczujcie, co się wówczas zmienia w waszym ciele. Zwróćcie uwagę, czy przed oczami nie pojawiają się wam obrazy. Owe kolory i obrazy stanowią przekaz od wyższej jaźni. Jest to początek bezpośredniej komunikacji, która połączy was z całym istnieniem.

9. Pozostałe zmysły.

Mówiąc jasno, nie chodzi tylko o kolor czy obraz, ale o to, że pięć ludzkich zmysłów (a także inne zmysły, których nie jesteście świadomi) zaczyna wchodzić w interakcję z waszym Mer-Ka-Ba. Nie obawiajcie się tego, po prostu odprężcie się i pozwólcie, żeby działo się to samo. To absolutnie zdrowe zjawisko.

Poza obrazami i kolorami możecie zacząć słyszeć dźwięki, głosy, a nawet muzykę i harmonię. Możecie wyczuwać zapachy, czuć dotyk lub wrażenia pochodzące z niewiadomego miejsca lub od niewiadomej osoby. Możecie nawet poczuć w ustach nowy smak albo zacząć widzieć w nowy i niespodziewany sposób, jakbyście nie patrzyli oczami. Tak wygląda przebudzenie do życia! Bawcie się tym, bowiem znaleźliście się w nowym świecie jako dzieci.

10. Uczucia i emocje.

Uczucia i emocje odgrywają ogromną rolę w doświadczeniu Mer-Ka-Ba. To żeńskie ciało emocjonalne powołuje Mer-Ka-Ba do życia, a nie męska wiedza o tym, jak to zrobić. Zrozumienie tych słów wymaga przestudiowania wzorca gwiezdnych wrót oddychania w uaktualnieniu 5, jak również Ryciny 18-1 i 18-2 oraz przeżycia tego we własnym polu Mer-Ka-Ba. Dla waszej informacji podaję, że istnieje wiele innych wzorców gwiezdnych wrót, ale wszystkie które znam zawierają w sobie *miłość* i *prawdę*. Wiecie o tym. Przypomnicie to sobie przeżywając i doświadczając emocji i uczuć w swoim polu Mer-Ka-Ba. Eksperymentujcie.

11. Energia seksualna.

Energia seksualna jest na tym poziomie podstawą Mer-Ka-Ba, również w ludzkiej świadomości. Pełna wiedza na temat egipskiej tantry jest zbyt złożona, by ją tu przytaczać. Nie jest nam zresztą potrzebna. Jedyny aspekt egipskiej tantry, który musicie zrozumieć to *ankhing* (przyp. tłumacza – od ankh). Opisany on został w rozdziale 12. Jeśli nie korzystacie już z energii seksualnej, nie zatrzymujcie się przy tym fragmencie.

PRZYSPIESZENIE DUCHA W MATERII

Kolejna kwestia jest niezwykle ważna i musimy ją tu omówić. Natura tematów poruszanych przez nas w niniejszej książce może spowodować, że wielu z was doświadczy uwolnień emocjonalnych po doświadczeniu Mer-Ka-Ba. Jest to normalne zjawisko.

Wiem, że już o tym mówiliśmy, ale chciałbym to powtórzyć, bowiem sprawa jest bardzo ważna. Kiedy zaczynacie oddychanie i przez wasz organizm po raz pierwszy od 13 000 lat zaczyna płynąć prana, wasza wyższa jaźń może przejąć kontrolę nad waszym życiem i rozpocząć oczyszczanie. Oznacza to, że ludzie, miejsca i przedmioty, które blokowały dotąd wasz rozwój mogą nagle zniknąć z waszego życia. Z początku możecie to traktować jako stratę lub uznać, że przydarza się wam coś złego. Kiedy jednak dostrzeżecie, że rozpoczęliście nowe życie, zrozumiecie, dlaczego niektóre sytuacje musiały ulec zmianie. Nie obawiajcie się przemian. Bóg i wasza wyższa jaźń mają was w swojej opiece.

Stopień intensywności tego procesu przemiany będzie zależał od stopnia czystości i braku przywiązania w waszym obecnym życiu. Przypomina to zażywanie leku. Z początku kiedy choroba opuszcza ciało, można poczuć się gorzej. Długość tego procesu zależy od tego, jak bardzo byliście chorzy. Kiedy jednak choroba ostatecznie opuści organizm, będziecie żyli znacznie zdrowszym życiem.

OGÓLNY PRZEGLĄD LUDZKIEGO POLA ENERGII POZA MER-KA-BA

Poniższe informacje posłużyć mogą tylko niektórym. Możecie przeczytać ten ustęp, ale jeśli wyda wam się nieistotny, po prostu go pomińcie lub przeczytajcie wyłącznie w celu informacyjnym. Być może nadejdzie dzień, w którym wam się przyda.

Pole energii istoty ludzkiej jest o wiele bardziej złożone niż to, czego dowiedzieliście się o nim podczas warsztatu Kwiat Życia. Jak już powiedzieliśmy, tetraedr gwieździsty stanowi drzwi do wyższej świadomości, ale jest również czymś więcej.

Każdy możliwy poziom świadomości istniejący we wszechświecie znajduje się obecnie w ludzkim polu energii, ale tylko jako potencjał. Istnieje tylko jedna Rzeczywistość. Jest nieskończenie wiele sposobów interakcji między tymi polami energetycznymi w celu stworzenia różnych pól Mer-Ka-Ba. Zakłócają one jedyną Rzeczywistość i powodują, że wygląda ona nieco inaczej. W zależności od rodzaju Mer-Ka-Ba zmienia się doświadczenie całego wszechświata, w którym zdają się występować niepowtarzalne prawa. Większa część świadomego wszechświata usiłuje obecnie znaleźć wszelkie możliwe rozwiązania tego „problemu". Jedno jest pewne: wszystkie możliwości oparte są na geometrii oraz wiedzy o sposobie łączenia różnych form geometrycznych.

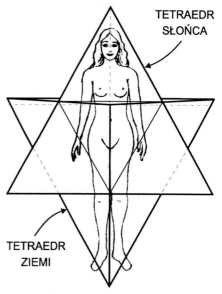

Ryc. 13-3. Ciało i gwiazda. Widok z przodu.

Chcąc wspomóc ludzkość oraz przyszłe pokolenia, oferuję poniższe rozwiązania geometryczne. Pod żadnym pozorem nie twierdzę, iż są to informacje kompletne. Zakładam, że stanowią zaledwie możliwość. Zaczniemy od tetraedru gwieździstego i przedstawimy wam rysunek pełnego podstawowego pola energii poza Mer-Ka-Ba. Będziemy wam prezentować kolejne etapy jego powstawania, aż narysujemy kompletne pole.

Na początku mamy więc osiem komórek pierwotnych, z których powstaje ciało dorosłego człowieka. Ciało ludzkie, rzecz jasna, można zastąpić innym ciałem w zależności od środowiska oraz potrzeb ducha, ale geometria pozostanie taka sama. W wielu wypadkach nie ma ciała, jest tylko duch. Wokół ciała lub też ducha rozpościera się pole tetraedru gwieździstego, które zawsze rozpoczyna się od geometrii ukazanej na Rycinie 13-3.

Następne jest pole Mer-Ka-Ba tetraedru gwieździstego, które jako żywe wygląda następująco [Ryc. 13-4].

Ryc. 13-4. Ciało, gwiazda i Mer-Ka-Ba.

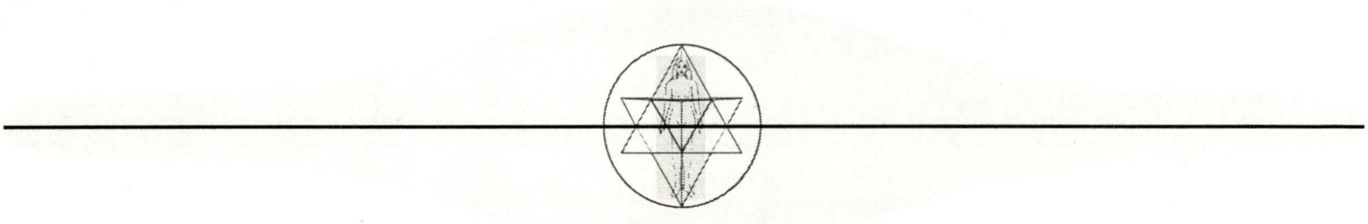

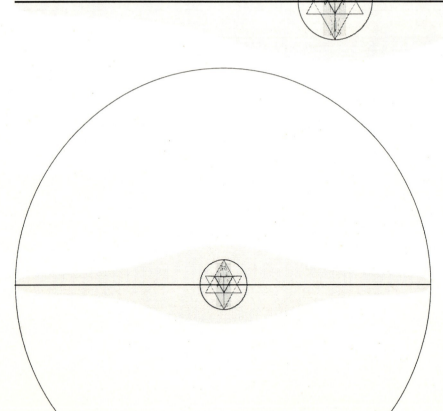

Wokół pola Mer-Ka-Ba znajduje się kula energii o średnicy równej średnicy dysku Mer-Ka-Ba. Wygląda to następująco [Ryc. 13-5].

W środku kuli zewnętrznej działa pole elektromagnetyczne o kształcie dwudziestościanu (ikozaedru). Bezpośrednio wewnątrz znajduje się odbicie ikozaedru, to znaczy dwunastościan (dodekaedr) pentagonalny (pięciokątny). Ikozaedr został utworzony przez dołożenie gwieździstych końcówek do dodekaedru, gdzie jedna długość krawędzi dodekaedru służy jako miara długości krawędzi struktury gwieździstej. Długość wszystkich krawędzi dodekaedru gwieździstego jest taka sama.

Pole energii, o którym mówimy, jest takie samo jak siatka Chrystusowa otaczająca w tej chwili Ziemię. Jest to istotne, ponieważ daje nam

Ryc. 13-5. Sfera zewnętrzna.

ono bezpośrednią możliwość nawiązania świadomego połączenia z siatką Ziemi poprzez połączenie z naszą własną siatką zewnętrzną. Na tym polega zjawisko rezonansu, o którym opowiemy w innym miejscu. Oto jak to wygląda [Ryc. 13-6].

Tuba oddechowa, o której mówiono nam, że kończy się na wierzchołkach tetraedru gwieździstego w rzeczywistości biegnie dalej w górę i w dół, aby połączyć się z dodekaedrem gwieździstym. Wygląda to następująco [Ryc. 13-7].

Między Alfą (tetraedr gwieździsty) a Omegą (dodekaedr gwieździsty) znajduje się wiele innych geometrycznych pól energii, a wszystkie są ułożone symetrycznie wokół tuby oddechowej. Jest ich tak wiele, łącznie z wewnętrznymi liniami siły, że gdybyście mogli zobaczyć pełne pole geometryczne, z trudem znaleźlibyście na nim wolne miejsce. Nie będziemy tu rysować wszystkich z dwóch powodów. Po pierwsze, rozróżnienie ich byłoby niemożliwe bez sporządzenia kilkuset rysunków pomocniczych. Po drugie, wiedza ta nie jest wam w najbliższej przyszłości potrzebna do wniebowstąpienia. Omówimy to zatem na jednym przykładzie, który równie dobrze odnosi się do wszystkich pozostałych form geometrycznych.

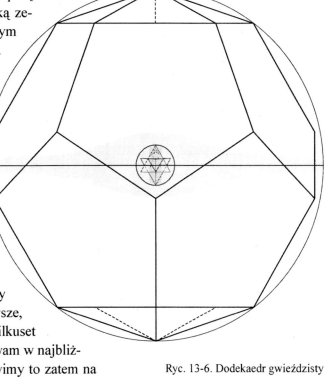

Ryc. 13-6. Dodekaedr gwieździsty z ikozaedrem.

W tym miejscu dodamy hipotetyczną formę geometryczną. Jest nią wielościan, który faktycznie nie znajduje się w tym położeniu, ale posłuży nam jako przykład. Pomiędzy Alfą i Omegą wstawimy oktaedr [Ryc. 13-8]. Musicie wiedzieć, że nie tylko tetraedr gwieździsty, ale każda forma geometryczna mieszcząca się w ludzkim ciele świetlistym zawiera *trzy* całkowicie różne, nałożone na siebie i identyczne formy wielościenne lub geometryczne, mimo że widoczna jest tylko jedna.

Pamiętajcie, że w tetraedrze gwieździstym mieszczą się trzy zestawy: jeden stojący, jeden obracający się w prawo i jeden w lewo. Zjawisko to ma zastosowanie w odniesieniu do *każdej pojedynczej formy geometrycznej rozpościerającej się wokół ciała*.

Powtórzymy to jeszcze w rozdziale na temat energii psychicznej: każda energia psychiczna dzieli się na dwie części: *uwagę* oraz *intencję*. Miejsce, gdzie umysł kieruje uwagę oraz intencja, jaką posiada, decydują o tym, co się wydarzy. Indywidualny system przekonań, rzecz jasna, przesądza o możliwościach.

Dlatego też tuba oddechowa przechodzi przez wiele energetycznych

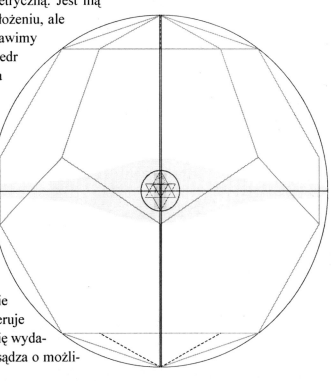

Ryc. 13-7. Wydłużona tuba oddechowa.

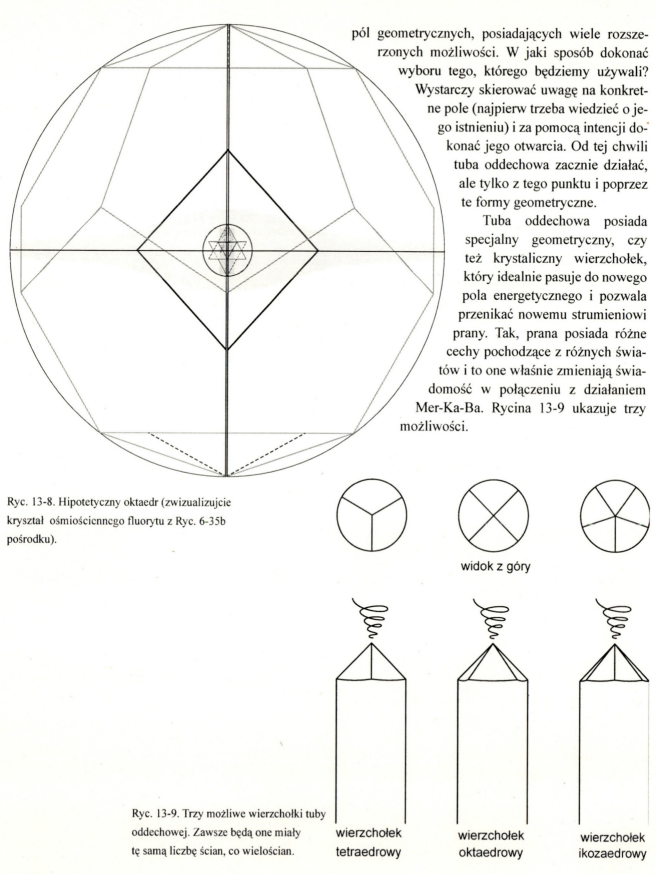

pól geometrycznych, posiadających wiele rozszerzonych możliwości. W jaki sposób dokonać wyboru tego, którego będziemy używali? Wystarczy skierować uwagę na konkretne pole (najpierw trzeba wiedzieć o jego istnieniu) i za pomocą intencji dokonać jego otwarcia. Od tej chwili tuba oddechowa zacznie działać, ale tylko z tego punktu i poprzez te formy geometryczne.

Tuba oddechowa posiada specjalny geometryczny, czy też krystaliczny wierzchołek, który idealnie pasuje do nowego pola energetycznego i pozwala przenikać nowemu strumieniowi prany. Tak, prana posiada różne cechy pochodzące z różnych światów i to one właśnie zmieniają świadomość w połączeniu z działaniem Mer-Ka-Ba. Rycina 13-9 ukazuje trzy możliwości.

Ryc. 13-8. Hipotetyczny oktaedr (zwizualizujcie kryształ ośmiościennego fluorytu z Ryc. 6-35b pośrodku).

widok z góry

Ryc. 13-9. Trzy możliwe wierzchołki tuby oddechowej. Zawsze będą one miały tę samą liczbę ścian, co wielościan.

wierzchołek tetraedrowy

wierzchołek oktaedrowy

wierzchołek ikozaedrowy

Na koniec pozostaje pole toroidalne (w kształcie pączka z dziurką w środku), umiejscowione centralnie w każdym Mer-Ka-Ba używanym przez ducha. Czasem duchy przechodzą przez kilka Mer-Ka-Ba w jednym momencie, co zwykle tworzy „koła wewnątrz kół". Formy geometryczne znajdują się tak blisko siebie, że ewentualne torusy przypominają kolejne warstwy cebuli. Owe pola toroidalne rozciągają się poza właściwe Mer--Ka-Ba i otaczają je. [Zob. Ryc. 13-10.]

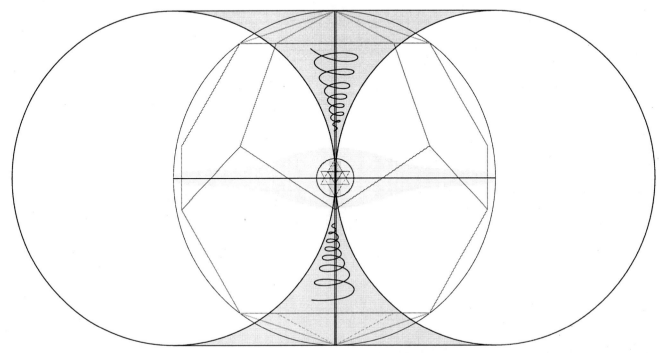

Ryc. 13-10. Pole toroidalne roztaczające się wokół wewnętrznego tetraedru gwieździstego. (Wyobraźcie sobie pączek donat przecięty na pół.)

Na ostatnim rysunku połączymy ze sobą wszystkie elementy z wyjątkiem średnich figur geometrycznych znajdujących się między Alfą i Omegą. Zabieg ten da wam lepszy obraz i zrozumienie rozszerzonej natury waszego ciała świetlistego [Ryc. 13-11].

Pełne ciało świetliste otacza wszystkie formy życia – a wszystkie formy są żywe.

Mimo że Rycina 13-11 przedstawia niemal pełny obraz pola energii roztaczającego się wokół istoty ludzkiej, obraz zamieszczony poniżej ukazuje pierwszy przejaw Mer-Ka_Ba lub ciała świetlistego w Rzeczywistości [Ryc. 13-12].

Jest to zdjęcie w podczerwieni ukazujące powłokę cieplną galaktyki Sombrero w niewielkim nachyleniu. Przypomina ona latający talerz. Wokół zewnętrznej krawędzi widać olbrzymi pierścień, który ma ciemną barwę, bowiem krawędź porusza się z bardzo wielką prędkością. Ta powłoka cieplna zachowuje proporcje odpowiadające proporcjom Mer-Ka-Ba rozpostartego wokół waszego ciała, kiedy aktywujecie je za pomocą oddechu

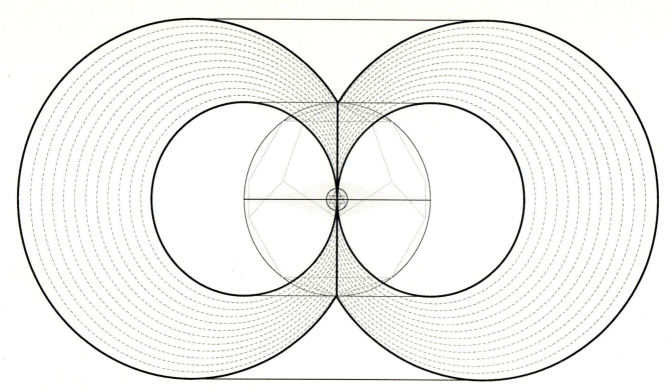

Ryc. 13-11. Pełne ciało świetliste otaczające wszystkie formy życia – a wszystkie formy są żywe.

Ryc. 13-12. Galaktyka Sombrero.

i medytacji. Dysponując odpowiednią aparaturą, moglibyście ją zobaczyć na ekranie komputerowym, ponieważ posiada ona aspekt elektromagnetyczny, który pozostaje częściowo w zakresie mikrofal.

Teraz wszystko zależy od was. Przebyliście długą drogę i zdobyliście podstawową wiedzę na temat aktywacji ciała świetlistego. Jeśli podczas medytacji oraz w sercu czujecie, że tak właśnie powinniście postąpić, to możecie zaczynać. Najpierw jednak przeczytajcie kolejny rozdział, bowiem w istocie sprawa jest o wiele szersza niż sama aktywacja Mer-Ka-Ba. Osiągnięcie to stanowi zaledwie początek drogi.

ROZDZIAŁ CZTERNASTY

MER-KA-BA I SIDDHI

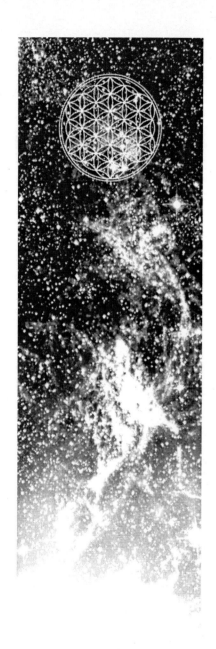

ostatnich dwóch rozdziałach zdefiniowaliśmy strumień energii oraz pole ludzkiego ciała świetlistego. Udzieliliśmy wam również wskazówek w kwestii aktywacji ludzkiego Mer-Ka-Ba. Kiedy po raz pierwszy podałem te informacje na warsztatach zatytułowanych Kwiat Życia, zakładałem, że słuchacze odnajdą drogę do swojej wyższej jaźni, która wyjaśni im zagadnienia poruszane w tym rozdziale (i nie tylko). Stało się to jednak udziałem skromnej grupy słuchaczy. Większość z nich nie zrozumiała, czym jest Mer-Ka-Ba i w jaki sposób należy go używać, czyli jak medytować w jego wnętrzu.

Z tego powodu opracowałem inny warsztat zatytułowany Ziemia/Niebo. Chciałem w ten sposób pomóc słuchaczom w zrozumieniu i doświadczeniu znaczenia i celu Mer-Ka-Ba. W niniejszym rozdziale przekażę wam podstawowe zasady tej pracy, jednak przede wszystkim musicie samodzielnie nawiązać kontakt ze swoją wyższą jaźnią, jeśli naprawdę chcecie poznać cel swojego życia.

Podczas warsztatów Kwiat Życia uczymy tylko aktywowania Mer-Ka-Ba, choć wielu słuchaczy uznało, że to wszystko, co powinni wiedzieć. Sądzili oni, że chodzi o tę medytację, ale nic nie rozumieli. Mer-Ka-Ba stanowi wzorzec, z którego powstały wszystkie rzeczy widzialne i niewidzialne. Bez wyjątku. Dlatego Mer-Ka-Ba ma nieograniczone możliwości.

INNE MOŻLIWOŚCI ZASTOSOWANIA MER-KA-BA

Powszechnie uważa się, że Mer-Ka-Ba jest pojazdem służącym wniebowstąpieniu i rzeczywiście tak jest. Poza tym jednak jest ono czymś więcej. Jest również wszystkim innym. Mer-Ka-Ba może służyć do każdego celu wybranego przez świadomość znajdującą się w jego wnętrzu. Jedynym ograniczeniem są zasoby pamięci, wyobraźni oraz wzorce przekonań zawarte w świadomości. Prawdziwym ograniczeniem tetraedrowego Mer-Ka-Ba w jego najczystszej formie jest fakt, że nie może ono przenieść ducha przez Wielką Próżnię lub przez „Wielki Mur" do następnej oktawy wymiarów. Warunkiem tego jest bowiem porzucenie wszelkich cech własnej indywidualności i połączenie się z co najmniej jednym innym duchem w celu utworzenia specjalnego rodzaju Mer-Ka-Ba, ale wiedza ta z całą pewnością nie jest wam potrzebna na tym etapie.

Jeśli ludzkie ego zamierza użyć Mer-Ka-Ba do negatywnych celów, aby wyrządzić krzywdę lub przejąć kontrolę nad drugą osobą, czerpać tą drogą korzyści lub też osiągnąć inny cel, który nie jest przejawem czystej miłości, z całą pewnością otrzyma trudną lekcję. Wielu tego próbowało, między innymi także Lucyfer. Bóg wiedział, że tak będzie i urządził wszechświat tak, aby nie mogło się to wydarzyć. Mer-Ka-Ba potrzebuje więc do życia miłości. Kiedy jej zabraknie, obumiera. W takich wypadkach niemal natychmiast interweniuje wyższa jaźń, która powstrzymuje daną osobę i blokuje jej dalszy rozwój do chwili, w której nauczy się ona lekcji miłości. Nie lekceważcie tego, co powiedziałem, inaczej bowiem po prostu stracicie czas.

W rozdziale 17 opowiemy o tym, co się stało, kiedy Lucyfer odkrył, że nie może manipulować Mer-Ka-Ba.

Mer-Ka-Ba pod wieloma względami przypomina komputer. Aktywacja Mer-Ka-Ba i poprzestanie na samym tym fakcie przypomina zakup wysokiej klasy komputera, któremu brakuje jednak właściwego oprogramowania. Będzie on stał na biurku i nic więcej. Dopiero kiedy zainstaluje się odpowiednie programy, sprzęt zacznie służyć celom, do których został skonstruowany. Wybór oprogramowania określa możliwości zastosowania komputera.

Nie jest to doskonałe porównanie, ale dość dobre. To prawda, że sama aktywacja Mer-Ka-Ba rozbudzi waszą wyższą jaźń. Ostatecznie jednak to wy musicie świadomie nawiązać z nią kontakt, aby odkryć wyższy sens i cel waszego życia oraz aby wypełnić powierzone wam zadanie na Ziemi. Celem tego rozdziału jest pomóc wam w podążaniu zgodnie z tym procesem.

MEDYTACJA

Powszechnie uważa się, że medytacja ma miejsce, kiedy zamykamy oczy i przenosimy uwagę do wewnątrz, co ostatecznie ma nam dopomóc w osiągnięciu samorealizacji. Jest to jeden ze sposobów, ale medytować można również z otwartymi oczami. Patrząc z szerszej perspektywy, przekonamy się, że całe życie jest medytacją. Życie jest szkołą przypominania.

Jeśli uda wam się nawiązać kontakt ze swą wyższą jaźnią, udzieli wam ona wskazówek, które pogłębią waszą medytację i proces samorealizacji. Tak byłoby idealnie. Jeśli jednak nie uda wam się nawiązać takiego połączenia, zawsze możecie stosować tradycyjne techniki medytacyjne, takie jak Krija Joga, Vipassana, medytacja tybetańska lub taoistyczna. Możecie też jednocześnie medytować z Mer-Ka-Ba, o ile nie sprzeciwi się temu wasz nauczyciel. Jeśli jednak powie, że nie wolno wam jednocześnie stosować innych technik w rodzaju Mer-Ka-Ba, będziecie musieli zastosować się do jego poleceń lub poszukać innego nauczyciela, jeśli uznacie, że chcecie dalej praktykować Mer-Ka-Ba.

Niezależnie od techniki, kiedy ktoś praktykuje medytację, osiąga szczególny poziom świadomości. Jest to nieuniknione zjawisko, połączone z relacją między światem wewnętrznym a zewnętrznym. Człowiek zaczyna sobie wówczas uświadamiać, że wszystko jest światłem i wchodzi w sferę cudów. Doświadcza manifestacji siddhi. Jest to faza rozwoju, którą tu omówimy, bowiem opanowana w sposób mistrzowski powoduje, że zaczynamy rozumieć prawdziwy sens i cel własnego życia. W tę właśnie fazę wkracza obecnie świat. Musimy to zrozumieć i zrozumiemy.

SIDDHI ALBO MOC PSYCHICZNA

Czymże jest siddhi? To hinduskie określenie „mocy", a dokładniej mocy psychicznej. Wielu hinduskich nauczycieli uważa siddhi za aspekt świadomości, przez który musimy przejść, choć zwykle jest on niebezpieczny. Dlaczego? Dlatego że łatwo zagubić się duchowo w tym obszarze świadomości, jeśli ego nie przeszło jeszcze transformacji. Może ono wówczas zostać tak silnie naładowane doświadczeniem siddhi, że zapomni o powrocie do Boga i może nawet uznać, że samo jest Bogiem. Mimo to stanu tego nie da się ominąć. Musimy opanować ten poziom świadomości.

Pamiętajcie zatem, że kiedy mówię o siddhi, mam na myśli potrzebę zapanowania nad tą energią, a nie wykorzystanie jej do osobistych celów lub wzmocnienia ego.

Kiedy w 1971 roku anioły nauczyły mnie używania Mer-Ka-Ba, zacząłem doświadczać dziwnych rzeczy, których nie potrafiłem wyjaśnić. Często, kiedy znajdowałem się w pobliżu instalacji elektrycznych (a dysk Mer-Ka-Ba wyskakiwał po szesnastym oddechu), zdarzało mi się palić instalację lub powodować spięcia. Trwało to niemal przez piętnaście lat. Sądziłem, że jest to skutek uboczny i że nic nie mogę na to poradzić. W dodatku sporo mnie to kosztowało. Straciłem w ten sposób kilka telewizorów, odbiorników radiowych i innych urządzeń elektrycznych.

Któregoś dnia w 1986 roku pracowałem z Totem podczas medytacji. Przebywałem akurat na Hawajach. Siedziałem w kręgu z kilkorgiem przyjaciół, aby wspólnie medytować. Tuż obok na ścianie, powyżej mojej głowy, znajdował się kontakt. W chwili, w której wyrzuciłem dysk na szesnastym oddechu, kontakt nad moją głową zaczął się palić. Musieliśmy jak najszybciej wybić dziurę w ścianie i ugasić ogień przy pomocy gaśnicy.

Czułem się bardzo zakłopotany. Miałem z tym problem już od wielu lat, toteż po ugaszeniu pożaru udałem się do innego pokoju, usiadłem do medytacji i wezwałem Tota. Sądziłem, że być może wyjaśni mi, jaki popełniam błąd. Zapytałem, jak mogę temu zaradzić.

„Po prostu przestań to robić" - odparł. – „Powiedz swemu Mer-Ka-Ba, że odtąd nie będzie oddziaływało na żadne pole elektryczne."

Zastanawiałem się, czy to możliwe, czy rzeczywiście jest to takie proste?

Powiedziałem jednak swojemu Mer-Ka-Ba, aby przestało oddziaływać na pole elektryczne i na tym zakończyły się moje problemy. Jednocześnie zaczynałem rozumieć siddhi związane z Mer-Ka-Ba.

Siddhi nie są niczym innym, jak poleceniami. Jeśli wypowie się je właściwie, rzeczy dzieją się zgodnie z naszym życzeniem. Jeśli zatem przekażecie swoją wolę Mer-Ka-Ba, będzie ją ono wypełniało do czasu, do kiedy polecicie mu przestać lub kiedy zmienicie polecenie. Zdaję sobie sprawę z tego, że łatwo to powiedzieć, ale o wiele trudniej zrozumieć. Postaram się wam to jednak wyjaśnić najlepiej, jak umiem.

PROGRAMOWANIE KRYSZTAŁÓW

Komputery skonstruowane są z kryształów, zaś zarówno kryształy, jak i komputery mają cechy podobne do cech Mer-Ka-Ba. Programowanie kryształów niezwykle przypomina proces, który moglibyśmy nazwać programowaniem Mer-Ka-Ba. Napisano wiele książek o możliwościach i technikach programowania kryształów.

Jak już wspominałem w tej pracy, energia psychiczna opiera się na dwóch filarach: uwadze oraz intencji. Powiedziałem również, że kryształy są żywymi istotami. Mogą odbierać i wysyłać różne częstotliwości, a nawet skomplikowane formy fali w dowolne miejsca pola elektromagnetycznego. Zjawisko to obejmuje również ludzkie myśli, emocje i uczucia. Pamiętacie pierwszy kryształowy aparat radiowy? Był to po prostu drut podłączony do w odpowiednim miejscu kryształu kwarcu. Kryształ wychwytywał sygnał, a my mogliśmy usłyszeć dźwięk przez głośnik.

Marcel Vogel był wielkim uczonym pracującym dla Bell Labs. Opracował ponad sto uznanych wynalazków. Opatentował między innymi miękki dysk. Człowiek ten posiadł głęboką wiedzę i zrozumienie kryształów i komputerów. W pewnym momencie, niedługo przed śmiercią, zajął się zbadaniem ilości programów, które mógł pomieścić jednocześnie pojedynczy kryształ. Vogel stwierdził, że liczba programów nie może być większa od liczby ścianek usytuowanych na końcu kryształu. W owym czasie nie mogłem tego zaakceptować i zacząłem szukać dowodów na obalenie lub potwierdzenie jego wniosku.

Skontaktowałem się ze znajomym naukowcem, Bobem Dratchem, z którym przeprowadziliśmy wspólnie prosty eksperyment. Umieściliśmy kryształ kwarcu na półce w laboratorium i skierowaliśmy na niego czujnik skanera emisji cząsteczek, aby wychwycić emisje mikrofal i przekazać je dzięki specjalnemu oprogramowaniu domowej roboty wprost do komputera, który miał je zanalizować.

Bob obserwował ekran, podczas gdy ja programowałem kryształ za pomocą myśli. Nasze myśli nadawane są w formie fal długich i transmitowane w przestrzeń, skąd można je przechwycić dzięki aparaturze naukowej. Nie widziałem powodu, dla którego nie możnaby ich było przekazać wprost do kryształu, a następnie przechwycić w formie sygnału radiowego.

Bob, rzecz jasna, nie miał pojęcia, o czym myślę, teoretycznie więc musiał polegać na tym, co mu powiem. W rzeczywistości było jednak inaczej. W tej samej chwili, w której myślami programowałem kryształ (idea miłości) Bob zaobserwował zmianę w obrazie sinusoidy na ekranie, przejawiającą się w zakresie fal krótkich. Wkrótce mógł on niemal natychmiast stwierdzić, kiedy programuję kryształ i kiedy wykasowuję program. (Robi się to prosto, mówiąc kryształowi, by go usunął.)

Nie mogłem go oszukać. Przesyłałem w myślach trzy programy, a następnie usuwałem dwa, podczas gdy Bob obserwował trzy dodatkowe punkty na fali sinusowej, a następnie zanikanie dwóch z nich. Rejestrował każde moje posunięcie. Udało nam się również potwierdzić oświadczenie pana Vogla, że kryształ obejmuje tylko tyle programów, ile jest ścianek na jego koniuszku. Kiedy stworzyłem więcej ścianek, punkty na sinusodzie natychmiast znikały. Kryształ nie mógł lub nie chciał ich zaakceptować. Byłem tym zafascynowany.

Sądzę, że ten eksperyment dowiódł, iż kryształy odbierają myśli (emocje i uczucia) oraz że potrafią je odsyłać z powrotem. Wasze Mer-Ka-Ba działa podobnie. Ono również ma krystaliczną naturę pod tym względem, że wykorzystuje te same formy geometryczne, które kryształy wykorzystują w strukturach swoich atomów. Wszelkie wysyłane przez was myśli, emocje i uczucia, wasza *uwaga* skierowana na Mer-Ka-Ba oraz *intencja* przesłania tego wszystkiego do Mer-Ka-Ba będzie przez nie odbierana i rozsyłana z powrotem do czasu, kiedy nie wydacie innego polecenia. Do tego nikt, nawet sam Lucyfer, nie może zmienić oprogramowania waszego Mer-Ka-Ba. Możecie to zrobić tylko wy sami. Chyba, że wprowadziliście program, który na to zezwala.

Różnica między kryształami a Mer-Ka-Ba polega na tym, że Mer-Ka-Ba *nie ma ograniczeń* co do ilości programów, które może pomieścić. Wydaje się, że to prawda. Sam umieściłem w moim Mer-Ka-Ba ogromną ilość programów i wszystkie działają. Jeśli nawet jest jakaś granica, z całą pewnością nie jest to mała liczba wielkości sześciu czy ośmiu, jaka charakteryzuje kryształy.

Programy Mer-Ka-Ba

Programowanie Mer-Ka-Ba oraz wszelkiej energii psychicznej jest bardzo interesujące. Przydarza nam się to każdego dnia, ale niewielu ludzi zdaje sobie z tego sprawę. Zanim przejdę do rzeczy, chciałbym wam opowiedzieć kilka historii. Mam wrażenie, że pomogą wyjaśnić naturę tematu. Na początek jednak podam wam definicję.

RÓŻNE SPOSOBY TWORZENIA WINA

Powiedzmy, że macie ochotę na francuskie wino pewnego gatunku lub coś podobnego. To wasze ulubione wino, więc myślicie: „Mam wielką ochotę na butelkę tego wina". Macie to wino przed oczyma, przełykacie ślinę i czujecie, jak wasz apetyt rośnie. Chcielibyście się napić, ale nie wiecie, skąd je wziąć.

Moglibyście oczywiście wykreować sobie wino w trzecim wymiarze. W tym celu musielibyście wyhodować winorośl, potem poczekać parę lat, aż zacznie owocować, następnie zerwać owoce, wycisnąć sok i poczekać kolejnych dziesięć lat, aż na koniec otrzymalibyście swoją upragnioną butelkę wina. Mielibyście z tym trochę kłopotu, no i cały proces trwałby dość długo, ale jeśli to właśnie akceptujecie jako rzeczywistość, musielibyście tak postępować.

Moglibyście również pobiec do sklepu i kupić butelkę wina, na które macie ochotę.

Albo moglibyście siedzieć dalej i myśleć o tym winie, a wtedy ktoś wszedłby do pokoju z butelką waszego upragnionego trunku i powiedział:

„Mam tu dodatkową butelkę wina. Masz ochotę?"

Po czym postawiłby ją na stole.

Gdyby to się wydarzyło tylko raz, moglibyście pomyśleć, że to fantastyczny zbieg okoliczności. Jeśli jednak za każdym razem, kiedy o czymś myślicie, zdarza się podobny zbieg okoliczności, w końcu zaczynacie się zastanawiać: „To dziwne, kiedy tylko o czymś pomyślę albo czegoś zapragnę, to się wydarza". Ostatecznie te wszystkie zbiegi okoliczności uświadomią wam, że istnieje związek między nimi a waszymi myślami i uczuciami. Wielu z was z pewnością wie, o czym mówię. Tak bowiem wygląda początek drogi duchowego rozwoju.

Dalej poprowadzi was ona do następnego etapu siddhi, kiedy zaczniecie uważnie przyglądać się temu, w jaki sposób sprawiliście, że coś się wydarzyło i jak moglibyście robić to świadomie, a nie przypadkiem. Rozwijanie tych umiejętności pozwala dokonywać rzeczy, jakich dokonywał Jezus przemieniając wodę w wino. W tym wypadku jedna rzecz zamienia się w inną. Dzięki temu udowadniacie sobie i innym, że to, co uznajecie za Rzeczywistość, jest prawdziwe. Ustanawiacie coś realnego. Jednocześnie jest to jednak dość niebezpieczne, bowiem wasze ego nie przeszło jeszcze transformacji.

Teraz możecie wykonać następny krok, którym będzie stworzenie wina z niczego – nie tyle zamiana, co stworzenie czegoś z niczego, bezpośrednio z Próżni. Na tym etapie uzyskacie już połączenie ze swą wyższą jaźnią.

Kolejny krok nie będzie się już wiązał z pragnieniem wina – na tym etapie nie ma już pragnień ani potrzeb. Przekonacie się wówczas, że wszystko jest pełne, kompletne i doskonałe takim, jakim jest. Przekroczycie polaryzację. Droga do domu stanie przed wami otworem.

KANISTER NA PALIWO

Kiedy mieszkałem w kanadyjskich lasach, po raz pierwszy uświadomiłem sobie, na czym polega idea zbiegu okoliczności. W owym czasie oboje z żoną widywaliśmy już anioły, a one kierowały naszym życiem. Już na początku powiedziały nam, byśmy nie martwili się o pieniądze. Twierdziły, że zapewnią nam wszystko, czego będziemy potrzebowali. Powiedziały, że Bóg zawarł z człowiekiem „naturalne przymierze". Zgodnie z nim rodzaj ludzki może zawierzyć Bogu, który go wykarmi lub też może w tej kwestii polegać wyłącznie na sobie. Jeśli zawierzy Bogu, będzie miał wszystkiego pod dostatkiem, jeśli jednak postanowi polegać na sobie, Bóg przestanie mu pomagać.

Moja żona była rozdrażniona, bo od dawna potrzebowaliśmy już kanistra na paliwo. Kilkakrotnie zdarzyło się, że zabrakło jej benzyny, podczas gdy znajdowaliśmy się około 30 kilometrów od najbliższej stacji paliw. Ostatnim razem przydarzyło jej się to poprzedniego dnia i musiała w efekcie przejść wiele kilometrów. Była zła, że dotąd nie kupiłem kanistra. Złościła się coraz bardziej i wkrótce z drobnej sprawy zrobiła się awantura. Przez cały czas powtarzałem jej:

„Musisz zaufać Bogu."

„Bogu?" – prychnęła. – „Potrzebuję kanister!"

„Pamiętasz, że anioły zakazały nam pracować, bo same mają nam dostarczyć wszystkiego, czego będziemy potrzebowali? To prawda, mamy mało pieniędzy, ale proszę cię, nie trać wiary."

Do tej pory rzeczywiście zaopatrywały nas we wszystko, co było nam potrzebne. Mieliśmy absolutnie wszystko z wyjątkiem kanistra.

Poszliśmy na spacer nad jezioro, przy którym mieszkaliśmy, a żona przez całą drogę zrzędziła:

„Powinniśmy wracać do miasta. Najwyższy czas przestać żyć samą wiarą. To zbyt trudne. Potrzebujemy pieniędzy."

Usiedliśmy na skale i spoglądaliśmy na nasze piękne jezioro w otoczeniu majestatycznych gór podarowanych nam przez Boga. Moja żona nadal narzekała na mnie, na anioły i na Boga.

Kiedy tak mówiła, zerkałem na boki i nagle zobaczyłem, że w odległości kilku metrów od nas, między dwoma skałami, stoi kanister. Ktoś najwyraźniej wyciągnął w tym miejscu łódź na brzeg, a potem odpłynął pozostawiając pojemnik. Nie był to jednak stary, zużyty kanister, ale najdziwniejszy kanister na całej planecie! Nie wiedziałem, że w ogóle robi się takie rzeczy. Był to śliczny czerwony kanister z grubego mosiądzu z solidnym mosiężnym uchwytem. Musiał kosztować co najmniej sto dolarów!

Powiedziałem: „Chwileczkę" i poszedłem po niego, a następnie wręczyłem żonie.

„Może być taki?" – spytałem.

To ją uciszyło na dwa tygodnie.

Góra pieniędzy

Nasz mały domek w lesie stał w jednym z najpiękniejszych miejsc na ziemi. Przekazał go w nasze ręce kościół katolicki. Mogliśmy tam mieszkać za darmo, tak długo, jak zechcemy. Nie mieliśmy nic, a przecież mieliśmy wszystko, nawet kanister. Jak już wspomniałem, w pewnym momencie jednak okazało się, że kończą nam się pieniądze. Ponieważ anioły nakazały nam zaniechać pracy i poświęcić cały swój czas na medytację, nasze zasoby finansowe zaczęły się kurczyć.

Im mniej mieliśmy pieniędzy, tym bardziej denerwowało to moją żonę. Na koniec zostało nam szesnaście dolarów bez widoków na przypływ gotówki. Moja żona straciła cierpliwość. Była coraz bardziej przerażona. Poważnie rozważała decyzję o odejściu. Następnego dnia mieliśmy zapłacić ratę za samochód w wysokości 125 dolarów, w przeciwnym razie odebrano by go nam. Nie mieliśmy tych pieniędzy. Żona narzekała przez cały dzień i wieczór. Wreszcie położyliśmy się spać. Odsunęła się w łóżku jak najdalej ode mnie i zasnęła.

Koło północy rozległo się pukanie do drzwi. Byliśmy sami w głębokim lesie. Od najbliższej drogi dzieliło nas 6 kilometrów, a od najbliższych sąsiadów około 3 kilometrów. Nocna wizyta była więc wielkim zaskoczeniem.

Wygramoliłem się z łóżka, narzuciłem na siebie szlafrok i otworzyłem drzwi. Ujrzałem w nich starego przyjaciela, którego nie widziałem od dwóch lat. Stał przede mną z szerokim uśmiechem na twarzy.

„Wszędzie cię szukałem, stary. Żyjesz na kompletnym odludziu. Ukrywasz się przed kimś?" – zapytał.

„Nie" - odparłem. – „Po prostu lubię życie na łonie natury. Wejdź. Co tu robisz w środku nocy?"

Dawno temu pożyczyłem mu trochę pieniędzy. Właściwie to dałem mu je i zapomniałem o tym.

„Poczułem przymus odnalezienia cię i oddania tych pieniędzy" - wyznał. – „Nie mogłem myśleć o niczym innym."

Położył na stole plik dwudziestodolarowych banknotów. Było tego trzy i pół tysiąca. Dla mojej żony i dla mnie, którzy prowadziliśmy wówczas bardzo proste życie, była to suma porównywalna z milionem dolarów!

Kolejna wypłata

Żona była jak oniemiała. Przestała narzekać na całe pół roku. Nie pisnęła nawet słówkiem.

Kiedy jednak zwrócone pieniądze zaczęły topnieć, jej wiara osłabła. Tym razem pozostało nam zaledwie 12 dolarów i coraz trudniej było jej uwierzyć, że i tym razem coś się wydarzy. Mówiła o tym bez przerwy. Znów rozważała odejście ode mnie i powrót do rodziny mieszkającej w Stanach. Mijały godziny, słońce chyliło się ku zachodowi, a ona wciąż narzekała. Po długim stresującym dniu, spędzonym na kłótniach dotyczących pieniędzy i wiary w Boga, nareszcie poszliśmy spać. Także i tym razem w środku nocy rozległo się pukanie do drzwi.

Odwiedził nas inny z moich starych przyjaciół z dawnych czasów. Poznaliśmy się na początku studiów w Berkeley. Nie wierzyłem własnym oczom! Nie miałem pojęcia, jak mnie odnalazł. Również i on postanowił zwrócić mi pożyczone pieniądze, choć suma ta była nieco mniejsza. Dostaliśmy 1800 dolarów.

„Dałeś mi te pieniądze, kiedy były mi potrzebne" – powiedział. – „Mam nadzieję, że wam się przydadzą."

Moja żona przechodziła kolejno te same etapy, co poprzednim razem. Z początku była uszczęśliwiona i nie skarżyła się na nic przez dobrych kilka miesięcy, kiedy jednak pieniądze zaczynały topnieć, traciła całą wiarę. Nie mogła uwierzyć, że anioły – które przychodziły tak samo do niej, jak i do mnie – naprawdę mogą nam zapewnić „wszystko, co potrzeba". Nie ufała im, mimo że przez dwa lata dotrzymywały słowa.

Kiedy więc pieniądze się skończyły, wyjechała do Berkeley, żeby podjąć pracę. Był to początek końca jej duchowego życia. Wkrótce potem przestała widzieć anioły. W owym czasie musiała polegać wyłącznie na sobie. Dostała pracę i jej życie wróciło do normy sprzed czasów, w których spotkała anioły. Jej życie biegło odtąd solidnym, przewidywalnym torem i utraciło całą magię.

Tymczasem anioły mnie nie opuściły. Do dziś zostawiam dla nich pokarm i oddaję moją energię życiową Bogu. Wierzę i ufam w to, co niewidzialne. Moja wiara rosła wraz z każdą kolejną wypłatą pieniędzy, podczas gdy wiara mojej żony słabła. Przypominało to historię ze szklanką, którą można uznać za w połowie pełną lub w połowie pustą. Pamiętajcie o tym, bowiem każdy z nas zostanie poddany takiej próbie zgodnie z siddhi i naturalnym prawem Boga.

W tamtym czasie oboje z żoną doświadczaliśmy wielu najprawdziwszych cudów. Oglądaliśmy je niemal każdego tygodnia, czasem nawet codziennie, przez dwa lata. Większość z nich przekraczała zwykły fakt nieoczekiwanego zwrotu pieniędzy. Często były to niewiarygodne zdarzenia, które każdy nazwałby cudem. Wielką nauką był dla mnie fakt, że ludzie mogą tak różnie reagować na rzeczywistość. To samo zdarzenie może zarazem pogłębić czyjąś miłość do Boga, jak i nasilić lęk innej osoby.

Siddhi mogą przedstawiać wiele zagrożeń dla ducha. Nie chodzi tylko o ego, które próbuje wykorzystać tę moc dla swych osobistych korzyści, ale również o pojawienie się lęku, który może sprawić, że zaniechamy medytacji. W każdym przypadku następuje wówczas zatrzymanie na drodze duchowego rozwoju. Nie jest ono trwałe, ale czasem trwa długo, dopóki nie nadejdzie właściwy moment.

CZTERY SPOSOBY
PROGRAMOWANIA MER-KA-BA

Teraz, kiedy już opisaliśmy wam, czym jest siddhi i jakie stawia przed nami pułapki, zajmijmy się kwestią programowania Mer-Ka-Ba.

Istnieją cztery sposoby takiego programowania. Korespondują one z czterema podstawowymi ścieżkami seksualnymi: męską, żeńską, obojnaczą oraz neutralną. Każda z tych czterech ścieżek seksualnych jest spolaryzowana, zatem „męska" dzieli się na „męską-męską" (heteroseksualną męską) i „męską-żeńską" (homoseksualną męską). Podobnie żeńska ścieżka może być „żeńska-żeńska" (heteroseksualna żeńska) oraz „żeńska-męska" (lesbijska żeńska). Ścieżka „obojnacza" jest biseksualna i w tej kategorii mieszczą się ścieżki „biseksualna męska" oraz „biseksualna żeńska". Pozostaje jeszcze ścieżka neutralna, która dzieli się na „aseksualną męską" i „aseksualną żeńską". Tych osiem spolaryzowanych kategorii można dzielić dalej, ale nie ma potrzeby tego wyjaśniać w tym momencie.

Cztery sposoby programowania Mer-Ka-Ba podlegają takiej samej klasyfikacji seksualnej na męskie, żeńskie, obojnacze i neutralne.

PROGRAMOWANIE MĘSKIE

Religia Sziwy podaje 113 metod medytacji. Jej wyznawcy uważają, że jest ich dokładnie tyle: ni mniej, ni więcej. Wierzą również, że niezależnie od tego, jak będziecie medytowali, czy wynajdziecie jakąś nową formę medytacji, i tak wpasuje się ona w jedną z owych 113 metod.

Pierwszych 112 sposobów ma charakter męski, a ostatni z nich (lub pierwszy) żeński. Sposoby męskie można opisać lub opowiedzieć o nich drugiej osobie. Rządzi nimi logika, toteż można je przedstawić ze wszystkimi szczegółami. Adepci dowiadują się, że postępując w określony sposób osiągną przewidywalne rezultaty.

Jednak jedyna żeńska metoda nie ma reguł. Nie można jej powtórzyć w taki sam sposób (właściwie można, ale nie da się tego przewidzieć). Żeńska ścieżka nie kieruje się przyjętymi zasadami logicznego myślenia. Pozostaje ona wierna uczuciom i intuicji. Jej ruchy są płynne i postępują drogą najmniejszego oporu.

Męski sposób programowania Mer-Ka-Ba jest zatem konkretnie określony i logiczny. Przedstawię wam to na przykładzie:

Kiedy między warsztatami poświęconymi Kwiatowi Życia oraz Ziemi/Niebu zacząłem prowadzić warsztat poświęcony trójfazowemu Mer-Ka-Ba, natknąłem się na szczególny problem. Trójfazowe Mer-Ka-Ba stanowiło ogromne pole o promieniu około 2 milionów kilometrów. Wykreowanie go wymagało udziału co najmniej dwojga ludzi. Energia uwalniana w chwili wyskakiwania dysku była olbrzymia. Wychwyciły ją więc komputery wojskowe i natychmiast przysłano do nas czarne helikoptery, aby zbadać nieznane zjawisko. Latały nad nami i nie pozwalały mi spokojnie prowadzić zajęć.

Anioły powiedziały, że mam przeprowadzić tylko dziewięć takich warsztatów. Pojęcie trójfazowego Mer-Ka-Ba okazało się najbardziej niezrozumiałe. Informacje o nim zaczęło jednak przekazywać około trzydziestu nauczycieli z rożnych krajów oraz niezliczone strony internetowe. Robiono to bez żadnego pozwolenia, wykorzystując informacje, których znaczenia nikt nie był w stanie ocenić. Wielu sądziło, że mają one służyć ewolucji rodzaju ludzkiego, ale to nieprawda. Medytacja ta ma na celu przebudzenie ducha Matki Ziemi oraz aktywację ziemskiego Mer-Ka-Ba. Cel ten został ostatecznie osiągnięty, mimo zamieszania panującego wśród nauczycieli duchowych oraz ich uczniów.

Podczas każdego z pierwszych sześciu warsztatów nad pomieszczeniem, w którym się one odbywały krążyły nieustannie po trzy lub cztery czarne helikoptery. W ciągu zaledwie piętnastu minut od chwili, w której uczestnicy zajęć wchodzili w pole trójfazowego Mer-Ka-Ba, pojawiały się helikoptery, aby towarzyszyć nam przez godzinę lub dwie, w czasie których prowadziły swoje badania.

Na szóstym warsztacie pojawił się funkcjonariusz FBI, który wylegitymował się wraz z trójką kolegów, którzy się nie ujawnili. Ich zachowanie sprawiło, że za zgodą aniołów postanowiłem użyć siddhi Mer-Ka-Ba, aby ochronić pozostałych uczestników przed dalszym prześladowaniem.

Utworzyłem więc surogat Mer-Ka-Ba. Objaśnię jego koncepcję szczegółowo pod koniec rozdziału. Teraz nadmienię tylko, że jest to pole stworzone przez człowieka oddzielnie od jego osobistego Mer-Ka-Ba. Pole to może pozostawać w jednym miejscu, takim jak dom lub ziemia. Może mieć ono oprogramowanie oddzielne od waszego Mer-Ka-Ba, a jednocześnie pozostawać żywym dzięki energii waszej siły życiowej.

Wtedy stworzyłem surogat Mer-Ka-Ba w miejscu, w którym odbywały się zajęcia. Był on wystarczająco duży, by objąć cały ten obszar, toteż kiedy uczestnicy weszli w pole trójfazowego Mer-Ka-Ba, moje specjalne „męskie" programowanie chroniło ich przed inwigilacją czarnych helikopterów. Programowanie, które zastosowałem było bardzo proste: stwierdziłem tylko, że obszar znajdujący się wewnątrz pola Mer-Ka-Ba oraz zewnętrzne skutki jego działania są „niewidoczne i niewykrywalne" dla nikogo. Zadziałało.

Kiedy więc grupa stworzyła trójfazowe Mer-Ka-Ba podczas siódmego warsztatu, po raz pierwszy nie pojawiły się nad nami czarne helikoptery. Staliśmy się dla nich niewidzialni. Po prostu. Być może zauważyliście, że dzięki tej samej metodzie zlikwidowałem wywoływane przez siebie zaburzenia elektryczności.

Popełniliśmy jednak czysto ludzki błąd, co pokazuje naturę problemów typowych dla męskiego programowania. Ostatniego dnia warsztatów ta sama grupa postanowiła wybrać się do Sedony położonej około 75 kilometrów dalej. Podróż sprawiła, że opuściliśmy obręb zastępczego

Mer-Ka-Ba, które zapewniało nam niewidzialność i niewykrywalność. Zupełnie o tym zapomnieliśmy. Dotarliśmy do lasu rosnącego na kompletnym pustkowiu, a jednak w piętnaście minut po rozpoczęciu medytacji pojawiło się nad nami sześć czarnych helikopterów. Krążyły nad nami przez godzinę niczym natrętne czarne muchy.

Podczas dwóch ostatnich warsztatów trójfazowego Mer-Ka-Ba stosowaliśmy programowanie „niewidzialności i niewykrywalności", pozostając wewnątrz utworzonego przez nas Mer-Ka-Ba. Ani razu nie pojawiły się nad nami helikoptery. Taka jest natura męskiego programowania – trzeba być bardzo konkretnym.

Nie jest moim zadaniem mówić wam, co macie robić i w jaki sposób programować wasze Mer-Ka-Ba. Przedstawiam wam tylko opis jego działania. Reszta należy do was i do waszej wyższej jaźni. Informacje te nabiorą większego znaczenia, kiedy przejdziemy do kwestii uzdrawiania samych siebie oraz innych ludzi, jak również środowiska naturalnego.

PROGRAMOWANIE ŻEŃSKIE

Jak już mówiłem, programowanie żeńskie nie kieruje się logiką. Każdy mężczyzna, który miał do czynienia z kobietą wie, o czym mówię. (To tylko żart.)

Programowanie żeńskie nie ma narzuconej formy i dlatego trudno przedstawić je na przykładzie. Mimo to spróbuję to zrobić. Chcąc stworzyć dla siebie ochronę psychiczną, można wymyślić wiele sposobów męskiego programowania. Może to być na przykład odbijanie psychicznej energii z powrotem do jej źródła lub wysyłanie jej do wnętrza Ziemi albo zamiana jej na energię pozytywną. Istnieje bardzo wiele męskich sposobów działania. Sposób żeński polega jednak na takim zaprogramowaniu Mer-Ka-Ba, które byłoby najbardziej odpowiednie, lecz nie pozwalało dokładnie określić na czym ma ono polegać. Inaczej mówiąc, uwzględnia ono wszelkie możliwości. Tym samym nie można wprawdzie przewidzieć, w jaki sposób Mer-Ka-Ba zareaguje na psychiczny atak, wiadomo jednak, że zrobi to skutecznie.

Innym sposobem jest powierzenie swego losu Bogu. Jest to działanie podobne, ale z jedną różnicą. Zakłada ono, że być może padniemy ofiarami ataku psychicznego. Bóg posiada większą mądrość w tych sprawach. Pamiętajcie, że nawet idea ataku psychicznego mieści się w obszarze polaryzacji. Jest to myślenie wyznaczające podział między „nami" a „nimi".

PROGRAMOWANIE OBOJNACZE

Łatwo to wyjaśnić. Duch w ciele męskim lub żeńskim wykorzystuje oba sposoby jednocześnie. Uruchamia program żeński i towarzyszące mu wybrane programy męskie, aby osiągnąć określony cel.

Programowanie neutralne

Idea programowania „neutralnego" opiera się na paradoksie. Osoba neutralna (niezwykła rzadkość na Ziemi, choć dość typowe zjawisko w kosmosie) nie stosuje żadnego programowania. Jest to istota funkcjonująca poza wszelką polaryzacją. Nie reaguje na nią w najmniejszym stopniu. Nie przemawia do niej nawet taoistyczna koncepcja głosząca, iż „bezbronność jest najlepszą obroną". Postrzega ona życie i Rzeczywistość z zupełnie innej perspektywy, niż ktokolwiek z nas mógłby sobie wyobrazić.

Ponieważ jednak na Ziemi prawie na ma osób „neutralnych", nie musimy omawiać tego sposobu programowania. Nawet jeśli ktoś z was jest tego rodzaju osobą, nie musi wykonywać tej pracy. Z pewnością już teraz podąża właściwą Drogą.

Surogat Mer-Ka-Ba

Jak już mówiliśmy, surogat Mer-Ka-Ba jest żywym polem Mer-Ka-Ba odrębnym od Mer-Ka-Ba rozpostartego wokół osoby, która je stworzyła. Jest to pole pozostające na stałe w jednym miejscu, takim jak dom lub kawałek ziemi. Może ono posiadać oprogramowanie odrębne od tego, które ma wasze osobiste Mer-Ka-Ba, a jednocześnie być żywym dzięki zasilaniu waszą energią życiową.

Bardzo prosto je stworzyć:

1. Wybierzcie miejsce, w którym znajdować się będzie „tuba oddechu".

2. Określcie zewnętrzne Mer-Ka-Ba, czyli długość promienia dysku. Może to być na przykład granica waszej posiadłości. Rozmiary surogatu Mer-Ka-Ba mogą być bardzo duże. (Wciąż z nimi eksperymentujemy. Obecnie stworzyłem pole o średnicy 344 kilometrów, które wspomaga okolicę, w której mieszkam. Nauka postępowania z tak dużym polem zajęła mi kilka lat.)

3. Nie zastanawiajcie się nad płcią Mer-Ka-Ba ani nad ustawieniem tetraedrów. Z pewnością i tak będzie skuteczne.

4. Rozmiar tetraedrów automatycznie dostosuje się do rozmiaru dysku, zatem i tym nie musicie sobie zaprzątać głowy.

5. Podczas medytacji z Mer-Ka-Ba musicie „zobaczyć", że to samo dzieje się z jego surogatem. Wykonując po kolei każdy z siedemnastu kroków pracy z Mer-Ka-Ba „zobaczcie", że wszystko to dotyczy również surogatu.

6. Przypominajcie sobie o surogacie każdego dnia, tak jak musicie sobie przypominać o swoim osobistym Mer-Ka-Ba. Oznacza to, że podczas codziennych medytacji – wraz z każdym oddechem, z każdym krokiem - musicie uwzględniać również surogat. Kiedy wyskoczy dysk waszego osobistego Mer-Ka-Ba, zobaczcie, jak wyskakuje również dysk surogatu.

7. Możecie stworzyć więcej niż jeden surogat, chociaż to dość

skomplikowane, bowiem należy pamiętać o ich zasilaniu energetycznym.

8. Zaprogramujcie swój nowy surogat tuż po jego ukończeniu. Raz zaprogramowany nie zmieni się do czasu, kiedy wy sami nie wprowadzicie zmian.

I jeszcze jedno. Jeżeli będziecie mieli stałe Mer-Ka-Ba, przekonacie się, że możecie stworzyć jego surogat w czasie potrzebnym na wzięcie jednego oddechu. A wtedy mniej uwagi będzie potrzeba, by utrzymać go przy życiu.

WNIOSKI

Omówiliśmy temat siddhi oraz niektóre pułapki wyższej medytacji z Mer-Ka-Ba. Nie poruszyliśmy jednak kwestii rzeczywistego celu medytacji z Mer-Ka-Ba. Powtórzmy raz jeszcze, że dzięki nawiązaniu świadomego kontaktu ze swą wyższą jaźnią możecie zrozumieć, kim naprawdę jesteście. Ta podstawowa świadomość stanowi początek wszystkich medytacji prowadzących do wypełnienia celu waszej egzystencji. Opowiemy o tym w następnym rozdziale.

ROZDZIAŁ PIĘTNASTY

Miłość a uzdrawianie

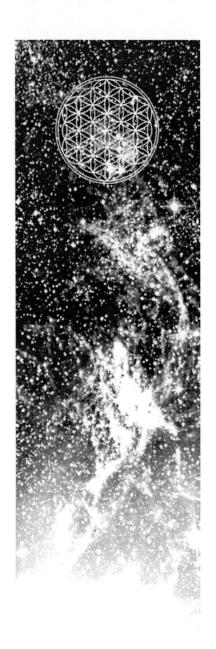

Miłość *jest* tworzeniem

Miłość jest źródłem wszelkiego tworzenia. Jest świadomością nadającą kształt stworzonym wszechświatom, wymiarom oraz światom, w których żyjemy. Kiedy oglądamy inne światy z perspektywy naszych podzielonych umysłów, nieodmiennie widzimy wszystko w układach trójkowych. Czas dzieli się na przeszły, teraźniejszy i przyszły. Przestrzeń wyznaczają współrzędne x, y, z. Każdy rozmiar postrzegamy w kategoriach mikrokosmosu, otaczającego nas codziennego świata oraz makrokosmosu. Nazwijmy to trójcą Rzeczywistości.

Wszystko, co istnieje w owej trójcy Rzeczywistości, począwszy od cząsteczek atomu po niezmierzone galaktyki, spajają siły, którym nadaliśmy różne imiona, uznając je za osobne i niezwiązane ze sobą. I tak atomy utrzymują się razem dzięki sile atomowej, która na pozór różni się od siły grawitacyjnej utrzymującej planety w obrębie słońc oraz słońca w bliskości innych słońc. Czy rzeczywiście jednak siły te są odmienne w swej naturze? Być może różni je w istocie tylko fakt, iż manifestują się na różnych poziomach wymiarów.

Miłość jest szczególną wibracją świadomości, która w przypadku ludzkich istot łączy je ze sobą w związki. Małżeństwo pozbawione miłości jest tylko pustą skorupą, która ostatecznie się rozpadnie. Zdarza się, że ludzie podtrzymują taki związek ze względu na dzieci, wtedy jednak również kierują się miłością – miłością do dzieci. Znajdujemy różne powody do podtrzymywania związków, w których nie ma miłości, ale prawdziwa miłość odmienia wszystko. Jest ona najsilniejszym spoiwem. Ludzie umierają dla miłości.

Wierzę, że cały wszechświat jest zwierciadłem świadomości. Przekonałem się, że energia jest właśnie świadomością, niezależnie od nazw, jakie jej nadajemy: elektryczności, magnetyzmu, pola elektromagnetycznego, ciepła, kinetyki, siły atomowej lub grawitacyjnej i tak dalej. Na tej podstawie widzimy więc, że zgodnie z równaniem $e = mc^2$ energia jest spokrewniona z materią oraz z szybkością światła podniesioną do kwadratu, czyli z liczbą. Dlatego materia również jest świadomością, tyle że w skrystalizowanej formie. Z tego punktu widzenia wszystko jest świadomością. Świadomość jest też światłem, które promieniuje z materii świata zewnętrznego i wraz z każdym oddechem tworzy cały świat zewnętrzny. Wewnętrzny świat świadomości – sny, wizje, uczucia, emocje, energia seksualna, kundalini, a nawet nasz sposób interpretacji rzeczywistości zewnętrznej – wszystko to jest źródłem materii oraz sposobu jej organizacji, wyrażonej wzorem e = mc². Miłość zaś jest spoiwem tego równania. Jest wibracją, na którą reaguje materia. Posiadamy wielką moc tworzenia. Zapomnieliśmy o niej, ale nadszedł czas, byśmy ją sobie przypomnieli.

Dlatego właśnie ożywienie Mer-Ka-Ba wymaga miłości. Bez miłości będzie ono pozbawione życia i wkrótce obumrze. W miłości konieczny jest aspekt żeński dla zrównoważenia aspektu męskiego. W przeciwnym razie nie będzie życia.

To miłość zdolna jest przemienić wodę w wino. Miłość wskrzesza umarłych. Dzięki miłości możecie uzdrowić siebie i innych. Miłość i tylko miłość może uzdrowić ten świat. Nie można więc mówić o uzdrawianiu, nie mówiąc o miłości. Bez niej jest to nieprawdziwe. Medycyna nie może zdziałać wszystkiego. Dzięki miłości wszystko jest możliwe. Nieuleczalna choroba staje się czystym światłem, a atomy tworzące organizm chorego dają się przeorganizować tak, że powraca do niego zdrowie. Brak miłości jest źródłem wszystkich chorób, bowiem to miłość spaja materię, tworząc porządek pośród chaosu. Bez miłości panuje chaos.

Uzdrowienie jest możliwe tylko tam, gdzie jest miłość.

Pod koniec lat 80. prowadziliśmy specjalne badania, aby przekonać się, czy wszyscy uzdrowiciele mają ze sobą coś wspólnego. Obserwowaliśmy wielu z nich, stosujących do tego różne formy lub techniki. Zbadaliśmy chyba wszystkie znane metody uzdrawiania. Poznaliśmy metodę nakładania rąk, chirurgię psychiczną, reiki, uzdrawianie praniczne, szamanizm, czary, wizjonerstwo i tak dalej. Badaliśmy energię płynącą z ciał uzdrowicieli i odkryliśmy, że wszyscy oni mieli niemal identyczny wzór fal sinusoidalnych, ten sam powtarzający się wciąż na przemian wzorzec trzech fal wysokich i jednej niskiej. Wzorzec ten pochodził z jednakiego źródła, a była nim czakra serca.

Było to bardzo interesujące z perspektywy geometrycznej, bowiem długość tuby oddechowej ponad czakrą serca, jak i poniżej niej dzieli się dokładnie na jedną część męską oraz trzy żeńskie. Ten sam aspekt występował u wszystkich uzdrowicieli, przynajmniej w czasie ich pracy. W chwili, w której uzdrawiali chorych, wszyscy promieniowali energią płynącą z czakry serca – podstawowej czakry uniwersalnej, bezwarunkowej miłości!

Na podstawie tych badań oraz przeżytych doświadczeń stwierdziłem, że sama technika uzdrawiania nie ma istotnego znaczenia. Stanowi ona zaledwie strukturę dla umysłu, *prawdziwe* uzdrowienie zaś płynie z miłości, którą uzdrowiciel obdarza chorego. Uzdrawia miłość, a nie wiedza. Dlatego nie można mówić o uzdrowieniu, nie mówiąc jednocześnie o miłości.

Nie ma różnicy między uzdrawianiem ludzi a ludzkich osad lub całej planety. W zależności od przypadku potrzeba tylko czasem większego natężenia miłości.

Umysł potrafi manipulować materią, ale miłość może zrobić coś więcej. Miłość potrafi bez wysiłku stworzyć materię z nicości. Niezależnie od powagi problemu wymagającego uzdrowienia, miłość zawsze znajdzie właściwy sposób. *Prawdziwa miłość nie ma granic.*

Jaka zasłona nie pozwala nam ujrzeć tej prawdy i żyć z nią w zgodzie? Ograniczają nas wzorce naszych przekonań. To, co uznajemy za prawdę, zawsze stanowi nasze ograniczenie. Jeśli zatem lekarz powie nam, że choroba, na którą cierpimy jest nieuleczalna, a my w to uwierzymy, nie zdołamy siebie uzdrowić. Będziemy tkwić sztywno w tym przekonaniu. Będziemy musieli żyć mimo tego ograniczenia, nawet jeśli będzie to życie pełne bólu i udręki. Tylko cud, coś o wiele większego od nas samych, może przełamać takie sztywne przekonanie. Umysł może zatem uniemożliwić uzdrowienie. Kiedy kontrolę sprawuje umysł, a nie serce, niemal zawsze cierpimy.

Opowiem wam teraz historię o pewnej kobiecie, która pokonała swój umysł i przekroczyła wzorce swoich przekonań. Nazywała się Doris Davidson.

Zanim ją poznałem cierpiała na polio i przez dwanaście lat nie wstawała z wózka inwalidzkiego. Lekarz powiedział, że nigdy nie będzie mogła chodzić, a ona poddała się w obliczu tego „faktu". Mieszkała razem z synem, który zrezygnował z własnego życia, żeby się nią opiekować.

Któregoś razu Doris przeczytała książkę na temat uzdrawiania kryształami. Była niezwykle przejęta tym, co jej autorka napisała o wielu chorobach, które dało się uzdrowić tą metodą. Jej słowa przywróciły jej nadzieję utraconą przed wielu laty. Zadzwoniła więc do niej z prośbą o pomoc, a autorka książki z niewiadomych powodów poradziła jej, by skontaktowała się ze mną.

Kiedy Doris do mnie zadzwoniła, odparłem, że muszę poprosić o pozwolenie, zanim będę mógł jej pomóc. Obiecałem, że wkrótce się odezwę. (W dalszej części tego rozdziału omówimy, dlaczego prośba o pozwolenie jest tak ważna.) Zwróciłem się wówczas do aniołów, a potem otworzyły się wszystkie kanały potrzebne do uzdrowienia tej kobiety. Anioły powiedziały, bym zaniechał wszelkich metod uzdrawiania, które zwykle stosowałem, za to ograniczył się *wyłącznie* do pracy z przekonaniami tej kobiety. Twierdziły, że Doris znajdzie sposób uzdrowienia siebie samej, kiedy tylko *naprawdę* uwierzy, że jest to możliwe.

Zadzwoniłem do niej i zaczęliśmy rozmawiać. Spotykaliśmy się raz w tygodniu przez wiele miesięcy i rozmawialiśmy. Prowadziłem te rozmowy tak, by mogła uwierzyć, że jest w stanie uzdrowić się sama. Mijały miesiące, ale nic się nie zmieniało.

Któregoś dnia zadzwoniła jednak do mnie i poczułem, że zaszła w niej jakaś zmiana. Słyszałem to w jej głosie pełnym wiary. Oświadczyła, że podjęła kilka ważnych decyzji. Po pierwsze, postanowiła, że już nigdy nie usiądzie na wózku inwalidzkim. Sprzedała wózek i zamówiła u lekarza specjalne uchwyty podtrzymujące jej biodra i nogi. Miała bardzo osłabione mięśnie na skutek wieloletniego siedzenia na wózku. Potrzebny jej był również chodzik na czterech kółkach, żeby zabezpieczyć się przed upadkiem. Poruszała się w ten sposób przez wiele miesięcy.

Któregoś dnia poczuła, że jej nogi stają się coraz mocniejsze i postanowiła zamienić chodzik na kule. Kiedy i to okazało się możliwe, Doris zaczęła coraz mocniej wierzyć w możliwość całkowitego uzdrowienia.

Po pewnym czasie jej nogi wzmocniły się na tyle, że uchwyty podtrzymujące biodra przestały być potrzebne. Pozostawiła więc tylko uchwyty podtrzymujące stawy kolanowe. Czuła się już tak dobrze i odzyskała na tyle wiarę w siebie, że poprosiła syna, by się wyprowadził i zaczął żyć własnym życiem. W owym czasie potrafiła już zatroszczyć się o siebie bez żadnej pomocy.

Nareszcie nadszedł wielki dzień. Doris mogła już odstawić kule i poruszać się wyłącznie z pomocą uchwytów. Była tak podekscytowana, że ledwie mogła rozmawiać ze mną przez telefon. Kilka dni później pojechała do kalifornijskiego Wydziału Ruchu Drogowego i zdała egzamin na prawo jazdy. Wkrótce też sprzedała dom, kupiła nowiuteńkiego landrovera i przyjechała nim do Taos w Nowym Meksyku, gdzie prowadziłem warsztat na temat Kwiatu Życia. Weszła na salę bez żadnej pomocy, za to z uśmiechem tak promiennym, iż wydawało się, że lada moment uniesie się w powietrze. Była odmienioną kobietą.

Dziewięć miesięcy później szedłem ulicą w Taos, kiedy nieoczekiwanie podbiegła do mnie Doris. Było to nasze pierwsze spotkanie od czasu pamiętnego warsztatu. Dostała zaraz potem pracę i zniknęła mi z oczu. Zakręciła się przede mną, żeby pokazać, iż nie nosi już uchwytów. Spojrzała na mnie i powiedziała:

„Jestem całkowicie uzdrowiona, Drunvalo. Taka jestem szczęśliwa. Kocham cię."

Pobiegła dalej tanecznym krokiem. Patrzyłem, jak podskakuje na ulicy. Nawet w najmniejszym stopniu nie było po niej widać, że cierpiała na polio i spędziła dwanaście lat na wózku inwalidzkim.

Przez pięć czy sześć kolejnych lat dostawałem od niej kartkę na Boże Narodzenie z wyrazami wdzięczności. A przecież ja nic nie zrobiłem; to ona uleczyła się sama. Pojęła, na czym polegał jej problem i w głębi serca *uwierzyła*, że naprawdę może się wyleczyć, a potem dokonała tego.

Pamiętacie tę kobietę, która dotknęła szaty Jezusa pragnąc, by ten ją uzdrowił? Jezus jej odpowiedział:

„Córko, bądź dobrej myśli. Twoja wiara cię uzdrowiła."

To, co *uznajecie* za prawdę, jest waszym ograniczeniem. Kiedy odrzucicie wszelkie ograniczenia, staniecie się wolni.

„ULECZ SIEBIE SAM"

Przede wszystkim dokonajmy rozróżnienia między samouzdrawianiem a uzdrawianiem innych. Zawsze należy zaczynać od siebie. Jeśli nie potraficie uleczyć siebie, jak zdołacie uzdrowić innych? Zacznijmy zatem od waszego pola energetycznego Mer-Ka-Ba.

Wierzę, że jeśli będziecie codziennie oddychali we właściwy sposób i praktykowali medytację Mer-Ka-Ba, ostatecznie zostaniecie uzdrowieni. „Ostatecznie" może jednak nastąpić wcześniej, kiedy zrozumiecie, że Mer-Ka-Ba jest żywym tworem i reaguje wyłącznie na świadome intencje ducha znajdującego się wewnątrz pola energii.

Dzięki doskonałej równowadze prany żeńskiej i męskiej, którą osiąga się dzięki oddychaniu Mer-Ka-Ba, niektóre choroby mogą zniknąć samoistnie. Wkrótce poczujecie ogromną zmianę w waszym samopoczuciu oraz stanie zdrowia. Nie wszystkie dolegliwości jednak ustąpią same. Niektóre choroby mogą zostać uzdrowione tylko dzięki głębokiemu zrozumieniu ich natury.

Niżej opisana historia dobrze ilustruje kwestię natury schorzenia. Około 1972 roku mieszkałem w kanadyjskich lasach wraz z żoną i dziećmi. Oboje z żoną studiowaliśmy wówczas dziedzinę hipnotyzmu. Przekonaliśmy się, że możemy opuszczać swe ciała i odwiedzać inne pokoje w naszym domu. Przeprowadziliśmy kilka prób, żeby potwierdzić prawdziwość naszej percepcji.

Opiszę wam pewien prosty test. W czasie gdy moja żona znajdowała się w transie, udałem się do innego pokoju i przestawiłem tam coś, nikomu o tym nie mówiąc. Następnie wróciłem i poprosiłem ją, aby przeniosła się poza ciałem do tamtego pokoju i opisała mi, co widzi. Zrobiła to bezbłędnie, a ja zacząłem wierzyć, że życie na Ziemi różni się od moich wyobrażeń na ten temat.

Przeprowadziliśmy w ten sposób wiele prób, niektóre bardzo skomplikowane. Kiedyś moja żona udała się (poza ciałem) do pobliskiej księgarni, gdzie wybrała książkę, której żadne z nas nie czytało. Otworzyła ją na wybranej stronie i przeczytała mi ją. Zapisałem wszystko słowo po słowie, łącznie z numerem strony. Następnego dnia sprawdziliśmy tekst książki w księgarni. Nie pomyliła się ani o jedno słowo. Powtarzaliśmy to ćwiczenie i za każdym razem wykonywała je bezbłędnie. Z czasem nabieraliśmy coraz większej pewności co do natury Rzeczywistości oraz znaczenia świadomości.

Któregoś dnia postawiłem na kuchence żeliwną patelnię. Zapomniałem o niej i kiedy wróciłem po piętnastu minutach była już rozgrzana doi czerwoności. W tym momencie weszła moja żona i bez zastanowienia chwyciła patelnię. Próbowałem ją powstrzymać, ale zrobiła to zbyt szybko. Trzymała patelnię w lewej ręce i przeniosła ją o jakiś metr dalej, zanim jej ciało zareagowało bólem. Dopiero wtedy z krzykiem upuściła rozgrzane naczynie i wpadła w długotrwały szok.

Podbiegłem do niej natychmiast i spojrzałem na jej dłoń. Była silnie poparzona. Nie wiedziałem co robić, więc włożyłem ją pod strumień zimnej wody. Trzymałem jej rękę pod wodą przez kilka minut, kiedy nawiedziła mnie pewna myśl. Zwróciłem się do żony i powiedziałem, że wprowadzę ją w trans. Zgodziła się. Na początek oświadczyłem, że jej ból minął. Ustąpił natychmiast. Żona zamknęła oczy i odprężyła się. Postanowiłem posunąć się krok dalej.

Nadal trzymałem jej dłoń w swoich rękach i przyglądałem się oparzeniu. Powiedziałem, że kiedy doliczę do trzech, poparzenie ustąpi całkowicie. Wypowiedziałem „trzy" i po dwóch czy trzech sekundach ręka zagoiła się. Widziałem to na własne oczy i od tej pory moje życie się zmieniło. W tamtej chwili pojąłem, że wszystko, co rodzice i inni ludzie mówili mi na temat Rzeczywistości nie było prawdą. Ciało pozwala się kształtować i reaguje na polecenia świadomości. Reaguje na to, w co naprawdę wierzymy.

Po tym wydarzeniu przeprowadziliśmy jeszcze wiele eksperymentów, które dowiodły ponad wszelką wątpliwość, że Rzeczywistość można kształtować za pomocą świadomości. Była to pierwsza ważna lekcja uzdrawiania, jaką otrzymałem. Minęło jednak wiele lat, zanim zrozumiałem, że to, co przydarzyło się mojej żonie, można zastosować do uzdrowienia każdej sytuacji zaistniałej w Rzeczywistości. Chory organ, który obumiera może zostać uzdrowiony tylko dzięki świadomości.

Miałem przyjaciółkę o nazwisku Diana Gazes, która przez jakiś czas prowadziła w nowojorskiej telewizji program pod tytułem *Gazes into the Future (Spojrzenia w przyszłość.)* Pokazywała w nim wszelkie spektakularne przypadki uzdrowień, jakie udało jej się sfilmować. Po wielu latach zawiesiła swój program. Jako jeden z ostatnich chciała zaprezentować (choć nigdy do tego nie doszło) przypadek niezwykłego uzdrowienia jedenastoletniego chłopca. Nagrywała postępy w jego uzdrawianiu prawie przez cały rok, ale kiedy chłopiec był już bliski uzdrowienia, program został zawieszony.

Chłopiec ten od najwcześniejszych lat życia hodował salamandry. Znacie je: można im wyrwać nogę lub ogon, a te odrastają. Rodzice nie powiedzieli mu, że zjawisko to dotyczy wyłącznie salamander, a nie ludzi. Nie wiedział o tym. Wierzył, że wszystkim żywym stworzeniom odrastają utracone organy, także i ludziom.

Chłopiec ten w wieku dziesięciu lat stracił nogę powyżej kolana. I co zrobił? Wyhodował sobie nową.

Wszystko to można zobaczyć na filmie nakręconym przez Dianę. W końcowej jego części odrastały mu palce u stóp. Cały proces zajął mu około roku. Czy to możliwe? Wszystko zależy od systemu przekonań, od tego, co uważacie za możliwe oraz tego, jakie nałożyliście sobie ograniczenia.

Kiedy nauczycie się uzdrawiać siebie samych i poznacie naturę spraw, które tu opisuję, duch może was poprosić, byście zaczęli uzdrawiać innych. Jeśli ktoś zostanie poproszony o to, by został uzdrowicielem, powinien zrozumieć znacznie więcej.

UZDRAWIANIE INNYCH

Nikt nie ma prawa uzdrawiać innych według własnego życzenia, nawet jeśli *mógłby* swoim dotykiem uzdrowić wszystkich dookoła. To nielegalne. Żyjemy w jednej wielkiej szkole, w której każdy ma do przeżycia własne potrzebne mu doświadczenia. Nie można uzdrowić kogoś kierując się własnym życzeniem, potrzebą tej osoby lub przekonaniem, iż na to zasługuje. *Najpierw trzeba otrzymać pozwolenie.*

Do czego potrzebne jest pozwolenie? Żyjąc w trzecim wymiarze nie mamy wystarczającego oglądu rzeczywistości. Nie wiemy, do czego, w szerszej perspektywie, doprowadzą nasze działania. Możemy być przekonani, że uzdrawiając kogoś wyświadczamy mu przysługę, podczas gdy w istocie krzywdzimy go. Wszyscy żyjemy w kosmicznej szkole pamięci. Choroba może być powodem, dla którego ktoś przybył na Ziemię. Dzięki niej być może nauczy się, czym jest współczucie. Uzdrawiając go, pozbawicie go tej szansy. Powstrzymajcie więc swoje ego, a uzdrawianie będzie się działo naturalnie.

Oto w jaki sposób zwykle działam. Najpierw proszę o pozwolenie moją wyższą jaźń; pytam, czy jest to zgodne z boskim porządkiem rzeczy. (Pojęcie wyższej jaźni tłumaczę w rozdziałach 16-18.) Jeśli odpowiedź brzmi „tak", muszę bezpośrednio zapytać tę osobę (jeśli to możliwe), czy chce, żebym ją uzdrowił. Jeśli odpowie twierdząco, zwracam się z kolei do *jego* lub *jej* wyższej jaźni, by zapytać, czy jest to zgodne z boskim porządkiem rzeczy. Zdarza się, że na tym poziomie nie dostaję pozwolenia. Mówię wówczas z przykrością, że niestety nie mogę pomóc i pozwalam, aby sprawy toczyły się zgodnie z naturą. Jeśli jednak otrzymuję pozwolenie, przystępuję do następujących działań.

Wyjaśnijmy sobie, że opisując stosowane przeze mnie procedury nie oczekuję, że będziecie postępowali tak samo. Przytaczam tylko przykład własnego postępowania, abyście mogli lepiej zrozumieć ten proces, ale w żadnym razie nie podaję go jako jedyny możliwy.

Wyższa jaźń zna najdrobniejsze szczegóły problemu danej osoby. Jeśli więc uzyskacie jej pozwolenie na uzdrowienie, warto zapytać ją o wszystko, co dotyczy choroby. Przekonałem się, że wyższa jaźń chorego zna również odpowiedź na pytanie, co go uleczy. Czasem wskazuje metody tradycyjne, ale zdarza się, że podpowiada działania, które na pozór pozbawione są sensu. Wyższa jaźń może na przykład sugerować narysowanie czerwonej gwiazdy na czole pacjenta. Możecie nie rozumieć dlaczego, ale obraz ten zapoczątkowuje w umyśle chorego proces, który doprowadzi go do całkowitego uzdrowienia. Korzystajcie z pomocy wyższej jaźni swoich pacjentów, bowiem ona wie wszystko.

Koncepcje, które tu przedstawię, być może różnią się od tego, co dotąd słyszeliście na temat uzdrawiania. Postarajcie się przyjąć je z otwartym umysłem. Po pierwsze, zdaję sobie sprawę z tego, że ludzie mają zazwyczaj najróżniejsze wyobrażenia na temat tego, czym jest choroba. Wspominałem już, że sam uważam organizm za wytwór światła, który można dowolnie kształtować pod warunkiem, że umysł zaakceptuje fakt uzdrowienia. W takiej perspektywie ciało ludzkie jest po prostu energią, podobnie jak jego choroby. Nie przywiązuję wielkiej wagi do historii schorzenia, do tego, co zdaniem pacjenta, jest przyczyną jego problemu. Zarówno ciało, jak i choroba są dla mnie czystą energią.

Odkryłem również, że uzdrowienie przychodzi łatwiej, jeśli usuniemy negatywną „chorą" energię, zanim chory spróbuje zaszczepić w sobie energię pozytywną. Zauważyłem, że tak energia pozytywna, jak i negatywna bardzo dobrze reagują na ludzkie intencje. Posłużmy się przykładem chorego na kataraktę. Schorzenie to obejmuje dwoje oczu, więc osoba ta cierpi na pełną utratę wzroku. Zdaniem lekarzy jedynym rozwiązaniem jest w tym przypadku operacja.

Z mojego punktu widzenia problem dotyczy energii. Wyciągam więc palce i sięgam do oczu chorego, aby schwycić chorą energię i wyrwać ją z organizmu. Uzdrowiciele na całym świecie mają różne koncepcje tego, co należy zrobić z chorą energią, którą usunęli z ciała. Nie można jej, rzecz jasna, odłożyć na bok, aby ponownie dostała się do czyjegoś organizmu.

Uzdrowiciele prany z Filipin wizualizują wówczas czarę wypełnioną fioletowym płomieniem, który spala niezdrową energię. Każdy ma swój sposób. Jeśli chodzi o mnie, to anioły poradziły mi, abym wysyłał tę energię do środka Ziemi, gdzie Matka Ziemia przemienia ją w pozytywną użyteczną siłę. Przekonałem się, że sposób ten jest bardzo skuteczny.

Uzdrowiciele mają też różne sposoby gromadzenia uzdrawiającej prany, czy też pozytywnej energii, którą następnie przekazują choremu. Mistrzowie Chi Gong czerpią tę energię z natury. Uzdrowiciele z Filipin sięgają po nią do słońca. Wy jesteście szczególnie uprzywilejowani, bowiem poznawszy technikę Mer-Ka-Ba, będziecie mogli czerpać nieograniczone ilości czystej prany z czwartego wymiaru. Jak przeczytaliście w rozdziale 13, czakrę serca otacza kula prany o średnicy długości dwóch dłoni, w której spotykają się dwa strumienie tej energii. Wraz z dziesiątym oddechem kula ta rozszerza się spowijając całe ciało, a wokół serca pozostaje pierwotna mniejsza kula energii. Z tego właśnie źródła można czerpać pranę do uzdrawiania innych.

Możecie zatem wykonać *wizualizację z intencją*, aby z kuli otaczającej czakrę waszego serca wysłana została energia do osoby potrzebującej uzdrowienia. Nie ma tu żadnych ograniczeń, toteż energia ta dociera do chorego w chwili, w której ją wysyłacie. Możecie ją zobaczyć, jak spływa wzdłuż waszych ramion do dłoni, a z nich do osoby, która jej potrzebuje. Nie ma też znaczenia, w jakim miejscu na świecie znajduje się chory. Poślijcie mu energię z odpowiednią intencją, a z pewnością ją otrzyma.

Kiedy już usuniecie z organizmu chorą energię i zastąpicie ją praną, pozostanie wam ostatni krok. Musicie teraz ujrzeć swego pacjenta w wyobraźni jako zdrowego człowieka oraz (co niezwykle istotne) ujrzeć go zdrowym w przyszłości, dokładnie po trzech miesiącach. *Wiedzcie*, że tak właśnie będzie.

Jest to prosta, a zarazem skuteczna forma uzdrawiania. Pamiętajcie, że to miłość przynosi uzdrowienie.

Chciałbym w tym miejscu poruszyć jeszcze jedną kwestię. Otóż w niektórych przypadkach, kiedy wszelkie starania uzdrowiciela okazują się bezskuteczne, przyczyną jest coś w osobie chorego, co nie pozwala na jego uzdrowienie. Mówię tu o czym innym niż wzorce przekonań. O czymś, czego wielu uzdrowicieli pragnęłoby uniknąć, a czego *uniknąć nie można*, jeśli mamy do czynienia z tym problemem.

W ten sposób dotarliśmy do kwestii bytów oraz dysfunkcyjnych myślokształtów, które nie są częścią osobowości, a jednak ją zamieszkują. Funkcjonują one jak pasożyty. Byty te nie należą do danej osoby, choć żywi ona myśli, uczucia bądź emocje, które je przyciągają. Samą swoją obecnością mogą one uniemożliwiać uzdrowienie, podobnie jak mogą być bezpośrednią przyczyną poważnych chorób.

Czym są owe byty? Są żywymi istotami z innych wymiarów, którym udało się przeniknąć do tego świata. Tam, skąd przybywają, zajmowały należne sobie miejsce, potrzebne do właściwego funkcjonowania wszechświata. Przedostając się do naszego wymiaru, tworzą jednak poważny problem.

Istnieją również inne byty: duchy ludzkie, które powodowane lękiem nie opuściły trzeciego wymiaru i zdecydowały się zamieszkać w ciele innej osoby. Są i byty pochodzące z kosmosu, z tego lub innego wymiaru, które znalazły się w niewłaściwym miejscu i czasie.

Można to wyjaśnić na przykładzie poziomów komórkowych w organizmie. Każda komórka w waszym ciele jest jedyna w swoim rodzaju i znajduje się w określonej części ciała. Pełni tam swoją funkcję, niezbędną dla dobrego funkcjonowania całego organizmu. Komórki różnią się między sobą: inne są komórki mózgowe i komórki serca, a jeszcze inaczej wyglądają komórki wątroby. Wszystko jest w porządku, dopóki komórki znajdują się na właściwym miejscu. Jednak na przykład rozcięcie żołądka spowoduje, że napłyną doń komórki krwi. Potrzebne wówczas będzie uzdrowienie, aby je usunąć.

Czym zaś są myślokształty, które wprowadzają zaburzenie równowagi? To myśli drugiego człowieka lub istoty innego rodzaju, posyłane najczęściej intencjonalnie i przenikające do wnętrza danej osoby. Mogą to być klątwy lub skierowany wprost strumień nienawiści, które żyją odtąd we wnętrzu ofiary. Kiedy przenikną do środka, przyjmują zazwyczaj dowolny kształt, czy też formę i czerpią z danego organizmu energię życiową. Wydają się żywe. Można je usunąć w taki sam sposób, w jaki usuwa się obce duchy.

Wszystkie te formy inwazji z wyjątkiem „dobrych duchów" mają szkodliwy wpływ na zdrowie człowieka. Zdarza się to wprawdzie rzadko, ale czasem jakiś duch z wyższych poziomów ewolucji służy danej osobie. Jeśli stykam się z takim zjawiskiem, zwykle nie interweniuję. Wiem, że w odpowiedniej chwili istota ta sama opuści ciało.

Hipnoterapeuci mają z tym do czynienia na co dzień. Zazwyczaj zajmują się tą kwestią na początku terapii. Uważam, że postępują słusznie. Kiedy tylko dostaniecie pozwolenie wyższej jaźni swego pacjenta, w pierwszej kolejności sprawdzajcie, czy nie zamieszkują w nim obce byty lub myślokształty. Przekonałem się, że tak właśnie było u połowy moich klientów. Byty te pochodzą najczęściej z czasów, w którym niewłaściwie zastosowano Mer-Ka-Ba na Atlantydzie, rozrywając tym samym powłoki wymiarów, czyli sprzed około 13 000 lat. Wiele tych istot od tamtej pory uparcie towarzyszy innym duszom.

Zapytajcie swoją wyższą jaźń, czy macie się zajmować tą dziedziną uzdrawiania. Jeśli nie, odstąpcie od niej, ale pamiętajcie, że czasem możecie okazać się bezradni, jeśli obcy byt w ciele pacjenta nie będzie pozwalał na jego uzdrowienie.

Opowiem wam, co robię, aby je usunąć, ale pamiętajcie proszę, że podstawą tej pracy nie jest technika, ale miłość. Moja ścieżka z pewnością nie stanowi też jedynej metody wspomagającej uzdrawianie. Jeśli znajdujecie się na początku tej drogi, moje słowa mogą wydawać się wam pozbawione sensu. Dołożę jednak wszelkich starań, aby wam to wyjaśnić.

Kościół katolicki i inne religie stosowały w przeszłości egzorcyzmy, aby wypędzać obce byty z ciała ofiary. Proces ten przeprowadzano najczęściej bez należytego zrozumienia zasad funkcjonowania świata duchowego, używając przy tym brutalnej siły psychicznej. Celem księdza było wypędzenie ducha. Nie troszczył się on o jego dalsze losy. Nie wiedział też, że wypędzony byt czym prędzej wniknie do ciała kogoś innego, najczęściej do ciała pierwszej napotkanej osoby. Taki byt *musi* zajmować cudze ciało. Nie jest w stanie żyć bez formy.

Cóż więc dobrego przychodziło z egzorcyzmów? Choroby i obce duchy nadal nękały ludzkość. Znalazły się one bowiem w świecie, który był im obcy. Bały się go i czuły się nieszczęśliwe. Byty te podobne są do małych dzieci. Aby chronić się w tym obcym środowisku, nauczyły się przybierać groźne formy i wydawać przerażające dla ludzi dźwięki, aby trzymać ich z dala od siebie. Jeśli potraktujemy je z miłością, uczciwością i szacunkiem, jeśli będziemy potrafili je przekonać, że naprawdę odeślemy je do domu, nie będą się opierać i z pewnością nam w tym pomogą. Radzę więc, byście traktowali te istoty jak małe dzieci, niezależnie od tego, co wyprawiają.

Przekonajmy się teraz, do czego mogą być zdolne. Jeśli właściwie pojmujecie Rzeczywistość - jako materię ze światła dającą się kształtować zgodnie z waszymi intencjami - musicie wiedzieć, że możecie pamiętać i tworzyć intencje, które niosą uzdrowienie. Nie lękajcie się zatem obcych bytów ani też myślokształtów. Nie mogą wam nic zrobić, dopóki będziecie się z nimi kontaktować poprzez miłość. Tylko ten stan świadomości zapewni wam nietykalność. Jeśli nawiążecie z nimi łączność poprzez lęk, energię seksualną, doświadczenia z narkotykami lub jakiekolwiek inne, które mogą sprowadzić je do waszego wewnętrznego świata, mogą was opętać.

Zaczynam więc zawsze od pytania skierowanego z miłością do wyższej jaźni danej osoby, czy zamieszkały ją obce byty lub szkodliwe dla niej energie. Jeśli otrzymuję odpowiedź twierdzącą, od razu wytwarzam w umyśle pole o kształcie oktaedru (dwie piramidy połączone tylnymi ścianami). Polem tym otaczam tę osobę oraz siebie. Robię tak z dwóch powodów: nie pozwalam w ten sposób uciec obcej istocie do ciała innej osoby, a jednocześnie otwieram jej na szczycie piramidy lufcik, przez który może przedostać się na powrót do swojego wymiaru.

Następnie zwracam się z wołaniem o pomoc do Archanioła Michała. On uwielbia tę pracę, ponieważ pozwala ona przywrócić nieco porządku we wszechświecie. Archanioł staje za mną i patrzy zza moich barków. Pracujemy wspólnie jak jeden. Wystarczy poprosić, a będzie pracował także z wami.

Później kładę rękę na pępku chorej osoby i proszę obcy byt, by do mnie wyszedł. Nawiązuję z nim wówczas telepatyczny kontakt. Przekonałem się, że duchy niekoniecznie muszą przemawiać ustami osoby opętanej. (Komplikuje to całą sprawę i zwykle budzi lęk u ofiary.) Po nawiązaniu telepatycznej więzi z obcym bytem, przesyłam mu energię miłości, aby dowiedział się, że nie chcę go „dopaść", ale że zależy mi również na jego dobru.

Każdy duch, każde istnienie zostało stworzone przez Boga w jakimś celu i służy świętemu celowi w pełnym wymiarze życia. Nic nie dzieje się przypadkowo. Mówię zatem obcemu bytowi, że moim celem jest odprowadzić go do świata, z którego przybył. I zamierzam tego dokonać. Kiedy uda mi się go przekonać, sprawa staje się prosta.

Następnie staram się poczuć i zobaczyć ducha swym wewnętrznym okiem. Istoty te mają różne kształty i formy, które nowicjuszowi mogą wydawać się dziwaczne. Często przybierają formę węża lub owada, ale potrafią też dowolnie zmieniać swój kształt. W odpowiednim momencie zaczynam wyciągać ducha z ciała osoby. Kiedy znajduje się on w odległości około metra od ciała ofiary, oddaję go Michałowi, który przenosi go pod wierzchołek oktaedru i odsyła poprzez kolejne wymiary do domu. Michał dokładnie wie, co robić.

W ten sposób obie strony zyskują. Duch powraca do domu, co dla niego równa się podróży do nieba. Tam będzie mógł wypełnić uświęcony cel swojego życia i będzie szczęśliwy. Człowiek zaś zostaje oswobodzony w swoim własnym ciele, czasem po raz pierwszy od tysięcy lat. Odtąd może też funkcjonować w nowy zdrowy sposób. Wiele chorób w takich momentach ustępuje bez leczenia, bowiem ich bezpośrednią przyczyną była obecność ducha.

I jeszcze jedna uwaga: kładę dłoń na pępku osoby, ponieważ przekonałem się, że stamtąd najłatwiej wyciągnąć obcego ducha. Wnikają one zwykle do ciała przez szczególną czakrę, znajdującą się u podstawy czaszki, w okolicy potylicy. Osoby nawiedzane przez duchy najczęściej eksperymentowały wcześniej z narkotykami lub nadużywały alkoholu i to je osłabiło. Duchy przedostają się do ich wnętrza również na skutek pewnych praktyk seksualnych albo przeżywania intensywnych uczuć, takich jak lęk lub poczucie bezsilności. Mają też inne sposoby, ale tymi trzema posługują się najczęściej.

Kiedy jeden duch wychodzi i wyraźnie odnajduje drogę do domu, pozostałe duchy, o ile przebywają we wnętrzu człowieka, zazwyczaj ustawiają się w kolejce i robią wszystko, żeby wam pomóc, bowiem i one chcą powrócić do swoich wymiarów.

Wiem, że to wszystko brzmi dziwnie, ale to prawda. Obserwowałem skutki stosowania tej metody u tysiąca ludzi i przekonałem się, że odzyskiwali oni integralność i zdrowie.

Podam wam kilka przykładów. Zeszłego roku podczas warsztatu prowadzonego w Meksyku, podszedł do mnie nieznajomy młody człowiek i poprosił o pomoc. Twierdził, że od roku nie może się opanować w wielu sprawach. Czuł, że opętał go duch i chciał wiedzieć, czy to możliwe.

Po uzyskaniu pozwolenia jego wyższej jaźni dowiedziałem się, że opętał go tylko jeden duch i że mogę działać zgodnie z moją zwyczajową procedurą. Duch pojawił się i odezwał po angielsku, choć z wyraźnym włoskim akcentem. Roześmiałem się, bo nigdy przedtem nie słyszałem ducha mówiącego z włoskim akcentem. Rozmawiałem z nim piętnaście minut i ostatecznie zgodził się opuścić ciało. Po paru minutach było po wszystkim.

Młody człowiek poczuł się znacznie lepiej i mógł podjąć rozmowę. Zapytałem go, co jego zdaniem umożliwiło duchowi przeniknięcie do jego wnętrza. Nie był pewien, ale wiedział, gdzie to się stało. Powiedział, że miało to miejsce we Włoszech. Pomyślałem, że to oczywiste. Ten duch był ludzki i do tej pory bał się odejść.

Kolejny przykład pochodzi z Europy. Na moim warsztacie pojawiło się pewne małżeństwo. Byli ze sobą od wielu lat i bardzo się kochali, jednak kiedy już zaczynali się starzeć, w fantazjach seksualnych kobiety zaczął pojawiać się „wyśniony" kochanek. Oboje mieli udane życie seksualne. Ten trzeci pojawił się więc bez wyraźnej przyczyny.

W miarę upływu czasu wyśniony mężczyzna w coraz większym stopniu pochłaniał seksualną energię kobiety, aż doszło do tego, że osiągała orgazm tylko z nim. Ostatecznie przestała kochać się z mężem, uznając, że nic nie może na to poradzić. Nowy kochanek zmuszał ją do uprawiania seksu dwa lub trzy razy dziennie, tak jak on tego chciał. Ona nie miała tu nic do powiedzenia.

Sytuacja tego typu może mieć podłoże emocjonalne lub mentalne, choć w tym wypadku było inaczej. „Wyśniony" kochanek był realnym bytem pochodzącym z innego wymiaru. Kobieta otworzyła mu przejście biorąc narkotyki. Spróbowała zaledwie dwa razy, a potem przestała, ale było już za późno. Mężczyzna znalazł się w jej wnętrzu.

Kiedy uzyskałem pozwolenie, długo rozmawiałem z jej wyższą jaźnią. Duch ten był niezwykle inteligentną istotą. Nie dawał się zwieść. Kiedy nawiązałem z nim kontakt, wiedział, co zamierzam zrobić. Rozmawiał ze mną dogłębnie przez dwadzieścia minut, a potem wyraził życzenie spotkania z Archaniołem Michałem. Powiedziałem, żeby wystawił głowę z żołądka kobiety, a zobaczy go na własne oczy. Widziałem po jego minie, że był pod wrażeniem ujrzanego Archanioła. Natychmiast z powrotem ukrył się w jej ciele i oświadczył, że potrzebuje czasu do namysłu. Kazał mi skontaktować się ze sobą następnego dnia.

Nazajutrz kobieta powiedziała mi, że rozmawiali całą noc. On twierdził, że ją kocha i nie chce odchodzić, ale uznał, że tak będzie najlepiej dla nich obojga. Później znowu uprawiali seks.

Wieczorem znów przyłożyłem dłoń do brzucha kobiety i nawiązałem kontakt z duchem.

„Dobry wieczór" – powiedział po prostu. – „Chciałbym ci powiedzieć, że bardzo cię lubię i dziękuję, że w taki sposób mi pomagasz."

Oświadczył też, że jest gotowy odejść. Uniosłem go i podałem Michałowi, który chwycił go za ramię i odprowadził do jego świata. Mężczyzna nie stawiał najmniejszego oporu.

Kiedy powiedziałem kobiecie, że jest już po wszystkim, była zadziwiona. Twierdziła, że nic nie poczuła. Potem patrząc na mnie powiedziała:

„Chciał, żebym ci powiedziała, że cię polubił."

Tego wieczora kochała się z mężem po raz pierwszy od dłuższego czasu. Rankiem obudzili się tak szczęśliwi, że postanowili urządzić sobie drugi miesiąc miodowy. Stali u progu nowego życia.

Ważnym szczegółem jest to, byście upewnili się, że usunęliście z ciała wszystkie ślady ducha. Byty te mogą składać jajka, albo zostawiać swoje pozostałości. Zapytajcie, w którym miejscu się one znajdują albo starajcie się sami je wyczuć i wyciągnąć, odsyłając z powrotem wraz z duchem. Jeśli je zignorujecie, człowiek może w efekcie zachorować lub też choroby wywołane przez obecność ducha mogą nie ustąpić.

I jeszcze jedno. Kiedy zaczynam się źle czuć albo coś mi nie wychodzi, co zdarza się rzadko, zwlekam z samouzdrawianiem. Dlaczego? Bo przede wszystkim chcę się dowiedzieć, dlaczego wywołałem to zaburzenie równowagi w swoim życiu. Dokonuję więc przeglądu wydarzeń. Chcę się dowiedzieć, co myślałem, czułem, powiedziałem lub też zrobiłem, co stworzyło tę chorobę. Dzięki temu będę mógł naprawić sytuację i nie powodować jej powrotu w innej formie. Czekam na podszepty mądrości.

OSTATNIE PRZESŁANIE I HISTORIA

Jestem pewien, że już to słyszeliście: „Na tym świecie nie ma żadnych ograniczeń poza tymi, które sami na siebie nakładacie".

Diana Gazes, o której już wspominałem, zostawiła swój program telewizyjny i wyjechała na Hawaje, aby lepiej poznać siebie. Zostawiła za sobą świat filmu. Miała szczególne zdolności. Potrafiła zginać wzrokiem łyżeczki. Zaczęła uczyć, głównie przedstawicieli wielkich korporacji, w jaki sposób można wykorzystywać własne energie psychiczne. Diana jest istotą głęboko duchową. Zależało jej wówczas na tym, by zgłębiać swoje możliwości. Będąc na Hawajach postanowiła przeprowadzić wspólnie ze mną pewien eksperyment. Szczegóły nie są istotne, dość, że postanowiliśmy wykonywać go przez dziesięć dni, przy czym każdego wieczoru miałem do niej dzwonić, żeby porównywać rezultaty.

Zadzwoniłem do niej pierwszego i drugiego dnia, ale trzeciego dnia pomyślałem: „Nie zrobię dziś eksperymentu i zobaczymy, co się wydarzy". W czasie, w którym powinienem był go zakończyć, zadzwoniłem do Diany, ale nie odebrała telefonu. Nie wiedziałem, co robić, więc zapytałem anioły. Odpowiedziały:

„Proszę. Oto jej numer telefonu. Dzwoń."

Miałem w ręku nieznany numer telefonu. Postanowiłem zadzwonić. Ku memu zaskoczeniu (pozornemu, bo anioły nigdy się nie mylą) Diana odebrała.

„Cześć, Diana" – powiedziałem.

„Kto mówi?" – spytała.

„To ja, Drunvalo."

„Drunvalo?"

„Tak, jak się masz? Masz dziwny głos."

„Drunvalo? Ale jak...?" – zamilkła na chwilę, a potem powiedziała – „Jak to możliwe? Właśnie przechodziłam obok budki telefonicznej, kiedy do niej zadzwoniłeś. Skąd wiedziałeś?"

A zatem, pokładajcie w sobie wiarę. Ufajcie sobie. Bóg mieszka w was, z całą pewnością tak jest. Możecie uzdrowić wszystko, co istnieje. Dzięki miłości możecie wprowadzić doskonałą harmonię do swego ciała i świata. Życie płynie i staje się coraz łatwiejsze, a nie coraz bardziej skomplikowane.

ROZDZIAŁ SZESNASTY

TRZY POZIOMY JAŹNI

Sądzimy, że nasza egzystencja na Ziemi dotyczy wyłącznie życia w ludzkim ciele. Czy kiedykolwiek jednak przyszło wam do głowy, że jednocześnie istniejecie być może na innym poziomie, a nawet kilku? Jest to koncepcja zgodna z wierzeniami wielu kultur pierwotnych, takich jak kultura Majów czy hawajskich kahunów. Z ich perspektywy człowiek jest istotą wielowymiarową przebywającą jednocześnie w różnych światach, gdzie prowadzi odrębne życie. Całe zdobyte przeze mnie doświadczenie potwierdza, że mają one rację.

W normalnych warunkach my, ludzie, mamy świadomość istnienia pozostałych części siebie, jednak na skutek Upadku z czasów Atlantydy zostaliśmy oddzieleni od naszych wyższych jaźni. Kiedy uda nam się ponownie nawiązać z nimi kontakt, będziemy prowadzić życie, które na razie wydaje nam się niemożliwością. Ujrzymy wówczas wyraźnie swoją przeszłość oraz przyszłość i nauczymy się podejmować decyzje w oparciu o wyższą wiedzę, co będzie miało pozytywny wpływ na rozwój naszej duchowości. Wszystko to utraciliśmy dawno temu na skutek swojego postępowania.

Owe wyższe poziomy egzystencji ludzkiej w innych wymiarach nazywane są wyższą jaźnią lub też wieloma wyższymi jaźniami, jak można by stwierdzić, patrząc z to z szerszej perspektywy. Myślenie o wyższej jaźni w liczbie pojedynczej jest zarazem właściwe, jak i błędne. We wszechświecie istnieje tylko Jedna Istota, choć obejmuje ona sobą wiele poziomów. Pamiętacie, co mówiliśmy o poziomach świadomości w rozdziale 9?

Wasza wyższa jaźń jest nawet połączona z następnymi jaźniami wyższymi od siebie. Wyższe jaźnie są zatem połączone z jaźniami wyższymi od siebie, te zaś są połączone z jeszcze wyższymi jaźniami. Każda wyższa jaźń funkcjonuje na innym poziomie świadomości, z których każdy jest coraz większy i obejmuje coraz szerszy obraz rzeczywistości. Ostatecznie najwyższy poziom osiągamy tuż przed przekroczeniem długości fali wymiarów tego wszechświata. Każdy człowiek posiada *zdolność* istnienia na każdym możliwym poziomie świadomości jednocześnie, choć rzadko zdaje sobie z tego sprawę.

Sytuacja ta przypomina drzewo genealogiczne rosnące w górę aż do momentu połączenia się z Bogiem i z wszelkim istnieniem. W pewnej chwili zostaliśmy jednak odłączeni od naszej wielowymiarowej jaźni, kiedy to rasa ludzka spadła na obecny poziom trójwymiarowej świadomości. Wówczas nastąpiło rozdzielenie. Upadliśmy na tak niski poziom świadomości, że pozostałe aspekty naszej jaźni utraciły zdolność komunikowania się ze sobą. Mimo że najczęściej nie jesteśmy świadomi istnienia swych wyższych jaźni, one nigdy nie straciły świadomości naszego istnienia.

Od czasu „Upadku" sporadycznie i rzadko udawało się nawiązać z nimi kontakt. Nasze wyższe jaźnie czekały, aż się przebudzimy. Czekały na odpowiedni moment. Był to więc rodzaj jednostronnego oddzielenia – one były nadal świadome naszego istnienia, my zaś nie wiedzieliśmy o ich istnieniu.

Jeśli kahunowie z Hawajów się nie mylą, nasze wyższe jaźnie zaprogramowały nas na stan oczekiwania, podczas gdy same komunikują się ze sobą, przygotowując się wspólnie na dzień, w którym ostatecznie przebudzimy się i rozpoczniemy nowe życie. Większość z nas nie doświadczyła prawdziwego kontaktu ze swoimi wyższymi jaźniami od 13 000 lat, nie licząc krótkich chwil łaski i światła.

Połączenie z wyższą jaźnią nie przypomina channelingu ani żadnej podobnej techniki. Jest to nawiązanie łączności z samym rdzeniem własnej istoty, z własnym duchem. Być może trafniejszym określeniem byłoby „przypomnienie". Przypomnienie o sobie różnych części naszego ducha. Niektórzy używają słowa „dusza". Uważam jednak, że słowo „duch" lepiej oddaje istotę spraw, o których mówimy. Widzę Wielkiego Ducha i wszystkie duchy pochodzące z tego samego źródła jako jego części. Z tego punktu widzenia wszyscy jesteśmy spokrewnieni z Wielkim Duchem, czy też z Bogiem. Niektóre konotacje słowa „dusza" sugerują, że dusze różnią się między sobą i nie są spokrewnione. Według mnie wszystkie dusze, czy też duchy pochodzą z tego samego źródła. Jeśli wolicie określać Boga jako Matkę lub Ojca, możecie stwierdzić, że wszyscy jesteśmy siostrami i braćmi żyjącymi w tym wszechświecie.

Odkryłem to, o czym mówią wierzenia wszystkich pierwotnych kultur świata, a mianowicie to, że każdy z nas posiada wyższy aspekt swojej jaźni. Gdyby udało nam się osiągnąć poziom świadomej komunikacji z nią, moglibyśmy czerpać wskazówki z wewnętrznego przewodnictwa w każdej chwili naszego życia. Nasze działania byłyby odtąd przepełnione łaską i mocą oraz pozbawione wszelkiego wysiłku. Przewodnictwo, o którym mówię wypływa z naszego wnętrza i troszczy się o nas w takim samym stopniu, w jakim my troszczymy się o siebie. Nie sposób go ogarnąć z perspektywy ograniczeń trzeciego wymiaru.

Poza tym ponad poziomami życia i wyższych jaźni znajduje się to, co wielu ludzi nazywa Duchową Hierarchią. Hierarchię tę tworzą istoty, którym powierzono odpowiedzialność za organizację i sprawowanie rządów

we wszechświecie. Duchowa Hierarchia przeplata się z naszymi wyższymi jaźniami i nie jest bezpośrednio związana z nami. Fakt nawiązania łączności z wyższą jaźnią nie oznacza jeszcze nawiązania więzi z Duchową Hierarchią. Wspominam o tym na wszelki wypadek, ubiegając ewentualne pytania w tej kwestii.

Przedstawię wam teraz pewien przykład, na podstawie którego anioły próbowały mi wytłumaczyć fakt, że wyższa jaźń posiada tak jasny i wyraźny ogląd rzeczywistości. Wyobraźcie sobie, że płyniecie kajakiem w dół rzeki. Załóżmy, że rzeka ta przepływa przez dżunglę Amazonii. Woda jest zielona, a nad wami rozpościera się błękit nieba. Wszędzie wokół kwitnie bujna zielona roślinność. Świetnie się bawicie, wiosłując coraz dalej i dalej w dół strumienia waszego życia. Spoglądając wstecz, dostrzegacie zaledwie odcinek przebytej drogi. Po obu brzegach rzeki rosną gęste wysokie drzewa, które zasłaniają widok za zakrętem. Sięgacie pamięcią tylko do ostatniego zakrętu rzeki. Tylko tyle potraficie za sobą dostrzec. Mijając kolejny zakręt, który rozpoczyna nowy etap waszego życia, zapominacie o tym, co było wcześniej. Pamiętacie drobne momenty, a im dalej płyniecie wraz z nurtem, tym bardziej zacierają się wasze wspomnienia. Patrząc przed siebie, widzicie następny zakręt, zatem wasz ogląd przyszłości ograniczony jest również przez kolejny zakręt rzeki. Nie macie pojęcia, co będzie dalej. Nigdy wcześniej nie płynęliście wzdłuż tej rzeki.

Wasza wyższa jaźń jest niczym orzeł krążący nad waszą głową. Przebywa ona w innym wymiarze, w którym czas ma formę sfery (kuli). Jednocześnie obejmuje przeszłość, teraźniejszość i przyszłość. Widzi całą waszą przeszłość, sięgającą daleko wstecz, o wiele dalej niż wy możecie dostrzec. Ma też dobrą pamięć. Jednocześnie sięga wzrokiem daleko w przyszłość. Ona również posiada swoje ograniczenia, ale znacznie mniejsze. W porównaniu z wami ma przed sobą fantastyczny widok na rzekę. Widzi rzeczy, które dopiero mają się wydarzyć. Dostrzega również takie relacje w rzeczywistości, których wy nie jesteście w stanie dostrzec, patrząc z ludzkiej perspektywy. Powiedzmy, że wypełniacie polecenia wyższej jaźni, która jak wielki ptak przylatuje do was i mówi:

„Hej, przybij do brzegu po tej stronie i wysiądź."

Gdybym nie chciał być posłuszny nakazom mojej wyższej jaźni, mógłbym powiedzieć:

„Nie mam ochoty wysiadać. Rzeka jest piękna. Popłynę jeszcze kawałek."

Posłuszeństwo nakazuje jednak zrobić to, o co prosi mnie wyższa jaźń i nie zadawać niepotrzebnych pytań. I tak może mi ona powiedzieć:

„Weź swój kajak na plecy i ruszaj przez dżunglę."

Dźwigam więc swój ciężar po jarach i wykrotach, w których obłażą mnie czerwone mrówki i mruczę do siebie: „Ach, te wyższe jaźnie".

Jeśli podążacie w zgodzie ze wskazówkami waszych wyższych jaźni, wiecie, co mam na myśli. Doświadczacie na własnej skórze tak wielu przemian, jednocześnie dźwigając na plecach ciężar łodzi i zastanawiacie

się, dlaczego wyższa jaźń każe wam robić tak szalone rzeczy. Zdarza się, że musicie przedzierać się przez dżunglę kilometrami, zanim ponownie dotrzecie do rzeki. Dopiero z tej perspektywy widzicie, że ominęliście olbrzymi wodospad, który rozbija się w dole o masywne kamienie. Gdybyście usłuchali podszeptów ego, stracilibyście życie. Dzięki temu jednak, że zmieniliście drogę, możecie dalej żyć na Ziemi. Uniknęliście katastrofy dzięki niewidzialnemu przewodnictwu starożytnej wiedzy.

Kiedyś uczyłem pewnej techniki nawiązywania kontaktu z wyższą jaźnią. Zdałem sobie jednak sprawę, że jest ona skuteczna tylko w określonych okolicznościach. Dla mnie działała, choć po czasie zrozumiałem, że niezupełnie tak, jak myślałem. Dlaczego jednak nie była równie skuteczna dla innych? Z początku nie mogłem tego zrozumieć.

Zastanawiałem się nad tym przez wiele lat. Na koniec zapytałem o to moją wyższą jaźń. (Zwykle zwlekam z takimi pytaniami do chwili, w której wszystkie sposoby zawodzą.) Poprosiłem więc anioły:

„Proszę, wyjaśnijcie mi to. Pokażcie mi, o co chodzi."

Zaraz potem nastąpił szereg zdarzeń, a każde z nich pogłębiało moje zrozumienie tej sytuacji.

Na początek doszło do pewnego zdarzenia podczas warsztatów, które prowadziłem w Olimpii w stanie Waszyngton. Pojawił się na nich mężczyzna w wieku sześćdziesięciu paru lat, rdzenny Hawajczyk. Nie rozumiałem, dlaczego przyszedł na moje zajęcia. Moim zdaniem nie były mu do niczego potrzebne. Odczekałem chwilę, a potem spytałem:

„Co pan tu robi?"

„Nie wiem" – odpowiedział.

„W porządku. W takim razie obaj nie znamy przyczyny pańskiej obecności" – stwierdziłem i powróciłem do przerwanego wykładu.

Po kilku dniach w czasie rozmowy spytałem go, czym się zajmuje. Odparł, że jest hawajskim kahuną.

„A czego pan naucza?"

„Tylko jednego" – powiedział. – „Uczę, jak nawiązywać kontakt z wyższą jaźnią."

„Ach, tak..."

Kiedy więc nadszedł moment w czasie warsztatu, aby opowiedzieć o wyższej jaźni, przerwałem i siadając wśród uczestników poprosiłem kahunę, aby udzielił wszystkim wyjaśnień na ten temat. Jego wykład trwał półtorej godziny, a może nawet dwie. Opowiadał o nawiązywaniu kontaktu z wyższą jaźnią z punktu widzenia Huny. Przyjąłem to bez zastrzeżeń.

Jego nauki odmieniły moje rozumienie wyższej jaźni. Przekażę wam to, co pojąłem na swój sposób. Doświadczenie podpowiadało mi, że istnieję ja i moja wyższa jaźń. Kahuna jednak wyjaśniał, że istnieją trzy części – wyższa jaźń, środkowa jaźń i niższa jaźń. Powinienem był to wiedzieć. Przecież wszystko w naszym świecie funkcjonuje w układach trójkowych.

Od czasu spotkania z tamtym kahuną miałem wiele doświadczeń potwierdzających jego słowa. Jeśli w naszej podzielonej świadomości znajdujemy się pośrodku, czym są pozostałe części jaźni – wyższa i niższa? Stopniowo wyjaśnię wam, czym one są, najważniejsze jednak byście zrozumieli, że człowiek nie może nawiązać kontaktu ze swą wyższą jaźnią, zanim nie skontaktuje się z niższym aspektem siebie. Duch musi najpierw skierować się ku dołowi, zanim wzniesie się do poziomu nieba. Moje życie potwierdziło te naukę na wiele sposobów. Zacznijmy teraz od wyjaśnienia pojęcia niższej jaźni.

Niższa jaźń – Matka Ziemia

Najprościej mówiąc, niższa jaźń jest nieświadomością. Jednak w przeciwieństwie do powszechnego mniemania, jakoby nieświadomość była związana wyłącznie z osobowością jednostki i jej nieświadomymi myślami, nieświadomy umysł niższej jaźni jest w istocie połączony ze wszystkimi nieświadomymi umysłami ludzkimi na Ziemi (stanowiąc zbiorową nieświadomość w ujęciu Junga). Zna zatem nieświadome myśli każdego człowieka, a co więcej, również nieświadome myśli wszystkich tych, którzy kiedykolwiek żyli na Ziemi, jak i tych którzy dopiero się narodzą. Tak, wasz nieświadomy umysł zna przeszłość i przyszłość, przynajmniej tę, która dotyczy życia na Ziemi. Dodatkowo, niższa jaźń wie wszystko o *życiu* na tej planecie, nie tylko ludzkim. Innymi słowy, zna wszystkie szczegóły istnienia całej żywej biosfery. Obejmuje sobą wszystko. Ta niższa jaźń jest żywa, a w kontakcie z osobowością występuje jako pojedyncza istota. Jest to bowiem sama Matka Ziemia! To ona jest wasza niższą jaźnią.

Uświadomcie sobie, że niższa jaźń to Ziemia i wszelkie istnienie w niej i ponad nią. Nie jestem pewien, czy niższa jaźń obejmuje również Księżyc. Zapewne tak jest, ale nie mogę tego stwierdzić.

Według hawajskich kahunów, jak również według przedstawicieli innych rdzennych kultur świata, Matka Ziemia jest małym dzieckiem w wieku od dwóch do sześciu lat. Wszystkie ludy pierwotne przedstawiają ją jako dziecko, bo ona jest dzieckiem.

Wszystkie też twierdzą zgodnie, że chcąc nawiązać kontakt z niższą jaźnią, trzeba ją pokochać i zacząć się z nią bawić. Żadne skomplikowane teorie i techniki świata dorosłych nie pomogą w kontakcie z Matką Ziemią. Nie jest nimi zainteresowana. Możecie próbować wielogodzinnych negocjacji, poświęcić cały swój czas, aby dotrzeć do niej w ten sposób, ale na nic to się nie zda. Im bardziej będziecie się starać, tym mniejsze prawdopodobieństwo, że wam się uda. Dlaczego? Kontakt z Matką Ziemią jest możliwy tylko za pośrednictwem niewinnego dziecka mieszkającego w was samych. Większość z nas, rzecz jasna, utraciła dziecięcą niewinność. Zgubiliśmy drogę do poznania i świadomego kontaktu z Matką Ziemią. Musimy teraz przypomnieć sobie o swym wewnętrznym dziecku i doświadczyć jego istnienia, jeśli chcemy podążać drogą dalszego rozwo-

ju. Nawet Jezus mówił: „Jeśli nie będziecie jako dzieci, nie wejdziecie do królestwa niebieskiego".

Przyjrzyjmy się sobie, tej dorosłej części nas, która sądzi, że tak wiele już wie. Być może uzyskaliście stopień magistra albo doktora na najlepszych uniwersytetach świata; być może uznają was za ekspertów w jakiejś dziedzinie; może nawet jesteście sławnymi i powszechnie szanowanymi ludźmi. Jeśli jednak naprawdę chcecie poznać Matkę Ziemię, musicie odłożyć na bok całą waszą wiedzę. Nie robi ona na niej najmniejszego wrażenia. Matka Ziemia kocha dzieci, zatem jeśli pozwolicie wyłonić się na powierzchnie waszej dziecięcej naturze i niewinności, w waszym życiu duchowym może wydarzyć się coś prawdziwego.

Kiedy kahuna chce złowić rybę, prosi Matkę Ziemię o pokarm. A ona mu pomaga. Daje odpowiedź, która może przyjść w postaci jakiegoś rzeczywistego zdarzenia. Zdarza się, że chmury przybierają wówczas kształt dłoni i wskazują palcem miejsce, w którym są ryby. Kahuna wsiada wtedy do swojej łodzi i płynie prosto tam, gdzie bez wysiłku może złowić rybę. Żyje zgodnie z naturą w sposób niedostępny dla przedstawicieli współczesnej cywilizacji. W taki sposób żyją dziś tylko nieliczni członkowie rdzennych kultur.

Przyjrzyjcie się teraz sobie. Załóżmy, że jesteście w szkole lub w pracy i postanawiacie wrócić do domu. Sięgacie do kieszeni, szukając kluczyków. Tym samym wasze myśli natychmiast przenoszą się w przyszłość. Myślicie o tym, jak wsiadacie do samochodu, aby pojechać do domu. Kiedy tylko znajdziecie się w samochodzie i uruchomicie silnik, wasze myśli ponownie przenoszą się w przyszłość. Myślicie o drodze powrotnej, o ukochanym albo o psie i kocie oczekujących w domu. Nie skupiacie się na tym, co jest. Wciąż żyjecie przyszłością lub przeszłością. Jednak tylko trwanie w chwili obecnej pozwala nam czegokolwiek doświadczyć. Mimo to teraźniejszość jest zbyt bolesna dla większości ludzi, by chcieli w niej uczestniczyć.

Czy naprawdę potraficie dostrzec piękno, które was otacza? Czy widzieliście kiedyś zachód słońca? A białe pierzaste chmury na niebie? Czy wdychaliście głęboko zapach powietrza, czy może spłycacie oddech, lękając się zanieczyszczeń? Czy doceniacie niewiarygodne piękno barw natury? Czy zdarzyło wam się poczuć miłość do Matki Ziemi? Czy wasze zmysły są w pełni żywe, czy też ograniczacie je do spełniania najpotrzebniejszych funkcji? To prawdziwy problem. Dorośli ludzie są na pół martwi. Nasze życie jest zaledwie cieniem tego, czym mogłoby być.

Obserwowaliście kiedyś dzieci bawiące się na dworze? Są całkowicie pochłonięte odczuwaniem i doświadczaniem piękna natury. Przeżywają to tak głęboko, że czasem wydaje się, jakby przenosiły się wówczas do innego świata. Pamiętacie to doświadczenie z własnego dzieciństwa?

Jeśli zatem chcecie nawiązać kontakt ze swoją niższą jaźnią, czyli z Matką Ziemią, musicie odnaleźć swoje wewnętrzne dziecko i stać się nim. Zacznijcie się bawić, odszukajcie swoją radość, naprawdę cieszcie się życiem. Niech wasze życie na powrót stanie się radosne. Nie znaczy to, rzecz jasna, że macie zachowywać się w dziecinny sposób, wydawać najdziwniejsze dźwięki lub robić głupie miny. No chyba, że naprawdę macie na to ochotę. Chodzi o to, byście żyli w zgodzie z tym, czego pragniecie, a nie tak, jakby sobie tego życzyli inni ludzie. Oznacza to również troskę o otaczających was ludzi i zwierzęta oraz o inne formy życia; troskę, która nie przynosi zewnętrznych korzyści, ale która wypływa z wewnętrznej potrzeby.

Nie rozumiałem, co się ze mną działo w czasie, kiedy po raz pierwszy odwiedziły mnie anioły. Zdawałem sobie jedynie sprawę z tego, że porzuciłem życie zgodne z przyjętymi regułami, które wydawało mi się pozbawione sensu. Od tamtej pory zacząłem żyć w zgodzie z moimi najgłębszymi pragnieniami. Przeniosłem się w góry, do Kanady, o czym zawsze marzyłem. Zamieszkałem w lesie, bo zawsze tego chciałem. Pragnąłem się przekonać, czy zdołam żyć bez pieniędzy i dzięki temu poczułem bliską więź z naturą. Nie czułem lęku. Codziennie oglądałem wschód słońca, który zwiastował mi początek nowego życia. Każdy dzień był dniem szczególnym. Zajmowałem się głównie muzyką, co również było moim marzeniem. Trzy godziny dziennie poświęcałem na ciężką pracę, ale pozostały czas był wyłącznie dla mnie. Pokochałem życie. Nadal je kocham. Ziarno zasiane w tamtym okresie rozwija się i przynosi plony.

Wtedy, w czasie naszego pobytu w Kanadzie, moja żona i ja przeżyliśmy pierwsze spotkanie z aniołami. Były to jednocześnie narodziny mojej niekończącej się miłości do życia. Dały mi one klucz do wyższej świadomości, choć wtedy jeszcze tego nie rozumiałem. Później przekonałem się, że prawdziwe duchowe życie człowiek może rozpocząć jako dziecko natury. Dopiero kiedy nawiążemy rzeczywistą łączność z naszą niższą jaźnią – a według kahunów jest to warunek niezbędny– możemy nawiązać również kontakt z naszą wyższą jaźnią. To Matka Ziemia stwierdza, kiedy jesteśmy do tego gotowi. Wtedy też przedstawia nas temu wspaniałemu aspektowi nas samych, który nazywamy wyższą jaźnią. Nie można tego osiągnąć w żaden inny sposób – siłą, determinacją ani użalaniem się nad sobą. Chcąc odnaleźć właściwą drogę, musicie kierować się miłością, niewinnością i wielką cierpliwością. Zapomnijcie o staraniach. Zapomnijcie nawet o tym, że nawiązujecie kontakt z Matką Ziemią. Zacznijcie żyć zgodnie z tym, co dyktuje wam serce, nie umysł. Wasz umysł nadal będzie funkcjonował, ale pod kontrolą serca.

WYŻSZA JAŹŃ – WSZYSTKO TO, CO ISTNIEJE

Skoro Ziemia jest niższą jaźnią, czymże jest wyższa jaźń? To proste. Wyższa jaźń obejmuje wszystko, co istnieje. Planety, słońca, gwiazdy, całe galaktyki i inne wymiary – wszystko to jest waszą wyższą jaźnią. Wszystkim tym jesteście wy sami. Dlatego mówimy o istnieniu innych wyższych jaźni ponad wyższymi jaźniami, a proces ten sięga w nieskończoność. Doświadczanie wyższej jaźni jest odmienne od doświadczania Matki Ziemi.

Rozważcie rzecz następującą: Matka Ziemia często bawi się z wami, próbując wam wmówić, że to ona jest wyższą jaźnią. Używa przy tym słów, które przyciągają waszą uwagę. Zdarza się, że pojawia się podczas medytacji, podając się za wyższą jaźń i nakazuje wam posłuszeństwo. Może wam zlecić podejmowanie różnych ziemskich czynności na całym świecie. Być może potraktujecie ją poważnie, nie zdając sobie sprawy z tego, że to gra, że Matka Ziemia bawi się z wami.

Jeśli jednak poprosicie, by wyjawiła prawdę, powiedziała czy rzeczywiście jest wyższą jaźnią, nie okłamie was. Wybuchnie śmiechem i powie wam prawdę. W takim momencie powinniście jej zawtórować i przyłączyć się do zabawy. Dorośli ludzie jednak w większości wpadają w złość, sądząc, że zostali wykorzystani. Tym samym tracą kontakt z Matką Ziemią. Dlatego właśnie kahunowie zawsze pytają, czy rzeczywiście nawiązali kontakt z wyższą jaźnią. Matka Ziemia jest rozbawioną dziewczynką i spotkanie z nią może być cudownym przeżyciem, pod warunkiem, że macie czyste serce. Osoby medytujące często nie rozumieją, że Matka Ziemia to oni sami.

Wyższa jaźń wie o wszystkim, o czym wiedziało każde poszczególne istnienie, a wszystko jest istnieniem. Wie również, co się wydarzy w przyszłości - podobnie jak Matka Ziemia - choć posiada również wiedzę o losach wszelkiego stworzenia.

Jeśli uda się wam nawiązać rzeczywisty kontakt z niższą i wyższą jaźnią, doświadczenie całego waszego życia ulegnie totalnej przemianie. Życie będzie odtąd działało za waszym pośrednictwem, a wasze słowa i czyny nabiorą wielkiej mocy, bowiem nie będziecie już kierowali się życzeniami swojej ograniczonej środkowej jaźni. Będziecie wyrażali sobą wszelkie istnienie, całą egzystencję. Poznacie, że nic nie istnieje poza wami, że wszystko, co jest, jest wami. Zaczniecie pojmować prawdę o tym, kim w istocie jesteście.

Z MOICH DAWNYCH ZAPISKÓW – KIEDY ŻYŁEM JAKO DZIECKO

Mieszkałem w lesie od około roku. Nie miałem żadnych planów ani miejsca, w które mógłbym się udać. Po prostu byłem. Bawiłem się wówczas tak jak wtedy, kiedy byłem dzieckiem. Chodziłem po lesie i podziwiałem wysokie sosny; czułem i widziałem ich wielkiego ducha. Mówiłem do nich, a one mi odpowiadały. Spotykałem również leśne zwierzęta i podchodziłem do nich bez lęku. Do tego stopnia dostroiłem się do otaczającego mnie świata, że jelenie pozwalały mi zbliżać się do siebie i patrzeć sobie w oczy. One również patrzyły na mnie swoimi szeroko otwartymi, niewinnymi oczyma. Czułem z nimi serdeczną więź. Zwierzęta wiedziały, że moje miejsce jest wśród nich i że nie stanowię dla nich zagrożenia.

Czas mijał, wiodłem proste życie i cieszyłem się każdą chwilą. Życie kołysało mnie w swoich ramionach i chciałem tak spędzić całą wieczność. Tymczasem pojawiły się anioły i to w chwili, w której najmniej się tego spodziewałem. Były to dwie piękne istoty: jedna zielona, a druga purpurowa. Nie wiedziałem, co się dzieje. Ruszyłem w ich kierunku, bowiem poczułem, że darzą mnie ogromną miłością. Od kiedy zobaczyłem je po raz pierwszy, w moim życiu zaczęły się wydarzać te wszystkie dziwne rzeczy. Zbiegi okoliczności...

Na początku były to drobne zdarzenia, w które z czasem coraz trudniej było uwierzyć. Były doprawdy niewiarygodne, wręcz niemożliwe. Doszło do tego, że przekroczyły moje najśmielsze wyobrażenia. Słowem, wydarzył się cud. Zacząłem widzieć rzeczy, które nie sposób było ogarnąć za pomocą logiki. Patrzyłem na te wszystkie niemożliwe wydarzenia dziejące się wokół i myślałem:

„To jest dopiero zabawa! Podoba mi się!"

Przez ten cały czas nie rozumiałem jednak, co się ze mną dzieje. Nie rozumiałem tego, co mówiły anioły, z których ten w kolorze zielonym przedstawił mi się jako duch Ziemi, a ten o barwie purpury jako duch Słońca. Nic nie pojmowałem. Nie wiedziałem, co to znaczy. Rozumiałem jeszcze mniej, kiedy oświadczyły:

„Jesteśmy Tobą."

Matka Ziemia jest połączona z nami wszystkimi na całym świecie, toteż nasza podświadomość jest zarazem podświadomością całej planety. Wszystko zaczęło nabierać sensu dopiero wtedy, kiedy sięgnąłem do pierwotnych religii natury, takich jak religia druidzka czy Szinto, aby dowiedzieć się, w jaki sposób ich przedstawiciele łączyli się z Ziemią, Księżycem oraz Słońcem. Nagle wszystko zaczęło się układać w jedną całość. Przyszło zrozumienie.

Zapomnieliśmy tę prawdę i utraciliśmy więź z Ziemią. Nie czujemy jej już. Jesteśmy zbyt przemądrzali. Staliśmy się dorośli i ucywilizowani. Widzieliście film o Piotrusiu Panie? Ten z Robinem Williamsem, pod tytułem *Hook*? Przedstawia on dokładnie to, o czym mówimy. Obejrzyjcie ten film, jeśli go jeszcze nie widzieliście, lub zobaczcie go po raz drugi z innej perspektywy. Być może was zadziwi.

W tle zawsze czułem obecność trzeciego anioła, potężnej złocistej istoty. Zachowywał milczenie jako świadek moich rozmów z dwoma pozostałymi aniołami. Minął rok, a on nie odezwał się ani słowem. Pewnego dnia oba anioły przyszły do mojej żony i powiedziały, że złocisty anioł chce z nami rozmawiać. Oświadczyły, że przemówi określonego dnia, mniej więcej za tydzień od tego czasu.

Oboje z żoną byliśmy bardzo podekscytowani. Pościliśmy i przygotowywaliśmy się na to cudowne wydarzenie. Mogliśmy sobie tylko wyobrażać, co nam powie. Wyznaczonego dnia usiedliśmy do medytacji i zobaczyliśmy go przed sobą pośrodku. Dwa pozostałe anioły trzymały się z tyłu. Mieliśmy wielkie oczekiwania. Sądziliśmy, że wskaże nam nową drogę. Tymczasem on powiedział:

„To tylko światło."

Potem przyglądał nam się w milczeniu przez minutę i znikł. Nie mieliśmy pojęcia, co znaczyły te słowa. Uznaliśmy, że są zbyt proste. Chcieliśmy czegoś więcej.

Zielony anioł, symbolizujący Ziemię, był naszą niższą jaźnią, podczas gdy anioł purpurowy, symbolizujący Słońce, stanowił jaźń wyższą. Po latach zrozumieliśmy, że anioł złocisty reprezentował kolejny poziom naszej wyższej jaźni. Około 1991 roku prowadziłem zajęcia na wzgórzu wyspy Orcas w San Juans. Na początku warsztatu usiadłem w szamańskim kręgu i wezwałem anioły.

Pojawiły się wówczas anioły zielony i purpurowy i spojrzały mi prosto w oczy. Później tuż za nimi zjawił się również złocisty anioł. Przeniknął przez oba anioły i odwrócił się, patrząc w tę samą stronę, w którą ja patrzyłem, czyli do środka kręgu. Powoli przesuwał się w moją stronę, aż wniknął do mego ciała i do mojej istoty. Było to elektryzujące doznanie, które wywołało u mnie okrzyk zachwytu. Jednocześnie poczułem, że zaszła we mnie duchowa przemiana i otrzymałem przypływ potężnej energii. Wiedziałem, że wydarzyło się coś ogromnie ważnego, choć nie miałem pojęcia, co to było.

Stopniowo zaczynałem pojmować. Przeżyłem wówczas pierwszy bezpośredni fizyczny kontakt z moją wyższą jaźnią. Tym samym praca, którą wykonywałem wraz z purpurowym aniołem, który również stanowił moją wyższą jaźń, wydała mi się z tej perspektywy czymś bardzo odległym. Nowe doświadczenie było odmienne i bardziej bezpośrednie. Zauważyłem, że od tamtej pory anioły przestały mi mówić, co mam robić, tak jak to miało miejsce poprzednio. Odtąd kazały mi szukać odpowiedzi wewnątrz siebie. Powtarzały, że jestem już starszy i muszę odnaleźć własną drogę. Jeśli popełniałem błąd, długo zwlekały z podpowiedzią, zanim sugerowały wprowadzenie jakichkolwiek zmian.

Począwszy od roku 1970 aż do 1991, czyli przez około 21 lat, pracowałem z moją niższą jaźnią, nawet o tym nie wiedząc. Niższa jaźń może wam udzielać wszelkich możliwych informacji, bowiem posiada ona wiedzę na temat całej planety. Jestem przekonany, że to niższa jaźń pozwala nam pracować z różdżkami, wahadełkami i podobnymi przedmiotami.

Odkryłem, że nawiązanie łączności z niższą jaźnią jest jednocześnie początkiem drogi duchowego rozwoju, który w pierwszej fazie przebiega bardzo powoli, ale z czasem nabiera rozpędu. Później na własne oczy możecie zobaczyć to, jak stajecie się kimś zupełnie nowym.

Podczas któregoś z warsztatów zadano mi pytanie:

„Czy w chwili, w której nawiązujemy kontakt z wyższą jaźnią, pojawia się jakieś szczególne doznanie bądź uczucie?"

„Zawsze czuję, jakbym znajdował się w obecności Boga" – odparłem. – „Nic innego nie przychodzi mi do głowy. Nie jest to Bóg taki, jakim go przedstawiają religie, ale wyższy aspekt nas samych, którego w taki właśnie sposób doświadczamy."

Jak wygląda nasze życie, kiedy jesteśmy połączeni z wyższą jaźnią

Opowiem wam kolejną historię z przeszłości. Tuż po tym, jak anioły pojawiły się w moim życiu, zaprowadziły mnie one do szkoły o nazwie Zakon Melchizedeka Alfa i Omega. Jej adres podały mi w czasie medytacji: 111-444 Czwarta Aleja, Vancouver, Kanada. Przekazały mi również nazwisko człowieka, do którego miałem się zwrócić: David Livingstone. Ostatecznie odnalazłem wskazane miejsce, które okazało się starym magazynem mieszczącym się w dawnej przemysłowej dzielnicy miasta. Na starych zardzewiałych drzwiach namalowano kolorowymi farbami świeży napis: Alfa i Omega, Zakon Melchizedeka. Okazało się również, że David Livingstone istniał naprawdę. Poznałem go w dość szczególnych okolicznościach. Pozwolił mi pobierać nauki w swojej szkole, w której około 400 uczniów zgłębiało tajniki medytacji. Dowiedziałem się tam wielu cennych rzeczy, z których przytoczę tu tylko jedną. Jeśli zrozumiecie znaczenie tej historii, pojmiecie również, jak wielką rolę odgrywa wyższa jaźń w rozwoju duchowym.

Pewien Japończyk komunikował się ze swoją wyższą jaźnią za pomocą automatycznego pisma. Nie byłoby w tym nic niezwykłego, gdyby nie fakt, że język, którym się posługiwał, nie pochodził z naszej planety. Składał się on z najdziwniejszych symboli i kształtów, których kreski i kropki układały się w na pozór przypadkowe wzory. Człowiek ten dowiedział się, iż pismo to nie zostało stworzone przez ludzi, a jednak potrafił je zrozumieć. Potrafił nawet mówić w tym języku, choć nie było nikogo, z kim mógłby porozmawiać.

Jego wyższa jaźń przekazywała mu w ten sposób wszelkie polecenia, a on ściśle się do nich stosował. Postępował zgodnie z tym, co nakazywała mu jego wyższa jaźń, bowiem ukazała mu się prawda o jej istnieniu. Uwierzył w nią bez najmniejszych wątpliwości.

W 1972 roku wyższa jaźń poleciła mu wsiąść określonego dnia o określonej godzinie do samolotu lecącego do Vancouver w Kolumbii Brytyjskiej, a następnie stanąć na rogu pewnej ulicy i czekać. Tylko tyle. Nie wiedział, co ma się tam wydarzyć. Ponieważ człowiek ten całkowicie ufał swojej wyższej jaźni i zawsze wypełniał jej polecenia jak dziecko posłuszne swoim rodzicom (dopóki pozostawało to w zgodzie z etyką), kupił bilet, poleciał do Vancouver i stanął na rogu ulicy. Posiadał niezachwianą wiarę.

Tego dnia byłem w szkole razem z Davidem. W pewnym momencie zerknął na zegarek i powiedział:

„Ach, tak, wkrótce tu będzie."

Potem zwrócił się do jednego z uczniów, podając mu kartkę:

„Pójdź na róg tej ulicy. Czeka tam pewien Japończyk."

Podał mu nazwisko Japończyka i poprosił, aby przyprowadził go do szkoły.

Uczeń udał się na róg ulicy, gdzie spotkał Japończyka. Zwrócił się więc do niego po imieniu i poprosił, aby z nim poszedł. Japończyk mówił wprawdzie po angielsku, ale nie najlepiej. Zaprowadzono go do małego pomieszczenia wielkości około trzech metrów kwadratowych i poproszono, by tam poczekał. Tymczasem David powiedział, że chce mi coś pokazać, a następnie zaprowadził mnie do tego samego pomieszczenia i polecił stanąć w rogu.

Po jakimś czasie ponownie zjawił się w pokoju i zwrócił się do Japończyka po imieniu. Nigdy dotąd się nie spotkali. David zadał mu kilka zdawkowych pytań, w rodzaju „z jakiego miasta pochodzi" i tak dalej. Potem poprosił przybysza, aby poczekał jeszcze parę minut i wyszedł, pozostawiając mnie w pokoju. Staliśmy tam obaj, przyglądając się sobie nawzajem.

Po chwili do pokoju weszła cicho piękna kobieta. Nie znałem jej. Organizacja skupiała wielu ludzi, więc nie znałem wszystkich. Kobieta ustawiła przed nami sztalugę nakrytą welwetową tkaniną w kolorze ciemnej purpury, która skrywała to, co znajdowało się pod spodem. Sztaluga była wielkości około 120 centymetrów kwadratowych.

Potem do pokoju weszło w milczeniu czterech młodych mężczyzn. Stanęli po dwóch po obu stronach sztalugi. I znów przez dłuższy czas nic się nie działo, kiedy tak staliśmy w szóstkę w małym pokoju. Na koniec pojawił się David. Japończyk spojrzał na niego z niekłamanym zaciekawieniem pozbawionym lęku czy niezrozumienia.

„Co się tu dzieje?" – zapytał. – „Co będzie dalej?"

David spojrzał na niego bez słowa, a następnie uniósł purpurową tkaninę. Oczy przybysza rozszerzyły się ze zdumienia. Na tabliczce wypisano znaki pochodzące z jego tajemnego języka. O ile wiedział, nikt poza nim nie potrafił zrozumieć tego pisma.

Od chwili swego przylotu do Kanady nie pokazywał nikomu sekretnych znaków. David nie widział wcześniej tego pisma, a przecież umieszczono je na tabliczce. Nie wiem, co było na niej napisane, ale przybysz wpatrywał się w tekst oczyma szerokimi jak spodki.

„Ooooch" - powiedział, bowiem tylko to zdołał z siebie wydobyć.

Później, jakby w celu spotęgowania u przybysza szoku wywołanego tym, że zobaczył on swoje tajemne pismo wykonane cudzą ręką, czterej mężczyźni stojący po obu stronach sztalugi przemówili do niego w tym samym języku. Kiedy odezwał się pierwszy z nich, Japończyk wyglądał jak człowiek przeżywający silny wstrząs. Miał załamanie nerwowe, zaczął płakać, najwyraźniej utraciwszy nad sobą kontrolę. Czterej mężczyźni zapewniali go, że wszystko jest w porządku. Mówili, rzecz jasna, w jego tajemnym języku.

Założę się, że w głębi duszy podejrzewał on w tamtej chwili, że być może postradał zmysły. Ostatecznie słyszał słowa wypowiadane w języku, którego nie znał nikt poza nim samym. Nieoczekiwanie otrzymał potwierdzenie prawdziwości swoich wewnętrznych medytacji. Wszyscy pochodzili z innej planety i doskonale wiedzieli, z której. Ogarnęła ich wielka radość. Zwłaszcza Japończyk wydawał się uszczęśliwiony. Wydawało się, że traci zmysły z radości. Był to dla niego początek zadziwiającej przygody. Nie mogę wam wyjawić, co było dalej, ponieważ proszono mnie o dochowanie tajemnicy.

Wszystko jest możliwe, dosłownie *wszystko*. Musicie jednak uwierzyć w siebie, zaufać sobie w pełni i dotrzeć do wewnętrznej dziecięcej niewinności, którą skrywacie w głębi. Kiedy wam się to uda, uruchomicie proces prowadzący do ponownego zjednoczenia wszystkich aspektów waszej jaźni. Od tego momentu możliwe stanie się również nawiązanie bezpośredniego kontaktu z Bogiem. Będzie to ważny krok na drodze, którą otwiera przed wami medytacja transcendentalna.

KOMUNIKACJA ZE WSZYSTKIM, CO ISTNIEJE, W DOWOLNYM MIEJSCU

Kiedy nawiążecie pełen kontakt zarówno z niższą, jak i z wyższą jaźnią, zrozumiecie, że wszystko jest żywe. Kiedy przyjmiecie tę prawdę do swojego życia, wszystko stanie się dla was komunikatem, wszystko będzie miało znaczenie. Wyższa i niższa jaźń będą komunikowały się z wami na wszelkie możliwe sposoby, nie tylko w wizjach jako anioły lub głosy przemawiające do was w tajemnym języku. Po nawiązaniu takiej łączności cała Rzeczywistość stanie się żywa i w pełni świadoma, wszystko zaś komunikować się będzie ze sobą w wieczności.

Wasz świat wewnętrzny jest żywy i bezpośrednio połączony ze światem zewnętrznym. Świat zewnętrzny może przemawiać do waszego świata wewnętrznego. Sylwetki drzew, kolor samochodu ujrzany w odpowiednim momencie, nawet tablice rejestracyjne mogą zawierać komunikat. Informacje można odczytać w ruchu wiatru lub kierunku lotu ptaków. Wszystko jast żywe i komunikuje się z nami. Świat zawiera w sobie znacznie więcej niż mówili nam rodzice. Tak naprawdę niewiele o nim wiedzieli, choć ich przodkowie posiadali na ten temat głęboką wiedzę.

Pamiętam, jak przed laty poprosiłem swoją niższą jaźń o znak, aby przekonać się czy to, co zamierzałem zrobić, jest zgodne z boskim porządkiem rzeczy. Założyłem, że jeśli nie pojawi się znak, który byłbym w stanie odpowiednio zinterpretować, zrezygnuję z rytuału, który miałem odprawić. Działo się to niedługo po pierwszej wizycie aniołów, kiedy udałem się w swą pierwszą podróż do Kalifornii.

Jechałem autostradą I-5 w kierunku granicy kanadyjskiej. Minęło zaledwie kilka sekund odkąd wypowiedziałem swoją prośbę, kiedy ujrzałem coś, w co nie mogłem z początku uwierzyć. Zatrzymałem samochód, żeby przekonać się, czy mnie wzrok nie myli. Wysiadłem i podszedłem do starego ogrodzenia z drutu, za którym rozciągała się zielona łąka. Wtedy zobaczyłem je wyraźnie: co najmniej dwieście sztuk wielkich czarnych kruków ustawiło się w idealnym kręgu. Wydarzenie to wywarło wielki wpływ na stan mojej wiary. Matka Ziemia dobrze wie, jak dotrzeć do naszych serc!

„Wiemy", że takie rzeczy się nie zdarzają, a jednak. Przekonują nas one, że Matka Ziemia jest żywą istotą i to obdarzoną ogromnym poczuciem humoru!

P R Z E W I D Y W A N I E   P R Z Y S Z Ł O Ś C I

A oto ostatnia historia. Kiedy ujrzałem anioły po raz pierwszy, zajmowała mnie kwestia przepowiadania przyszłości. Próbowałem stosować I Ching i stawiałem karty tarota, aby zrozumieć, co mnie czeka. Moja księga I Ching była wówczas wyświechtana od częstego używania. Anioły od początku wiedziały o moim pragnieniu poznania przyszłości. Jednak kiedy zadawałem im pytania na ten temat, rzadko udzielały mi informacji. Pewnego dnia wszystko się zmieniło.

Oświadczyły mianowicie, że odtąd będą mnie powiadamiały o wszystkim, co ma się wydarzyć następnego dnia. Twierdziły, że czas dzielący faktyczne zdarzenia od przepowiedni jest dość krótki, bym mógł się przekonać z całą pewnością o ich trafności. I tak było.

Codziennie przekazywały mi plan wydarzeń na kolejny dzień. Niektóre z nich opisywały przy tym ze wszystkimi szczegółami. Anonsowały każdy telefon, osobę, która zadzwoni oraz temat, który poruszy, jak również dokładny czas, w którym to nastąpi. Zapowiadały nadejście poczty, przy czym opisywały mi dokładnie treść wybranych listów. Mówiły, kto i po co zapuka do moich drzwi. Informowały mnie, o której godzinie wyjdę z domu i kiedy wrócę oraz co będę robił w międzyczasie. Dzięki nim dokładnie wiedzieliśmy, co się wydarzy następnego dnia i mogliśmy się do tego przygotować.

Pierwszego dnia sprawdzałem wszystkie zapowiedziane wydarzenia z dokładnością co do minuty. Przepowiednia okazała się trafna w stu procentach. Byłem uszczęśliwiony, bowiem miałem w ręku dowód na to, że przyszłość naprawdę można przewidzieć. Tym samym wzrosło moje zaufanie do aniołów, które teraz z punktu widzenia mojego ego postrzegałem jako istoty obdarzone prawdziwą mocą. Pamiętam, że po jakimś czasie podnosiłem słuchawkę ze słowami:

„Cześć, John. Wiedziałem, że zadzwonisz."

W tamtych czasach, kiedy aparaty telefoniczne nie wyświetlały jeszcze numeru telefonu, z którego do nas dzwoniono, robiło to duże wrażenie. Przynajmniej tak sądziło moje ego. Byłem z siebie niezwykle zadowolony.

Któregoś dnia zapytałem anioły o losy mojego podania o wizę imigracyjną wysłanego do Kanady. Chciałem wiedzieć, czy tamtejszy rząd pozwoli mi tam pozostać. W odpowiedzi przesłały wizję mojej żonie. Opisała mi ją szczegółowo, a ja skwapliwie spisałem słowo po słowie. Ujrzała nas oboje w srebrnym samochodzie, jadących do domu na wieś. Otworzyła schowek i wyjęła stamtąd pocztę. Przejrzała sześć listów i znalazła jeden

z odpowiedzią kanadyjskiego rządu. Otworzyła go i odczytała na głos. Zapisałem każde słowo.

Kiedy wizja się rozwiała, oboje z żoną zastanawialiśmy się nad jej znaczeniem, ale nie potrafiliśmy odnaleźć w niej żadnego sensu. Po pierwsze, nie mieliśmy srebrnego samochodu, a pocztę zwykle wrzucano nam przez otwór w drzwiach. Jakim sposobem miałaby się znaleźć w naszym samochodzie? W liście odczytanym przez żonę stwierdzano, że moje podanie zostało przyjęte i wyjaśniano wszelkie szczegóły. Zastanawialiśmy się i nad tym. Kiedy jednak po miesiącu nic takiego się nie wydarzyło, uznaliśmy wizję za pomyłkę i wkrótce o niej zapomnieliśmy. Zmartwiło mnie to, bowiem do tej pory anioły nigdy nie popełniły błędu.

Kilka miesięcy później przeprowadziliśmy się do domu na wieś, do Burnaby. Kupiliśmy też nowy srebrny samochód. Któregoś dnia wracaliśmy do domu z poczty, skąd odebraliśmy korespondencję. Wrzuciłem listy do schowka i ruszyliśmy w drogę. Moja żona siedziała obok na miejscu pasażera. W tym czasie żadne z nas nie pamiętało wizji przekazanej nam przez anioły kilka miesięcy wcześniej. Żona bezwiednie sięgnęła do schowka po listy i nagle krzyknęła, przypominając sobie tamto zdarzenie. Przejrzała listy i okazało się, że szósty był z kanadyjskiego urzędu imigracyjnego. Porównaliśmy później jego treść z treścią listu odczytanego przez moją żonę w wizji. Oba listy były identyczne, podawano w nich nawet te same argumenty i punktację, których nikt nie mógłby wymyślić.

Tymczasem anioły nadal informowały nas o przyszłych wydarzeniach. Pamiętam, że wiele się wówczas zmieniło w moim życiu. Z czasem zacząłem traktować te przepowiednie jako nieodłączną część codziennego życia. Ostatecznie znudziło mnie to i nie chciało mi się już zapisywać szczegółowo wypowiedzi aniołów. Wiecie, jak to jest. Jakbym oglądał ten sam film po raz drugi lub trzeci. Wiedziałem, co się zdarzy i nic nie było już niespodzianką. Życie stało się nudne.

Ostatecznie miałem już tego dosyć i podczas medytacji poprosiłem anioły, aby przestały przepowiadać mi przyszłość. Być może na zewnątrz wydaje się, że zajmuje mnie przyszłość. Zdarza się, że walczę pazurami o powodzenie jakiejś sprawy, bo wierzę, że robię wszystko, co w mojej mocy, aby było jak najlepiej. W głębi duszy jednak jestem spokojny. Wiem, że wszystko będzie dobrze. Dzięki temu doświadczeniu wiem, że wszystko, co nam się przydarza jest pełne, kompletne i doskonałe. Poznałem mądrość, jaka tkwi w niewiedzy.

LEKCJE SIEDMIU ANIOŁÓW

Kiedy anioły po raz pierwszy zjawiły się w moim świecie, słuchałem każdego ich słowa. Podążałem za nimi, ponieważ czułem ich miłość oraz poznałem ich głębokie rozumienie Rzeczywistości. Mówiłem już, że miejsce purpurowego i zielonego anioła zajął ostatecznie anioł złocisty. Kiedy to się stało, nastąpiła również wielka przemiana w moich relacjach z tymi istotami. Odtąd nie udzielały mi już rad dotyczących mego życia codziennego i duchowego, w zamian zaś czekały, aż odnajdę własną drogę.

Stopniowo moja praca ze złocistym aniołem przeistoczyła się w naukę poszukiwania odpowiedzi w sobie samym. Kiedy przekonałem się, że posiadam całą tę wiedzę, odkryłem również, że dostęp do niej uzyskałem wraz z poczuciem pewności. Tej mądrości nie można otrzymać w odpowiedzi na zadawane pytania. Pochodzi ona z wewnątrz, z serca, nie z umysłu. Towarzyszy jej pewność ponad wszelką wątpliwość. Taka sama pewność, z jaką wypowiadacie swoje imię. Dzięki tej pewności mogę czerpać wiedzę płynącą z mego serca. Wraz z nią zaś przyszła świadomość, że nie chcę już wiedzieć więcej.

Zrozumiałem, że życzeniem aniołów jest, bym stał się bardziej samodzielny. Czyż nie tego samego oczekują rodzice od swoich dzieci? Z początku sprawują niemal całkowitą kontrolę nad ich życiem. Jednak w miarę rozwoju dziecka uczą je, jak może samo zatroszczyć się o siebie. Takie oddzielenie od rodziców jest konieczne, aby dziecko poradziło sobie później w dorosłym życiu. Myślę, że podobnie przebiega ten proces na wyższym poziomie życia.

Byłem bardzo zaskoczony, kiedy pewnego dnia w moim życiu pojawił się jeszcze jeden anioł. Miał barwę czystej bieli i prezentował nadzwyczajną wręcz prostotę. Złocisty anioł wycofał się w tamtej chwili i stanął obok dwóch pozostałych, pozwalając, bym przez kolejny rok pobierał nauki od białego anioła. Nie jestem pewien, czego właściwie mnie on nauczył. Miałem odpuścić sobie wiele spraw, między innymi przywiązanie do różnych rzeczy, miałem przekonać się, że wszystko jest doskonałe i zmierza w dobrym kierunku. Mimo że moje życie było w owym czasie dość skomplikowane z powodu warsztatów, które prowadziłem na całym świecie, miałem wrażenie, że wszystko dzieje się w spowolnionym tempie. Rozumiałem, co się dzieje wewnątrz mnie, choć trudno mi było ująć to w słowa.

Nieoczekiwanie, w środku tego dziwnego procesu biały anioł wycofał się do pozostałych, a jego miejsce zajął piąty. Nie miał on formy ani barwy. Nazwałem go czystym, czy też jasnym aniołem. Był aniołem dopełnienia. Przekazał mi naukę łączenia rzeczy w jedno. Był to anioł mojej wyższej jaźni, o którym dotąd nikomu nie mówiłem. Nadal z nim pracuję i któregoś dnia być może o tym opowiem.

Dzięki niemu dowiedziałem się, w jaki sposób anioły są związane z muzyką oraz jak ten anioł wraz z czterema pozostałymi był związany z nutami skali pentatonicznej, których jest właśnie pięć. Jasny anioł zapowiedział, że któregoś dnia przyjdą do mnie jeszcze dwa inne anioły i dopełnią moją wiedzę na temat tej oktawy, zawierającej siedem nut odpowiadających siedmiu aniołom. Czekałem więc.

Mniej więcej rok temu, na początku roku 1999 poznałem owe dwa anioły. Pojawiły się jednocześnie podczas prowadzonego przeze mnie warsztatu zatytułowanego Ziemia/Niebo. Były to archanioły Michał i Lucyfer. Trzymały się za ręce. Od tamtej pory zgłębiam lekcję dualizmu. Opowiem wam o tym w następnym rozdziale.

Kiedy poświęcicie dość czasu na pracę ze swoją niższą i wyższą jaźnią, zauważycie, że następuje w was przemiana. Nie wiem, kiedy ten proces się kończy, być może nigdy. Sam zmieniam się bezustannie, choć zauważyłem, że pewne wzorce w moim życiu powtarzają się i wciąż jestem tym, kim jestem.

Ludzie patrzą na mnie i mówią:

„To niemożliwe. To ci się nie uda."

A jednak się udaje. Dlaczego? Udaje się, bo nie ja to robię. Jak powiedział złocisty anioł:

„To tylko światło."

Wszystko, czego naszym zdaniem potrzebujemy, jest w rzeczywistości światłem.

Stworzenie go nie stanowi najmniejszego problemu. Wszędzie wokół pełno jest energii. Otacza nas prawdziwa jej obfitość. Możecie udać się w niezliczoną ilość miejsc, znajdujących się w nieskończonej przestrzeni i wymiarach. Żyjemy w obfitości. Nie ma powodu nakładać na siebie ograniczeń. Mimo to narzucamy je sobie kierując się lękiem.

Jeśli trudno wam uwierzyć, że moglibyście przez cały czas dobrze się bawić, to jest to tylko wasze ograniczenie. Czyż zabawa nie oznacza robienia tego, co sprawia wam przyjemność? Zawsze tak tworzę swoje życie, aby jednocześnie kogoś obdarować. Wiem, że kiedy coś daję, to samo automatycznie do mnie powraca, więc wciąż mogę dawać. To mnie czyni szczęśliwym. Cokolwiek zrobicie, powróci to do was. Cokolwiek to będzie. Dopóki sprawia wam to radość, wszystko jest w porządku. Dbajcie o to, by wasze wewnętrzne dziecko było szczęśliwe.

TESTOWANIE WASZEGO POŁĄCZENIA Z WYŻSZĄ JAŹNIĄ W RZECZYWISTOŚCI

Test ten może nie zadziałać u każdej osoby, bynajmniej w danym momencie. Nie znaczy to jednak, że nie zadziała w przyszłości. Jeśli nie nawiązaliście połączenia ze swoją niższą jaźnią, czyli z Matką Ziemią, musicie o to zadbać w pierwszej kolejności. Jeśli udało wam się stworzyć taką więź, być może test wypadnie pozytywnie. Jeśli nawiązaliście kontakt z waszą wyższą jaźnią, próba niniejsza może stanowić dla was interesujące potwierdzenie tego faktu. Jeżeli jednak stoicie na początku tej drogi, zachowajcie tę ideę na przyszłość.

Kiedy poczujecie więź ze swoją niższą jaźnią oraz przekonacie się, że uzyskaliście pozwolenie na kontakt z wyższą jaźnią, możecie przeprowadzić prosty test dowodzący waszego kontaktu ze sobą. Wzmocni on waszą pewność siebie i pogłębi wasze pojmowanie duchowości. Nie wszystkim jest potrzebny taki dowód, ale niektórym może się przydać. Jeśli przeczytawszy instrukcje uznacie, że nie jesteście nim zainteresowani, przejdźcie do następnego rozdziału.

Zacznijcie od skierowania do Matki Ziemi pytania, czy warto, byście przeprowadzili ten test. Jeśli odpowie „tak", bawcie się dobrze.

Kiedy poczujecie, że jesteście gotowi do nawiązania łączności z wyższą jaźnią, sięgnijcie po papier, ołówek i tablicę do przypinania notatek. Teraz napiszcie na kartce oświadczenie ujęte własnymi słowami. Waszym zadaniem jest poprosić wyższą jaźń o udział w teście, który ma dowieść, czy wasza łączność z nią jest rzeczywista. Powtarzam, że nie każdy potrzebuje takiej próby, więc równie dobrze możecie z niej zrezygnować. Poproście, aby wyższa jaźń potwierdziła, że to naprawdę jest *ona*, a jednocześnie (co ważne) poproście, by test był właściwym duchowym działaniem na drodze waszego rozwoju.

Jeśli macie zielone światło, możecie zaczynać. Upewnijcie się jednak, że nikt wam nie przeszkodzi, dzwoniąc do was lub pukając do drzwi. Następnie napiszcie na kartce to, o co chcecie zapytać wyższą jaźń. Skoro macie zamiar przeprowadzić próbę, możecie zadać na przykład następujące pytanie: „Co mogę zrobić w wymiarze fizycznym, aby uzyskać dowód na to, że naprawdę mam z Tobą kontakt? To, co się zdarzy, sprawi, że całym sercem i umysłem poczuję, że nawiązałem z Tobą łączność, a jednocześnie będzie służyło w najwyższym stopniu memu duchowemu rozwojowi".

Sformułujcie podobną prośbę własnymi słowami i zapiszcie ją dokładnie tak, jak chcielibyście powiedzieć to wyższej jaźni. Następnie połóżcie przed sobą kartkę i ołówek. Rozpocznijcie teraz medytację z niższą jaźnią, Matką Ziemią, i kontynuujcie ją do momentu, w którym osiągniecie czternasty oddech i poczujecie przepływający przez wasze ciało strumień prany. Pozostańcie w medytacji przez pół godziny lub dłużej, aż osiągniecie stan całkowitego wyciszenia.

Trwajcie w obecności Matki Ziemi bez żadnych oczekiwań. W odpowiednim momencie poproście, by objawiła się wam wyższa jaźń. Kahunowie twierdzą, że trzeba o to poprosić, bo inaczej wyższa jaźń może się w ogóle nie pojawić. Kiedy wyczujecie jej obecność, przemówcie do niej własnymi słowami wypływającymi z waszego serca. Wypowiedzcie prośbę, którą wcześniej zapisaliście na kartce. Teraz pozostaje wam tylko słuchać i czekać. Odczuwajcie przepływ energii prany. Bądźcie świadomi połączenia z Matką Ziemią i nasłuchujcie odpowiedzi Ojca.

Kahunowie mówią, że za pierwszym razem nie zawsze się udaje. Niższa jaźń może uznać, że nie jesteście gotowi i zablokować wam drogę. Musicie jednak prosić dalej i czekać, aż wyższa jaźń przeniknie do waszej świadomości. Kiedy to się stanie, coś się wydarzy. Cokolwiek przyjdzie wam na myśl. W moim wypadku w pokoju zjawiły się nagle dwa anioły. Ale może być inaczej. Być może zdarzy się coś zupełnie innego.

Jestem ukierunkowany wizualnie, ale z wami może być inaczej. To bez znaczenia. Żaden sposób nie jest lepszy od drugiego. Być może usłyszycie w głowie czyjś głos, który oświadczy:

„Jestem twoją wyższą jaźnią. Czego chcesz?"

Kto wie, może głos ten będzie waszym głosem, a może będzie należał do kogoś innego. Być może ujrzycie różne kolory i poznacie ich znaczenie. *Cokolwiek* się wydarzy, będzie miało wielką wagę. Może to będzie odczucie lub wrażenie. Test dowiedzie, czy rzeczywiście macie do czynienia z wyższą jaźnią.

Mogą pojawiać się przed wami różne formy geometryczne, a wy będziecie wiedzieli, co oznaczają. Wasza ręka może bezwiednie sięgnąć po ołówek i zacząć coś zapisywać, podczas gdy wy będziecie zachodzić w głowę, co takiego napisała. Zazwyczaj nie wiadomo, co się wydarzy; może to być cokolwiek. Charakter zdarzenia nie ma zresztą specjalnego znaczenia, bowiem wypracowaliście go dawno temu w porozumieniu z waszą wyższą jaźnią i zapewne już go stosowaliście. Możecie zatem wybrać dowolną metodę. Poznacie ją, kiedy się przejawi.

Otrzymacie przekaz. Dowiecie się, co powinniście zrobić. Pomyślicie wówczas: „Aha, więc to miałem zrobić!". Najważniejsze, byście pamiętali o podziękowaniu waszej wyższej jaźni i o pożegnaniu. Po wszystkim połóżcie na ziemi całe dłonie, których dziesięć palców posłuży jako korzenie [zob. Ryc. 16-1].

Dotknijcie rękami ziemi, gdziekolwiek się znajdujecie. Możecie położyć je na podłodze. Jest to sposób na ugruntowanie się oraz na szybkie wyjście ze stanu medytacji. Jeśli robiliście to już kiedyś, wiecie o czym mówię. Zdarza się, że ktoś siedzi pogrążony w medytacji przez dwie godziny, ale jeśli dotknie Ziemi wszystkimi palcami, natychmiast powraca świadomością do swego ciała.

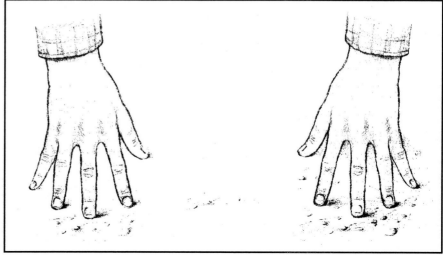

Ryc. 16-1. Szybki sposób na ugruntowanie się po medytacji.

Dlaczego trzeba zrobić to szybko? Chcemy, byście nauczyli się wychodzić z medytacji tak szybko, jak to możliwe, aby wasz umysł nie zdążył się wtrącić do przekazu. Nie myślcie więc o tym, co powiedziała wyższa jaźń, tylko wyjdźcie ze stanu medytacji i od razu to zapiszcie. Nie zastanawiajcie się nad tym. To bardzo ważne. Zapiszcie każde usłyszane słowo i postawcie po nim kropkę. Potem możecie się odprężyć.

Umysł łatwo może wam przeszkodzić, bowiem ego, czyli jaźń środkowa, która otrzymuje przekaz od wyższej jaźni, często przekręca go, zanim wyjdziecie ze stanu medytacji. Jest to jeden z największych problemów, jakie przydarzają się w komunikacji między wymiarami. Kiedy ego zaczyna się zastanawiać nad tym, co zostało powiedziane, stwierdza: „Nie, tego nie mogę przekazać dalej" i może wówczas zmienić treść słów. Sprawa wymaga treningu.

Zapiszcie zatem przekaz bez zastanowienia, a potem go odczytajcie. Dopiero wtedy możecie zacząć o nim myśleć.

Muszę wam jeszcze coś powiedzieć, choć prawdopodobieństwo, że to się wydarzy jest niemal równe zeru. Jeśli z jakiegoś powodu usłyszycie, że macie zrobić coś, co jest niewłaściwe pod względem moralnym, oznacza to, że z całą pewnością nie nawiązaliście kontaktu z wyższą jaźnią. Ona nigdy nie kazałaby wam zrobić czegoś złego lub szkodliwego. Stwierdzcie to sami, kiedy zrozumiecie, czym jest wyższa jaźń. Jeśli zatem otrzymacie polecenia zrobienia czegoś złego, spalcie kartkę i zapomnijcie o tym jak najszybciej. Zapomnijcie o próbach kontaktu z wyższą jaźnią i powróćcie do zabawy z niższą jaźnią. Odczekajcie jakiś czas, zanim spróbujecie ponownie. Sądzę jednak, że nic takiego się wam nie przydarzy.

Może być jednak tak, że będziecie mieli zrobić coś, na co nie macie ochoty lub co wyda wam się niewygodne. Być może uznacie, że to głupie. Nieważne. Jeśli rozpoczęliście to ćwiczenie, musicie je dokończyć, cokolwiek to znaczy. Potem zaś poczekajcie, co się wydarzy.

Kiedy zabierzecie się do wykonania polecenia, obserwujcie, co się dzieje w Rzeczywistości, nad którą nie macie kontroli. Rzeczywistość zareaguje na wasze działanie i udowodni wam ponad wszelką wątpliwość, że nawiązaliście kontakt z wyższą jaźnią. Być może nikt inny nie uznałby tego za dowód, ale wy poczujecie, że tak właśnie jest.

Właśnie wkroczyliście do świata, w którym wszystko jest światłem – wszystko, czyli świadomość, życie oraz funkcje waszych myśli i uczuć. Jeśli coś wyda wam się zbyt dziwne albo obudzi wasz lęk, odczekajcie chwilę. Wszystko ma swój czas. Kiedy nawiążecie łączność ze swoją niższą lub wyższą jaźnią, wasze życie będzie coraz piękniejsze, bardziej interesujące i zabawne.

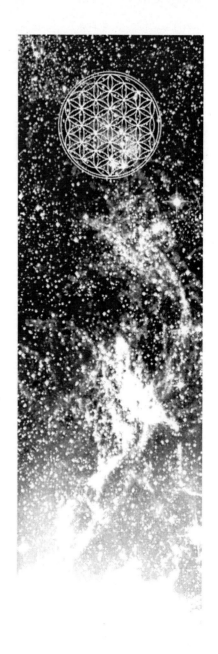

ROZDZIAŁ SIEDEMNASTY

Przekroczenie dualizmu

Osądzanie

Opowiem wam teraz o tym, co nazywamy złem w sposób odmienny niż podaje to większość religii. Nie zamierzam pod żadnym pozorem bronić Lucyfera ani sankcjonować jego czynów. Przedstawię tylko nowy, a zarazem historyczny punkt widzenia sensu działania Lucyfera we wszechświecie. Jeśli to zrozumiecie, zyskacie możliwość przekroczenia poziomu dobra i zła i osiągnięcia stanu jedności z Bogiem. Dopóki żyjemy w świadomości dobra i zła, nie mamy możliwości przekroczenia dualizmu. Naszym zadaniem jest osiągnięcie wyższego stanu świadomości, warunkiem tego jest jednak zaprzestanie wszelkiego osądzania.

Dopóki oceniamy zdarzenia naszego życia, nadajemy im wartość dobra lub zła i w ten sposób determinujemy nasze losy. Aby to zakończyć, musimy wyjść poza ograniczenia takiej polaryzacji. Musimy się zmienić, a zmianę tę należy rozpocząć od zaprzestania osądzania tego świata. Osądzając, decydujemy o tym, że coś jest dobre lub złe. Takie jest źródło rozdzielania dobra i zła, czy też świadomości opartej na dualizmie. Kluczem do wyjścia poza takie rozumienie jest postrzeganie wszystkich światów mieszczących się w naszym wszechświecie i wszystkich wydarzeń jako kompletnych, pełnych i doskonałych. Jest nim także przyjęcie do wiadomości faktu, że kosmiczne DNA, kosmiczny plan realizuje się zgodnie z wolą Stwórcy.

Eksperyment Lucyfera: dualizm

Określenie „bunt lucyferyczny" napiętnowane jest stygmatem, który prześladuje rodzaj ludzki od czasów biblijnych. Wielu ludzi, szczególnie chrześcijan, wierzy, że Lucyfer jest przyczyną wszelkiego zła i ciemności na naszej planecie. Czyn Lucyfera nazwaliśmy buntem, co sugeruje, iż sprzeniewierzył się on ustalonemu porządkowi kosmicznemu. Jednak z perspektywy świadomości jedności dzieło Lucyfera przedstawia się nieco inaczej. Nie jest ono przejawem buntu, ale eksperymentem.

Dlaczego eksperymentem? Bowiem nim właśnie było. Lucyfer chciał się przekonać, czy parametry życia okażą się skuteczne w praktyce. Życie jest eksperymentem! W początkowej jego fazie Bóg wydał instrukcję, aby człowiek został obdarzony wolną wolą. Cóż to jednak oznacza? Czyż nie zawiera w sobie możliwości czynienia zarówno dobra, jak i zła? Czyż nie zyskaliśmy w ten sposób pozwolenia na to, by postępować zgodnie ze swoją wolą i że wszystkie skutki naszych działań zgodnie z tym, co podaje Biblia, mają służyć naszemu dobru?

Życie zyskało zatem możliwość postępowania zgodnie z własnym życzeniem; zyskało wszystkie możliwości, czyli wolną wolę. Aby wolna wola mogła jednak funkcjonować w świecie, świadomość musiała stworzyć dla niej odpowiednie warunki. Kto zaś był twórcą świadomości? Jedyny Bóg. Lucyfer nie stworzył wolnej woli, choć stała się ona rzeczywistością poprzez jego decyzje oraz czyny. Bóg stworzył Lucyfera, aby mogła zaistnieć wolna wola. Przed eksperymentem Lucyfera nie było wolnej woli. Zaistniała ona tylko w trzech momentach, w których podejmowano kolejne próby. Wszelkie istnienie postępowało zgodnie z wolą boską, zgodnie z kosmicznym DNA. Nie pojawiały się najmniejsze odchylenia od tego porządku, a wolna wola pozostawała w sferze możliwości, które być może kiedyś miały zostać zrealizowane.

W pewnym momencie uświadomiliśmy sobie, że istnieje szczególny sposób doświadczania rzeczywistości, którego dotąd nie wypróbowaliśmy. Postanowiliśmy się o tym przekonać. Przetestowaliśmy trzy jego wersje, co za każdym razem kończyło się fiaskiem. Kompletną klęską. Czwartą i ostatnią próbę podjął Lucyfer, stosując inne podejście do kreacji wolnej woli. Tym razem Bóg wybrał obszar świadomości istniejący na wyższym poziomie niż egzystencja ludzka. Eksperyment przeprowadzono początkowo wśród aniołów. To anioły przyniosły ludziom nową świadomość wolnej woli, która miała zafunkcjonować w naszym świecie, cechującym się większym skupieniem materii, a wszelkie inne formy egzystencji przyglądały się temu, co miało się wydarzyć.

Dwaj bracia darzący się największym szacunkiem rozpoczęli walkę dobra i zła. Była to wojna na śmierć i życie, choć żaden z nich nie zginął. Wojna, która rozpoczęła się z woli Boga. Ze względu na dobro losów wszechświata Michał miał wspierać stronę światłości i dobra, podczas gdy Lucyfer stanął po stronie mroku i zła. Świat miał doświadczyć nowych możliwości. My ludzie, uznaliśmy zaś, że idea wolnej woli to wspaniały pomysł.

JASNY I ŚWIETLISTY

Studia nad świętą geometrią wykazują niezbicie, że nic nie zostało stworzone bez intencji i przyczyny. Nie był to zatem błąd; tak naprawdę błędów nie ma. Kiedy Bóg stworzył Lucyfera, o czym możecie przeczytać w Biblii, stał się on najwspanialszym spośród aniołów. Był obdarzony najwyższą inteligencją i urodą, czym przewyższał wszystkie inne. Nie miał sobie równych; znalazł się na samym szczycie anielskich światów. Bóg nadał mu imię Lucyfer, co oznacza „jasny i świetlisty". Skoro Bóg dał mu takie imię, czyż mógł popełnić błąd?

Zastanówmy się przez chwilę nad naszą ludzką naturą. Zwykle kreujemy naszych bohaterów, nadając im cechy, jakie sami pragnęlibyśmy posiadać. Spoglądamy w przeszłość poszukując świetlanych postaci, na których moglibyśmy się wzorować. To samo - zgodnie z tym, co oznaczają słowa: „jako na górze, tak i na dole" - dotyczy Lucyfera on również chciał być podobny do swoich bohaterów, choć w tym wymiarze nie znalazł nikogo równego sobie. Nie miał na kim się wzorować.

Był największym archaniołem wszelkiego stworzenia. Nie było nad nim większego. Jego jedynym bohaterem stał się zatem sam Bóg, bowiem tylko Bóg go przewyższał. Lucyfer postąpił wówczas tak, jak można się było spodziewać i jestem pewien, że Bóg to przewidział, zanim go stworzył. Otóż Lucyfer zapragnął być równie dobrym jak Bóg – chciał *być* Bogiem – na poziomie *tworzenia*. Nie ma nic złego w dążeniu do jedności z Bogiem, choć Lucyfer chciał czegoś innego. On chciał być *dokładnie taki sam* jak Bóg. A nawet chciał być lepszy od Boga. Lucyfer zamarzył prześcignąć swego bohatera.

Był wystarczająco inteligentny, by zrozumieć, w jaki sposób świat został stworzony. Znał obrazy, wzory oraz kody, które stworzyły wszechświat. Pragnąc stać się większym od Boga, musiał się odeń oddzielić. Dopóki był częścią Boga, nie mógł się wznieść ponad Niego. Zatem wraz z błogosławieństwem Boga (który go stworzył) Lucyfer podjął swój wielki eksperyment, aby się przekonać, czego może się nauczyć stwarzając rzeczywistość w inny sposób niż zrobił to Bóg/Duch. Przerwał więc miłości między sobą a Bogiem i stworzył pole Mer-Ka-Ba, które nie opierało się na miłości. Odkąd bowiem zerwał więź miłości między sobą a Nim, nie potrafił już stworzyć żywego Mer-Ka-Ba.

Archanioł Lucyfer oraz wiele towarzyszących mu aniołów podjęło wielki eksperyment, aby przekonać się, czego może się dzięki temu nauczyć. Jak już powiedziałem, podobne eksperymenty podejmowano w przeszłości trzykrotnie, jednak za każdym razem kończyły się one totalną destrukcją i cierpieniem wszystkich zaangażowanych w nie istot. Wiele planet zostało w efekcie całkowicie zniszczonych, łącznie z jedną znajdującą się w naszym układzie słonecznym, czyli Marsem. Lucyfer jednak ponownie podjął próbę, zamierzając posłużyć się inną metodą.

Przecinając więź miłości z Bogiem (a przynajmniej tak to z zewnątrz wyglądało), stworzył pole Mer-Ka-Ba, które nie opierało się na miłości. Skonstruował machinę poruszającą się w czasie i przestrzeni między wymiarami. Nazwiemy ją tu statkiem kosmicznym. Ten latający obiekt – widziany czasem jako latający talerz, choć potrafi on przybierać przeróżne kształty – był w istocie czymś więcej niż tylko pojazdem. Nie tylko bowiem potrafił przemieszczać się w całym spektrum tej wielowymiarowej Rzeczywistości, ale również *tworzyć* rzeczywistości, które wydawały się tak samo realne jak oryginalne stworzenie. Mowa tu o zjawisku podobnym do dzisiejszej rzeczywistości wirtualnej, z tą różnicą, że rzeczywistości stworzonej przez Lucyfera nie sposób było odróżnić od rzeczywistości prawdziwej.

Tak więc Lucyfer stworzył syntetyczne Mer-Ka-Ba w celu wykreowania rzeczywistości oddzielonej od Boga, dzięki której mógłby wznieść się na wyżyny i stać się Niemu równym, przynajmniej w swoim własnym umyśle. Nie mógł *stać* się Bogiem, ale mógł być *taki* jak On, jego bohater.

Aby przekonać inne anioły o konieczności przeprowadzenia eksperymentu, wybrał inną drogę przez Wielką Próżnię, żeby stworzyć swoją niepowtarzalną syntetyczną rzeczywistość. Aby wyjaśnić to jak najdokładniej, przeniesiemy się teraz do Rajskiego Ogrodu. Rosły tam dwa drzewa: drzewo życia, które było źródłem życia wiecznego oraz drzewo wiadomości dobrego i złego. We wzorcu Stworzenia widocznym na przykładzie Kwiatu Życia ścieżka, którą poruszał się mały duch, prowadząca w górę na szczyt pierwotnej sfery / kuli stworzenia, była związana z pierwszym drzewem, Drzewem Życia [zob. rozdz. 5]. Duch przybył z punktu znajdującego się w samym środku pierwotnej sfery / kuli, po czym zaczął poruszać się po siatce ruchem spiralnym, rysując obrazy, które stworzyły rzeczywistość wiodącą do życia wiecznego. Drzewo Życia i Kwiat Życia są więc wynikiem tego samego procesu tworzenia.

Istnieje jednak inna droga, po której duch może wydostać się z Wielkiej Próżni, a jest ona związana z drzewem wiadomości dobrego i złego. Formy geometryczne w obu wypadkach są jednakowe, zmienia się tylko ich perspektywa. Innymi słowy, istnieje inna ścieżka w świętej geometrii, która prowadzi poza Wielką Próżnię i pozwala stworzyć rzeczywistość, która wydaje się identyczna, choć w istocie jest różna pod względem geometrycznym i *doświadczalnym*. Lucyfer o tym wiedział i wybrał tę drogę, aby stworzyć nową rzeczywistość, nad którą mógł objąć kontrolę. Przynajmniej taki był jego pierwotny zamiar. Pierwotną intencją archanioła Michała było zaś stworzenie wolnej woli. Ich wewnętrzne zamierzenia były zatem różne.

STWORZENIE RZECZYWISTOŚCI DUALISTYCZNEJ

Lucyfer zdołał przekonać jedną trzecią aniołów w niebie, aby wsparły go w tworzeniu nowej rzeczywistości. Udało mu się je namówić, bowiem jego ścieżka prowadząca poza Wielką Próżnię dawała unikalną perspektywę, której dotąd żaden z nich nie doświadczył. Z anielskiego punktu widzenia rzeczywistości była to możliwość nowego życia i ktoś musiał ją wypróbować.

To, co okazało się ważne przynajmniej dla tych aniołów, które dołączyły do Lucyfera, to fakt, iż nowa ścieżka obejmowała również system wiedzy oferujący doświadczenia nigdy wcześniej nie zbadane w oryginalnej Rzeczywistości Boga. Doświadczenie to koncentrowało się wokół dwóch elementów geometrii - wydawałoby się, że bardzo prostych. Owe dwie figury geometryczne przekazują podstawową wiedzę o Jaju Życia i o źródle wszystkich form życia.

Pierwsza kula, której szukali, wpasowuje się w środek Jaja Życia i styka się z pozostałymi ośmioma kulami [zob. Punkt A na Ryc. 9-36a]. Druga kula wpasowuje się idealnie w centrum każdego z sześciu otworów każdej ścianki Jaja Życia (zwizualizujcie osiem kul Jaja Życia umieszczonych wewnątrz kostki o sześciu ścianach). Wiedza ta zawsze była znana, choć z perspektywy pierwotnej Rzeczywistości nie sposób było jej doświadczyć. Pamiętajcie, że wszystkie figury świętej geometrii mają aspekt doświadczalny. Przyjrzyjcie się Rycinie 17-1. Przedstawiony na niej diament – kwadrat obrócony o 45 stopni - ukazuje lucyferyczną geometrię owych dwóch kul.

Lucyfer oznajmił anielskim światom, że muszą przeprowadzić ten eksperyment, bowiem we wszechświecie brakuje pewnej informacji, a jedynym sposobem na jej uzyskanie jest doświadczenie. Dlatego wybrał tę szczególną perspektywę geometryczną, aby zapoczątkować proces tworzenia nowej, odrębnej rzeczywistości. Dzięki nowej geometrii mógł zinterpretować swoje dzieło w nowy sposób. Umożliwił tym samym doświadczenie bycia *wewnątrz* określonej formy życia *odrębnej* od reszty rzeczywistości. Wielu uwierzyło, że to coś wspaniałego, a co najważniejsze, zupełnie nowego. W stworzeniu rzadko zdarzało się coś nowego.

Drogę Lucyfera obrazuje diamentowy wykres Jaja Życia, czyli ten sam wymiar, w którym żyje obecnie ludzkość. Tak, poszliśmy za Lucyferem.

Pamiętacie rozdział 9 pod tytułem „Duch a Święta Geometria", w którym omawialiśmy nasze funkcjonowanie na drugim poziomie świadomości? Pamiętacie, co napisałem o tym, że Ziemia żyje na trzech poziomach świadomości (spośród pięciu istniejących) oraz że musimy obrócić drugi poziom świadomości pod kątem 45 stopni do perspektywy diamentu, aby wskazał nam on następny poziom – poziom świadomości Chrystusowej [zob. ryc.9-4]?

Lucyfer wybrał perspektywę kwadratu, obrócił go pod kątem 45 stopni, uzyskując w ten sposób diament [Ryc. 17-1]. Był to obraz Jaja Życia, który pragnął otrzymać, bowiem ten właśnie obraz miał doświadczyć zarówno wewnętrznej, jak i zewnętrznych sfer pasujących do otworów, o których mówiliśmy powyżej. Ta pozornie niewinna potrzeba zdobycia informacji o tym obrazie (pamiętajcie, że chodzi o poziom doświadczenia) stanowiła wielką rzecz dla aniołów, których celem było stworzenie wolnej woli i przeżycie wszelkich możliwych opcji. Była to bardzo realna możliwość. Nigdy dotąd nikt jej nie przeżył.

Oto szczegóły działania Lucyfera. Powtarzam, że relacjonuję wam te wydarzenia tylko po to, byście mogli przekroczyć dualistyczną perspektywę i osiągnąć następny, wyższy poziom świadomości Chrystusowej, co Jezus określił słowami „Zejdź mi z oczu, szatanie!".

Specyfika nowej rzeczywistości polegała na tym, że duch mógł oddzielić się od siebie samego i przebywać jednocześnie w dwóch miejscach lub

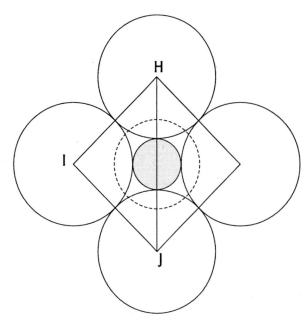

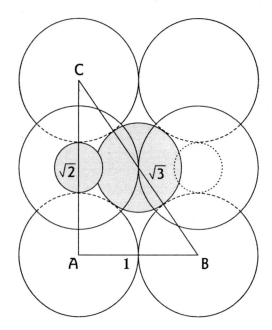

Jajo Życia. Wykres diamentu
Średnica większej kuli = 1
HI = 1
IJ = 1
$HJ^2 = HI^2 + IJ^2$
∴ HJ = √2

Jajo Życia obrócone o 90 stopni
AB = IJ = HI = 1
AC = HJ = √2
$BC^2 = AC^2 + AB^2$
BC2 = 2 + 1
BC = √3

Ryc. 17-1. Poszukiwanie doświadczenia dwóch pierwotnych sfer / kul. Po lewej: sfera, która dotyka tylko czterech pozostałych jest związana z materią (pierwiastek kwadratowy z 2). Po prawej: sfera, która dotyka wszystkich ośmiu sfer jest związana ze światłem (pierwiastek kwadratowy z 3).

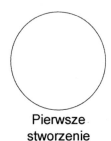

Pierwsze
stworzenie

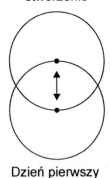

Dzień pierwszy

Ryc. 17-2. Pierwszy dzień tworzenia Lucyfera. Duch przebywa w obu środkach jednocześnie.

w większej ilości miejsc. Przypominało to podział komórkowy, czyli mitozę, tyle że pozbawioną formy. Podkreślmy, że właśnie to umożliwia proces mitozy.

W ten sposób doszło do stworzenia nowej rzeczywistości przy wykorzystaniu świętej geometrii, która posłużyła również do stworzenia Kwiatu Życia, z tym jedynie wyjątkiem, że duch podzielił się na dwa i rozpoczął tworzenie podwójnej helisy poza granicami Wielkiej Próżni, helisy wychodzącej z *dwóch różnych punktów*. Ten oto proces stworzył nową rzeczywistość. Dodatkowo Lucyfer wykorzystał diamentowy wykres Jaja Życia, obracając go pod kątem 90 stopni do obrazu prostokąta, aby skoncentrować i przesłać przez niego nową, nie wypróbowaną jeszcze świadomość. W ten sposób stworzył soczewki, przez które interpretowaliśmy rzeczywistość. Był to akt w istocie rewolucyjny.

Tworząc pierwotną Rzeczywistość, pierwszego dnia stworzenia podczas wykonywania pierwszego ruchu duch uniósł się na szczyt pierwszej sfery / kuli [zob. rozdz. 5, Ryc. 5-32]. Wtedy rozpoczęliśmy rotację, która zapoczątkowała proces tworzenia. Istnieje jednak inny sposób rozpoczęcia procesu tworzenia, w którym duch pozostawia część siebie w punkcie pierwotnym. Innymi słowy, w pierwszej fazie ruchu oddalającego się od punktu wyjścia, który wyznacza jednocześnie pierwszy moment stworzenia, duch dzieli się na dwa i pozostawia jedną część siebie w punkcie wyjścia, następną zaś przenosi na szczyt pierwszej sfery / kuli w taki sam sposób, jak w innych procesach tworzenia [Ryc. 17-2].

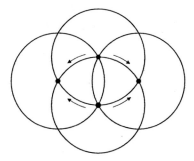

Ryc. 17-3. Drugi dzień tworzenia Lucyfera.

Ryc. 17-4. Trzeci dzień tworzenia Lucyfera.

Dalej, w *następnym* ruchu drugiego dnia stworzenia, duch rozpoczyna *podwójną* rotację, podczas której jego połowa pozostająca w punkcie środkowym podąży w jedną stronę, a druga część znajdująca się na szczycie sfery / kuli kieruje się w drugą, tworząc w ten sposób dwie sfery / kule, z których powstaje następujący wzór [Ryc. 17-3].

Z tego punktu duch dokonuje kolejnego podziału, by utworzyć taki wzorzec [Ryc. 17-4].

Rozpoczyna w ten sposób wzorzec podziału i łączenia. Jednak dalej następuje głównie podział, w którym duch oddziela się od siebie samego. Postępując naprzód, tworzy następujący wzór [Ryc. 17-5], który rozwija się na zewnątrz.

Proces ten może ciągnąć się bardzo długo..., ostatecznie tworząc siatkę identyczną jak siatka Kwiatu Życia, bowiem obowiązują w niej takie same prawa, panuje ta sama rzeczywistość, występują takie same planety, słońca, drzewa i ciała. Wszystko jest w niej takie samo z jedną *ogromną* różnicą. Wzór Kwiatu Życia ma *jeden* środek geometryczny - jedno oko - a istota, która wchodzi do stworzenia tą drogą jest bezpośrednio połączona z wszelkim życiem oraz z Bogiem. Wzór Lucyfera ma *dwa* środki – dwoje oczu. Niezależnie od wielkości siatki, kiedy powracacie do jej środka, przekonujecie się, że jest podwójna. Poza tym jest ona oddzielona od Boga. Nie ma w niej miłości. Anioły Lucyfera niemal zapomniały, czym jest miłość. Pamiętacie, co powiedział Jezus: „Jeśli wasze oko będzie jedno, całe wasze ciało będzie wypełnione światłem"? [Zob. Ryc. 17-6].

Pozostaje jednak pytanie, kto sprawuje nad tym kontrolę? Odpowiedź brzmi: *Bóg*. To Bóg stworzył tę sytuację. Nie Lucyfer, ale Bóg, który działał o krok przed nim. Bóg stworzył Lucyfera i wiedział, co on zrobi. Musiał zatem istnieć również powód dla stworzenia owej odrębnej rzeczywistości.

Ryc. 17-5. Czwarty dzień tworzenia Lucyfera.

Ryc. 17-6. Podczas następnych dni pojawia się dwoje oczu Lucyfera. Nie ma tutaj „pojedynczego" geometrycznego centrum, czy też „oka".

Ludzkość na Ziemi jako miejsce skupienia eksperymentu

Lucyfer stworzył nową rzeczywistość, zanim powstała rasa ludzka. Było to nieco ponad 200 000 lat temu. Ludzie zaś stali się jej głównymi bohaterami. Musi istnieć powód, dla którego to wszystko się wydarzyło. Sądzę, że celem eksperymentu Lucyfera, którego początków należy szukać wiele milionów lat temu, jest proces, który obecnie zaczyna przynosić owoce. Ziemia została wówczas wybrana jako miejsce narodzin nowego życia. Tak to wygląda.

Nie wiem, jaki był prawdziwy cel stworzenia nowej rzeczywistości, choć w całym kosmosie stało się jasne, że to na Ziemi miały się wydarzyć niezwykle dramatyczne rzeczy. Wygląda na to, że to my będziemy świadkami zakończenia tego eksperymentu. Wszyscy jesteśmy uczestnikami gry rozpoczętej w nowej rzeczywistości, którą mamy przetransformować tak, by posłużyła wypełnieniu nadrzędnego celu. Mamy przekroczyć granice, o jakich nie śniło się archaniołom Michałowi i Lucyferowi. Staniemy się dziećmi trzeciej drogi, nowej rzeczywistości zrodzonej z dwóch istniejących wcześniej.

Wszyscy tu na Ziemi stanowimy część eksperymentu Lucyfera. Wszyscy wybraliśmy jego drogę. Każdy mieszkaniec tej planety dokonał tego wyboru, czy nam się to podoba czy nie i niezależnie od tego, czy nadal podpisujemy się pod tą decyzją. Skoro tu jesteście, jest to skutkiem waszego wyboru. Nasza fizyczna matka, Nefilimowie, również bierze udział w eksperymencie Lucyfera, tak samo jak nasz fizyczny ojciec, Syrianie, choć oni w większości się od niego odseparowali. Rasa przybyła z Syriusza B, delfiny, także brała udział w doświadczeniu Lucyfera. Pamiętacie, że objawiła się ona Dogonom pod postacią przybyszy ze *statku kosmicznego*? Ona również korzystała z technologii. Przez długi czas posługiwała się niewielkimi opancerzonymi pojazdami, z których zrezygnowała jednak około 200 lat temu i obecnie przechodzi wielką transformację, która przywróci jej jedność.

Nie wiem, czy powrót do świata sprzed rozwoju technologii, takiego jakim był on w czasach rzeczywistości pierwotnej, jest rozwiązaniem problemu. Nie jestem pewien. Sądzę jednak, że mieszkańcy Ziemi znajdą właściwe rozwiązanie. Odpowiedź jest dostępna na tej planecie, a jej mieszkańcy staną się katalizatorem eksperymentu, na który zwrócone będą oczy wszystkich żywych istot, z zapartym tchem śledzących, co się ostatecznie wydarzy. Dlaczego? Dlatego, że wydarzenia na Ziemi będą miały wpływ na wszystko, co istnieje. Wierzę również, że odpowiedź przyjdzie do nas poprzez serce.

Intelekt pozbawiony miłości

Oto jak Lucyfer przekonał anioły o potrzebie wypróbowania nowej metody. Co się później stało z tymi aniołami? Zerwały one swoją pełną miłości więź z Bogiem oraz z wszelkim istnieniem i odtąd posługiwały się jedną półkulą mózgu zamiast jak dawniej obiema. Korzystały wyłącznie z intelektu pozbawionego miłości. W ten sposób powstała nowa rasa istot obdarzonych ogromną inteligencją, które zarazem były jednak niezdolne do miłości i współczucia. Przykładem takich istot mogą być Graysowie lub Marsjanie. W przeszłości bezustannie toczyły one ze sobą walki, które pogrążały życie w chaosie.

Stąd właśnie wziął się Mars. Marsjanie stanowili jeden z gatunków, które wyginęły około miliona lat temu. W owym czasie wszelkie istnienie niszczyło samo siebie. Pogrążone było w bezustannej wojnie, wciąż walczyło ze sobą, czego przyczyną był brak miłości i współczucia. W pewnym momencie istoty te wysadziły w powietrze całą atmosferę i wszystko wokół. Zanim do tego doszło, pojawili się ludzie, którzy wiedzieli, że destrukcja jest nieunikniona. Niektórzy z nich byli Marsjanami przybyłymi na Ziemię, którzy osiedlili się na Atlantydzie i spowodowali problemy związane z Mer-Ka-Ba.

Oto, na czym polega sedno problemu. Skutkiem eksperymentu Lucyfera były stworzone przezeń istoty, które zbudowały statki kosmiczne i opracowały cały system technologii oraz rzeczywistość odrębną od Rzeczywistości pierwotnej, podczas gdy istoty, które nie oddzieliły się od Boga, nie dysponowały żadną technologią. Prowadził je archanioł Michał. Wkrótce też wybuchła walka między przeciwnymi stronami. Archanioł Michał, anioł światłości, oraz archanioł Lucyfer, anioł ciemności, rozpoczęły kosmiczną wojnę, która doprowadziła do narodzin dualistycznej świadomości dobra i zła.

Archanioł Michał i anioły światłości mają żywe pole Mer-Ka-Ba, które jest w stanie osiągnąć wszystko to, czego potrafi dokonać technologia Lucyfera, a nawet więcej. Archanioł Lucyfer i jego anioły ciemności mają swoje techniczne Mer-Ka-Ba oraz syntetyczną rzeczywistość. Reprezentują oni dwie różne postawy wobec życia. Przyjrzyjcie się archaniołom Michałowi i Rafaelowi: nie mają oni statków kosmicznych ani technologii. Żyją w swoich świetlistych ciałach, a ich rzeczywistość - Rzeczywistość pierwotna - jest oparta na światłości. Moglibyśmy ją nazwać technologią światła opartą na miłości. Jest również inna droga - droga Lucyfera - w której rządzi materia. Mamy swoje domy, samochody i mnóstwo rzeczy, które wydają się nam niezbędne. Cała sieć, w jakiej funkcjonujemy, to technologia Lucyfera. Wystarczy przyjrzeć się światu, żeby zauważyć różnicę między naturą, czyli Rzeczywistością pierwotną a tym, co zrobił rodzaj ludzki ze swą odrębną rzeczywistością stworzoną przez wiedzę Lucyfera.

Można, rzecz jasna, podciągnąć całą rzecz do granicy ekstremum i twierdzić, że każdy, niezależnie od miejsca, w którym się znajduje, jeśli unosi się w powietrzu np. w samolocie będącym osiągnięciem technologii, jest częścią eksperymentu Lucyfera. Cały eksperyment faktycznie angażuje jednak szerokie spektrum istot. Niektóre są tak dalece weń uwikłane i uzależnione, że ich sytuacja wydaje się w pewnym sensie beznadziejna. Nie potrafią bez tego żyć. Całe to spektrum uzależnień dotyczy bardzo wielu istot, również takich ludzi jak my. I my jesteśmy uzależnieni, choć jedną nogą nadal tkwimy w Rzeczywistości pierwotnej.

Trudno byłoby nam dziś po prostu zrzucić z siebie ubrania, które również są wytworem technologii, aby zamieszkać w lesie. Z całą pewnością jesteśmy uzależnieni od techniki. Z drugiej strony jednak jesteśmy również zdolni do miłości. Zachowaliśmy w sobie iskierkę miłości, której nie odłączyliśmy od życia. Tym samym jesteśmy mieszkańcami kosmosu, którzy nie utracili ostatecznie łączności z Bogiem. Korzystamy z technologii, ale wciąż czujemy, czym jest miłość. Nasza miłość jest wprawdzie słaba; nie przypomina oślepiającej potężnej światłości. Ale jest. Człowiek łączy w sobie oba aspekty. Zachowaliśmy w sobie możliwość powrotu do Rzeczywistości pierwotnej.

TRZECIA DROGA — DROGA INTEGRACJI

Musimy zrozumieć, że my, Ziemianie, odnajdziemy naszą odpowiedź na sytuację we wszechświecie w jedyny niepowtarzalny sposób. Konflikt między Rzeczywistością pierwotną a lucyferyczną wydaje się prowadzić do powstania trzeciej drogi, która stanowi rodzaj połączenia dwóch poprzednich.

Gdybyście skrzyżowali wzrok, patrząc na rysunek przedstawiający dwoje oczu [Ryc.17-6], ujrzelibyście troje oczu, a tym samym trzecią drogę. Ścieżka środkowa ustanowiłaby połączenie dwóch pozostałych. Ujrzelibyście właściwie dwie drogi nałożone na siebie. Potraktujcie tę rycinę jako stereogram, a przekonacie się, że widać na niej trzeci, niepowtarzalny wzór. Ta nowa trzecia droga jest nadzieją wszelkiego istnienia. Wszechświat pogrążony jest w zamęcie wojennym od 200 000 lat. Toczy się w nim walka między ciemnością a światłem; walka, która wydaje się nie mieć końca. Tymczasem okazuje się, że nadchodzi jej punkt kulminacyjny, w którym narodzi się trzecia rzeczywistość.

EKSPERYMENT SYRIAN

W ramach eksperymentu lucyferycznego przeprowadzono jeszcze jedną próbę, która skutecznie odmieni sytuację na Ziemi, a następnie w całym wszechświecie. Być może ten drugi eksperyment ostatecznie stworzy rzeczywistość, która zintegruje owe dwie dotychczas istniejące. Wniebowstąpieni mistrzowie uważają, że to właśnie zamierzył Bóg. Kolejny eksperyment został opracowany przez Syrian, którzy są ojcami naszej rasy.

Historia, którą wam teraz opowiem, jest szokująca. Możecie w nią uwierzyć dopiero wtedy, gdy w głębi duszy poczujecie, że jest prawdziwa.

MOJE TRZY DNI W KOSMOSIE

Ponad 25 lat temu, około 1972 roku, niedługo po tym, jak anioły ukazały mi się po raz pierwszy, siedziałem ze swoją rodziną i dwojgiem przyjaciół, którzy wówczas z nami mieszkali. W pewnym momencie przybyły do mnie dwa anioły i poprosiły, bym samotnie udał się do pokoju i rozpoczął medytację, w której nikt nie będzie mi przeszkadzał. (Było to na długo przed tym, jak poznałem Tota.) Zapytałem moich bliskich, czy mogę odejść i zamknąłem się w drugim pokoju, aby rozpocząć medytację Mer-Ka-Ba.

Zanim zdążyłem się zorientować w sytuacji, anioły wyniosły mnie poza ciało i wspólnie wyruszyliśmy w przestrzeń kosmiczną. Wtedy to po raz pierwszy ujrzałem formację złotej ludzkiej siatki opasującej Ziemię. Dosłownie przez nią przeszedłem. Pamiętam, jak z bliska ujrzałem różne figury geometryczne tworzące się w tej żywej przestrzeni. Nagle anioły powiedziały, że chcą mnie zabrać o wiele dalej w kosmos. Oznajmiły, że nie mam powodu do lęku z racji tak znacznego oddalenia się od Ziemi.

Razem pozostawiliśmy tę planetę daleko w tyle. W towarzystwie aniołów patrzyłem, jak Ziemia się od nas oddala. Minęliśmy Księżyc – nigdy nie zapomnę, jak szybko się do niego zbliżyliśmy i jak wolno go mijaliśmy. W absolutnej ciszy lecieliśmy coraz głębiej w przestrzeń. Widziałem, jak Księżyc coraz bardziej maleje. Potem przelecieliśmy przez powłokę, która spowija Ziemię i Księżyc. Powłoka ta ma kształt sfery oddalonej od Ziemi o około 700 000 kilometrów, choć uczeni nie zdają sobie sprawy z jej istnienia. Po drugiej stronie tej energetycznej sfery ujrzałem nieruchomy wielki pojazd długości około 80 kilometrów. Dzięki zastosowaniu specjalnej technologii jest on niewykrywalny z powierzchni Ziemi. Pojazd ten miał kształt cygara i czarną barwę. Na jednym z jego końców znajdował się ogromny otwór pokryty przezroczystą materią. Kiedy się doń zbliżyłem, zostałem wciągnięty do środka, skąd docierał strumień jasnego światła.

Miałem wrażenie, jakbym został wessany przez coś w rodzaju szklanej powierzchni, a następnie znalazłem się w pomieszczeniu pełnym ludzi. W porównaniu ze mną odznaczali się oni bardzo wysokim wzrostem. Zauważyłem, że są tam zarówno mężczyźni, jak kobiety. W tej samej chwili, w której pomyślałem: „Kim są ci ludzie?", odebrałem od nich milczącą odpowiedź: „Jesteśmy Syrianami". Zaraz też pokazali mi, że stanowią dwie rasy humanoidów - jedną bardzo ciemną, a drugą jasną - które bardzo dawno temu zostały braćmi. Szczególnie zainteresowała mnie biała rasa. W pojeździe znajdowało się około 350 osób. Miały one na sobie białe szaty, a na lewym ramieniu złote insygnia. Usiadłem wraz z trojgiem z nich, dwoma kobietami i jednym mężczyzną, którzy prowadzili ze mną długą telepatyczną rozmowę. Później oprowadzili mnie po statku. Spędziłem z nimi trzy dni, podczas gdy moje ciało siedziało w pokoju. Syrianie wyraźnie chcieli mi jak najwięcej przekazać na temat techniki prowadzenia owego pojazdu oraz sposobu ich życia.

Wszystko wewnątrz miało kolor biały. Pomieszczenia nie miały kątów, a wszelkie przedmioty i formy, które wystawały z podłóg, ścian i sufitów – głównie z podłóg oraz ścian – wyglądały jak dzieła sztuki, jak piękne futurystyczne rzeźby. Czułem się jakbym przechadzał się po galerii sztuki. Do tego kształty te i formy miały zastosowanie technologiczne. Poza nimi na statku nie widziałem żadnych ruchomych obiektów. Całą swoją technologię zredukowali Syrianie do kształtów, form i proporcji. Wystarczało, że podłączyli się do tych kształtów w swoich myślach i sercach, a mogli zrobić wszystko.

Ci spośród was, którzy byli w Peru, zauważyli zapewne, że pośrodku starych świątyń Inków często ustawiano wielkie przepiękne kamienie o wielu kątach, kształtach i świętych proporcjach uformowanych i wyciętych na ich powierzchni. Nie były to zwyczajne kamienie, czy też skały – stanowiły one i po dziś dzień stanowią starożytne biblioteki. Zawierają szczegółowe kroniki tamtej cywilizacji. Jeśli ktoś wie, w jaki sposób nawiązać z nimi kontakt, może przeczytać o wszystkim, co się wówczas wydarzyło z dokładnością co do sekundy. Jednak Syrianie doprowadzili tę metodę do perfekcji, dzięki czemu wszystko, o czym zdołali pomyśleć, mogło zostać zrealizowane za pomocą tej niewiarygodnie prostej i pięknej technologii, nawet podróże kosmiczne. Nazywamy to psychotroniką. Skuteczność tej metody wymaga ludzkiego (lub pozaludzkiego) kontaktu.

Kiedy powróciłem do swego ciała, anioły zaczęły mi wyjaśniać, dlaczego mnie tam zabrały. Nie używały przy tym słów, ale telepatycznych obrazów, aby zademonstrować, co mi się przydarzyło.

„To niewiarygodne!” – wykrzyknąłem w odpowiedzi. –„ Mają zadziwiającą technologię!”

Powtarzałem to wciąż, wyrażając swój zachwyt. Obserwowały mnie przez chwilę, a potem stwierdziły:

„Nie zrozumiałeś. Nie to chciałyśmy ci pokazać.”

„O czym wy mówicie?” – spytałem.

PONOWNE SPOJRZENIE NA TECHNOLOGIĘ

Anioły powiedziały: „Załóżmy, że twoje ciało marznie w pokoju, a ty postanawiasz wyjść na zewnątrz, żeby znaleźć sposób ogrzania pomieszczenia. Wynajdujesz na przykład grzejnik, naprawdę dobry grzejnik i jakieś źródło energii – cokolwiek, co pozwoli ci ogrzać pokój. Ustawiasz go w pokoju i po jakimś czasie robi się ciepło. Z anielskiego punktu widzenia takie działanie wiąże się z osłabieniem ducha. Dlaczego? Bowiem zapominasz o swojej łączności z Bogiem. Mogłeś ogrzać pokój oraz siebie swoją własną siłą, ale zamiast tego oddałeś swoją moc przedmiotom.”

Anioły przekazały mi, że w miarę jak dana cywilizacja doskonali swoją zaawansowaną technologię - jeśli dokonuje takiego właśnie wyboru -

jednocześnie coraz bardziej oddala się od źródła życia, a tym samym słabnie z powodu swego pogłębiającego się uzależnienia od technologii. Ta bowiem staje się niezbędna do przetrwania. Anioły powiedziały również, że załoga tamtego statku była bardzo słaba pod względem duchowym. Innymi słowy, miałem potraktować ich jako istoty potrzebujące duchowego wsparcia, a nie zachwycać się poziomem ich osiągnięć technologicznych.

Anioły umożliwiły mi przeżycie tego doświadczenia, bowiem chciały, bym zrezygnował z myślenia o technologii i skoncentrował się na czystej świadomości, dzięki której mogliśmy przypomnieć sobie Boga. Słyszałem już o tym. Naprawdę sądziłem, że zrozumiałem lekcję, jakiej mi udzieliły. Z czasem jednak kompletnie o tym zapomniałem. Jakie to ludzkie!

Tak czy owak, byłem przekonany, że spędziłem trzy dni na tamtym statku, kiedy jednak powróciłem do ciała, umysł podpowiedział mi, że minęły zaledwie dwie godziny od chwili, w której usiadłem do medytacji. Umysł mojej środkowej jaźni zracjonalizował w ten sposób to, co się stało. (Tak właśnie postępujemy: racjonalizujemy niezwykłe doświadczenia.) Wstałem i wróciłem do drugiego pokoju, w którym zostawiłem rodzinę i przyjaciół.

Moja żona spojrzała na mnie z pobladłą i wystraszoną twarzą. Pozostali również przyglądali mi się z niepokojem.

„O co wam chodzi?" – spytałem.

„Siedziałeś tam bez ruchu przez trzy dni" – odparła moja żona. – „Nie mogliśmy cię przywrócić do przytomności. Zamierzaliśmy dzwonić do szpitala po pomoc."

Wtedy zrozumiałem, że naprawdę spędziłem trzy dni w kosmosie. W głębi duszy wiedziałem, że to prawda, ale musiałem zajrzeć do gazety, żeby się o tym przekonać. I przekonałem się.

Historia syriańskiego eksperymentu

Po tym doświadczeniu z aniołami i syriańskim statkiem kosmicznym sądziłem, że anioły zabrały mnie na ten czarny pojazd w kształcie cygara, abym poznał syriańską technologię i zrozumiał jej związek z technologią Lucyfera. Nie wiedziałem, że miały inny cel, równie istotny.

10 kwietnia 1972 roku mój duch wszedł w ciało Bernarda Perony, człowieka, który przebywał w tym ciele, zanim ja doń wszedłem. Kiedy patrzę wstecz na kolejność wydarzeń w moim życiu, rozumiem, dlaczego wybrałem taki właśnie czas. Przyczyną było pewne wydarzenie, które miało miejsce później tego roku i które na zawsze miało odmienić losy tej planety. W istocie odmieniło ono losy wszelkiego życia, jakie istnieje.

To, co tu opowiem, musi być zrozumiane jako wiedza pochodząca z wyższego wymiaru. Historia, którą tu przeczytacie, wyda wam się niedorzeczna i niemożliwa, jeśli spojrzycie na nią z normalnej ludzkiej perspektywy. Będzie ona równie nieprawdopodobna jak pomysł wyprawy na Księżyc w roku

1899. Z perspektywy kosmicznej był to interes, jak inne, jednak rezultaty tego eksperymentu wpłynęły w jedyny i niepowtarzalny sposób na losy całego stworzenia. Wiem, że przekazując wam tę opowieść, ryzykuję utratą swojej wiarygodności. Jednak czynię to na polecenie aniołów.

Główną przyczyną, dla której zdecydowano się przeprowadzić syriański eksperyment były wydarzenia na Atlantydzie. W rozdziale 4 napisałem, że z powodu błędu, jaki popełnili Marsjanie na skutek nieznajomości techniki posługiwania się Mer-Ka-Ba zostały rozerwane granice wymiarów, co spowodowało spadek naszego poziomu świadomości. Na skutek niewłaściwego posługiwania się energią rasa ludzka spadła nisko do poziomu świata o trzech wymiarach. Jak już powiedzieliśmy, Rada Galaktyczna składająca się z 48 członków wyraziła zgodę na odbudowanie siatki świadomości Chrystusowej wokół Ziemi poprzez wybudowanie na niej układu świątyń i szczególnych miejsc świętych. Odtworzenie siatki geomantycznej miało pozwolić ludzkości odzyskać należne jej miejsce we wszechświecie. Taki sam plan stosowały w przeszłości niezliczone planety znajdujące się w podobnym położeniu i niemal za każdym razem okazywał się on skuteczny. Jeśli plan nie zadziałał, świadomość danej rasy ginęła.

Ci, którzy się na tym znają obliczyli, że powrócimy do świadomości Chrystusowej tuż przed pewnym kosmicznym wydarzeniem, które miało mieć miejsce w sierpniu roku 1972. Wydarzenie to miało wywrzeć ogromny wpływ na nasz układ słoneczny, toteż gdybyśmy w owym czasie nie zdołali osiągnąć poziomu świadomości Chrystusowej, zginęlibyśmy razem z całą planetą.

Tot wraz z wniebowstąpionymi mistrzami rasy ludzkiej oraz Wielkim Białym Bractwem i przedstawicielami Duchowej Hierarchii naszej galaktyki zaplanowali wszystko w najdrobniejszych szczegółach. Eksperyment świadomości galaktycznej miał zostać zakończony do sierpnia 1972 roku, niezależnie od okoliczności.

Czym było owo kosmiczne wydarzenie? W sierpniu 1972 roku nasze Słońce miało ulec przemianie w słońce helowe. Jest to naturalne zjawisko. Do tej pory było ono słońcem wodorowym. Światło, które dociera na Ziemię i tworzy wszelkie życie na naszej planecie pochodzi z połączenia dwóch atomów wodoru, które w efekcie dają hel. W miarę jak objętość helu wzrasta przez miliardy lat, dochodzi do nowej reakcji, w której łączą się ze sobą trzy atomy helu tworząc węgiel. Wiadomo było, że do takiej reakcji dojdzie w sierpniu 1972 roku. Gdyby jednak ludzkość nie znajdowała się wówczas na odpowiednim poziomie świadomości, zostalibyśmy doszczętnie spaleni. Odpowiedni poziom świadomości - czyli świadomość Chrystusowa - pozwoliłby nam jednak obronić siebie i wszelkie istnienie. Musieliśmy dopełnić cykl przejścia na ów poziom przed wyznaczoną datą.

Około roku 1700, niemal 13 000 lat po przeprowadzeniu próby odtworzenia siatki świadomości Chrystusowej, nasi fizyczni ojcowie, Syrianie, zrozumieli, że nie zdołamy tego dokonać. Najsmutniejsze było to, że nie byliśmy w stanie dokonać przemiany zaledwie w ciągu kilku lat. Zarówno Syrianie, jak i Nefilimowie, nasi ojcowie i matki, chcieli nam pomóc, przy czym ojcowie posiadali większą wiedzę i zrozumienie całego procesu i byli lepiej przygotowani do działania. Oni zatem przejęli inicjatywę w poszukiwaniu sposobu ocalenia ludzkości. Problem polegał na tym, że w całej galaktyce nie znano rozwiązania.

Syrianie darzyli nas wielką miłością. Byliśmy ich ukochanymi dziećmi, których nie chcieli utracić. Około 250 lat temu rozpoczęli więc poszukiwania w kronikach akaszy dotyczących naszej galaktyki, aby przekonać się, czy inne rasy nie znalazły odpowiedzi na to pytanie. Nie było jednak skutecznego rozwiązania. Mimo że szanse na ocalenie były bliskie zeru, Syrianie szukali nadal, kierując się ogromną miłością. Któregoś dnia, kiedy poszukiwania zawiodły ich do odległej galaktyki, napotkali tam pewną istotę, która zaproponowała im rozwiązanie ludzkiego problemu. Był to wymyślony sposób, którego nikt dotąd nie wypróbował. Zarazem jednak oferował on doskonałą możliwość, która w dodatku mogła zadziałać.

Syrianie zwrócili się do Rady Galaktycznej z prośbą o pozwolenie na przeprowadzenie na Ziemi niezwykłego eksperymentu w celu ocalenia rasy ludzkiej. Ich przedstawiciele zaprezentowali radzie uzyskane informacje. Problem polegał na tym, że nasze Słońce miało ulec fizycznemu powiększeniu tak, że jego płomienie objęłyby Ziemię, paląc ją do szczętu. Wydarzenie to miało mieć miejsce w sierpniu 1972 roku, przy czym po kilku latach Słońce miało powrócić do swych normalnych rozmiarów. Dla ludzkości oznaczało to jednak pewną zgubę w ciągu zaledwie kilku minut.

Jeśli eksperyment miał się powieść, Syrianie musieli zabezpieczyć Ziemię i jej mieszkańców przed palącymi promieniami Słońca. Aby jednak uratować nasze ewolucyjne DNA, musieli zachować to wszystko w tajemnicy przed ludźmi. Przypomina to historię misji Star Treka, której nie wolno było ujawnić przed rdzennymi mieszkańcami danej planety. Naprawdę istnieje ważny powód, dla którego nie wolno bezpośrednio ingerować w losy danej rasy: ten rodzaj kosmicznej ingerencji na zawsze zmieniłby ludzkie DNA i pierwotny przekaz ludzkości zostałby utracony. Gdybyśmy dowiedzieli się o tym, co Syrianie mieli zamiar zrobić, przestalibyśmy być ludźmi! Jak możecie podejrzewać, informacje te mogą być udostępnione nielicznym, w żadnym razie nie świadomości zbiorowej.

Syrianie musieli przyspieszyć nasze postępy na drodze ewolucji, abyśmy mogli dotrzymać kroku przemianom cyklu nowej rzeczywistości, zakończyć eksperyment trwający 13 000 lat i powrócić do świadomości Chrystusowej. Później mieliśmy jednak przeżyć to wszystko, co ominęliśmy na swej drodze z powodu ekspansji słonecznej w celu synchronizacji z nową rzeczywistością lucyferyczną. Była to bardzo skomplikowana operacja.

Rada Galaktyczna spytała Syrian, czy ktokolwiek miałby szansę przeżycia, gdyby zaniechano eksperymentu. Gdyby odpowiedzieli twierdząco, gdyby mieli się uratować tylko jedna kobieta i jeden mężczyzna, nie uzyskaliby zgody na działanie. Nie było jednak szansy na to, by uratował się choć jeden człowiek. Skoro więc nie pozostawało nic do stracenia, Rada wydała pozwolenie. Nigdy dotąd nie przeprowadzono podobnej próby. Nigdy, od początku istnienia. Przedstawiciele Rady również chcieli się przekonać, czy takie działanie ma szansę powodzenia.

Syrianie zbudowali zatem swój wielki statek kosmiczny w kształcie czarnego cygara i umieścili go tuż za powłoką otaczającą Ziemię. Następnie udali się na Ziemię w czwartym wymiarze, aby na końcach pola świetlistego ciała planety, mającego kształt tetraedru gwieździstego rozlokować konkretne przedmioty. Umieścili je w przestrzeni kosmicznej w odległości ponad półtora tysiąca kilometrów od Ziemi, po jednym w każdym z ośmiu punktów.

Następnie użyto specjalnego lasera - który nie przypominał żadnego z ludzkich wynalazków i który potrafił przenosić niewiarygodne ilości danych - i skierowano go w czwartym wymiarze na biegun północny lub południowy, gdzie znajdował się jeden z umieszczonych tam uprzednio obiektów, a ten z kolei wysłał wiązkę czerwoną, niebieską lub zieloną do każdej trójki z siedmiu pozostałych obiektów. Wiązka promieni laserowych docierała kolejno do wszystkich ośmiu obiektów. Z miejsca, w którym dany obiekt znajdował się dokładnie naprzeciwko innego obiektu, do którego najpierw posłano wiązkę promieni, wystrzelono kolejną wiązkę do wnętrza Ziemi, a stamtąd z powrotem na powierzchnię, do każdego człowieka na tej planecie. Zwierzęta i rośliny również znalazły się w tym polu energii, choć nie podlegały manipulacji. Wiązka promieni przedostała się do ośmiu komórek pierwotnych w organizmie każdego człowieka, a stamtąd do jego pola o kształcie tetraedru gwieździstego. Ten ostatni krok utworzył unikalne pole holograficzne wokół każdego człowieka, stwarzając Syrianom możliwość zmiany ludzkiej świadomości. Dzięki temu mogli oni ochronić i zmienić ludzką świadomość bez naszej wiedzy.

Powstało w ten sposób wokół Ziemi holograficzne pole, które odtworzyło zewnętrzną rzeczywistość kosmiczną. Umieszczono nas w holograficznej replice wszechświata, zatem dwukrotnie zostaliśmy oddzieleni od Rzeczywistości pierwotnej. To samo pole posłużyło jako zabezpieczenie Ziemi przed śmiertelną ekspansją Słońca. Nie wiedzieliśmy, że Ziemię otoczyły płomienie.

Jednocześnie Syrianie mogli przejąć kontrolę nad ludzkimi myślami i uczuciami i przekazywali odpowiednie obrazy wprost do naszego otoczenia. Dzięki temu zyskali możliwość wpływu na wzorce ewolucji każdej osoby na Ziemi. Taki system pozwalał roztoczyć nad nami pełną ochronę, podczas gdy nasza świadomość ulegała przemianie bez naszej wiedzy. W razie potrzeby mogli oni również zmienić wzór naszego DNA.

Plan polegał na tym, aby na krótki czas odebrać nam wolną wolę i wprowadzić przyspieszone zmiany w naszym DNA, a następnie przywrócić nam wolność w momencie, w którym będziemy zdolni kontrolować nowe wzorce – cały proces miał jak najszybciej wprowadzić ludzkość na poziom świadomości Chrystusowej. Czyż tak skomplikowany i niewypróbowany plan miał szanse powodzenia? Nikt tego nie wiedział. Wkrótce jednak miał się o tym przekonać cały wszechświat.

7 SIERPNIA 1972, SZCZĘŚLIWE ROZWIĄZANIE

Nadszedł wielki dzień – 7 sierpnia 1972 roku. Cały proces odbył się w ciągu siedmiu dni, choć siódmy sierpnia był dniem największej ekspansji. My, ludzie, nie dowiemy się, co naprawdę wydarzyło się owego dnia do czasu, kiedy osiągniemy poziom świadomości Chrystusowej. Nikt na Ziemi nie uwierzyłby mi, gdybym ujął to w słowa. Prawdziwe wydarzenia zostały przed nami ukryte za pomocą hologramu, choć to, co mogliśmy zobaczyć w tamtym czasie było najpotężniejszą zanotowaną emisją energii słonecznej. Solarny wiatr wiał z prędkością 4 000 000 kilometrów na godzinę przez trzy dni i dalej w rekordowym tempie przez 30 dni. Było to naprawdę spektakularne zdarzenie kosmiczne.

Eksperyment odniósł zadziwiający sukces. Udało się, a my, niewinni ludzie, nadal żyjemy. Przetrwaliśmy największy kryzys bez najmniejszego uszczerbku. Syrianie stworzyli w nas przekonanie o tym, że nastąpiły drobne zmiany, po których życie toczyło się tak, jakby nigdy nie stworzono nam jego hologramu. Nie chcieli niczego zmieniać, dopóki nie przekonali się o poprawnym funkcjonowaniu systemu. Dopiero po trzech miesiącach przystąpili do prawdziwej pracy nad zmianą ludzkiej świadomości.

Przez dwa lata, od czerwca czy lipca roku 1972 (tuż przed ekspansją słoneczną) do końca roku 1974, byliśmy pozbawieni wolnej woli. Wszystkie wydarzenia na Ziemi były zaprogramowane, podobnie jak nasze reakcje, co miało spowodować przyspieszenie naszego rozwoju duchowego. Zadziałało zadziwiająco skutecznie. Wszystko wskazywało na to, że nam się uda.

PRZYWRÓCENIE WOLNEJ WOLI I NIEOCZEKIWANE POZYTYWNE KONSEKWENCJE

Ostatecznie, kiedy okazało się, że robimy wyraźne postępy, Syrianie zaczęli nam pozwalać na podejmowanie decyzji opartych na wolnej woli. Gdyby jednak wówczas okazało się, że nasze wybory są niewłaściwe, tak długo podsuwaliby nam te same sytuacje, aż opanowalibyśmy tę lekcję duchową. Zmieniałyby się tylko okoliczności zewnętrzne, ale nauka pozostałaby ta sama. W pewnym momencie dowiedliśmy swojej gotowości i Syrianie w pełni zwrócili nam wolną wolę.

Wszystko to zostało zaplanowane zgodnie ze zbliżaniem się kolejnego wydarzenia, jakim było ukończenie siatki świadomości Chrystusowej wokół świata, nad którą pracowało wówczas Wielkie Białe Bractwo. Zakończyło ono pracę w roku 1989, co umożliwiło ludziom wzniesienie się na poziom wyższego wymiaru. Bez tej siatki nie moglibyśmy się wznieść na żaden poziom. W kolejnych latach dokonano kilku drobnych poprawek, ale siatka działała bez zarzutu.

Od początku lat 90. ludzkość zajmuje nadzwyczaj uprzywilejowaną pozycję we wszechświecie, nawet o tym nie wiedząc.

W ciągu pierwszych trzech lat od rozpoczęcia eksperymentu syriańskiego stało się jasne, że dzieje się coś niezwykłego, coś, czego dotąd nie widziano ani nie oczekiwano. Od chwili wystąpienia tego dziwnego zjawiska budzimy zainteresowanie istot z całej galaktyki. Do tej pory byliśmy tylko jednym z wielu światów światłości. W miarę postępów eksperymentu zaczęły nam się przyglądać również i inne galaktyki. Na poziomie wielu wymiarów wszelkie istnienie skierowało swoją uwagę na naszą skromną planetę. Staliśmy się supergwiazdą wszechświata, a wiedzieli o tym wszyscy z wyjątkiem nas samych!

Tym, co budziło powszechną uwagę, była szybkość z jaką ewoluowaliśmy. Z miejsca, w którym się znajdujemy, a więc ze środka holograficznego eksperymentu nie sposób ocenić, jak szybko ewoluujemy, ale z zewnątrz widać to wyraźnie. Proces ten przebiega z szybkością nie oglądaną dotąd nigdzie we wszechświecie, przy czym dzieje się to u nas w naturalny sposób. Nasze możliwości wciąż rosną, co moglibyśmy zaobserwować przy większej uważności. To, co się dzieje, nie jest w pełni zrozumiałe dla Duchowej Hierarchii. Trudno ocenić znaczenie eksperymentu, który nie został jeszcze zakończony.

Nasza opowieść o tym, jak Tot i Szesat wraz z 32 towarzyszami przenieśli się do światów z wyższych wymiarów i przekroczyli Wielką Próżnię [rozdz. 11], zaczyna nabierać głębszego sensu. Wniebowstąpieni mistrzowie chcieli się dowiedzieć, co to wszystko znaczy. Zaczęli przekraczać przejścia do innych wymiarów, które stanęły przed nimi otworem dzięki poszerzeniu się naszej świadomości. Stało się oczywiste, że przebyli oni drogę przez Wielką Próżnię do następnej oktawy wymiarów. Wszystko to na poziomie naszej galaktyki jest po prostu zadziwiające z punktu widzenia wszechświata i niewielu godzi się mówić o tym, do czego to prowadzi. Oczywiste jest tylko to, że mamy do czynienia z nowym, nieznanym dotąd zjawiskiem.

Co więcej, po bliższym zastanowieniu okazało się, że ta drobna informacja pochodząca od pojedynczej istoty napotkanej w odległej galaktyce (która przekazała Syrianom pomysł przeprowadzenia eksperymentu) była zawarta w Rzeczywistości pierwotnej. Umieścił ją tam Bóg, nie Lucyfer. Bóg, rzecz jasna, wiedział, co się stanie i tylko On wie, co będzie dalej.

Powód, dla którego przekazuję wam te informacje, abyście dowiedzieli się o istnieniu rzeczywistości ukrytej za codziennymi wydarzeniami jest prosty: staliście się lub wkrótce staniecie się wniebowstąpionymi mistrzami, którzy odziedziczą Ziemię. Wraz z innymi, którzy będą z wami współpracowali, przejmiecie odpowiedzialność za przebudzenie reszty ludzkości. Podstawowe informacje niezbędne do otwarcia waszych umysłów i serc na Rzeczywistość pierwotną macie w sobie. W swoim wnętrzu posiadacie mądrość starszą od czasu. Niech wszystkie wasze czyny będą błogosławieństwem dla wszelkiego życia. Bóg zawsze będzie z wami.

Obyście przekroczyli dobro i zło, świadomość dualizmu i otworzyli się na Jedynego Boga i Rzeczywistość pierwotną. Z perspektywy starożytnych narodziny czegoś nowego zwiastują światło nowego dnia.

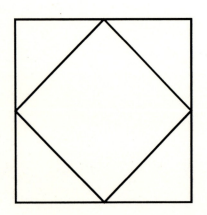

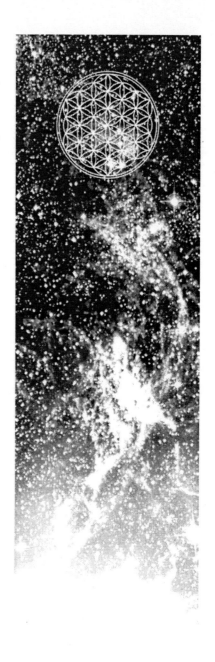

ROZDZIAŁ OSIEMNASTY

ZMIANA WYMIARU

WIELKA PRZEMIANA

Większość proroków oraz przedstawicieli pierwotnych kultur tego świata zapowiada „wielką przemianę", która nadchodzi dla Ziemi i dla rasy ludzkiej. My postrzegamy tę przemianę w sposób ostateczny i konkretny jako przejście na poziomie planetarnym i międzywymiarowym na nowy poziom egzystencji; przejście związane ze zmianą naszej świadomości na poziom świadomości Chrystusowej lub świadomości jedności. W ostatnim rozdziale przyjrzymy się bliżej samej wielkiej przemianie oraz lekcji, jaką możemy z niej wyciągnąć. Tymczasem zajmiemy się naturą przechodzenia do innego wymiaru, jakie towarzyszy tej przemianie, aby odnaleźć mądrość, dzięki której nauczymy się żyć na Ziemi w równowadze. Zrozumienie charakteru przejścia do innego wymiaru może przyspieszyć nasz duchowy rozwój oraz pomóc nam jak najlepiej spożytkować czas, jaki nam pozostał na tej pięknej planecie.

Przejście do innego wymiaru otwiera się, kiedy planeta lub inne ciało niebieskie przechodzi z jednego wymiaru do drugiego. W naszym przypadku będzie to przejście z wymiaru trzeciego do czwartego. Cała planeta oraz wszyscy jej mieszkańcy doświadczą tej przemiany. Rdzenni Amerykanie wierzą, że przejdziemy ze świata czwartego do piątego, a moment ten poprzedzi Dzień Oczyszczenia. Różnica w numeracji wynika z faktu, że Indianie postrzegają Próżnię jako jeden ze światów i zaczynają odliczanie właśnie od niej. Zatem trzeci wymiar Melchizedeka oraz czwarty świat Rdzennych Amerykanów to jedno i to samo.

Możecie przyjąć, że naturą tej transformacji jest przejście do innego wymiaru, czy też świata. Nawet jeśli przemiana ta dokona się w krótkim czasie, będziemy mogli przyjrzeć się jej naturze i zrozumieć zmiany, jakim musimy się poddać. Zostanie wówczas zdjęta zasłona skrywająca naturę zdarzeń na tym świecie i zrozumiemy, dlaczego miały one miejsce. Dzięki temu będziemy mogli doświadczyć przemian z czystym sercem i umysłem.

OKOLICZNOŚCI PRZEJŚCIA DO INNEGO WYMIARU

Na różnych planetach w naszej galaktyce zwykle zaczynają najpierw słabnąć pola geomagnetyczne, które przestają spełniać swoje zadanie, a cywilizacja tej planety zaczyna podupadać. Potem nadchodzi ostatnia faza rozpadu, która trwa zazwyczaj nie dłużej niż dwa lata i nie krócej niż trzy miesiące. W tym czasie dana cywilizacja popada w ruinę i sam fakt przeżycia staje się problemem związanym z ogromnym niebezpieczeństwem. Wszelkie systemy społeczne podtrzymujące jej funkcjonowanie rozpadają się i rządy obejmuje chaos. Jest to okres, na który przygotowuje się większość religii, na przykład Mormoni. W okresie tym będziemy nadal mieszkali na Ziemi w trzecim wymiarze, zanim dokonamy przejścia do czwartego.

Przed rozpoczęciem przejścia do następnego wymiaru nastąpi dziwny moment, obejmujący około pięciu do sześciu godzin. W tym czasie czwarty wymiar zacznie przenikać do trzeciego. Naprawdę warto się na to zawczasu przygotować.

Nikt nie będzie miał wątpliwości, kiedy rozpocznie się właściwy moment przemiany. Towarzyszyć mu będą szczególne zmiany kolorów i kształtów poza świadomością ludzką. W tym momencie opuścimy trzeci wymiar egzystencji na Ziemi. Zwykle w owym czasie następuje również zmiana ustawienia osi planety, choć nie będziemy o tym wiedzieli, bowiem znajdziemy się wówczas w nowym wymiarze czasoprzestrzennym. Tak najczęściej wygląda cały proces przemiany, choć zdarzają się odstępstwa od reguły.

Przemierzywszy Wielką Próżnię, wkroczymy do czwartego wymiaru życia na Ziemi. Nasze życie ulegnie radykalnej przemianie. Zanim to nastąpi, musimy przejść przez proces wniebowstąpienia, zmartwychwstania i śmierci. Potem narodzimy się w nowym świecie.

Powyższy scenariusz stanowi szczegółowy opis przechodzenia do innego wymiaru, jakie najczęściej ma miejsce we wszechświecie, choć Ziemia jest tu przypadkiem wyjątkowym. W pierwszej kolejności przedstawię jednak typowy sposób owego przechodzenia, mimo że jego rezultat w naszym przypadku może spowodować zupełnie inne zjawiska. Bieg historii być może ukaże zdarzenia całkowicie odmienne od tych, które tu przedstawię. Wszystko zależy od tego, ile miłości będzie między ludźmi. Na koniec zaprezentuję wam inną teorię na ten temat. Jest za wcześnie, by stwierdzić, że tak właśnie sprawy się mają, ale wszystko na to wskazuje.

Pierwsze oznaki

Pierwszą oznaką planetarnej zmiany wymiarów jest gwałtowne osłabienie pola geomagnetycznego, które naukowcy odnotowują od 2 000 lat, czyli od narodzin Jezusa. W ciągu ostatnich 500 lat pole to jednak słabnie w znacznie przyspieszonym tempie. W miarę zbliżania się do momentu przemiany pole geomagnetyczne zwykle zachowuje się jak oszalałe i właśnie teraz tak się dzieje. Lotniska całego świata musiały wprowadzić na swych mapach stosowne magnetyczne poprawki dotyczące kierunku północnego, aby nadal móc używać automatycznych instrumentów. W ciągu ostatnich trzydziestu lat zaobserwowano zadziwiające zmiany w polu magnetycznym. Zmianie uległy drogi migracji ptaków, które korzystają z linii magnetycznych wyznaczających im drogę do domu. Sądzę, że to samo dotyczy delfinów i wielorybów, które lądują na plażach, bowiem i one przemieszczały się dotąd w zgodzie z podwodnymi liniami magnetycznymi. Wiele linii, które przebiegały dotąd wzdłuż brzegów, przemieściło się w głąb lądu. Stworzenia wodne, które podążają we wskazanym przez nie kierunku, lądują zatem na ziemi. Ostatecznie pole geomagnetyczne prawdopodobnie załamie się całkowicie i spadnie do zera. Zdarzyło się to w historii Ziemi już wielokrotnie.

Jeśli tak będzie i tym razem, istnieje kilka możliwych scenariuszy dalszych wydarzeń. Pole może się zmienić, a za nim nastąpi zamiana biegunów. Po osiągnięciu punktu zero może ono jednak powrócić do dawnej polaryzacji, choć tym razem oś będzie zupełnie inna. Istnieje tu wiele możliwości, choć nieistotnych dla was i waszego procesu wniebowstąpienia. Nie będziecie dłużej przebywali na tym poziomie ziemskich wymiarów, więc nie odczujecie bezpośrednio tej zmiany.

Zmiana wymiarów spowoduje także inne bardziej subtelne zmiany energetyczne, na przykład dotyczące częstotliwości Schumanna (podstawowa częstotliwość rezonansu planety Ziemi), jednak zmiana pola geomagnetycznego jest najważniejsza. Nie będę tu opowiadał o częstotliwości Schumanna, bowiem rząd Stanów Zjednoczonych dołożył wszelkich starań, by zaprzeczyć, że taka zmiana następuje. Jeśli chcecie poznać prawdę, sprawdźcie to w Niemczech lub w Rosji, bowiem mieszkańcy tych krajów posiadają informacje całkowicie sprzeczne ze stanowiskiem naszego rządu w tej kwestii. Możecie również zajrzeć do pracy Gregga Bradena. Przedstawił w niej rzetelne i błyskotliwe argumenty.

Znaczenie zaburzeń pola geomagnetycznego polega na wpływie, jaki wywrze ono na ludzki umysł w chwili, w której dotrze do punktu zero i pozostanie w nim dłużej niż dwa tygodnie. Rosjanie ujawnili, że podczas pierwszych lotów w kosmos astronauci przebywający ponad dwa tygodnie poza ziemskim polem geomagnetycznym byli bliscy utraty zmysłów. To samo wydarzyło się po Upadku, kiedy Atlantyda pogrążyła się pod wodą – ludzie tracili wspomnienia i popadali w obłęd. Wydaje się, że nasze wspomnienia zawdzięczamy magnetyzmowi Ziemi, który rejestruje je jak na taśmie magnetofonowej przyłączonej do naszych ciał emocjonalnych. Rosjanie skonstruowali pewien przyrząd przypinany do paska astronautów, który pozwalał im pozostawać w polu geomagnetycznym podczas lotu w kosmos. Jestem pewien, że NASA ma podobny instrument.

Może wydawać się to dziwne, że pole geomagnetyczne wpływa na nasze emocje, ale pomyślcie tylko, co się dzieje podczas pełni. Pełnia księżyca powoduje niewielkie zmiany w polu geomagnetycznym, ale ich rezultat jest widoczny. Wystarczy zajrzeć do kronik policyjnych każdego większego miasta w przededniu pełni, w noc pełni oraz noc później. W ciągu tych trzech dób ma miejsce więcej aktów gwałtu, mordów oraz innych przestępstw niż w pozostałe dni miesiąca. Kiedy jednak wartość pola geomagnetycznego osiągnie zero, pojawią się znacznie poważniejsze problemy. Nawet stan giełdy jest zależny od ludzkich emocji, możecie więc sobie wyobrazić, jak wielki chaos zapanuje na Ziemi, jeśli większe zmiany w polu geomagnetycznym potrwają dłużej niż dwa tygodnie.

Przed przemianą

Okres poprzedzający przemianę obejmuje zazwyczaj od trzech miesięcy do dwóch lat. Rozpoczyna go najczęściej zmiana w polu geomagnetycznym, która doprowadza ludzi do szaleństwa. Spowoduje ona upadek wszystkich systemów społecznych świata. Sprawi, że giełda upadnie, a rządy okażą się bezsilne. Władzę przejmie na krótko wojsko, ale i w jego szeregach wystąpią te same problemy. W następstwie pojawią się problemy z żywnością oraz innymi artykułami pierwszej potrzeby. Większość ludzi popadnie w obłęd, będą się zabijali nawzajem. Na całej Ziemi nie będzie ani jednego bezpiecznego miejsca.

Jednak dzięki ogromnemu wsparciu, jakie otrzymujemy od naszych kosmicznych współbraci, jak również dzięki radykalnej przemianie ludzkiej świadomości, zrodziła się wielka nadzieja na to, że unikniemy tych zagrożeń. Jeśli to prawda, wszystko wydarzy się bardzo szybko. Nie zdziwiłbym się nawet, gdyby zdarzyło się bez ostrzeżenia i dowiedzielibyśmy się o wszystkim na pięć lub sześć godzin przed faktem.

Przygotowania do tej fazy na poziomie fizycznym wymagają zgromadzenia pod ziemią pożywienia i innych artykułów, które pozwoliłyby nam przetrwać co najmniej dwa lata. Gdybyśmy jednak ukryli się pod ziemią w chwili rozpoczęcia zmian, nie moglibyśmy stamtąd wyjść. Dlaczego? W wyniku tej przemiany mamy się przenieść do innego wymiaru świadomości na Ziemi, do miejsca, w którym nasza trójwymiarowa rzeczywistość nie istnieje. Po rozpoczęciu przemian nasz trójwymiarowy świat przeminie, zatem nie ma sensu gromadzić pożywienia pod ziemią i spodziewać się, że będziemy mogli tam przeczekać, a po wszystkim powrócić do normalnego życia.

Ogromna część ludzkości przygotowała się w ten sposób do wydarzeń, jakich spodziewano się na przełomie tysiącleci. Nie ma w tym nic złego, ale musicie zrozumieć, że takie działanie nikogo nie ocali. Żadne fizyczne działanie nie pomoże w wyższych wymiarach. Sukces może wam zapewnić jedynie rozwój duchowy, a przede wszystkim wasza natura i charakter. Tak. Wkrótce to wyjaśnię.

Pięć lub sześć godzin przed przemianą

Będzie to dziwny czas z ludzkiego punktu widzenia. Rdzenni Amerykanie z plemienia, w którym narodziłem się na Ziemi po raz pierwszy, czyli Taos Pueblo, mają wówczas zamknąć się w namiotach, zaciągnąć zasłony, nie wystawiać nosa na zewnątrz i pogrążyć się w modlitwie. Wyglądanie na zewnątrz wzbudziłoby niepotrzebny lęk.

Na tym etapie rozpocznie się dziwne zjawisko. Dwa wymiary nałożą się na siebie. Możecie wówczas siedzieć w pokoju, a nagle pojawi się przed wami coś, czego tam nie było i czego nie sposób będzie wytłumaczyć. Być może będzie to przedmiot z czwartego wymiaru, nie pasujący do waszego sposobu rozumienia rzeczywistości. Ujrzycie kolory, jakich nigdy dotąd nie widzieliście. Nabiorą one nadzwyczajnej jaskrawości, jakby posiadały wewnątrz własne źródło światła. Będziecie mieli wrażenie, że barwy te są emitowane, a nie odbijane. Tymczasem będą one przybierały kształty, jakich wasz umysł nie mógłby sobie wyobrazić. Przedmioty te okażą się najdziwniejszymi rzeczami, jakie kiedykolwiek widzieliście. Wszystko to stanowić będzie naturalny efekt zachodzącej przemiany.

Radzę, byście powstrzymali się od dotykania tych rzeczy. W chwili, w której to uczynicie, zostaniecie wciągnięci do czwartego wymiaru w przyspieszonym tempie. Byłoby łatwiej i lepiej dla was, gdyby wszystko odbywało się z mniejszą prędkością. Skoro nie da się tego uniknąć, taka jest wola Boża.

PRZEDMIOTY SYNTETYCZNE I MYŚLOKSZTAŁTY RZECZYWISTOŚCI LUCYFERYCZNEJ

Inne zjawisko, które prawie na pewno będzie miało miejsce, wiąże się z naturą rzeczywistości stworzonej przez Lucyfera, czyli tej, w której żyjemy. Rzeczywistość pierwotna została stworzona w taki sposób, że wszystko, co w jej obrębie istnieje, pozostaje ze sobą w boskiej harmonii. W rzeczywistości lucyferycznej technologia stworzyła materiał syntetyczny. Materiał ten nie występuje w naturze, toteż nie przedostanie się do rzeczywistości czwartego wymiaru. Ulegnie rozkładowi na elementy, z których został stworzony. Można wprawdzie przesłać materiał syntetyczny do innego wymiaru, ale jego przetrwanie w stanie nienaruszonym wymaga zastosowania szczególnej energii.

Co więcej, materiały syntetyczne posiadają pewien zakres trwałości. Niektóre z nich, na przykład szkło, nie odbiegają tak dalece od natury. Szkło jest po prostu stopionym piaskiem. Inne różnią się jednak dalece od rzeczy naturalnych i dlatego są bardzo nietrwałe, na przykład plastik. Oznacza to, że niektóre materiały syntetyczne w zależności od stopnia trwałości będą się topić lub ulegać rozkładowi szybciej niż inne w czasie owych pięciu, czy też sześciu godzin dzielących nas od przemiany. Samochody wykonane są z plastiku oraz innych nietrwałych materiałów, zatem z pewnością staną się bezużyteczne. Nawet nasze domy ulegną w większości rozpadowi. Większość nowoczesnych budowli nie zapewni nam bezpieczeństwa na tym etapie.

Wiedząc o tym, że nastanie taki czas i o tym, co się wówczas wydarzy, Indianie z Taos Pueblo wprowadzili przed laty zakaz budowania współczesnych obiektów w granicach swojej osady. Stawiają oni wprawdzie swoje letnie domki z materiałów syntetycznych, ale z daleka od wioski, do której i tak będą musieli powrócić, kiedy nadejdzie Dzień Oczyszczenia. Zdarza się, że wstawiają okna do swoich starych domostw w wiosce, ale skoro wcześniej nie miały one okien, nie będzie wielkiej szkody, jeśli je stracą. Poza tym cała wioska jest zbudowana z błota, trawy, piasku, kamieni i drewna. Nie będą tam mieli problemu.

Kiedy nastąpią zapowiadane wydarzenia, najlepiej schronić się na łonie natury, ale jeśli okaże się to niemożliwe, widać taka była wola Boga. Nie przejmowałbym się tym. Przekazuję wam tylko podstawowe informacje, które powinniście poznać przed przemianą.

Wyjaśnię to bardziej szczegółowo. Przedmioty syntetyczne są zaledwie myślokształtami stworzonymi mocą eksperymentu Lucyfera. Nie istnieją w Rzeczywistości pierwotnej. Być może trudno zrozumieć fakt, iż są one tylko myślami. Lepszym określeniem będą „myślokształty". Powstają one na płaszczyźnie mentalnej, jak ją nazywają Hindusi, w wyższym wymiarze, z którego przenikają do naszego, trzeciego poziomu.

W rzeczywistości ludzkiej człowiek wymyśla coś, wyobraża to sobie, a następnie opracowuje plan wykonania tej rzeczy. Ludzie potrafią tworzyć na różne sposoby, a ich dzieła manifestują się na Ziemi. Powstają dzięki jednej osobie lub grupie, ale to bez znaczenia. Twórca (lub twórcy) nie utrzymują swoich dzieł na płaszczyźnie ziemskiej. Robi to nasza trójwymiarowa ludzka siatka opasująca planetę. Jest to siatka świadomości wszystkich ludzi funkcjonujących na tym poziomie. Jest to rzeczywistość uzgodniona, a podtrzymywana jest ona dzięki sieci, zatem kiedy umiera twórca, jego dzieło może pozostać. Gdyby jednak rozerwała się sieć utrzymująca owe stworzone przedmioty, natychmiast uległyby one rozpadowi na elementy, z których je wykonano, nie pozostawiając po sobie śladu. A nasza siatka zostanie rozerwana tuż przed lub w czasie przemiany.

Jest rzeczą oczywistą, że ludzie, którzy już teraz tracą zmysły z powodu załamania się pola geomagnetycznego, poczują się znacznie gorzej, kiedy zobaczą rozkład rzeczywistości lucyferycznej. Dobra wiadomość to fakt, iż cały proces potrwa najwyżej sześć godzin.

Według Edgara Cayce'a i innych jasnowidzących na Ziemi żyło już wiele wysoko rozwiniętych cywilizacji, które nie pozostawiły po sobie śladu. Powodem tego były opisywane przeze mnie zdarzenia. Ich materiały syntetyczne nie przetrwały ostatniej zmiany wymiarów sprzed 13 000 lat lub którejś z wcześniejszych zmian. Bóg sprząta środowisko swojej pierwotnej Rzeczywistości za każdym razem, kiedy otwiera się przejście do innego wymiaru.

Kiedy jakaś zaawansowana w rozwoju kultura kosmitów przybywa na Ziemię i postanawia postawić tu swoją budowlę (na przykład piramidę), która ma przetrwać dziesiątki tysięcy lat, nie używa do tego celu wyrafinowanych metali w rodzaju nierdzewnej stali. Za budulec służą naturalne materiały występujące na tej planecie, które odznaczają się dużą wytrzymałością oraz trwałością. W ten sposób piramida może przetrwać naturalną zmianę wymiarów. Starożytne budowle nie są przejawem ograniczeń epoki kamiennej, ale inteligentnego działania.

Co więcej, te zaawansowane kultury kosmitów pieczołowicie zacierają wszelkie ślady swojej bytności na innych planetach. Zabierają ze sobą swoje ciała albo też rozpuszczają je w powietrzu, aby nie złamać galaktycznego prawa nieingerencji.

PRZEMIANY PLANETARNE

Wszyscy, którzy kiedykolwiek żyli na Ziemi doświadczyli podobnej przemiany. Musieli jej doświadczyć, skoro dostali się na tę planetę. To kosmiczny fakt. Jeżeli nie przybyliśmy tu z niewielkiej odległości, musieliśmy przekroczyć Wielką Próżnię, aby przedostać się na Ziemię, temu zaś towarzyszy nieodmiennie zmiana wymiaru. W dniu waszych narodzin na Ziemi doświadczyliście zmiany wymiaru. Przenieśliście się z jednego świata do drugiego. Nie pamiętacie o tym z powodu ograniczeń waszej pamięci.

Zapominając o doświadczeniu narodzin i o pobycie w innych wymiarach, nałożyliśmy na siebie poważne ograniczenia. Po pierwsze, nie możemy przekraczać w rzeczywistości wielkich odległości. Odległości w naszej rzeczywistości są tak wielkie, że nie potrafimy ich pokonać. Nie udało nam się nawet wydostać poza nasz układ słoneczny, bowiem na obecnym poziomie świadomości jesteśmy więźniami we własnym domu.

Czyż nie jest tak w istocie? Nie jesteśmy w stanie pokonać zbyt wielkich odległości na naszych statkach kosmicznych, dopóki zachowujemy konwencjonalną percepcję czasu i przestrzeni. Naukowcy już doszli do tego wniosku. Stwierdzenie, że nigdy nie zdołamy przekroczyć naszego układu słonecznego, odbiera nadzieję. Tymczasem podróż na najbliższą gwiazdę (Alfą centauri znajdującą się w odległości około czterech lat świetlnych od Ziemi) zajęłaby nam 115 milionów lat przy pomocy najnowszej technologii kosmicznej. Ludzie nie żyją tak długo, a przecież chodzi o najbliższą gwiazdę. Dalsze podróże w przestrzeni pozostają zatem w sferze niemożliwości. Musielibyśmy zmienić swój sposób pojmowania czasu i przestrzeni. Jak już powiedzieliśmy, nasz problem polega na tym, że znamy tylko czas i przestrzeń. Poczucie istnienia wymiarów zostało przez nas niemal utracone. Ponieważ jednak wszystko jest doskonałe, przypominamy sobie o tym teraz, kiedy zaistniała taka potrzeba. Najpierw zaczęło się ono pojawiać w naszych snach, a potem zaczęliśmy kręcić o nim filmy. Obrazy takie jak *Star Trek*, *Kontakt*, *Kula* i wiele innych ukazują różne koncepcje wymiarów. *Przypomnimy* sobie o wszystkim, ponieważ Bóg jest z nami.

Zatem do dzieła. Opowiem wam szczegółowo, co się zwykle dzieje podczas zmiany wymiarów. Przekażę wam swoje osobiste doświadczenia, choć to, co naprawdę będzie miało miejsce, może się różnić od mojej opowieści. Wszechświat bezustannie przeprowadza swoje eksperymenty. Niektórzy woleliby zapewne, abym przedstawił to w formie opowieści, sądzę jednak, że bardziej odpowiednia będzie najprostsza wersja wydarzeń.

DOŚWIADCZENIE PRZEMIANY PLANETARNEJ

Pamiętajcie, że to, co wam powiem, pokazałby w tej samej formie podręcznik galaktyczny. Jest to typowy scenariusz wydarzeń. Szczegóły mogą być nieco inne, bowiem życie jest zmienne, jednak znając scenariusz, możecie sobie wyobrazić różnice.

Skoro rozpoczęliśmy nowe tysiąclecie, wniebowstąpieni mistrzowie uznali, że początek przemiany nie będzie aktem gwałtu na naszym życiu, bowiem przebyliśmy już dostatecznie długą drogę. Wykonaliśmy ogromną pracę wspomagając narodziny ludzkiej świadomości. Zatem mówię wam: możecie się rozluźnić i niczym się nie martwić. Cieszcie się tym, co będzie. Będziecie mogli obserwować doskonałość życia, będziecie mogli na powrót stać się dziećmi, do czego zawsze tęskniliście. Wiedzcie, że znajdujecie się pod dobrą opieką, że poprowadzi was czysta miłość. Fala tej energii jest o wiele silniejsza od was, więc równie dobrze możecie się poddać życiu i po prostu być.

Nasze działania ograniczyły zapewne czas panowania chaosu z dwóch lat do trzech miesięcy. Obecnie uważa się, że okres poprzedzający przemianę będzie bardzo krótki i będzie przebiegał niemal bez zakłóceń. Nadejdzie ona bez uprzedzenia – dowiemy się o wszystkim pięć lub sześć godzin przedtem. Najprawdopodobniej obudzicie się któregoś ranka w znanym sobie świecie, a przed zachodem słońca poczujecie się jak dzieci narodzone w nowej rzeczywistości.

SZEŚĆ GODZIN PRZED PRZEMIANĄ

Zaczynamy naszą opowieść w chwili, w której do przemiany pozostało sześć godzin. Budzicie się jasnym, rześkim rankiem z doskonałym samopoczuciem. Wstając uświadamiacie sobie, że czujecie się lekko i trochę dziwnie. Postanawiacie wziąć kąpiel. Obserwujecie strumień wody i w pewnej chwili czujecie czyjąś obecność za plecami. Odwracacie się i widzicie przed sobą jaskrawy świetlisty przedmiot w nieznanych kolorach, który unosi się metr nad podłogą tuż przy ścianie. Próbujecie się zorientować, co to jest, a tymczasem obok pojawia się drugi mniejszy obiekt. Oba przedmioty krążą w powietrzu.

Ruszacie biegiem do sypialni, aby przekonać się, że pokój jest pełen dziwnych przedmiotów unoszących się w powietrzu. Być może przychodzi wam teraz do głowy, że wpadliście w chorobę psychiczną lub też cierpicie na guz mózgu, który mąci wam obraz rzeczywistości. Nic takiego nie ma jednak miejsca. Nieoczekiwanie podłoga zaczyna się rozchodzić, a za nią rozpada się cały dom. Wybiegacie na zewnątrz, gdzie wszystko w przyrodzie pozostało bez zmian poza tym, że w powietrzu krąży mnóstwo najdziwniejszych obiektów.

Postanawiacie usiąść gdzieś w bezruchu. Przypominacie sobie o Mer-Ka-Ba i zaczynacie świadomie oddychać. Rozluźniacie całe ciało, przez które płynie teraz strumień prany. Wielkie wirujące pole Mer-Ka-Ba spowija was dając ciepło i poczucie bezpieczeństwa. Czujecie się ugruntowani i spokojnie oczekujecie dalszych wydarzeń wiedząc, że wszystko to dzieje się z łaski Boga. Nie trzeba donikąd wyruszać. A przecież rozpoczęliście najwspanialszą przejażdżkę, jaką można sobie wyobrazić. To prastara, a jednocześnie zupełnie nowa i nieznana droga. Jest pięknie, a wy czujecie się fantastycznie. Czujecie w sobie więcej życia niż kiedykolwiek przedtem w normalnej ziemskiej rzeczywistości. Każdy oddech wydaje się ekscytujący.

Spoglądacie na łąkę spowitą w czerwoną, jaśniejącą mgłę, która otacza całą przestrzeń wokół was. Wygląda na to, że mgła ma własne źródło światła. Nie przypomina przy tym mgły, jaką kiedykolwiek oglądaliście. Jest wszędzie. Oddychacie nią.

W waszym ciele pojawia się nieznane odczucie. Nie czujecie się źle, tylko dziwnie. Zauważacie, że czerwona mgła zaczyna przybierać barwę pomarańczową. Za chwilę pomarańczowy przechodzi w żółty, a następnie kolejno w zielony, niebieski, purpurowy, fioletowy i ultrafioletowy. Teraz w waszej świadomości eksploduje potężny blask czystego białego światła. Białe światło nie tylko was spowija. Czujecie, że to wy sami jesteście białym światłem. Nie istnieje dla was nic poza nim.

To ostatnie uczucie utrzymuje się przez dłuższy czas. Powoli, bardzo powoli, białe światło staje się przezroczyste, odsłaniając ponownie miejsce, w którym usiedliście. Całe otoczenie nabiera metalicznego poblasku. Wszystko wygląda tak, jakby było zrobione z czystego złota – drzewa, chmury, zwierzęta, domy, inni ludzie – wszystko z wyjątkiem waszego ciała, które nie musi wydawać się złote.

Niemal niedostrzegalnie ta złota metaliczna rzeczywistość staje się przezroczysta. Powoli wszystko wokół zaczyna przypominać złote szkło. Możecie dojrzeć, co znajduje się za ścianami domów; widzicie ludzi przechodzących za murami.

PRÓŻNIA – TRZY DNI W CIEMNOŚCI

Złota rzeczywistość na koniec rozwiewa się, złoty blask ciemnieje, a światło zaczyna gasnąć, aż cały wasz świat pogrąża się w całkowitej ciemności. Ciemność spowija was, a cały wasz stary świat odchodzi bezpowrotnie. Nie możecie niczego zobaczyć; nie widzicie nawet swojego ciała. Macie świadomość tego, że nadal siedzicie w jednym miejscu, a jednocześnie pojawia się wrażenie unoszenia się w powietrzu. Wszystko, co znaliście do tej pory, znikło. Ale nie poddawajcie się lękowi. Nie ma się czego bać. Wszystko dzieje się w sposób naturalny. Oto wkroczyliście w próżnię pomiędzy trzecim a czwartym wymiarem, próżnię, z której pochodzą wszystkie rzeczy i do której muszą powrócić. Otworzyliście drzwi między światami. Nie ma tu dźwięków ani światła. Wasze zmysły są bezużyteczne pod każdym względem. Nie możecie nic zrobić, tylko czekać pełni wdzięczności za takie połączenie z Bogiem. W tym momencie możecie zacząć śnić. To dobrze. Czas ten pozbawiony snu mógłby wydłużać się wam w nieskończoność. W rzeczywistości jednak spędzicie tam zaledwie trzy dni.

Ściśle mówiąc, wasz pobyt w próżni może trwać od dwóch i jednej czwartej dnia(najkrótszy możliwy okres) do czterech dni (najdłuższy, jaki się dotąd wydarzył). Najczęściej zajmuje on od trzech do trzech i pół dnia. Są to, rzecz jasna, ziemskie dni, a czas ten jest kwestią waszego doświadczenia. Nie jest on realny, bowiem czas, jakim go znamy nie istnieje. Oto więc dotarliście do „kresu czasu", o którym mówią Majowie oraz przedstawiciele innych religii i dróg duchowych świata.

NOWE NARODZINY

Kolejne doświadczenie jest szokujące. Po upływie trzech dni spędzonych w nicości i w mroku może się wam wydawać, że minęło tysiąc lat. Nagle, zupełnie nieoczekiwanie, cały wasz świat eksploduje w jednej chwili jaskrawym białym światłem. Będzie to oślepiające zjawisko. Ujrzycie najjaśniejsze światło, jakie kiedykolwiek widzieliście i potrzeba będzie czasu, aby wasze oczy do niego przywykły i nauczyły się wytrzymywać taką intensywność.

Doświadczenie to z całą pewnością wyda wam się czymś zupełnie nowym, bowiem właśnie staliście się dziećmi narodzonymi w nowej rzeczywistości. Jesteście dziećmi. Podobnie jak byliście nimi wtedy, gdy narodziliście się na Ziemi, przybyliście z mroku do światła; czuliście się oślepieni i nie wiedzieliście, co się wokół dzieje. Teraz jest podobnie pod wieloma względami. Gratuluję! Właśnie narodziliście się we wspaniałym nowym świecie!

Kiedy zaczniecie się przyzwyczajać do intensywnego światła, co może chwilę potrwać, ujrzycie kolory, jakich nigdy dotąd nie widzieliście i nie zdawaliście sobie sprawy, że istnieją. Wszystko - cała konfiguracja i pełnia doświadczenia tej rzeczywistości - wyda wam się dziwne, nieznane i nie widziane przedtem z wyjątkiem tych paru chwil, kiedy ujrzeliście przedmioty unoszące się w powietrzu tuż przed przemianą.

W istocie jest to coś więcej niż ponowne narodziny. Kiedy rodzimy się na Ziemi, jesteśmy dziećmi, które muszą dorosnąć. Zwykle też traktujemy dorosłość jako koniec swego rozwoju. Może wyda wam się to dziwne, ale dorosłe ludzkie ciało w nowym świecie jest ciałem dziecka. Od tego momentu zaczniecie rosnąć i dojrzewać, aż osiągniecie dorosłość nowego świata. Dorośli ludzie w świecie czwartego wymiaru są od nas zaskakująco wyżsi. Dorosły mężczyzna ma około pięciu metrów wzrostu, a kobieta około czterech metrów.

Wasze ciała będą wyglądały równie solidnie jak w trzecim wymiarze, choć ulegną przemianie. Gdybyście powrócili teraz na Ziemię, bylibyście niewidzialni. Zachowacie waszą strukturę atomową, ale wasze atomy w większości zamienią się w energię. Staniecie się istotami zbudowanymi głównie z energii i niewielkiej ilości materii. Na Ziemi moglibyście przenikać przez ściany, ale w tym świecie macie solidną strukturę. Narodziny w tej rzeczywistości będą dla was ostatnimi w znanej wam strukturze. W piątym wymiarze, w który wkroczycie już niedługo, nie będzie już poszczególnych form życia. Stanowi on pozbawiony formy stan świadomości. Nie będziecie mieli ciała, za to będziecie wszystkim jednocześnie.

Czas w czwartym wymiarze jest pojęciem całkowicie odmiennym od tego, które było nam znane do tej pory. Kilka minut na Ziemi równa się kilku godzinom w nowej rzeczywistości, a dorosłość osiąga się tu w przeciągu dwóch ziemskich lat. Istnieją tu również poziomy wiedzy i egzystencji, które trudno sobie wyobrazić z perspektywy nowonarodzonego w tym wymiarze, tak jak dziecko na Ziemi nie zdoła pojąć zagadnień astrofizyki.

Wasze myśli a kwestia przetrwania

Jesteście zatem dziećmi narodzonymi w nowym świecie. Nie ma to jednak nic wspólnego z poczuciem bezradności. Staliście się potężnymi duchami, które kontrolują całą rzeczywistość za pośrednictwem swoich myśli. To, o czym pomyślicie, natychmiast staje się rzeczywistością! Z początku możecie tego nie zauważyć. Większość ludzi nie dostrzega tej zależności przez pierwszych kilka dni, a przecież one są tu najważniejsze. Jeśli tego w porę nie zrozumiecie, możecie nie przetrwać w nowym świecie.

Oto więc narodziliście się zaledwie przed kilkoma minutami, a już rozpoczyna się wasza pierwsza wielka życiowa próba. Po otwarciu okna do czwartego wymiaru każdy może przedostać się do środka, ale nie wszyscy mogą tu pozostać.

Przekonaliśmy się, że na tym etapie można podzielić ludzi na trzy grupy. Pierwsza grupa składa się z osób, które są w pełni gotowe do przemiany. Przygotowywały się do niej przez całe swoje życie. Drugą grupę stanowią ludzie, którym brak gotowości. Przepełnieni są lękiem do tego stopnia, że nie pozwolą sobie na opuszczenie trzeciego wymiaru i przejście przez próżnię, czego efektem będzie natychmiastowy powrót na Ziemię. Jest jeszcze trzecia grupa, której udaje się przejść, choć brak jej przygotowania do nowego doświadczenia.

Ludzie z tej grupy są gotowi do przejścia do czwartego wymiaru, ale brak im przygotowania, by tam pozostać. Jezus mówił właśnie o nich, kiedy stwierdził, iż „wielu zostaje wezwanych, ale tylko nieliczni zostają wybrani".

Jezus jest również autorem przypowieści o gospodarzu, którego słudzy pytali, co mają zrobić z chwastami zarastającymi pole pszenicy. Pan kazał im pozostawić chwasty, a kiedy nadejdzie pora żniw, ściąć je wraz z pszenicą, a następnie oddzielić ziarna od plew. Gospodarz normalnie kazałby wyplewić chwasty zanim się rozrosną, ale nie w tym przypadku. Jezus chciał przez to powiedzieć, że są dwa rodzaje ludzi – ci, którzy są gotowi oraz ci, którym brak gotowości.

Brak gotowości oznacza, że człowiek niesie ze sobą cały swój lęk oraz nienawiść. Kiedy znajdzie się w nowej rzeczywistości, jego lęk i gniew potęgują się. Ponieważ nie zdaje sobie sprawy z tego, że cokolwiek pomyśli, natychmiast się spełnia, jego lęk przybiera realną formę. Nie wiedząc, co się dzieje, większość ludzi z początku odtwarza znajome obrazy ze starego świata, a więc coś, co może rozpoznać. Czyni tak, aby nadać sens temu, co im się przydarzyło. Nie jest to działanie świadome, raczej czysto instynktowne. Ludzie odtwarzają wówczas znajome obrazy i wzorce emocjonalne. Ale nowa rzeczywistość jest zupełnie inna; tak dziwna, że cały ich lęk wypływa na powierzchnię.

„Co się tu na litość boską dzieje?" – pytają. – „To czyste szaleństwo!"

Nagle spotykają ludzi, którzy umarli wiele lat temu. Może się również zdarzyć, że na ich oczach ponownie rozgrywają się sceny z przeszłości, nawet z czasu ich dzieciństwa. Nic nie ma sensu. Umysł szuka więc sposobu, aby stworzyć jakiś porządek świata.

Ludzie ci sądzą, że ulegli halucynacjom, a to tylko potęguje ich lęk. Ponieważ zachowali ziemską perspektywę, sądzą, że ktoś chce im w ten sposób wyrządzić krzywdę, więc za wszelką cenę chcą się obronić. Ich ego myśli, że w tej sytuacji powinno posłużyć się bronią. Ponieważ wszystko, o czym pomyślą, staje się prawdą, natychmiast znajduje się karabin z celownikiem, dokładnie taki, jakiego pragnęli. Podnosząc broń, myślą, że potrzebna im amunicja i natychmiast odkrywają całe skrzynki naboi. Ładują więc broń i zaczynają się rozglądać za złymi facetami, którzy rzekomo pragną ich zgładzić. Kto się wtedy pojawia? Źli ludzie uzbrojeni po zęby.

Skoro ich najgorsze obawy zaczęły się potwierdzać, ludzie ci rozpoczynają atak. Gdziekolwiek się zwrócą, pojawiają się inni, którzy chcą ich zabić. Ostatecznie zwycięża najgorszy scenariusz i zostają zabici.

Taki lub podobny schemat zdarzeń sprawia, że powracają do świata, który opuścili. To właśnie miał na myśli Jezus, kiedy powiedział: „Kto mieczem wojuje, od miecza zginie". Powiedział jednak również: „Błogosławieni cisi, bowiem oni odziedziczą ziemię". Oznacza to, że jeśli pozostaniecie w nowym świecie pełni prostoty, miłości, harmonii, pokoju i ufności pokładanej w Bogu oraz w sobie samych, to te właśnie cechy zamanifestują się w waszym świecie. Stworzycie sobie piękny świat pełen harmonii. Będąc „cichymi", pozwalacie sobie pozostać w wyższym świecie dzięki swoim myślom, uczuciom i działaniom. Przetrwacie.

To, rzecz jasna, dopiero początek. Narodziliście się w nowym świecie i udało wam się przetrwać. Od tego momentu stają przed wami różne możliwości. Jedna z nich, niezmienna dla wszystkich, polega na tym, że zaczniecie badać otaczającą rzeczywistość i przekonacie się, że wszystko dzieje się w niej zgodnie z tym, co myślicie.

Na tym etapie ludzie zwykle przyglądają się własnemu ciału i mocą myśli sprawiają, że staje się ono piękne i zdrowe, takie, jakiego zawsze pragnęli. Wszelkie choroby zostają w ten sposób wyleczone, odrastają im nawet odcięte kończyny. Dlaczego nie? Nowe możliwości przypominają zabawki dla dzieci. Ponieważ na tym etapie często jeszcze zachowujemy swoje ego, ludzie najczęściej dodają sobie urody, wzrostu i uroku. Szybko jednak im się to nudzi i zaczynają głębszą eksplorację nowej rzeczywistości.

Jedno jest pewne. Nieoczekiwanie ujrzycie wówczas wielkie światła krążące w miejscu, w którym się znajdziecie. Nazywają się one matką i ojcem. Tak, będziecie mieli rodziców w czwartym wymiarze. Zdarzy wam się to jednak po raz ostatni, bo już w następnym świecie będzie inaczej.

W chwili, w której przejdziecie do czwartego wymiaru, znikną wszelkie problemy rodzinne, z którymi borykaliście się na Ziemi. Tutejsi rodzice obdarzą was miłością, o jakiej tam mogliście tylko marzyć. Będą was absolutnie kochali i troszczyli się o was. Skoro udało wam się przetrwać, nie pozwolą, by przydarzyło wam się coś złego. Nie będziecie musieli o nic się martwić. Nastanie czas wielkiej radości. Wystarczy, że poddacie się ich miłości i pozwolicie, by was prowadziła. Możecie sobie wówczas uświadomić, że właśnie wygraliście w wielkiej grze życia.

Cały ból i cierpienie, jakich doświadczaliście na Ziemi odejdą w zapomnienie, podczas gdy rozpoczniecie życie na pięknym i świętym poziomie egzystencji. Teraz też objawią się wam cel oraz sens życia. Doświadczycie innego, także prastarego, sposobu bycia. Zawsze mógł on być waszym udziałem, ale zrezygnowaliście z niego. Teraz za to powracacie do stanu świadomości, w którym Bóg jest wyraźnie obecny we wszelkim istnieniu. Jest w każdym oddechu, który przenika do waszego jaśniejącego świetlistego ciała.

SPOSÓB PRZYGOTOWANIA SIĘ: SEKRET CODZIENNEGO ŻYCIA

Spytacie zapewne, co możecie zrobić na Ziemi, aby przygotować się na doświadczenie wyższych światów.

Z pewnością nie chodzi o gromadzenie pożywienia, ani budowanie schronów w ziemi. Nie ma w tym wprawdzie nic złego, ale wszelkie fizyczne działania są ograniczone. W niebie, czy też w wyższych światach jesteście tym, co sami stworzycie. Tutaj też tak jest, choć większość z nas o tym nie wie. W czwartym wymiarze jednak staje się to oczywiste.

Skoro jesteśmy tym, co tworzymy, jest rzeczą ważną i niezbędną, by nasze realizacje były w harmonii ze wszystkim, co żyje. Zaczynamy rozumieć, że wszystkie nasze myśli, uczucia i uczynki tworzą świat, w którym musimy żyć. Dlatego możemy potraktować nasze codzienne życie na Ziemi jako szkołę, jako miejsce, w którym każda chwila niesie ze sobą lekcję, którą możemy bezpośrednio przenieść do następnego świata. Nic dziwnego, że starożytni Egipcjanie oraz przedstawiciele innych dawnych cywilizacji traktowali śmierć z tak wielkim poważaniem. Śmierć, niezależnie od sposobu, w jaki następuje, stanowi bramę do mroków Próżni, która prowadzi do jasności i światłości wyższych wymiarów życia. Jeśli opanujemy tę lekcję, będziemy mogli nawiązać bezpośrednią łączność z wszelkim istnieniem – zyskamy życie wieczne!

Na czym polegają zatem owe ziemskie nauki? Prawdą jest, że Źródło wszelkiego życia mieszka w oczach każdej stworzonej osoby. Zatem nawet tu, na Ziemi, we wnętrzu każdego człowieka odnaleźć można wielką inteligencję, mądrość i miłość. Kiedy to zobaczcie, stanie się dla was jasne, że wasze myśli, uczucia oraz czyny stanowią klucz. Będziecie dokładnie wiedzieli, co robić. Najprościej mówiąc, macie doskonalić swój charakter. Błyszczące diamenty waszego charakteru posłużą jako narzędzia przetrwania w procesie wniebowstąpienia.

Budda, Matka Boska, Lao-tsu, Mahomet, Jezus, Abraham, Kriszna, Babaji, Matka Teresa oraz około 800 wielkich mistrzów wiecznej światłości – wszyscy oni niech staną się waszymi nauczycielami i bohaterami. Na ich przykładzie pracujcie nad swoim charakterem. Każdy z nich świadczył o tym, że najważniejsza jest miłość bliźniego. Ona wprowadza porządek w świecie, który tworzycie. Daje nam życie wieczne. Widzicie to?

Podczas przemiany Melchizedeka, kiedy otworzą się dla was gwiezdne wrota prowadzące z jednego obszaru egzystencji do drugiego, będziecie mogli przez nie przejść tylko w jeden możliwy sposób: myśląc, czując i działając zgodnie z określonymi wzorcami emocjonalnymi i mentalnymi. Wzorce te występują zazwyczaj w grupach pięciu lub sześciu [zob. rozdział 13, uaktualnienie 5]. Wzorcem, który sam wykorzystałem, aby wejść do tego wymiaru były *miłość, prawda, piękno, zaufanie, harmonia i pokój*. Istnieje jednak wiele innych. Przypominają one coś w rodzaju kodów lub kluczy, które pozwalają ominąć strażników. Jeśli strażnik czuje, że jesteście gotowi wejść do świata, którego strzeże, przepuści was. Jeśli uzna, że jest inaczej, będzie was ścigał z powrotem do świata, z którego przybyliście. Takie jest jego zadanie – sami ustanowiliście taką drogę.

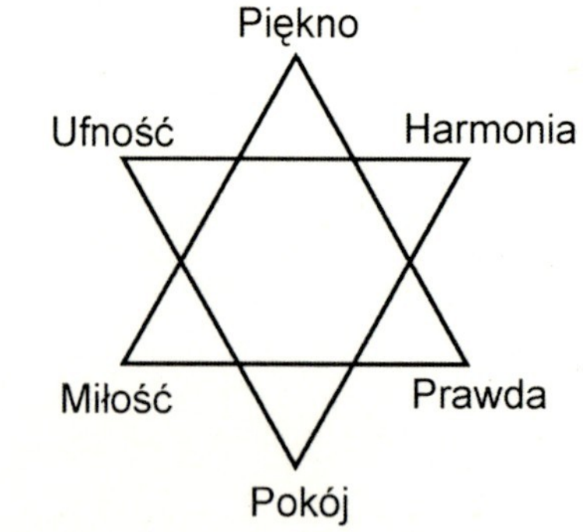

Jeśli potraficie pozostać w miejscu i wyśpiewywać wzorce *miłości, prawdy i piękna, ufności, harmonii i miłości*, nie musicie się martwić. Jest to wzorzec żeński [zob. Ryc. 18-1]. Są również inne wzorce, na przykład męski [zob. Ryc. 18-2], który uosabia *współczucie, pokorę i mądrość, jedność, miłość i prawdę*. Wszelkie wzorce gwiezdnych wrót zawierają miłość i prawdę.

Tam, gdzie jest współczucie i pokora, jest również mądrość; jest to element męski. Tam, gdzie jest miłość i prawda, jest również jedność; to

Ryc. 18-1. Żeński wzorzec gwiezdnych wrót.

Ryc. 18-2. Męski wzorzec gwiezdnych wrót.

element żeński. W pierwszym wzorcu gwiezdnych wrót, który jest zorganizowany nieco inaczej niż pozostałe, tam, gdzie jest miłość i prawda, jest również piękno, element męski. Tam zaś, gdzie jest ufność i harmonia, jest również pokój, element żeński.

Tak więc mentalne i emocjonalne stany lub wzorce gwiezdnych wrót stają się najważniejszym narzędziem, jakim możecie się posłużyć przy przechodzeniu do wyższych światów. Za każdym razem, kiedy będziecie przechodzili wyżej, będą nabierały one coraz większego znaczenia. Dokąd prowadzi ten proces?

Kiedy osiągniecie czwarty wymiar, kiedy zobaczycie i zrozumiecie sytuację, w jakiej się wówczas znajdziecie i zaczniecie demonstrować swoją zdolność kontrolowania zdarzeń, doświadczycie czegoś dziwnego. Pamiętacie obraz namalowany na suficie egipskiej świątyni, który nazwaliśmy Jajem Przemiany [zob. rozdz. 10, Ryc. 10-34a], ten, na którym nad głowami Egipcjan zakręcających do następnego świata pod kątem 90 stopni widniał czerwono-pomarańczowy owal? Teraz i wy będziecie przechodzić podobną przemianę. Wasze ciała jak motyle przechodzić będą gwałtowną przemianę w coś podobnego, choć jedynego i odmiennego zarazem.

Słowo „faraon" oznacza „to, czym się staniesz". Pierwszym królem, który otrzymał miano faraona był Echnaton wraz ze swoją piękną żoną Nefretete. Przyjrzyjcie się tym dwojgu, jeśli chcecie się dowiedzieć, kim się staniecie. Rasa, od której pochodzą, Syrianie, są naszymi ojcami. Mamy w sobie geny, które nam przekazali. W odpowiednim momencie doświadczymy przemiany i staniemy się tacy jak oni. Jest to rasa przeznaczona do życia w czwartym wymiarze. Kiedy to się stanie, pomyślicie: „Oczywiście, teraz sobie przypominam". Zmiany zachodzące w waszych ciałach będą wydawały się tak naturalne, że nie będziecie się nad nimi zastanawiać.

Życie w nowym wymiarze również wyda wam się normalne i zwyczajne, kiedy podejmiecie proces rozwoju. Wkroczycie wówczas do jednej z trzech najwyższych alikwot czwartego wymiaru – dziesiątej, jedenastej lub dwunastej. W jednym lub kilku z tych trzech światów uzyskacie wiedzę i mądrość potrzebne, by przenieść się do wymiaru piątego. Będzie to początek podróży powrotnej do Boga, zmieniającej się bezustannie w miarę odkrywania coraz głębszej prawdy.

Oczy wszechświata skierowane są na nas. Wielkie dusze wszechświata bacznie nam się przyglądają. Jesteśmy dziećmi Boga, które oferują życiu możliwość nowego życia. Z najgłębszą wdzięcznością dziękuję wam za to, że żyjecie.

PRZEJŚCIE JEDYNE W SWOIM RODZAJU

Opowiedzieliśmy wam już, co się zwykle dzieje, kiedy jakaś planeta przechodzi do innego wymiaru. Teraz przedstawimy wam nową teorię dotyczącą zdarzeń mających się rozegrać na początku XXI wieku trzeciego tysiąclecia na Ziemi. Aby ułatwić moment przejścia, na Ziemi mogą pojawić się pewne anomalie. Przechodzimy do innego wymiaru, ale planeta może odtwarzać sytuację z wymiaru poprzedniego, aby mogła dopełnić się karma i aby samo przejście dokonało się możliwie bez zakłóceń. Jest to rzadkość, jeśli chodzi o planety, ale istnieje taka możliwość. Zapoczątkowanie tego procesu wymaga wysokiego poziomu świadomości, co niemal zawsze stanowi duży problem.

Edgar Cayce zapowiedział, że oś Ziemi zmieni się „zimą 1998 roku", ale tak się nie stało. Według innych przepowiedni 11 sierpnia 1999 roku mieliśmy przejść do następnego wymiaru albo ulec samozagładzie, ale wygląda na to, że i to się nie wydarzyło. Czy to możliwe, że już przeszliśmy do czwartego wymiaru, tylko o tym nie wiemy? Być może.

Jest to tak obszerny temat, że nie zdołam go tu wyczerpująco przedstawić. Może najlepiej będzie zająć się kwestią źródła owego wyższego poziomu świadomości, który umożliwi dokonanie przemiany. Być może właśnie z tej przyczyny rodzą się na Ziemi nowe dzieci, które reprezentują najwyższą wśród nas świadomość. Ogromna liczba naszych dzieci to istoty wysoko rozwinięte duchowo, które przybyły na Ziemię, aby pomóc nam w dokonaniu przejścia do nowego świata.

Nowe dzieci posiadają zdolność inicjowania przejścia z tego świata do nowego. Posługują się przy tym nadzwyczajnymi środkami. W tym momencie dziejów ludzkości jesteśmy być może świadkami cudu. Na tak wysokim poziomie uniwersalnego zrozumienia dzieci te mogą odtworzyć ten świat w wyższym wymiarze w sposób, który nie spowoduje utraty ani jednej duszy, co jak sądzę jest ich pragnieniem. Słowa Jezusa będą musiały wówczas ulec zmianie: „Wielu zostało wezwanych, ale *wszyscy* są wybrani". Wierzę, że byłby tym wielce uradowany. Wielkim marzeniem wszechświata jest przejście wszystkich dusz bez wyjątku, choć do tej pory było to niemożliwe.

Jakim sposobem jednak dzieci mogą ocalić planetę i to za pomocą tak niezwykłych środków? Dziecięca niewinność i czysta miłość są w wyższych światach źródłem harmonijnego tworzenia. Jeśli te dzieci istnieją naprawdę, a wiele wskazuje na to, że tak jest, to wszystko jest możliwe. Być może Bóg pobłogosławił nas swą doskonałą łaską.

ROZDZIAŁ DZIEWIĘTNASTY

NOWE DZIECI

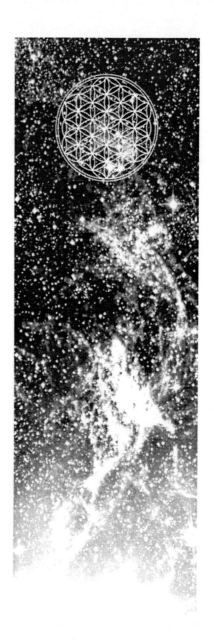

My, ludzie, jesteśmy zabawni. Zdarza się, że na naszych oczach dokonują się ekscytujące, wstrząsające cuda, a my szukamy dla nich racjonalnego wytłumaczenia, żeby utrzymać stary wygodny porządek świata. Nikt nie chce wielkich zmian. Tak naprawdę wolelibyśmy zasnąć i ukryć się przed tymi wszystkimi zadziwiającymi przemianami, które codzienne rozgrywają się w naszym życiu. W ciągu ostatnich stu lat Ziemia zmieniła się tak bardzo, że nikt, dosłownie nikt w roku 1899 nie uwierzyłby w opis dzisiejszego stanu rzeczy.

Minął rok 2000. Jak nam się udało osiągnąć tak wysoki poziom technologii w tak krótkim czasie? Najwyraźniej nie ma w tym względzie ograniczeń.

OBECNY ROZWÓJ WIEDZY

Jesienią 1999 roku rozmawiałem z Edgarem Mitchellem podczas naszego pobytu na Jukatanie. Obaj występowaliśmy na konferencji poświęconej kulturze Majów, a tymczasem szaman i kapłan Majów, Hunbatz Men, odprawiał ceremonie dla „Nowego Światła Słońca". Były to piękne i ważne rytuały, zakazane od setek lat, które oddawały cześć pierwszym promieniom słonecznym, a w efekcie również i Ziemi.

Doktor Mitchell powiedział, że NASA przeżywa okres największego rozkwitu w historii nauki. Obecnie uczeni potrafią nawet przekroczyć zjawisko relatywizmu i zgłębić tajemnice fizyki kwantowej. Nigdy dotąd nie udało się dopasować tych teorii, w których wciąż pojawiały się anomalie. Einstein poszukiwał ujednoliconej teorii pola, która połączyłaby wszystkie oddziałujące siły w jednej matematycznej formule. Od czasów wielkiego uczonego świat nauki wciąż poszukuje owego świętego Graala teorii.

Tymczasem według doktora Mitchella NASA znalazło odpowiedź. Stwierdził on, że w ciągu ostatnich pięciu lat (wrzesień 1999) uczeni NASA zebrali tyle faktów dotyczących naszego fizycznego otoczenia, ile cała nasza cywilizacja zgromadziła w ciągu 6 000 lat. Co więcej, powiedział, że w ciągu ostatnich sześciu miesięcy podwoili oni wiedzę zgromadzoną w ciągu owych ostatnich pięciu lat! Jest to z pewnością fakt przekraczający nasze dotychczasowe ograniczenia. Zaledwie sto lat temu idea lotu na Księżyc była uznawana za czczą mrzonkę.

NASA sformułowało ujednoliconą teorię pola. Uczeni uznali, że są to narodziny nowego poziomu zrozumienia. Krótko mówiąc, doszli do tego, że Rzeczywistość ma charakter hologramu, z którego fragmentu można odtworzyć cały obraz. Każdy najdrobniejszy element Rzeczywistości zawiera w sobie obraz całego wszechświata. Wzorce odległych gwiazd można odnaleźć we fragmencie ludzkiego paznokcia.

Jeszcze bardziej interesujący jest fakt, że zjawisko to działa również w przeciwną stronę. Nasz kawałek paznokcia można odnaleźć w każdym punkcie wszechświata. Rzeczywistość jest inna niż nam się wydawało. Hindusi nazwali naszą rzeczywistość „mają", co oznacza „iluzję". Mieli rację. To hologram. Jest ona tylko światłem!

Myśl podąża za uwagą. Uwaga podąża za intencją.

Komputery zmieniają wszystko – tworzą szczególny związek miłosny między dwoma żywymi atomami: węgla i krzemu. Ziemia zyskała *dwoje* oczu i może oglądać wszystko z nowej perspektywy. Widzi teraz o wiele lepiej i dalej. Gdybyśmy tylko nauczyli się żyć w pokoju, gdybyśmy przestali niszczyć nasze środowisko, wierzę, *naprawdę wierzę*, że Wielki Duch dałby nam na Ziemi jeszcze jedną szansę. Być może zresztą już ją dostaliśmy.

Rdzenni mieszkańcy Ameryki Północnej, Środkowej i Południowej odprawili ceremonię, która połączyła kondora i orła. Głosi ona, że kolejne trzynaście lat stanowić będzie ostatni cykl życia na tej Ziemi. Wielu nauczycieli kalendarza Majów twierdzi, że ostatni cykl zakończy się 22 lub 24 grudnia 2012 roku. Jednak ich starsi bracia, Kogi, jak również sami Majowie mówią, że ostatni cykl trzynastu lat rozpoczął się 19 lutego 2000 roku i zakończy się 18/19 lutego roku 2013.

Ważne jest to, w co wierzą starsi, a mianowicie, że my, młodsi bracia, ulegamy przemianie, która przywróci nam pamięć o Wielkim Duchu. Radość rozbrzmiewa w dżungli i porusza stare serca. Jesteśmy pojętnymi uczniami. Budzimy się z pięćsetletniego snu, który przypominał koszmar. Oczy dziecka otwierają się.

Dlaczego wielka przemiana nie miałaby nastąpić właśnie teraz? Czyż nie ostrzegano was już od bardzo dawna? Niemal wszyscy prorocy (mówiący o końcu świata) zapowiadali go na czas, w którym czytacie tę książkę. Okres, o którym mówimy, nie dotyczy wspomnianego powyżej cyklu trzynastu lat. Rozpoczął się on 26 lutego 1998 roku (zaćmienie Słońca), a trwać będzie do 18/19 lutego roku 2013. Jest to czas Wielkiej Przemiany. Zauważcie, że data końca świata różni się od tej tradycyjnej, określonej jako na 24 grudnia 2012.

Edgar Cayce („śniący prorok"), Nostradamus, Pismo Święte, Matka

Boska, Jogananda oraz wielu innych w cywilizowanym świecie zapowiadało, że czas, w którym żyjemy niesie ze sobą wielkie zmiany. Niektórzy widzieli w nich same zniszczenia i cierpienie, ogromne przemiany na Ziemi, które sprawią, że nasz świat zmieni się nie do poznania. Inni przepowiadali przyspieszenie duchowego rozwoju i wniebowstąpienie do nowego świata. Jeszcze inni zapowiadali wszystko naraz.

Rdzenne ludy świata – Maorysi z Nowej Zelandii, Zulusi z Afryki, Kahunowie z Hawajów, Eskimosi z Alaski, Majowie z Meksyku i Gwatemali, Kogi z Kolumbii, rdzenni Amerykanie, Szinto z Japonii i wiele innych nacji – żywią przekonanie, że nadchodzi wielka przemiana. Niektórzy z nich twierdzą nawet, że już się ona rozpoczęła.

Dlaczego tak duża ilość wielkich ludzi żyjących w najróżniejszych okresach wskazuje na ten, a nie inny moment w historii? Powtarzam pytanie: dlaczegóżby wielka przemiana nie miała nastąpić właśnie teraz? Czy *dzieje* się to właśnie teraz?

W roku 1899 na naszej planecie żyło 30 milionów gatunków stworzeń. Matka Ziemia potrzebowała miliardów lat na to, by osiągnąć tak wielką różnorodność form życia, począwszy od jednokomórkowej ameby po tak wspaniałe stworzenia, jak ludzie i delfiny. Trzeba było ludzi i ich niewłaściwego na skutek działania w nieświadomości używania energii, żeby zredukować tę liczbę o ponad połowę w ciągu zaledwie stu lat. Doprowadziliśmy do wymarcia ponad 15 milionów gatunków. Jak to możliwe, że nasza świadomość osiągnęła tak wysoki poziom, a jednocześnie upadliśmy tak nisko?

Wciąż może nam się udać, jeśli tylko zdołamy pohamować naszą chciwość i żyć zgodnie z potrzebami serca. Jest dla mnie oczywiste, że Matka Ziemia znalazła sposób, żeby nas ocalić, nas – nieczułych ludzi. Zakładając, że tak jest naprawdę, czy wiecie, gdzie narodziła się nadzieja? Nie w umysłach uczonych, ale w sercach naszych niewinnych dzieci. To one wskazują nam drogę, tak jak zapowiedziało to Pismo Święte.

Mutacje gatunku ludzkiego w przeszłości i obecnie

Rozkwit osiągnięć NASA odzwierciedla procesy zachodzące w naszych organizmach. Głęboko w naszym DNA powstają wielkie zmiany. Pojawiają się one na całym świecie. Mówimy o zjawisku nazywanym przez uczonych mutacją, które ma miejsce właśnie teraz. Możecie wierzyć lub nie, ale na Ziemi pojawiły się co najmniej trzy nowe rasy ludzkie. Mamy więc trzy różniące się między sobą gatunki ludzi, które spełniają potrzeby nowej ludzkości. Wewnątrz nas zachodzą zatem wielkie przemiany, z których nie zdajemy sobie sprawy. Nie mówi się o tym, choć wykrzykują ten fakt wszystkie nowonarodzone dzieci.

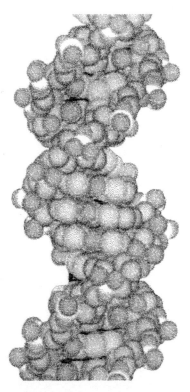

ZMIANY DNA NA POZIOMIE GRUP KRWI

Zmiany na poziomie DNA występują rzadko, ale są możliwe. Jeden z najlepiej udokumentowanych przypadków dotyczy zmian grupy krwi. Rodzaj ludzki od zarania dziejów dysponował do niedawna jedyną grupą krwi. Niezależnie od zewnętrznego wyglądu skóry – czarnej, żółtej, czerwonej, białej lub brązowej – wszyscy mieli taką samą krew. Każdy człowiek miał grupę 0. Wszyscy polowali też na zwierzęta, żeby zaspokoić głód. Było tak do momentu, w którym dokładnie 15 000 lat temu u wybrzeży Atlantydy uderzyła w Ziemię kometa.

Co się wówczas wydarzyło? Większa część mieszkańców świata poza Atlantami zaniechała migracji w celu poszukiwania zwierzyny łownej i zamieniła się w rolników. Zmieniła też dietę. Po raz pierwszy w dziejach ludzkości zaczęliśmy odżywiać się również warzywami i zbożem. Nasze organizmy zareagowały na to zmianami DNA na poziomie krwi. W efekcie powstała nowa grupa krwi – A. Jednocześnie następowały inne zmiany w DNA, które wpłynęły na funkcjonowanie kwasów żołądkowych i enzymów oraz innych części organizmu służących asymilacji nowego rodzaju diety. Niektórzy uczeni sugerują, że wpływ na tę mutację miały również zmiany klimatyczne.

Czas płynął, a ludzka krew przeszła jeszcze dwie kolejne przemiany, stanowiące za każdym razem reakcję na zmiany diety oraz możliwe zmiany klimatyczne. W ten sposób powstała grupa krwi B oraz AB. Obecnie mamy więc cztery grupy krwi. Czy proces ten będzie rozwijał się nadal? Z końcem dwudziestego wieku pożywienie z różnych części świata stało się dostępne dla wszystkich mieszkańców Ziemi. Po raz pierwszy w dziejach ludzkości możemy wybierać jedzenie pochodzące z różnych miejsc na tej planecie. Wystarczy wybrać się na duże targowisko w dowolnym punkcie cywilizowanego świata, aby kupić wszystko, na co przyjdzie nam ochota – papaje z Meksyku, avocado z Kalifornii, oliwki z Grecji, wódkę z Rosji i tak dalej. W niemal każdym amerykańskim mieście można zjeść potrawy chińskie, meksykańskie, włoskie, japońskie, amerykańskie, niemieckie i tak dalej. Czy w reakcji na tę bezprecedensową dostępność wszelkich pokarmów powstanie teraz nowa grupa krwi?

Jak widzicie, zmiany na poziomie DNA zachodzą na skutek zmian w sposobie odżywiania lub w klimacie. Przemiany zachodzące ostatnimi czasy na Ziemi są zadziwiające dla wszystkich. Dzieje się tak wiele, że można się spodziewać kolejnej reakcji genetycznej i rzeczywiście taka reakcja ma obecnie miejsce.

Ludzkie geny podlegają ostatnio przemianom, które niosą ze sobą tak istotne implikacje przyszłości, że muszę poświęcić im trochę miejsca. Większość ludzi, która dokonała zmian w swoich organizmach na poziomie DNA to dzieci. Dzielą się one na trzy kategorie, znacznie różniące się między sobą i charakteryzujące się szczególnymi właściwościami. Być może obecnie jest ich więcej niż trzy, ale tyle potrafimy wyróżnić. Sądzę, że dzieci te poprowadzą nas w nową przyszłość, jakiej nie znaliśmy przez ostatnich kilka milionów lat. Poza tym, jak już wspominałem, dzieci te mogą dokonać przejścia do czwartego wymiaru, aby dopełniła się karma wymiaru trzeciego, w sposób umożliwiający całej ludzkości przejście do następnego świata. Nawet jeśli nie nastąpi teraz zmiana wymiaru, przemiany w ludzkiej genetyce odmienią nas bezpowrotnie.

Pierwsze zmutowane dziecko ludzkie zbadano w Chinach w roku 1974. Był to mały chłopiec, który potrafił „widzieć" uszami. Tak, widział uszami wszystko to, co my oglądamy oczyma, a nawet więcej. Myślicie, że to niemożliwe? Jeśli tak, to przygotujcie się na wstrząsające odkrycia.

Ale nie uprzedzajmy faktów. Zacznijmy od narodzin nowej rasy dzieci tu, w Stanach Zjednoczonych. Nazwano je dziećmi indygo

DZIECI INDYGO

Pierwszy ślad dzieci indygo, jak je obecnie nazywa świat nauki, pojawił się w roku 1984. Wtedy to nieoczekiwanie pojawiło się dziecko obdarzone odmiennymi cechami ludzkimi niż cała reszta. Od tamtej pory nowy gatunek ludzi zaczął rozwijać się w znacznym tempie. Uczeni sugerują, że 80 do 90 procent wszystkich dzieci urodzonych w 1999 roku w Stanach Zjednoczonych to dzieci indygo. Sądzę, że w przyszłości będzie to 100 procent. Nasza rasa przeżywa swój kres. Nowe dzieci rodzą się nie tylko w Stanach Zjednoczonych, ale i w wielu innych miejscach na świecie, co wydaje się mieć związek ze stosowaniem komputerów.

Lee Carroll i Jan Tober napisali książkę pod tytułem *The Indigo Children: The New Kids Have Arrived* (*Dzieci indygo: przybycie nowych dzieci*). Książka ta zawiera opis badań naukowych, listy i oświadczenia lekarzy, psychologów i uczonych, którzy obserwują te dzieci od chwili ich rozpoznania. Jest to pierwsza, jak sądzę, książka na świecie, która porusza ten temat. Dowiedziałem się o istnieniu tych dzieci ponad dziesięć lat temu i od tego czasu rozmawiałem o nich z setkami ludzi, również samymi dziećmi, które zauważyły istniejące między sobą a innymi różnice. Jednak do czasu ukazania się tej książki nie potwierdzono oficjalnie ich odrębności. Chciałbym podziękować Lee i Janowi za ich publikację, która pojawiła się w samą porę. Sięgnijcie do niej, jeśli chcecie poznać więcej szczegółów.

W jaki sposób dzieci te różnią się od nas? Nauka nie zdefiniowała jeszcze specyficznych różnic występujących w ich DNA, choć wiadomo, że różnice te istnieją. Przede wszystkim nowe dzieci mają inną wątrobę, co wskazuje na konieczność zmian zaszłych w ich DNA. Różnice w wątrobie stanowią naturalną reakcję na nasze nowe pożywienie. Dzięki nim dzieci te mogą zjadać dosłownie wszystko.

Brzmi to zabawnie? Dlaczego? Gdybyśmy mieli karmić się oferowanym nam świństwem przez stosunkowo długi czas, wszyscy zaczęlibyśmy chorować, a nawet umierać. Co się dzieje z karaluchami, które karmimy trucizną? Na początku chorują i zdychają, wkrótce jednak dokonują mutacji, zmieniają swoje DNA i z apetytem zajadają truciznę. Musimy zatem wciąż obmyślać nowe receptury środków owadobójczych, bowiem karaluchy szybko się na nie uodparniają. Myślicie, że istoty ludzkie zachowują się inaczej? Wciąż karmimy nasze dzieci trucizną, ostatecznie więc musiały się na nią uodpornić.

Zmiany na poziomie wątroby są jednak drobnostką w porównaniu z innymi przemianami zachodzącymi w ludzkiej naturze i genach. Przede wszystkim dzieci indygo są genialne. Ich poziom inteligencji wynosi przeciętnie 130 punktów. „Przeciętnie", ponieważ niektóre jednostki osiągają 160 punktów i więcej. Osoba posiadająca 130 punktów nie jest geniuszem, ale do tej pory zdarzały się takie raz na 10 000. Teraz jest to normalne zjawisko. Inteligencja rasy ludzkiej wzrosła o nowy poziom.

Lekarze i psycholodzy badający te dzieci odkryli, że komputery zdają się być przedłużeniem ich mózgów. Są one o wiele lepiej przystosowane do funkcjonowania zgodnie z parametrami oprogramowania komputerowego niż ktokolwiek przedtem. Możemy tylko spekulować, do czego to prowadzi.

Najbardziej fascynujące jest dla mnie to, że nasz system edukacyjny zakwalifikował z początku tak uzdolnione istoty jako upośledzone. Nauczyciele nie potrafili odkryć ich wysokiej inteligencji. Uznali zatem, że są to dzieci szczególnej troski. Postawiono diagnozę, że cierpią one na zaburzenie zwane deficytem uwagi (ADD), bowiem wydawało się, że nie potrafią utrzymać koncentracji. Obecnie problem przedstawia się zgoła odmiennie: to nie wina dzieci, ale systemu edukacji, któremu brak przygotowania do roztoczenia odpowiedniej opieki nad tak uzdolnionymi istotami. Dzieci te są po prostu znudzone tempem i sposobem przekazywania wiedzy. Musimy się przystosować do potrzeb tej ekscytującej nowej rasy. Wystarczy pokazać dzieciom indygo - które zaklasyfikowano jako chore na ADD bądź ADHD - coś co je naprawdę zainteresuje, aby przekonać się o ich geniuszu. Wiele jeszcze musimy się nauczyć, żeby umożliwić im wykorzystanie pełnego potencjału sił twórczych.

Osoby pracujące z tymi dziećmi stwierdzają również, iż posiadają one nadzwyczajne zdolności psychiczne. Potrafią dosłownie czytać w umysłach swoich rodziców. Znają cudze myśli. O tych i o innych różnicach możecie przeczytać w książce The Indigo Children. Biorąc pod uwagę wrodzone cechy tych dzieci, naukowcy stwierdzili konieczność wypracowania nowego sposobu wychowawczego. Jeśli więc wasze dzieci urodziły się po roku 1984, musicie przeczytać tę książkę.

Stwierdzenie, kim naprawdę są dzieci indygo, pozostaje, rzecz jasna, sprawą dyskusji. Wielu jasnowidzących mówi, że przybyły one z promienia indygo, który znajduje się poza Ziemią na bardzo wysokim poziomie świadomości. Uważam, że tak jest w istocie, bowiem kiedy po raz pierwszy ujrzałem anioły w 1971 roku, opowiedziały mi one o nowych dzieciach, które mają narodzić się w przyszłości i odmienić świat. Przekazały mi wówczas wiele szczegółów dotyczących tych dzieci, które obecnie się potwierdziły.

Wielu jasnowidzących, z którymi rozmawiałem na ten temat czuje, że dzieci te przybywają z dwóch źródeł w kosmosie. Pierwszym jest promień indygo, drugim zaś promień granatowy, który jest do niego podobny, acz odmienny. Skądkolwiek przybyły, z pewnością nie są owocem normalnego procesu ludzkiej ewolucji. Dzieci indygo nie są jedynymi istotami, które zmieniły swoje DNA.

Dzieci AIDS

Dzieci chore na AIDS stanowią szczególną grupę, która również zmieniła swoje DNA, choć z innej przyczyny. Nie było nią pożywienie (jeśli rzeczywiście ono jest powodem zmiany), ale wirus HIV.

Polecam wam książkę Gregga Bradena *Walking between the Worlds: The Science of Compassion* (*Pomiędzy światami: droga współczucia*). Braden jako pierwszy opublikował informację o pojawieniu się nowej rasy. Cytuję jego słowa: „Pod względem genetycznym, pod względem cech DNA ten nowy gatunek różni się od nas, choć na pozór wygląda tak samo jak nasi przyjaciele i bliscy. Na poziomie cząsteczkowym, którego nie sposób zobaczyć gołym okiem, zrealizował on rozwiązanie genetyczne, które jeszcze przed kilku laty nie mogłoby zaistnieć w świecie. Dostępne publikacje podają raporty dotyczące zjawiska, które naukowcy nazwali spontaniczną mutacją genetyczną. Spontaniczną, bowiem najwyraźniej rozwinęła się ona w przeciągu ludzkiego życia w reakcji na wyzwania życiowe, a nie jako wrodzona zmiana genetyczna. W takich wypadkach kod genetyczny nauczył się przejawiać w nowy, służący przetrwaniu jednostki sposób ”.

Czytałem raport o przedszkolaku, który urodził się z wirusem HIV. Cytuję z książki Bradena: „Uczeni ze Szkoły Medycznej Uniwersytetu Kalifornijskiego w Los Angeles donoszą o tajemniczych cechach posiadanych przez chłopca, u którego badania dwukrotnie potwierdziły obecność wirusa HIV – w 19 dniu od narodzin i miesiąc później. Tymczasem chłopiec, który jest obecnie w wieku przedszkolnym, nie wykazuje żadnych oznak działania wirusa od co najmniej czterech lat [cytat z artykułu zamieszczonego w czasopiśmie *Science News* z kwietnia 1995 roku]. Wyniki badań zostały opublikowane przez Yvonne J. Bryson i jej współpracowników 30 marca 1996 w czasopiśmie *New England Journal of Medicine...* Wirus nie tkwił w organizmie w uśpieniu, oczekując na zewnętrzny bodziec, który go uaktywni. Został on usunięty!"

Odporność na zakażenie HIV okazała się tak silna, że w kilku przypadkach przekroczyła 3 000 razy odporność normalnego człowieka. We wszystkich przypadkach odporność tych dzieci na HIV jest wielokrotnie większa. Gdyby rzecz dotyczyła wyłącznie owego małego chłopca, można by ją uznać za nietypowe zjawisko, ale tak nie jest. Podaję cytat z książki

Walking between the worlds: „Wyniki badań opublikowane 17 sierpnia 1996 w czasopiśmie *Science News* dowodzą, że jeden procent przebadanej populacji rozwinął w sobie mutacje genetyczne, które skutecznie chronią przed AIDS! W październiku 1999 roku Organizacja Narodów Zjednoczonych ogłosiła narodziny 6 miliardowej osoby, co oznacza, że jeden procent populacji Ziemi (60 000 000 dzieci i dorosłych na całym świecie) zmienił swoje DNA, aby stawić opór HIV.

Wiadomo również, na czym polega ta zmiana. Dotyczy ona kodonów*. W ludzkim DNA istnieją cztery kwasy jądrowe, które łączą się w grupy składające się z trzech elementów, tworząc 64 kodony. Typowe ludzkie DNA zawiera 20 aktywnych kodonów plus trzy inne, które funkcjonują jak kody aktywujące i blokujące w programach komputerowych. Pozostałe kodony są nieaktywne. Nauka do tej pory sądziła, że owe nieużywane kodony stanowią fragment genetycznej przeszłości, ale obecnie teoria ta uległa zmianie. Być może kodony te pochodzą z przyszłości. Dzieci, o których mowa, aktywowały w swoich organizmach cztery dodatkowe nieużywane dotąd kodony, co łącznie daje liczbę 24 i decyduje o skuteczności ich odporności na zakażenie wirusem HIV.

Stwarza to ogromne możliwości. Dzieci te mają nadzwyczaj skuteczny układ immunologiczny. Przeprowadzone badania sugerują, że są one odporne również na wszelkie możliwe choroby. Wniosek ten nie został jednak jeszcze ostatecznie potwierdzony.

Kod Biblii a AIDS

Chciałbym również zwrócić waszą uwagę na fakt pochodzący z nieco innej dziedziny. Dotyczy on biblijnego kodu - szyfru komputerowego odkrytego w Torze. Grupa badaczy kodu biblijnego z Uniwersytetu Hebrajskiego w Izraelu wprowadziła do komputera akronim AIDS, aby przekonać się, co się stanie. Rewelacyjne informacje na ten temat można odnaleźć na 164 stronie książki doktora Jeffreya Satinovera *Cracking the Bible Code*. Ze słowem „AIDS" skojarzono w matrycy następujące słowa: „śmierć", „we krwi", „od małp", „unicestwienie", „w formie wirusa", „HIV", „odporność", „zniszczenie" – wszystkie one naturalnie łączą się ze znaczeniem słowa AIDS. Matryca zawierała jednak jeszcze jedno słowo, które według badaczy izraelskich - nie znających wyników badań nad AIDS prowadzonych przez amerykańskich uczonych - nie miało żadnego związku z pozostałymi. Oznaczało ono „koniec wszelkich chorób"! Wierzę, że nowa rasa dzieci ostatecznie zaznaczy swój ślad w historii ludzkości, zapoczątkowując nowe życie na Ziemi.

Na początku cytowanego fragmentu Braden wspomina o spontanicz-

---

* Kodon: sekwencja trzech przylegających do siebie nukleotydów tworzących kod genetyczny określający wprowadzanie aminokwasu w specyficznej pozycji strukturalnej w łańcuchu polipeptydów w trakcie procesu syntezy białka.

nej mutacji genetycznej – spontanicznej dlatego, że rozwija się w trakcie życia jednostki i nie stanowi jej cechy wrodzonej. Cóż to dla nas oznacza? Pierwsze odnotowane przypadki tej mutacji zawsze dotyczyły dzieci, z czasem jednak nauka odkryła, że ulega jej coraz więcej dorosłych ludzi, którzy przechodzą ją w taki sam sposób jak dzieci. Jest to ekscytujące odkrycie, oznacza bowiem, że także i my, nawet jeśli nie cierpimy na AIDS, możemy rozwinąć w sobie nadzwyczajną odporność na choroby. Jak to możliwe?

Znacie teorię setnej małpy (wspominaliśmy o niej w rozdz. 4). Na początku mała małpka rodzaju żeńskiego zaczęła zmywać piasek z ziemniaków. Wkrótce zaczęły ją naśladować koleżanki. Następnie matki zaczęły robić to samo, co ich dzieci, a na koniec przyłączyli się do nich ojcowie. W ciągu jednego dnia wszystkie małpy na przyległych wyspach, a nawet na stałym lądzie na terenie Japonii nauczyły się obmywać ziemniaki z piasku. Na tej samej zasadzie i my możemy zmieniać swoje DNA, aby wypracować sobie doskonałą odporność.

Prowadzimy obecnie badania nad tą ekscytującą możliwością podczas medytacji Mer-Ka-Ba. Skoro uwaga i intencja stanowią klucz do zdolności psychicznych, uwaga skierowana na DNA wraz z intencją wprowadzenia w nim zmian, podobnie jak zrobiły to dzieci, stwarza możliwość przemiany ewolucyjnej. To, co się obecnie dzieje z trzecią, nową rasą dzieci, stwarza nam nowe możliwości na przyszłość.

DZIECI O ZDOLNOŚCIACH PARAPSYCHICZNYCH

Dzieci o zdolnościach parapsychicznych stanowią chyba najbardziej niezwykłą i charyzmatyczną spośród nowych ras. Ich nadzwyczajne możliwości odróżniają je od dwóch pozostałych, bowiem wykonują często sensacyjne popisy. Potrafią robić rzeczy, które większość ludzi uznałaby za filmowe czy komputerowe triki. Zadziwiające jest jednak to, że one robią to naprawdę. Jeśli zatem te dzieci nie odmienią naszego świata, nic nie zdoła tego uczynić. Zauważcie, że niektóre ich zdolności przypominają manifestacje świadomości, o których pisaliśmy w rozdziale 18, a które mają zwiastować czas przejścia do innego wymiaru. Dzieje się to, o czym myślicie! Dzieci te pokazują nam, że ich myśli natychmiast realizują się w rzeczywistości.

Paul Dong i Thomas E. Raffill napisali książkę *China's Super Psychics*. Mówi ona o faktach, które znane są w Chinach od 1974 roku, kiedy to zbadano chłopca widzącego uszami, a od tamtej pory również i inne dzieci obdarzone nadzwyczajnymi możliwościami. Rząd chiński twierdzi, że kiedy dzieciom tym zawiązuje się oczy, zaczynają widzieć przez uszy, nosy, usta, języki, pachy, dłonie lub stopy. Każde z nich jest inne, wszystkie jednak widzą doskonale posługując się w tym celu różnymi narządami. Przeprowadzone próby nie przyniosły jedynie wyników procentowych. Każda potwierdzała to zjawisko. Po raz pierwszy wspomniałem o tych dzieciach w roku 1985 w artykule zamieszczonym w czasopiśmie *Omni*. Jego pracownicy zostali zaproszeni do Chin w celu poznania tych dzieci i napisania o nich. Dziennikarze zakładali możliwość oszustwa, zatem kiedy pozwolono im przeprowadzić testy z dziećmi, zrobili to tak, by wykluczyć wszelkie matactwa. Musieli mieć całkowitą pewność.

Jeden z testów zaczynał się w następujący sposób: dziennikarz wziął w obecności dzieci stertę książek i wybrał na chybił trafił jedną z nich. Otworzył ją na dowolnej stronie, po czym wyrwał tę kartkę i zmiął ją w kulę. Następnie włożył ją pod pachę jednemu z dzieci, a ono odczytało ją słowo po słowie! Wiele podobnych testów ostatecznie przekonało dziennikarzy, że mają do czynienia z autentycznym zjawiskiem, choć nie wiedzieli, w jaki sposób dzieci tego dokonały. Opublikowali oni swój raport w styczniowym wydaniu *Omni* z roku 1985.

Ale *Omni* nie było jedynym czasopismem, które wysłało swoich ludzi do obserwacji dzieci. Również i inne szanowane pisma, takie jak *Nature*, prestiżowy magazyn naukowy, potwierdziły rzetelność tych informacji.

W Mexico City odnaleźliśmy te same cechy u tamtejszych dzieci. Być może jest ich więcej, ale my zdołaliśmy potwierdzić zdolność do widzenia różnymi partiami ciała u ponad 1 000 z nich. Godne uwagi jest to, że dzieci meksykańskie widzą za pomocą tych samych organów, co dzieci chińskie. Wygląda na to, że zmutowane DNA przebyło drogę przez ocean, podobnie jak fenomen setnej małpy. Niebawem powrócimy do jednego z tych dzieci, które obecnie skończyło już dziewiętnaście lat, aby opowiedzieć wam o umiejętnościach, jakie zademonstrowało na moich oczach.

Według Paula Donga, autora *China's Super Psychics,* zdolność widzenia różnymi partiami ciała zwróciła uwagę chińskiego rządu. Szybko też przekonano się, że stanowi ona zaledwie cząstkę ogromnego potencjału tych dzieci. Demonstrują one inne zdolności parapsychiczne, które naprawdę trudno jest pojąć pozostając w granicach „normalnej" rzeczywistości.

Pan Dong opisuje pokazy, w których brało udział tysiąc lub więcej widzów, z których każdy przy wejściu otrzymywał żywy pączek róży. Kiedy już wszyscy usiedli i zapadła cisza, na scenie pojawiała się mała, może sześcioletnia Chinka i stawała twarzą do publiczności. Dziewczynka robiła ruch dłonią, a wszystkie pąki jednocześnie rozwijały się w przepiękne kwiaty na oczach zadziwionego tłumu.

Pan Dong przytacza jeszcze jeden zadziwiający przykład umiejętności zaobserwowanej w grupie ponad 5 000 dzieci. Pamiętajcie, że chiński rząd dokładnie wszystkie je przebadał, aby przekonać się, czy to co wam za chwilę opowiem wydarzyło się naprawdę. Stwierdzono, że tak było w istocie.

Jedno dziecko wybierało z półki dowolną zapieczętowaną fiolkę z pigułkami, na przykład witaminami. Buteleczka była dobrze zamknięta i oklejona oryginalną plastikową opaską. Następnie umieszczano ją pośrodku wielkiego pustego stołu. Kamera wideo rejestrowała wszystkie wydarzenia.

Dziecko zwracało się do publiczności, mówiąc, że właśnie „zaczęło", ale na pozór nic się nie działo. Nagle jedna pigułka z fiolki przenikała przez szkło i pojawiała się na stole. Dzieci wybierały częstokroć także inne przedmioty, na przykład monety, które kładły na stole, a następnie dzięki swoim umiejętnościom umieszczały je w zapieczętowanej buteleczce. Wszelkie demonstracje tego rodzaju wskazują na istnienie opisywanej przeze mnie świadomości czwartego wymiaru. To, co myślisz i to co robisz, pozostaje ze sobą w ścisłym związku.

Książka opisuje jeszcze wiele innych nadzwyczajnych umiejętności demonstrowanych w Chinach. Przeczytajcie ją, jeśli was to interesuje. Możecie sądzić, że są to magiczne sztuczki, jednak trudniej to wyjaśnić, widząc owe zjawiska na własne oczy. Rząd chiński również nie dawał im wiary przez pierwszych dziesięć lat, tymczasem jednak liczba szczególnie uzdolnionych dzieci wciąż rosła. W roku 1997, kiedy opublikowano książkę, rząd chiński potwierdził, że jest ich ponad 100 000. Już w roku 1985 rząd oraz chińskie środowisko naukowe musiało potwierdzić istnienie tego fenomenu.

Uświadamiając sobie znaczenie tego odkrycia, przedstawiciele rządu stworzyli specjalne szkoły dla owych dzieci, w których mogą one rozwijać swoje umiejętności. Teraz, kiedy pojawia się następne uzdolnione dziecko, zostaje natychmiast odesłane do takiej szkoły. Ważne jest to, że nawet dzieci nie posiadające nadzwyczajnych umiejętności, kiedy znajdą się w towarzystwie tej grupy, są w stanie również dokonywać zadziwiających rzeczy.

Przywodzi mi to na myśl Uriego Gellera, sławnego mężczyznę z Izraela, który potrafił wyginać wzrokiem metalowe łyżeczki. W swojej książce zatytułowanej *Uri Geller. My Story* (*Uri Geller. Moja historia*) opisuje, jak demonstrował swoje nadzwyczajne umiejętności na kanałach europejskich stacji telewizyjnych. Podczas występu w programie prosił widzów, aby położyli przed telewizorem metalowe noże, widelce i łyżki. Na oczach milionów świadków zginał potem sztućce w studio oraz w domach oglądających go widzów. Miało to pewne interesujące skutki uboczne. Na podstawie telefonów od widzów stwierdzono, że ponad 1500 dzieci potrafiło dokonać tego samego tylko dzięki temu, że zobaczyło to raz w telewizji. Wszystkie wyginały później sztućce mocą swego umysłu.

Ludzie, szczególnie naukowcy, byli przekonani, że pan Geller jest iluzjonistą, który pokazuje swoje sztuczki. Stanford Research Institute zapytał, czy zgodzi się on poddać swoje działania obserwacji naukowej. Pan Geller wyraził zgodę. Przez pewien czas robił wszystko, o co go poproszono, aby raz na zawsze potwierdzono, że jego umiejętności nie są żadną sztuczką.

Podam wam przykład testów, jakie przed nim stawiano, abyście zyskali pojęcie o ścisłych rygorach obowiązujących podczas badań w instytucie. Któregoś razu zamknięto Gellera w szczelnym pomieszczeniu ze stali, które jednocześnie pełniło funkcję klatki Faradaya (pomieszczenie nieprzepuszczające sygnałów pola elektromagnetycznego w postaci fal radiowych, mózgowych, a nawet myśli). Geller został zatem zablokowany zarówno fizycznie, jak i mentalnie. Następnie badacze umieścili na zewnątrz zamkniętą szczelnie tubę z dmuchanego ręcznie szkła, wykręconą na końcach tak, że nie można jej było otworzyć nie tłukąc jej. Wewnątrz umieszczono kawałek najtwardszego znanego metalu i polecono Gellerowi, by go powyginał. W asyście aparatury rejestrującej całe to zdarzenie, uczeni przyglądali się całkowicie zadziwieni, jak kawałek najtwardszego na świecie metalu wygina się jak guma. Tym razem nie mogło być mowy o oszustwie.

Wielkie wrażenie sprawił fakt, że Gellerowi towarzyszyło podczas eksperymentu 15 europejskich dzieci, które również demonstrowały wcześniej umiejętność wyginania metali wzrokiem. Przechodziły one teraz wszystkie próby, jakim poddawano Gellera i to z dobrym skutkiem. Jeśli miałaby być to sztuczka, to 15 dzieci musiałoby być zaawansowanymi adeptami sztuki magicznej, bowiem uczeni ze Stanford Research Institute nie zdołali wykryć oszustwa.

Raport z przeprowadzenia tego testu oraz pozostałych badań opublikowało czasopismo *Nature* w październikowym numerze z 1974 roku. *New York Times* natychmiast zareagował na te rewelacje następującym oświadczeniem: „Środowisko naukowe dowiedziało się właśnie, że zdolność do percepcji ponadzmysłowej stwarza możliwości godne jego uwagi". Tymczasem nastało nowe tysiąclecie, a nauka wciąż nie traktuje poważnie potencjału, jaki stanowią zdolności parapsychiczne. Spodziewam się, że te dzieci, które rodzą się obecnie na całym świecie, zmuszą wkrótce świat nauki, by zaakceptował prawdę. Stary paradygmat musi odejść w zapomnienie.

W lipcu 1999 roku mówiłem o nowych dzieciach przed sporym audytorium w Denver, w stanie Kolorado. Poprosiłem wówczas młodą kobietę, Inge Bardor z Meksyku, by zademonstrowała publiczności swoją zdolność widzenia dłońmi i stopami. W owym czasie miała ona osiemnaście lat. Pokaz trwał godzinę. Inge siedziała z zawiązanymi oczami i brała kolejno do ręki podawane jej przez uczestników rozmaite zdjęcia. Trzymała je w dłoni, dotykając leciutko koniuszkami palców drugiej ręki.

Z początku dokładnie opisywała, co przedstawia fotografia, tak jakby na nią patrzyła, potem jednak przechodziła do szczegółów i zaczęła podawać informacje, których nie mogła wyczytać ze zdjęcia. Potrafiła powiedzieć wszystko o ludziach i miejscach uwiecznionych na papierze. Wiedziała, gdzie zrobiono zdjęcie i co znajdowało się w najbliższym otoczeniu niewidocznym na nim, na przykład jezioro lub wielka budowla. Inge potrafiła nawet opisać osobę, która robiła zdjęcie, powiedzieć, w co była ubrana. Mówiła, o czym myślały osoby widoczne na zdjęciu w chwili, w której je zrobiono. Jedna z fotografii przedstawiała wnętrze budynku, do którego Inge zdołała fizycznie wejść i szczegółowo opisać wygląd korytarza. Zobaczyła nawet, co leżało na stoliku nocnym.

Na koniec ktoś podłożył jej po nogi gazetę, a Inge, mając na sobie buty na wysokich obcasach, odczytała tekst tak, jakby trzymała go przed oczami. (Jeśli jesteście zainteresowani nagraniem wideo z tej sesji, zadzwońcie do Lightworks Video 1-800-795-TAPE i zamówcie kasetę pod tytułem „Through the Eyes of a Child").

Stosując żelazne reguły naukowych badań rząd chiński obserwował nowe dzieci, które przed kamerami zmieniały cząsteczki ludzkiego DNA. Cały proces rejestrowała specjalna aparatura naukowa. Jeśli te niewiarygodne zjawiska miały miejsce w rzeczywistości, jak twierdzą przedstawiciele chińskiego rządu, czyż samo jej zrozumienie nie pozwoli nam odtąd wprowadzać zmian w swoim DNA? Sądzę, że tak właśnie będzie. Naśladujcie te dzieci.

Jak to możliwe, że 60 milionów ludzi na świecie potrafiło zmienić swoje DNA, co radykalnie usprawniło ich układ immunologiczny w obronie przed zakażeniem wirusem HIV? Dokonało tego przy pomocy spontanicznej mutacji genetycznej, jeśli nie drogą wskazaną nam przez chińskie dzieci. Jest to wielki moment w historii Ziemi – a my możemy być świadkami tych niezwykłych przemian!

We wrześniu 1999 roku odwiedziłem Rosję, gdzie rozmawiałem z wieloma uczonymi na temat owych dzieci. Ludzie ci prosili, by nie ujawniać ich nazwisk, bowiem niektórzy z nich zajmowali wysokie stanowiska w rosyjskim świecie nauki, kontrolując ponad 60 rosyjskich środowisk naukowych, nawet tych opracowujących program lotów kosmicznych. Usłyszałem od nich, że to, co się wydarzyło w Chinach, miało miejsce również w Rosji. Tysiące rosyjskich dzieci wykazuje podobne umiejętności parapsychiczne. Jestem pewien, że trzy nowe rasy dzieci stanowią fenomen o światowym zasięgu, który na zawsze odmieni ludzkie doświadczenie na Ziemi.

PRZEJŚCIE DO CZWARTEGO WYMIARU A NADZWYCZAJNE DZIECI

Pozostaje pytanie, czy rzeczywiście już przeszliśmy do czwartego wymiaru, odtwarzając jednocześnie rzeczywistość wymiaru trzeciego? Obserwacja nowych dzieci potwierdza ten wniosek. Prawda jednak wkrótce sama wyjdzie na jaw. Teraz, kiedy poznaliście naturę Rzeczywistości pierwotnej pomieszanej z rzeczywistością lucyferyczną, zajrzyjcie w głąb swego serca. Czy tak jest naprawdę? Zapytajcie siebie samych. Czy ulegacie przemianie? Czy choć w niewielkim stopniu pozostaliście tymi samymi ludźmi, jakimi byliście jeszcze kilka lat temu? Teraz, kiedy zgłębiacie albo zamierzacie zgłębiać swoją wyższą świadomość przy pomocy świetlistego ciała Mer-Ka-Ba, czy wasze życie pozostanie takie, jak było? Narodziny zawsze niosą ze sobą odnowienie.

ŻYCIE JEST WSPANIAŁE

Żyjemy w świecie, który istnieje tylko w umyśle Boga. Jest on czystym światłem. Duch Matki / Ojca stworzył dla nas wszechświat ze światła przy pomocy świętej geometrii, abyśmy mogli się w nim bawić i kochać się nawzajem. Jesteśmy dziećmi Boga. Wielki Duch wyraża się poprzez każdego z nas i mówi o światach świadomości, które daleko wykraczają poza zwykłe ludzkie życie. Mieścimy w sobie tak wielkie możliwości, że gdyby wszystkie przymiotniki ze słownika zawrzeć w jednym słowie, nie byłoby ono w stanie określić wewnętrznej wielkości, która błyszczy w oczach przeciętnego ludzkiego dziecka.

Macie wybór. Możecie nadal prowadzić życie normalne z ludzkiej perspektywy, w którym jedynym powodem istnienia jest osiągnięcie zadowolenia dzięki rzeczom materialnym lub kontroli sprawowanej siłą nad innymi ludzkimi istotami. Możecie jednak uświadomić sobie, że świat zewnętrzny nie jest czymś, co można posiadać, że jest możliwością do wyrażania miłości i radości. Świat zewnętrzny i wewnętrzny są jednością.

Oddychajcie głęboko, wprowadzając czystą energię siły życiowej do waszych świetlistych czakr i pozwólcie, by wasze Mer-Ka-Ba pozostało żywe. Otwórzcie bez lęku serce na to, co nieznane i spójrzcie oczami dziecka w oczy Boga odbijające się w każdej napotkanej osobie. Wszystko to jest tak proste.

Kocham was
Drunvalo

Nota do czytelnika

Warsztaty o nazwie *Kwiat Życia* prezentowane były przez Drunvalo we wielu krajach w latach 1985 – 1994. Książka ta bazuje na materiale zapisanym na taśmach wideo, które zawierają trzecią oficjalną wersję warsztatów *Kwiat Życia*, które odbyły się w Fairfield, Iowa, USA w październiku 1993 roku. Każdy z rozdziałów tej książki przedstawia w mniejszym lub większym stopniu zawartość kaset z warsztatów o tym samym numerze. Niektóre spisane treści zostały jednakże zmienione, aby oddać sens tak zrozumiale, jak to tylko możliwe. Również niektóre paragrafy i zdania, a nawet całe sekcje ulegały przemieszczeniu, abyś Ty czytelniku mógł przyswoić sobie ten materiał z większą łatwością.

Prosimy o zwrócenie uwagi na to, że dodaliśmy **uaktualnienia,** których tekst został **wytłuszczony.** Uaktualnienia te znajdują się na zewnętrznych krańcach stron w miejscach, w których znajdują się przedawnione informacje. Ponieważ na warsztatach podana została tak wielka ilość informacji zdecydowaliśmy się na podzielenie materiału na dwie części, z których każda posiada własny spis treści. Ten tom to część druga.

Tych którzy poszukują certyfikowanego wykładowcy warsztatów *Kwiat Życia* na swoim terenie prosimy o odwiedzenie strony internetowej www.floweroflife.org lub o telefon do głównego oddziału *Kwiatu Życia* w Phoenix, Arizona, USA (konwersacja jedynie w języku angielskim) pod numer 001 602 996 0900 lub przesłanie faksu pod numer 001 602 996 4970.

BIBLIOGRAFIA

ROZDZIAŁ 1

Liberman, Jacob, *Light, the Medicine of the Future,* Bear & Co., Santa Fe, NM, USA, 1992.

Temple, Robert K.G., *The Sirius Mystery*, Destiny Books, Rochester, VT, USA, (www. gotoit.com).

Satinover, Jeffrey, M.D., *Cracking the Bible Code,* William Morrow, New York, USA, 1997.

West, John Anthony, *Serpent in the Sky,* Julian Press, New York, USA, 1979, 1987.

Cayce, Edgar: wiele książek zostało napisanych na jego temat; the Association for Research and Enlightenment w Virginia Beach, VA, USA jest nieskończonym źródłem wszelakich materiałów. Najbardziej chyba znaną książką jest *The Sleeping Prophet,* Jess Stearn.

ROZDZIAŁ 2

Lawlor, Robert, *Sacred Geometry: Philosophy and Practice,* Thames & Hudson, London,1982.

Hoagland, Richard C; www.enterprisemission.com.

White, John, *Pole Shift,* 3-cie wyd., ARE Press, Virginia Beach, VA, USA, 1988.

Hapgood, Charles, *Earth's Shifting Crust* oraz *The Path of the Pole* (wydanie niedostępne).

Braden, Gregg, *Awakening to Zero Point: The Collective Initiation,* Sacred Spaces/Ancient Wisdom Pub., Questa, NM, USA; również dostępne na kasecie wideo (Lee Productions, Bellevue, WA, USA).

ROZDZIAŁ 3

Hamaker, John i Donald A. Weaver, *The Survival of Civilization,* Hamaker-Weaver Pub., 1982.

Sitchin, Zecharia, *The 12th Planet* (1978), *The Lost Realms* (1996), *Genesis Revisited* (1990), Avon Books.

Begich, Nick i Jeanne Manning, *Angels Don't Play This HAARP,* Earthpulse Press, Anchorage, AK, USA, 1995.

ROZDZIAŁ 4

Keyes, Ken, jr., *The Hundredth Monkey,* Vision Books, 1982, zwolnione z praw autorskich. Do uzyskania w www.testament.org/testament/100thmonkey.html oraz innych stronach www.

Watson, Lyall, *Lifetide,* Simon and Schuster, New York, USA, 1979.

Strecker, Robert, M.D., "The Strecker Memorandum" (wideo), The Strecker Group, 1501 Colorado Blvd., Eagle Rock, CA 90041, USA, Tel.: 001 203 344 8039.

The Emerald Tablets of Thoth the Atlantean, przetłumaczone przez Doreal, Brotherhood of the White Temple, Castle Rock, CO, USA, 1939. Do zakupienia w Light Technology Publishing.

Rozdział 6

Anderson, Richard Feather (labyrinths); www.gracecom.org/veriditas.

Penrose, Roger; http://galaxy.cau.edu/tsmith/KW/goldenpenrose.html http://turing.mathcs.carleton.edu/penroseindex.html; www.nr.infl.net/~drmatrix/progchal.htm.

Adair, David; www.flyingsaucers.com/adair1.htm.

Winter, Dan, *Heartmath;* www.danwinter.com.

Sorrell, Charles A., *Rocks and Minerals: A Guide to Field Identification,* Golden Press, 1973.

Vector Flexor zabawka, do zakupienia w Source Books.

Langham, Derald, *Circle Gardening: Producing Food by Genesa Principles,* Devin-Adair-Pub., 1978.

Rozdział 7

Charkovsky, Igor; www.earthportals.com; www.vol.it; www.well.com.

Doczi, György, *The Power of Limits: Proportional Harmonies in Nature, Art and Architecture*, Shambhala, Boston, MA, USA, 1981, 1994.

Rozdział 8

"Free Energy: The Race to Zero Point" (wideo), available from Lightworks, 001 (800) 795--8273, $40.45, www.lightworks.com.

Pai, Anna C. and Helen Marcus Roberts, *Genetics, Its Concepts and Implications,* Prentice Hall, 1981.

Critchlow, Keith, *Order in Space: A Design Source Book,* Viking Press, 1965, 1969 oraz inne wydania są niedostępne; patrz www.wwnorton.com/thames/aut.ttl/at03940.htm.

Rozdział 9

Lamy, Lucie, *Egyptian Mysteries: New Light on Ancient Knowledge,* Thames and Hudson, London, 1981.

Albus, James S., *Brains, Behavior and Robotics,* Byte books, 1981 (wydanie niedostępne).

Reti, Ladislas, *The Unknown Leonardo,* Abradale Press, Harry Abrams, Inc., Publishers, New York, USA, 1990

Blair, Lawrence, *Rhythms of Vision: The Changing Patterns of Myth and Consciousness,* Destiny Books, 1991 (wydanie niedostępne).

Martineau, John, *A Book of Coincidence: New Perspectives on an Old Chestnut,* Wooden Books, Wales, 1995 (wydanie niedostępne).

Rozdział 10

Hall, Manley P., *The Secret Teachings of All Ages,* Philosophical Research Society of Los Angeles, 1978.

Rozdział 11

Hancock, Graham and Robert Bauval, *The Message of the Sphinx: A Quest for the Hidden Legacy of Mankind,* Crown Publishers, Inc., 1996.

ROZDZIAŁ 12

Puharich, Andrija, *The Sacred Mushroom*, Doubleday, 1959 (wydanie niedostępne).

Cayce, Edgar, Auras; *An Essay on the Meaning of Color*, A.R.E. Press, Virginia Beach, VA, USA, 1989.

ROZDZIAŁ 13

Ramacharaka, Yogi, *Science of Breath: A Complete Manual of the Oriental Breathing Philosophy of Physical, Mental, Psychic and Spiritual Development*, Yoga Publishers Society, 1904.

ROZDZIAŁ 19

Carroll, Lee, and Jan Tober, *The Indigo Children: The New Kids Have Arrived*, Hay House, Carlsbad, CA, USA, 1999.

Braden, Gregg, *Walking between the Worlds; The Science of Compassion*, Radio Bookstore Press, Bellevue, WA, USA, 1997.

Satinover, Jeffrey, M.D., *Cracking the Bible Code*, William Morrow, New York, USA, 1997.

Dong, Paul, and Thomas E. Raffill, *China's Super Psychics*, Marlowe & Co., New York, USA, 1997.

Geller, Uri, U*ri* Getter, My *Story*, Praeger Press, New York, USA, 1975 (wydanie niedostępne).

"Through the Eyes of a Child," dwie kasety wideo do zakupienia w Lightworks, 001 800 795 8273.

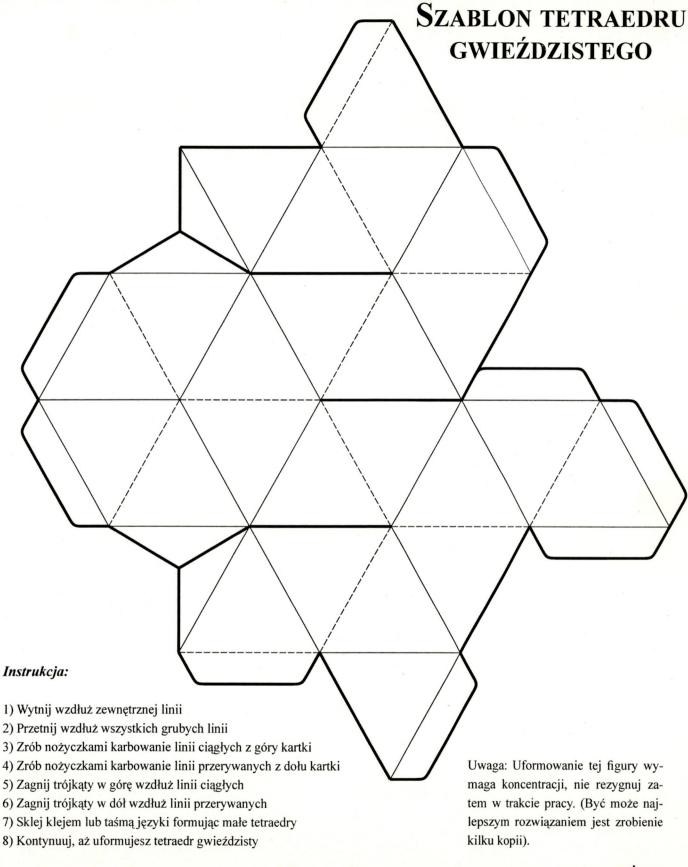

SZABLON TETRAEDRU GWIEŹDZISTEGO

Instrukcja:

1) Wytnij wzdłuż zewnętrznej linii
2) Przetnij wzdłuż wszystkich grubych linii
3) Zrób nożyczkami karbowanie linii ciągłych z góry kartki
4) Zrób nożyczkami karbowanie linii przerywanych z dołu kartki
5) Zagnij trójkąty w górę wzdłuż linii ciągłych
6) Zagnij trójkąty w dół wzdłuż linii przerywanych
7) Sklej klejem lub taśmą języki formując małe tetraedry
8) Kontynuuj, aż uformujesz tetraedr gwieździsty

Uwaga: Uformowanie tej figury wymaga koncentracji, nie rezygnuj zatem w trakcie pracy. (Być może najlepszym rozwiązaniem jest zrobienie kilku kopii).

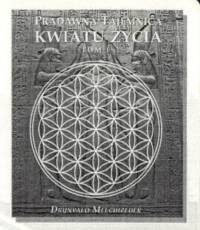

PRADAWNA TAJEMNICA
KWIATU ŻYCIA
TOM I

Dawniej wszystko, co istnieje we wszechświecie znało Kwiat Życia jako wzór stworzenia, wykres geometryczny wiodący do egzystencji fizycznej i wyprowadzający z tej egzystencji. Później utraciliśmy wysoki stan świadomości i upadliśmy w ciemności, zapominając o tym, kim byliśmy. Sekret Kwiatu Życia przetrwał jednak tysiące lat wyryty na ścianach starożytnych budowli na całym świecie, wpisany w żywe komórki wszelkiego istnienia. Dziś budzimy się ze snu, odrzucamy stare ograniczające nas przekonania, a nasze oczy oglądają złote promienie światła nadchodzącego dnia, który wstaje za oknami naszej nowej percepcji rzeczywistości. Książka ta jest jednym z takich okien.

Drunvalo Melchizedek prezentuje w niej - za pomocą słów i rysunków pierwszą część swoich warsztatów zatytułowanych "Kwiat Życia". Objaśnia w nich tajemnice początków naszego istnienia, tłumaczy, dlaczego świat wygląda tak, a nie inaczej, jakie subtelne energie pozwalają naszej świadomości rozkwitnąć jej prawdziwym pięknem.

Święta geometria stanowi formę, która posłużyła również za pierwowzór naszej istoty. Ukazuje ona boski porządek w naszej rzeczywistości. Możemy prześledzić jego reguły począwszy od niewidzialnych atomów, a kończąc na dalekich gwiazdach. Każda z tych form odbija również wzór naszego istnienia. Informacje zawarte w tej książce układają się w jedną z dróg, drugą, żeńską ścieżkę, możecie odnaleźć pomiędzy wierszami. Prezentuje ona intuicyjne rozumienie rzeczywistości. Być może dostrzeżecie jej migotanie wokół niektórych z poniższych prowokujących koncepcji:

✿ JAK PRZYPOMNIEĆ SOBIE NASZĄ ODLEGŁĄ PRZESZŁOŚĆ
Czyli jak upadek Atlantydy odmienił naszą rzeczywistość
✿ UCHYLENIE RĄBKA TAJEMNICY KWIATU
Święta geometria, Nasienie Życia, Tetraedr Gwieździsty,
Wszechświat w formie fali, Zmiana Biegunów na ziemi
✿ CIEMNIEJSZA STRONA NASZEJ TERAŹNIEJSZOŚCI I PRZESZŁOŚCI
Zagrożenie dla ziemi, Epoka lodowcowa, Historia świata
✿ KIEDY EWOLUCJA PRZEŻYŁA ZAŁAMANIE I POWSTAŁA SIATKA CHRYSTUSOWA
Jak Lemurianie ewoluowali ludzką świadomość,
Pamiętna decyzja Marsjan, Siatka planetarna
✿ ROLA EGIPTU W EWOLUCJI ŚWIADOMOŚCI
Umieranie, Zmartwychwstanie i Wniebowstąpienie,
Wspaniałość Echnatona, Historia stworzenia
✿ ZNACZENIE STRUKTURY I KSZTAŁTU
Torus, Labirynt, Jajo Życia, Bryły platońskie, Żywe kryształy
✿ GEOMETRIA LUDZKIEGO CIAŁA
Kanon Leonarda da Vinci, Tajemnica rysunków masońskich, Złoty Środek,
Spirale, Szereg Fibonacciego, Boski współczynnik Fi

Zbadaj cud naszej egzystencji zagłębiając się we wspaniały świat geometrii, nauki, starożytnej historii i najnowszych odkryć ukazany w szerokiej perspektywie Drunvalo i Kwiatu Życia.

Drunvalo posiada nie tylko wyjątkowy umysł, ale i serce. Jego pełna ciepła osobowość oraz miłość do wszelkiego stworzenia są natychmiast odbierane i zrozumiałe dla wszystkich, którzy się z nim zetknęli. Już od pewnego czasu przekazuje on swoją szeroką wizję świata w formie warsztatów zatytułowanych „Kwiat Życia", jak i w formie medytacji Mer-Ka-Ba. Nauki te obejmują wszystkie dziedziny ludzkiego rozumienia, zgłębiają proces rozwoju rodzaju ludzkiego, począwszy od starożytnych cywilizacji, po czasy współczesne. Objaśniają stan naszej obecnej świadomości i mówią nam, czego potrzebujemy, aby prosto i łatwo przejść do XXI wieku.

DRUNVALO MELCHIZEDEK

Przyjmijcie tę poszerzoną wizję Drunvalo, sposób pojmowania, który oferuje on światu. Na kolejnych stronicach Pradawnego Sekretu Kwiatu Życia piętrzą się zbiegi okoliczności, rozkwitają cuda, a naszym oczom ukazują się zadziwiające historie tłumaczące odwieczne sekrety.